普通高等教育"十二五"系列教材

电能质量概论

（第二版）

DIANNENG ZHILIANG GAILUN

主编　程浩忠

编写　艾　芊　张志刚　朱子述

主审　肖湘宁　陈章潮　董新洲

中国电力出版社

CHINA ELECTRIC POWER PRESS

内 容 提 要

本书主要论述有关电能质量的问题，共分10章，包括电能质量的基本概念，电力系统电压偏差，电力系统频率偏差，电力系统谐波，电压波动和闪变，电力系统三相不平衡，暂态过电压和瞬态过电压，电力系统间谐波，电压暂降，配电系统可靠性。本书具有内容翔实，语言精炼，理论与实际结合等特点。具有电力系统分析基础知识的读者都能顺利阅读并理解本书的内容。

本书可作为电力工程类和电气工程类专业高年级本科生及研究生学习电能质量的教材，也可作为相关领域从事电能质量工作的工程技术人员和技术管理人员参考、专业培训用书。

图书在版编目（CIP）数据

电能质量概论/程浩忠主编. —2版. —北京：中国电力出版社，2013.2（2023.8重印）

普通高等教育“十二五”规划教材

ISBN 978-7-5123-4026-8

Ⅰ.①电… Ⅱ.①程… Ⅲ.①电能－质量分析－高等教育－教材②电能－质量控制－高等教育－教材 Ⅳ.①TM60

中国版本图书馆CIP数据核字（2013）第023227号

中国电力出版社出版、发行

（北京市东城区北京站西街19号 100005 http://www.cepp.sgcc.com.cn）

三河市百盛印装有限公司印刷

各地新华书店经售

*

2008年5月第一版

2013年4月第二版 2023年8月北京第9次印刷

787毫米×1092毫米 16开本 18.5印张 453千字

定价 **48.00**元

版 权 专 有 侵 权 必 究

本书如有印装质量问题，我社营销中心负责退换

前　言

随着科学技术及工业的发展，对电能质量的要求越来越高，任何电能质量问题都将导致产品质量的下降，甚至工程作业的停顿，给用户造成不可估计的损失。信息科技的发展也对电能质量及供电可靠性提出更高的要求，电力供应应具有高可靠性、高动态恒定特性、互不干扰性、控制灵活性、应用方便性等特点。如何提供方便优质的电能，使之更好地为知识化、信息化社会服务，是当今电力工作者面临的新机遇和新挑战。同时，现代电力系统中，电力电子设备的应用越来越广泛，各种非线性、冲击性、波动性负载也大量增加，使电力系统所遭受的电能质量污染日趋严重。电能质量直接关系到国民经济的总体效益，因此对电能质量进行深入研究有着非常重要的意义。为培养掌握电能质量知识的人才，国外许多著名大学的电气工程专业都开设了这方面的课程。

随着电力系统的发展和电力工业体制改革和市场化的不断深入，电力用户对电能质量提出了更高的要求，因此电能质量监管工作必须要有超前的眼光和先进的理论方法作指导。本课程的开设和教材的编写正顺应了这一潮流。同时，由于电能质量的国内外标准存在一定差异，而且各个国家电能质量问题的侧重点不一样，发达国家的电能质量问题以电压突降为主，而我国目前把主要问题放在谐波方面。

本书编写过程中将理论与实用方法相结合。编者在电能质量方面有着相当丰富的研究经历和扎实的研究基础，率领一支具备相当实力的科研团队从事电能质量研究工作十余年，完成了 50 多项来自国家 863，华东电网公司，上海市电力公司，上海市区、市东、市南供电公司等单位的有关电能质量方面的课题。编者在电能质量以及相关领域已发表论文 200 余篇。本书依托上述项目的报告和论文为背景，结合相关理论和基础工作，对编者在电能质量方面的工作和成果进行总结。书中内容经过多届本科生、研究生的教学试用，能使学生较快地进入这一领域的前沿，对电能质量问题有一个全面的了解。

本书在第一版的基础上，由程浩忠、艾芊、张志刚、朱子述修订。其中第 1～4 章、第 8、10 章由程浩忠教授修订，第 5 章由张志刚副教授修订，第 6、9 章由艾芊教授修订，第 7 章由朱子述教授修订，赵晓莉讲师参加了第 3 章第 6 节的修订，最后由程浩忠教授统稿。

本书承肖湘宁教授、陈章潮教授、董新洲教授主审，提出了不少宝贵意见。钟明明、葛长宏、姜翠珍、何吉彪、汤承江、龚小雪等同志进行了计算机排版的中文文字处理。许多领导、专家和编者的许多同事、朋友、家人为本书编写创造了条件并给予关心，在此一并向他们致以衷心的感谢。

鉴于目前国内外有关电能质量方面内容全面且深入的书籍较少，涉及应用、能适合时代发展迫切需要的更少，电能质量这一领域又有许多问题尚在研究和探讨之中，且编者水平有限，因此，不完善、不正确的地方在所难免，恳望读者见谅，并请予以批评指正。

编　者

2012 年 10 月

目 录

第 1 章　电能质量的基本概念

电能质量（Power Quality）描述的内容是，通过公用电网供给用户端的交流电能的品质。理想状态的公用电网应以恒定的频率、正弦波形和标准电压对用户供电。在三相交流系统中，还要求各相电压和电流的幅值应大小相等、相位对称且互差 120°。但由于系统中的发电机、变压器、输电线路和各种用电设备的非线性或不对称性，以及运行操作、外来干扰和各种故障等原因，这种理想状态并不存在，因此在电网运行、电力设备和供用电环节中出现了各种问题，从而产生了电能质量的概念。围绕电能质量的含义，从不同角度去理解，通常包括如下几方面。

（1）电压质量。指实际电压与理想电压的偏差，反映供电企业向用户供应的电能是否合格。这个定义包括大多数电能质量问题，但不包括频率造成的电能质量问题，也不包括用电设备对电网电能质量的影响和污染。

（2）电流质量。反映了与电压质量有密切关系的电流的变化，电力用户除对交流电源有恒定频率、正弦波形的要求外，有些用户还要求电流波形与供电电压同相位以保证高功率因数运行。这个定义有助于电网电能质量的改善和线路损耗的降低，但不能概括大多数因电压原因造成的电能质量问题。

（3）供电质量。其技术含义是指电压质量和供电可靠性。非技术含义是指服务质量，包括供电企业对用户投诉的反应速度以及电价组成的合理性、透明度等。

（4）用电质量。包括电流质量，还包括反映供用电双方相互作用和影响中的内容，如用电方的权利、责任和义务，电力用户是否按期、如数交纳电费等。

国内外对电能质量确切的定义至今尚没有形成统一的共识。

国际电工委员会（IEC）标准（IEC 1000—2—2/4）将电能质量定义为：供电装置正常工作情况下不中断和干扰用户使用电力的物理特性。

国际电气电子工程师协会（IEEE）协调委员会对电能质量的技术定义为：合格的电能质量是指给敏感设备提供的电力和设置的接地系统均是适合该设备正常工作的[1,2]。

参考文献［3］对电能质量的定义：电能质量一般是指电压或电流的幅值、频率、波形等参量距规定值的偏差。

目前大多数专家认为，电能质量的定义应理解为：导致用户电力设备不能正常工作的电压、电流或频率偏差，造成用电设备故障或误动作的任何电力问题都是电能质量问题。

不论如何表达，电能质量的概念中应包括电能供应过程中所要考虑的一切方面。

1.1　电能质量的主要内容

衡量电能质量的指标除了额定电压、额定频率和正弦波形外，还包括所有电压瞬变现象（如冲击脉冲、电压下跌、瞬时间断等）。上述电能质量定义概括了它的成因和后果，当然其中所述偏差应作广义的理解，它还包括供电可靠性。

IEEE 对于电能质量主要内容的定义以及分类见表 1-1。

表 1-1 IEEE 对于电能质量主要内容的定义与分类

种类			频谱成分	持续时间	电压幅值
电磁瞬态	冲击		上升沿 5ns	＜50ns	—
			上升沿 1μs	50ns～1ms	—
			上升沿 0.1ms	＞1ms	—
	振荡	低频	＜5kHz	0.3～5ms	0～4（p.u.）
		中频	5～500kHz	20μs	0～8（p.u.）
		高频	0.5～5MHz	5μs	0～4（p.u.）
短时电压变动	瞬时	中断	—	0.5～30 周波	＜0.1（p.u.）
		跌落	—	0.5～30 周波	0.1～0.9（p.u.）
		升高	—	0.5～30 周波	1.1～1.8（p.u.）
	暂时	中断	—	30 周波～3s	＜0.1（p.u.）
		跌落	—	30 周波～3s	0.1～0.9（p.u.）
		升高	—	30 周波～3s	1.1～1.4（p.u.）
	短时	中断	—	3s～1min	＜0.1（p.u.）
		跌落	—	3s～1min	0.1～0.9（p.u.）
		升高	—	3s～1min	1.1～1.4（p.u.）
长期电压变动		持续中断	—	＞1ms	0.0（p.u.）
		欠电压	—	＞1ms	0.8～0.9（p.u.）
		过电压	—	＞1ms	1.1～1.2（p.u.）
电压不平衡			—	稳态	0.5%～2%
波形畸变	直流偏移		—	稳态	0%～0.1%
	谐波		0～100th	稳态	0%～20%
	间谐波		0～6kHz	稳态	0%～2%
	陷波		—	稳态	—
	噪声		宽带	稳态	0%～1%
电压波动			＜25Hz	间歇	0.1%～7%
工频变化				＜10s	

1.2 中国电能质量标准与主要内容

电能质量标准是保证电网安全经济运行、保护电气环境、保障电力用户正常使用电能的基本技术规范，是实施电能质量监督管理、推广电能质量控制技术、维护供用电双方合法权益的法律依据。从 20 世纪六七十年代开始，世界各国几乎都制定了有关供电频率和电压允许偏差的计划指标，部分国家还制定了限制谐波、电流畸变、电压波动等的推荐导则。近十几年来，许多发达国家已经制定、颁布、实施了更加完备的电能质量系列标准。随着经济国际化，世界各国制定的电力系统电能质量标准正在与国际权威专业委员会推荐标准及相应的试验条件等一系列规定接轨，逐步实现标准的完整与统一。

1988 年，我国曾颁布执行了《电网电能质量技术监督管理规定》，提出了“谁干扰，谁污染，谁治理”的原则，并指出：为保证电力系统安全、稳定、经济、优质运行，全面保障电能质量是电力企业和用户共同的责任和义务。迄今为止，我国已经制定并颁布的电能质量国家标准有：GB/T 12325—2008《电能质量　供电电压偏差》、GB/T 14549—1993《电能质量　公用电网谐波》、GB/T 15543—2008《电能质量　三相电压不平衡》、GB/T 15945—2008《电能质量　电力系统频率偏差》、GB/T 12326—2008《电能质量　电压波动和闪变》、GB/T 18481—2001《电能质量　暂时过电压和瞬态过电压》和 GB/T 24337—2009《电能质量　公用电网间谐波》，共 7 项国家标准。

1.2.1　电能质量标准化

为了保证电网安全、经济运行，保证对用户连续、可靠地供应电能，保障输配电设备、用电设备与装置正常使用，必须以科学技术和运行经验的综合成果为基础，按照标准化的原则对电气产品制定并发布统一的、适度的基本指标规定，并以统一的质量检验方法指导实施，这一工作被称为电能质量标准化。开展电能质量标准化的工作主要有以下四方面内容。

一、规定标称环境

由于生产和运行的实际状况在不断变化，供电频率和电压不可避免地偏离理想标称值。因此，在规定电能质量指标时必须考虑，在一定时期内可能的环境条件和给定的标称值下，允许某指标有一定的变化范围。例如，理想的供电系统应以恒定的工业频率（在我国标称频率为 50Hz）和某一规定电压水平（如标称电压 220V）向用户供应电能。实际上在给出标称频率和电压的同时，还应给出允许的偏差范围，如标称频率 50Hz，允许频率偏差值为±0.2Hz；电压允许的典型偏差范围为 90%～107%。

二、定义技术名词

在制定电能质量标准时给出电能质量现象的准确定义和描述，应尽可能地统一专用术语。因为只有这样，电力供应方、电力使用方和设备制造方之间进行技术与信息交流时才会有通用的规范语言，各方在相互的技术要求上有了多方面兼顾和统一规范的标准，电能质量的测量与评估结果才会有可比性。例如，对暂时断电的定义是：电压均方根值小于 10%的额定电压，持续时间大于 3s 并小于 1min 的现象。

三、量化电能质量指标

量化是制定电能质量标准工作的核心内容，涉及对电能质量问题发生原因和干扰传播机理的认识，对用电设备承受干扰能力的分析和测试，以及对抑制扰动和质量达标等技术的保证。在制定电能质量技术指标时应注意到，不是质量标准越高越好，其指标量化的目的是将电力系统整体的安全、经济与基本保证用电的可靠性联系起来，进行综合优化协调，制定出适度的和可能达到的技术指标。从上述的电能质量特殊性质已经知道，电能质量标准的量化不同于一般工业产品的质量问题，应据其特点做出规定，如需考虑到以下三方面。

（1）保证电能质量并非供电部门单方面的责任。实际上，某些电能质量指标的下降是由电力消费者的电磁干扰造成的，全面的电能质量管理是由供用电双方共同保证的。因此，在制定电能质量标准时，除了给出保证供电电压质量的扰动限制值外，还要给出用户设备注入电力系统的电磁扰动的允许值。

（2）不同的供用电点和不同的供用电时间，电能质量指标往往是不同的。由于电能质量在时间和空间上均处于动态变化之中，因此在考核电能质量指标时往往采用概率统计结果来衡量。最典型的例子是取 95%概率大值作为衡量依据。

（3）量化的电能质量标准应兼顾到电力供、用两方面的技术经济效益，因此强调电磁兼容性。

四、推荐统一的测量与评估方法

在制定电能质量计划指标的同时，也要制定出统计指标。因此，对电能质量的测量方法、仪器和评估方法，给出一定的要求和规定是十分必要的。采取统一的测量与评估方法的目的在于统一技术规范，使实际检测到的电能质量数据真实可信，使电能质量的考核与检验规范化，以便做到各仪器制造厂家生产的电能质量测量仪器和评估方法科学、合理，测量结果具有可比性，测试功能具有灵活性和可操作性。

虽然随着科技水平的提高和工业生产的发展，供电、用电和设备制造三方对电能质量的认识和要求在不断深化，但制订出共同遵守的、综合优化的适度指标，并根据不同生产过程和用户的不同质量要求给出不同等级的质量标准，仍是一项长期的和需要不断探索的研究工作。

1.2.2　电能质量国家标准简介

至 2009 年，我国制定、修改和颁布了 7 项电能质量国家标准，其摘要见表 1-2。

表 1-2　　7 项电能质量国家标准摘要

<table>
<tr><th>标准编号</th><th>标准名称</th><th>允许限值</th><th>说明</th></tr>
<tr><td>GB/T 12325—2008</td><td>电能质量 供电电压偏差</td><td>（1）35kV 及以上，正负偏差绝对值之和不超过 10%。
（2）20kV 及以下三相供电为±7%。
（3）220V 单相供电为+7%，−10%</td><td>（1）监测点分为 A、B、C、D 四类，各类监测点每年应随供电网络变化进行调整。
（2）提供电压合格率的计算公式和统计方法</td></tr>
<tr><td>GB/T 12326—2008</td><td>电能质量 电压波动和闪变</td><td>任何一个波动负荷用户在电力系统公共连接点产生的电压变动 d，其限值和电压变动频度 r、电压等级有关。
电压波动限值
<table>
<tr><td rowspan="2">r（次/h）</td><td colspan="2">d（%）</td></tr>
<tr><td>LV、MV</td><td>HV</td></tr>
<tr><td>$r \leqslant 1$</td><td>4</td><td>3</td></tr>
<tr><td>$1 < r \leqslant 10$</td><td>3</td><td>2.5</td></tr>
<tr><td>$10 < r \leqslant 100$</td><td>2</td><td>1.5</td></tr>
<tr><td>$100 < r \leqslant 1000$</td><td>1.25</td><td>1</td></tr>
<tr><td colspan="3">公共连接点的长时间闪变限值 P_{lt}</td></tr>
<tr><td>≤110kV</td><td colspan="2">>110kV</td></tr>
<tr><td>1</td><td colspan="2">0.8</td></tr>
</table>
单个波动用户在 PCC 点引起的闪变值按三级作不同的规定和处理</td><td>（1）监测点为公共连接点（PCC）。
（2）p_{st} 的测量周期为 10min，取实测 95%概率大值；P_{lt} 的测量周期为 2h，不得超标。
（3）限值分三级处理原则。
（4）提供预测计算方法，规定测量仪器并给出典型分析实例</td></tr>
</table>

续表

<table>
<tr><th>标准编号</th><th>标准名称</th><th>允 许 限 值</th><th>说　　明</th></tr>
<tr><td>GB/T 14549—1993</td><td>电能质量公用电网谐波</td><td>各级电网谐波电压限值
单位：%
<table>
<tr><th>电压（kV）</th><th>THD</th><th>奇次</th><th>偶次</th></tr>
<tr><td>0.38</td><td>5</td><td>4.0</td><td>2.0</td></tr>
<tr><td>6、10</td><td>4</td><td>3.2</td><td>1.6</td></tr>
<tr><td>35、66</td><td>3</td><td>2.4</td><td>1.2</td></tr>
<tr><td>110</td><td>2</td><td>1.6</td><td>0.8</td></tr>
</table>
注：1. 220kV 电网参照 110kV 执行。
2. THD 为总谐波畸变</td><td>（1）监测点为 PCC，取实测 95%概率大值。
（2）对用户允许产生的谐波电流提供计算方法。
（3）对测量方法和测量仪器做出规定。
（4）对同次谐波随机性合成提供算法</td></tr>
<tr><td>GB/T 15543—2008</td><td>电能质量三相电压不平衡</td><td>（1）正常允许 2%，短时不超过 4%。
（2）每个用户一般不得超过 1.3%</td><td>（1）各级电压要求一样。
（2）监测点为 PCC，取实测 95%概率大值或日累计超标不许超过 72min，且每 30min 中超标不许超过 5min。
（3）对测量方法和测量仪器做出基本规定。
（4）提供不平衡度算法</td></tr>
<tr><td>GB/T 15945—2008</td><td>电能质量电力系统频率偏差</td><td>（1）正常允许 ±0.2Hz，根据系统容量（界限为 3000MW）可以放宽到 ±0.5Hz。
（2）用户冲击引起的频率变动一般不得超过 ±0.2Hz</td><td>对测量仪器提出基本要求</td></tr>
<tr><td>GB/T 18481—2001</td><td>电能质量暂时过电压和瞬态过电压</td><td>（1）系统工频过电压限值，见下表。
系统工频过电压限值
<table>
<tr><th>电压等级（kV）</th><th>过电压限值（p.u.）</th></tr>
<tr><td>$U_\text{m}>252$（Ⅰ）</td><td>1.3</td></tr>
<tr><td>$U_\text{m}>252$（Ⅱ）</td><td>1.4</td></tr>
<tr><td>110 及 220</td><td>1.3</td></tr>
<tr><td>35～66</td><td>$\sqrt{3}$</td></tr>
<tr><td>3～10</td><td>$1.1\sqrt{3}$</td></tr>
</table>
注：1. U_m 指工频峰值电压。
2. Ⅰ和Ⅱ分别指线路断路器两侧变电站的线路电压。
（2）操作过电压限值（见下表），包括空载线路合闸、单相重合闸、成功的三相重合闸、非对称故障分闸及振荡解列过电压限值。
操作过电压限值
<table>
<tr><th>电压等级（kV）</th><th>过电压限值（p.u.）</th></tr>
<tr><td>500</td><td>2.0*</td></tr>
<tr><td>330</td><td>2.2*</td></tr>
<tr><td>110～252</td><td>3.0</td></tr>
</table>
*　表示该过电压为相对地统计操作过电压。</td><td>（1）暂时过电压包括工频过电压和谐振过电压。瞬态过电压包括操作过电压和雷击过电压。
（2）工频过电压 1.0p.u. $=U_\text{m}/\sqrt{3}$。谐振过电压和操作过电压 1.0p.u. $=\sqrt{2}U_\text{m}/\sqrt{3}$。
（3）除统计过电压（不小于该值的概率为 0.02）外，凡未说明的操作过电压限值均为最大操作过电压（不小于该值的概率为 0.0014）。
（4）瞬态过电压还对空载线路分闸过电压、断路器开断并联补偿装置及变压器等过电压限值做出了规定</td></tr>
</table>

续表

<table>
<tr><th>标准编号</th><th>标准名称</th><th>允 许 限 值</th><th>说 明</th></tr>
<tr><td>GB/T 24337—2009</td><td>电能质量 公用电网间谐波</td><td>220kV 及以下电力系统 PCC 点各次间谐波含有率限值见下表。
<table>
<tr><td rowspan="2">电压等级（V）</td><td colspan="2">频率（Hz）</td></tr>
<tr><td><100</td><td>100～800</td></tr>
<tr><td>1000 及以下</td><td>0.2%</td><td>0.5%</td></tr>
<tr><td>1000 以上</td><td>0.16%</td><td>0.4%</td></tr>
</table>
注：频率 800Hz 以上的间谐波还处于研究中。
单一用户间谐波含有率限值见下表。
<table>
<tr><td rowspan="2">电压等级（V）</td><td colspan="2">频率（Hz）</td></tr>
<tr><td><100</td><td>100～800</td></tr>
<tr><td>1000 及以下</td><td>0.16%</td><td>0.4%</td></tr>
<tr><td>1000 以上</td><td>0.13%</td><td>0.32%</td></tr>
</table></td><td>（1）标准基于离散傅里叶分析（DFT）算法规范间谐波的测量，但不排除更先进的间谐波测量方法。
（2）间谐波测量的频率分辨率为 5Hz，测量采样窗口宽度为 10 个工频周期。
（3）提供间谐波测量仪器准确度等级</td></tr>
</table>

需要指出的是，从现有的国家标准可以看出，我国的电能质量标准体系还很不完善。例如：有些指标已经是工业生产中急需提出的，但目前仍没有做出必要的规定，缺少相应的有关检测推荐方法和测量精度等规定；有些指标的科学性和可操作性差，而且还缺少完整的技术指导、行业规程和导则。因此，建立完善的电能质量标准体系仍有大量的工作需要开展。

1.2.3 电力系统频率偏差

GB/T 15945—2008《电能质量　电力系统频率偏差》规定以 50Hz 作为我国电力系统的标准频率（工频），并规定电力系统正常的频率标准为 50Hz±0.2Hz，当系统容量较小时，可放宽到 50Hz±0.5Hz。但 GB/T 15945—2008 中并没有说明系统容量大小的界限。《全国供用电规则》中规定了供电局供电频率的允许偏差：电网容量在 3000MW 及以上者为 0.2Hz；电网容量在 3000MW 以下者为 0.5Hz。实际运行中，我国各跨省电力系统频率的允许偏差都保持在±0.1Hz 的范围内。因此，电网频率目前在电能质量中最有保障。

1.2.4 供电电压偏差

供电电压允许偏差是指电力系统各处的电压允许偏离其额定值的百分比。GB/T 12325—2008《电能质量　供电电压偏差》中规定：35kV 及以上供电电压正、负偏差的绝对值之和不超过标称电压的 10%；20kV 及以下三相供电电压允许偏差为标称电压的±7%；220V 单相供电为标称电压的－10%～＋7%。

由于电网各点的电压调节不像频率调节那样由电网统一进行，又由于电网各点电压主要反映了该点无功功率的供需关系，因此电压调节一般采取按无功就地平衡原则进行无功功率补偿，并及时调整无功功率补偿量，以从源头上解决问题。也有采取调整同步发电机励磁电流的方式，以产生超前或滞后的无功功率，从而达到改善网络负荷的功率因数和调整电压偏差的目的。还有利用有载调压变压器，采取对电压偏差及时调整的方式。因为从总体上考虑，无功负荷只宜将功率因数补偿到 0.90～0.95，此时仍然有一部分变化无功负荷要电网供给，从而产生电压偏差，所以需要分区采取一些有效的技术手段，而有载调压变压器就是有效、经济的措施之一。

1.2.5　三相电压不平衡度

三相电压不平衡度是指三相系统中三相电压不平衡程度，用电压或电流负序分量与正序分量的均方根百分比表示。三相电压不平衡度（即存在负序分量）会引起继电保护误动、电动机附加振动力矩和发热。工作于额定转矩的电动机，如长期在负序电压含量 4%的状态下运行，由于发热，电动机绝缘寿命将会减半，若某相电压高于额定电压，其运行寿命的减短将更加严重。

GB/T 15543—2008《电能质量　三相电压不平衡》规定了电力系统公共连接点正常情况下电压不平衡度允许值为 2%，短时不平衡度不得超过 4%，其短时允许值是指任何时刻均不能超过的限制值，以保证继电保护和自动装置正确动作。对接入公共连接点的每个用户，规定其引起该点正常电压不平衡度的允许值一般为 1.3%。

1.2.6　电压波动和闪变

电压波动是指电压幅值在一定范围内有规则变动时，电压变动或工频电压包络线内的周期性变化；或电压幅值不超过 0.9～1.1（p.u.）的一系列随机变化；电压波动值为电压均方根最大值与最小值之差相对额定电压的百分比。电压波动能引起照明灯的照度波动。

闪变用于说明对不同频率电压波动引起灯闪的敏感程度及引起闪变刺激性程度的电压波动值，其定义是：人眼对照度波动的一种主观感觉。对用户负荷引起的闪变限值，是根据用户负荷的大小、协议用电容量占供电容量的比例及系统电压等级规定的。

按冲击负荷产生的电压波动允许值的百分数不同，电力系统公共供电点可分为 3 级并作不同的规定和限制：

（1）10kV 及以下为 2.5。

（2）35～110kV 为 2.0。

（3）220kV 及以上为 1.6。

GB/T 12326—2008《电能质量　电压波动和闪变》特别规定了各级电压下的闪变限制值，它适用于由波动负荷引起的公共连接点电压的快速变动及由此可能造成人对灯闪明显感觉的场合。

1.2.7　公用电网谐波

为了减少谐波对公用电网的污染，一方面，国家有关部门有必要对电力系统谐波畸变允许值和谐波源注入供电点的谐波电流值作出规定，对谐波源和供电点电压或电流的谐波含量或畸变值进行监测，对新接入的谐波源负荷进行必要的验算和管理，以保证电能质量以及电力系统和用户设备的安全和正常运行；另一方面，电力用户为保证自身设备的安全运行，也应当把自己的用电设备产生的谐波畸变保持在规定的限度以内。对电力系统的污染必须由产生谐波污染的用户采取措施（如装设滤波器等），将其设备产生的谐波限制在规定值以下。所以，除了要求现有的谐波源用户采取措施外，对新接入系统的大谐波源负荷必须经供电部门进行验算，确定其允许值和是否需要采取措施。供电部门在确定新接入用户的谐波含量和畸变允许值时，除考虑系统中原有的谐波含量外，还应留有适当裕度，为今后接入系统的新用户考虑。

目前许多国家已颁布限制注入电网的谐波电流分量的规定，CIGRE（国际大电网委员会）和IEC还成立了专门的工作小组，拟定电力系统和电工产品的谐波限制标准。各国制定谐波规定的共同原则如下。

（1）限制谐波源注入电网的谐波电流及其在电网连接点产生的谐波电压，防止其对电力系统的干扰，特别要防止高压配电网发生谐振或谐波放大，保证电网的安全运行。

（2）把电力系统中的谐波含量控制在允许范围内，保证电网供给波形合格的交流电能，使接入电网的各种用电设备工作正常，免受谐波干扰。

（3）限制谐波的标准要有利于国际技术经济合作，多数国家的标准都比较接近，如对谐波电压畸变率的规定，110～132kV电网各国均为1.5%。特别是家用和低压电器谐波标准，相互接近尤为明显，欧洲一些国家和美国、澳大利亚等国和IEC都引用了英国标准。英国是制订执行电力系统谐波规定较早的国家，其颁发的限制谐波规定（G5/3）在国际上很有影响。

我国公用电网谐波的管理始于20世纪80年代，1984年水利电力部颁发了SD 126—1984《电力系统谐波管理暂行规定》。经过近十年的实践，我国电网在谐波管理上前进了一大步，1993年7月31日国家技术监督局颁布了GB/T 14549—1993《电能质量　公用电网谐波》，并于1994年3月1日实施。该标准规定了公用电网谐波的允许值及其测试方法，适用于交流额定频率为50Hz，标准电压110kV及以下的公用电网（标准电压为220kV的公用电网可参照110kV执行）；不适用于暂态现象和短时间谐波。

1.2.8　暂时过电压和瞬态过电压

暂时过电压是指在电网给定点上持续时间较长的不衰减和弱衰减的（以工频或其一定的倍数或分数的频率）振荡过电压。

瞬态过电压是指持续时间数毫秒或更短，通常带有强阻尼的振荡或非振荡的过电压。它可以叠加于暂时过电压上。

暂时过电压和瞬态过电压是由于电力系统运行操作、受雷击、发生故障等原因引起的，是供电特性之一。GB/T 18481—2001《电能质量　暂时过电压和瞬态过电压》规定了作用于电气设备的暂时过电压和瞬态过电压的要求、电气设备的绝缘水平及过电压保护方法，并对过电压的相关术语、定义作了比较详尽的论述。

1.2.9　公用电网间谐波

间谐波是指非工频频率整数倍的谐波，往往由较大的电压波动或冲击性非线性负荷所引起。所有非线性的波动负荷，如电弧炉、电焊机、各种变频调速装置、同步串级调速装置及感应电动机等均为间谐波源。电力载波信号也是一种间谐波。

间谐波源的特点是放大电压闪变和音频干扰，影响电视机画面及增大收音机噪声，造成感应电动机振动及异常。对于由电容、电感和电阻构成的无源滤波器电路，间谐波可能会被放大，严重时会使滤波器因谐波过载而不能正常运行，甚至造成损坏。间谐波的影响和危害等同整数次谐波电压，IEC 61000—3—6对间谐波的发射水平作出了明确的说明，如间谐波电压水平应低于邻近谐波水平，并规定为（0.5%～1%）U_N。

2009年9月30日，我国颁布了GB/T 24337—2009《电能质量　公用电网间谐波》，并于2010年6月1日起实施。其适用于交流额定频率为50Hz，标称电压220kV及以下的公用电网。该标准分别针对电力系统公共连接点和单个用户的各次间谐波电压含有率给出了限值、测量取值方法及测量仪器准确度。由于频率为800Hz以上的间谐波电压限值还处于研究中，目前的标准中只按照小于100Hz和100～800Hz两个范围给出了间谐波电压含有率限值。

1.3　关于电能质量的一些概念

一、电压暂降

电压暂降（也称电压跌落）是指由于系统故障或干扰造成用户电压下降到额定电压的10%～90%［即幅值为0.1～0.9（p.u.）］，并持续0.5～30个周波，然后又恢复到正常水平的现象，此期间内系统频率仍为标称值。国际上普遍认为，电压幅值低于0.1（p.u.）且大于0.5个周波的供电中断对敏感用户和严格用户而言都属于断电故障。电压暂降可能造成某些用户的生产停顿或次品率增加，而供电恢复时间取决于自动重合闸或自动功能转换装置的动作时间，因此传统的机械式断路器已不能满足对敏感和严格用电负荷的需求。目前恢复供电时采取的主要措施有利用高速固态切换开关（Solid-State Transfer Switch，SSTS），利用动态电压恢复器（DVR）或利用不间断电源（UPS）作后备电源并配合固态电子开关等。

二、电压突升

电压突升是指电压的有效值升至额定值的110%以上，持续时间为0.5周波～1min，典型值为额定值的110%～180%，即幅值为1.1～1.8（p.u.），此期间系统频率仍为标称值。

三、断电

断电是指由于供电系统发生故障，如供电线路遭受雷击、对地闪络，或是系统线路遭受外力破坏致使保护动作等，造成用户在一定时间内一相或多相失去电压［低于0.1（p.u.）］。断电按持续时间分为三类：0.5～3s称为瞬时断电；3～60s称为暂时断电；大于1min称为持续断电，也称电压中断。

四、电压瞬变

电压瞬变又称为瞬时脉冲，是指在一定时间间隔内，两个连续稳态电压之间在极短时间内发生的一种突变现象或数量变化。

这种瞬时脉冲可以是任一极性的单方向脉冲；也可以是第一个峰值为任意极性的衰减振荡波，即发生在任一极性阻尼振荡波的第一个尖峰。

五、过电压

过电压是指相对地电压峰值超过$\sqrt{\frac{2}{3}}U_m$或相间电压峰值超过$\sqrt{2}U_m$的电压，U_m为系统最高运行电压。

六、欠电压

欠电压是指电压幅值低于额定电压，且持续时间大于1min。欠电压的幅值范围为0.1～0.9（p.u.）。

七、电压切痕

电压切痕（也称电压缺口）是指一种持续时间小于0.5周波的周期性电压扰动。电压切痕主要是由于电力电子装置在发生相间短路时，电流从一相转换到另一相而产生的。电压切痕的频率非常高，用常规的谐波分析仪器很难测量出电压切痕。

八、稳态电压扰动

稳态电压扰动是指以电源电压波形畸变为特征而引起的各种稳态电能质量问题。其主要内容包括：

（1）谐波，其特征指标是谐波频谱电压和谐波频谱电流的波形；

（2）陷波，其特征指标是陷波的持续时间及幅值大小；

（3）电压闪变，其特征指标是波动幅值、调制频率等；

（4）三相电压不对称，其特征指标是不平衡因子，其产生的主要原因是三相负载不平衡。

九、暂态电压扰动

暂态（瞬态）电压扰动是指电源电压的正弦波形受到暂态（瞬态）电压扰动，发生畸变而引起电能质量污染的各种问题。暂态电能质量问题是以频谱和暂态持续时间为特征的，一般分为脉冲暂态和振荡暂态两种类型。暂态电压扰动主要包括以下三个方面。

（1）暂态谐振，其特征指标是波形、峰值和持续时间，产生原因是由于线路、负载和电容器组的投切，造成的后果是破坏运行设备的绝缘、损坏电子设备等。

（2）暂态脉冲，其特征指标是电压上升时间、峰值和持续时间，产生的原因是线路遭受雷击或感性电路分合等，造成的后果是破坏运行设备的绝缘。

（3）瞬时电压上升或暂降，其特征指标是幅值、持续时间、瞬时值/时间，产生的原因通常是大容量电动机起动、负荷瞬变、电力系统切换操作或远端发生故障等，这是电力用户投诉最多的一种电压扰动。因为瞬时电压上升或暂降可能造成用电设备发生运行故障、敏感负载不能正常运行等后果。

十、直流分量

交流电网中的直流分量是指在交流电网中由于非全相整流负荷等原因引起的直流成分。直流分量会使电力变压器发生偏磁，从而引发一系列影响和干扰。例如，当 500kV 直流输电线路单极接地时，会引起变电站主变压器的运行噪声和机械振动急剧增加。

十一、电压偏差

电压偏差的数学表达式为

$$\text{电压偏差}(\%)=\frac{\text{实测电压}-\text{额定电压}}{\text{额定电压}}\times 100\%$$

十二、电压合格率

电压合格率的数学表达式为

$$\text{电压合格率}(\%)=\left(1-\frac{\text{电压超限时间}}{\text{电压监测总时间}}\right)\times 100\%$$

$$\text{电压超限率}(\%)=\frac{\text{电压超限时间}}{\text{电压监测总时间}}\times 100\%$$

$$V_i(\text{主网}\,i\,\text{节点电压合格率})=\left(1-\frac{\text{月电压超限时间总和(min)}}{\text{月电压监测总时间(min)}}\right)\times 100\%$$

$$V_{\text{网}}(\text{主网电压合格率})=\frac{\sum_{i=1}^{n}V_i(\text{主网节点电压合格率})}{n}$$

1.4 动态电能质量

IEEE 将电磁系统中典型的暂态现象进行了特征分类，主要列出了暂态和瞬态扰动现象。同时，IEEE根据扰动的频谱特征、持续时间、幅值变化等，将其分为瞬时、短时和长期的电压变动三大类。在此基础上又细分出18个子类，其中，短时电压变动，尤其是持续断电和电压暂降已成为国际上共同关注的问题。这些问题对于具有较强惯性的传统电机设备也许没有明显的影响，但对敏感和严格的用电负荷（如集成电路芯片制造和微电子控制的生产流水线等）将可能造成极大的危害。已成为现代电能质量的重要问题，从而使电能质量的内涵也发生了较大的变化。

（1）传统的电能质量问题（如谐波、三相不对称等）继续存在，而且严重性正在增加。

（2）随着供电可靠性的不断提高，目前人们已逐步将注意力转向新的动态电能质量问题，如持续时间为毫秒级的动态电压升高、脉冲、电压跌落和瞬时供电中断等。

常见的几种动态电能质量问题的波形示意图和波形图如图1-1所示。电能质量问题的性质、产生原因及解决方法见表1-3。

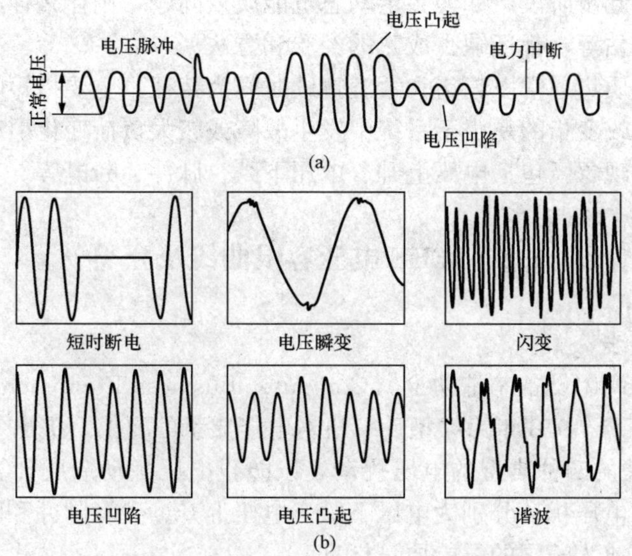

图1-1　常见的几种动态电能质量问题的波形示意图和波形图

（a）波形示意图；（b）波形图

表1-3　电能质量问题的性质、产生原因及解决方法

类型	扰动性质	特征指标	产生原因	后果	解决方法
谐波	稳态	谐波频谱电压、电流波形	非线性负荷、固态开关负荷	设备过热、继电保护误动、设备绝缘破坏	有源、无源滤波
三相不对称	稳态	不平衡因子	不对称负荷	设备过热，继电保护误动、通信干扰	静止无功补偿
陷波	稳态	持续时间、幅值	调速驱动器	计时器计时错误，通信干扰	电容器、隔离电感器
电压闪变	稳态	波动幅值、出现频率、调制频率	电弧炉、电机起动	伺服电机运行不正常	静止无功补偿
谐振暂态	暂态	波形、峰值、持续时间	线路、负荷和电容器组的投切	设备绝缘破坏、损坏电力电子设备	滤波器、隔离变压器、避雷器

续表

类型	扰动性质	特征指标	产生原因	后果	解决方法
脉冲暂态	暂态	上升时间、峰值、持续时间	闪电电击线路、感性电路开合	设备绝缘破坏	避雷器
瞬时电压上升，瞬时电压下降	暂态	幅值、持续时间、瞬时值/时间	远端发生故障、电机起动	设备停运、敏感负荷不能正常运行	不间断电源、动态电压恢复器
噪声	稳态/暂态	幅值、频谱	不正常接地、固态开关负荷	微处理器控制设备不正常运行	正确接地、滤波器

动态电能质量问题是近年来随着社会信息化的日益发展而逐渐暴露出来的新问题，对这些问题的研究还处在起步阶段，如何界定动态电能质量问题，用什么样的特征进行描述，怎样制定合理的指标评估等，都还缺少成熟的经验和方法。

目前，动态电能质量通常以频谱和暂态持续时间为特征，主要指短时电压改变以及各种暂态现象。短时电压改变指的是由于系统中发生故障或较大负荷变化引起电压均方根值在短时间内随时间改变的现象，包括电压上升、电压下跌、脉冲、断电等。

1.5 IEEE 电压容限曲线及分类

一、电压容限曲线

原美国计算机和商用设备制造协会（Computer Business Equipment Manufacturers Association，CBEMA）于 1978 年为大型计算机对电能质量的要求，提出了电压容限曲线（如图 1 - 2 所示）及相关的四种典型的电压扰动，以防止电压扰动造成计算机及其控制装置的误动和损坏。这四种电压扰动分别为电压下跌、电压上升、尖峰脉冲和断电。电压容限曲线已为 IEEE 采纳并已成为美国的电能质量标准。

CBEMA 电压容限曲线的基本概念是：包络线内阴影部分的电压为合格电压，包络线外的电压为不合格电压，在包络线下面的电压会使负荷失电，而在包络线上面的电压会造成其他设备发生绝缘问题、过电压脱扣或过励磁等。

二、ITIC 曲线

CBEMA 改称美国信息技术工业协会（Information Technology Industry Council，ITIC）后，其所属的第三技术委员会提出了新的电压容限曲线及相关的四种典型的电压扰动，并对图 1 - 2 所示的曲线进行了修订，又称为 ITIC 电压容限曲线（如图 1 - 3 所示，图中，c 表示 60Hz 系统的周波）。ITIC 曲线已被 IEEE 采纳，同时作为 IEEE Std. 446—1980 的组成部分。

ITIC 电压容限曲线适用于确定所有类型设备的电压容限的幅值和持续时间。与 CBEMA 电压容限曲线相比，ITIC 电压容限曲线具有以下优点。

（1）将光滑的曲线改为折线，增设了几个转折点，使电压幅值与时间变化的量化指示更加明确。

（2）稳态电压容限从原有的 106％ 、87％ 改为 110％ 、90％，使电压的上下偏差值相等。

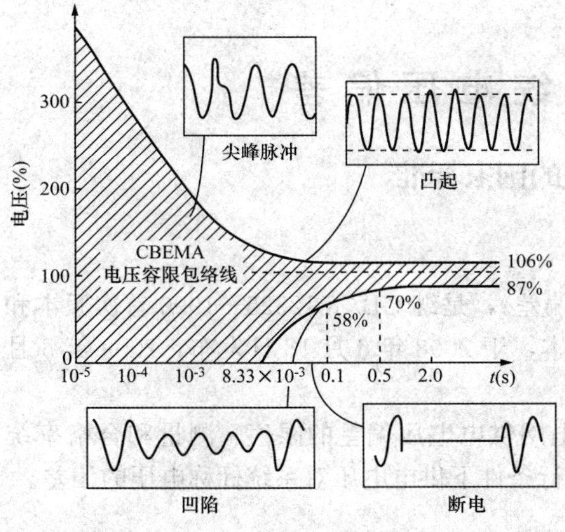

图 1-2　CBEMA 电压容限曲线

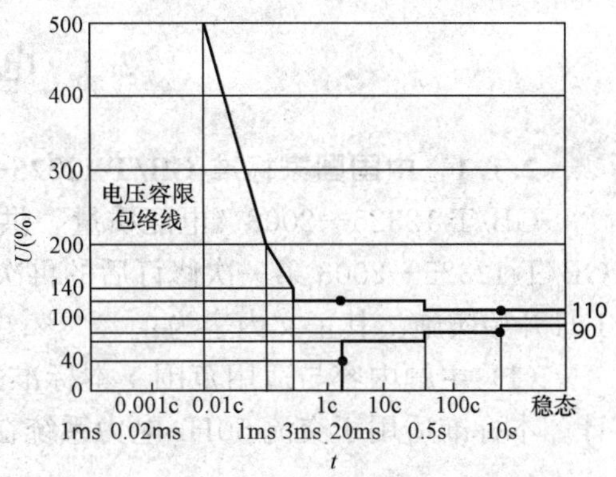

图 1-3　ITIC 电压容限曲线

(3) ITIC 电压容限曲线下包络线的起始时间从 8.33ms 改为 20ms（超过 60Hz 系统的一个周波)，表明了计算机元器件的断电耐受能力有了提高，这就为降低设备造价提供了可能性。

(4) ITIC 电压容限曲线的时间坐标（横坐标）既标明秒（s、ms、μs）的单位，又标明 60Hz 系统的周波单位，因此在实际应用中更具有普遍意义。

三、IEEE Std. 1159—1995 中的有关定义

IEEE Std. 1159—1995 以图 1-4 所示的形式，对电能质量中有关概念进行了表述。

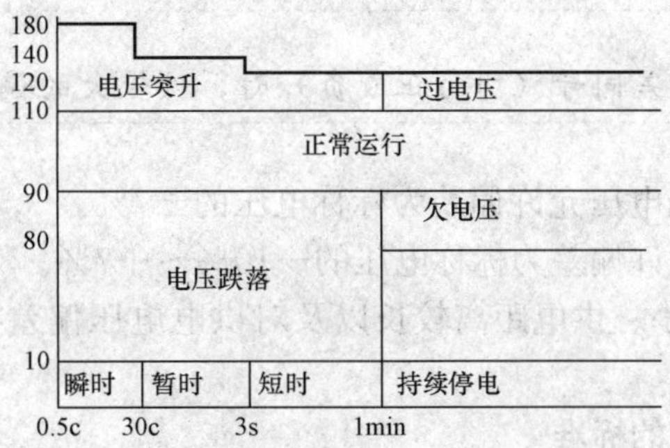

图 1-4　IEEE Std. 1159—1995 电能质量监测标准中对电能质量有关概念的表述

第2章　电力系统电压偏差

2.1　电压偏差的国家标准

2.1.1　中国国家标准 GB/T 12325—2008

GB/T 12325—2008《电能质量　供电电压偏差》，是继 GB/T 12325—1990 首次版本和 GB/T 12325—2003 第一次修订后的再次修订版本，于 2008 年 6 月 18 日发布，2009 年 5 月 1 日开始实施。其正文内容为：

（1）主题内容与适用范围。本标准规定了电网供电电压偏差的限值、测量和合格率统计。本标准适用于交流 50Hz 电力系统在正常运行条件下供电电压对系统标称电压的偏差。

注意

GB/T 12325—2008 中系统标称电压为用以标志或识别系统电压的给定值。

（2）引用标准。GB/T 156—2007《标准电压》（IEC 60038：2002，IEC Standard Voltages，MOD）。

（3）供电电压允许偏差。35kV 及以上供电电压正、负偏差的绝对值之和不超过标称电压的 10%。

注意

如供电电压上、下偏差同号（均为正或负）时，按较大的偏差绝对值作为衡量依据。

20kV 及以下三相供电电压允许偏差为标称电压的±7%。

220V 单相供电电压允许偏差为标称电压的－10%～＋7%。

对供电点短路容量较小、供电距离较长以及对供电电压偏差有特殊要求的用户，由供、用电双方协议确定。

2.1.2　国外电压偏差的标准

一些主要工业国家和组织对供电电压允许偏差的规定见表 2－1 和表 2－2，一般仅对 35kV 及以下供电电压作出规定。从表 2－1 可见，照明用户以±5%左右的居多，最大达到±10%，动力用户以±10%的居多。德国规定较严，照明为±3%，动力为±5%。

表 2－1　几个工业国家对供电电压允许偏差的规定

国别	电压允许偏差范围（%）			
	照明用电	动力用电	农村用电	事故后运行方式
美国	±5	±10		各类扩大 5
苏联[①]	+5；－2.5	+10；－5	±5	

续表

国别	电压允许偏差范围（%）			
	照明用电	动力用电	农村用电	事故后运行方式
日本②	±6（±10）	±10	＋9；－7	各类扩大5
德国	±3	±5	±10	
英国	±6	＋12；0		
加拿大	＋10；－3	＋10；－3	＋10；－3	±10

① 苏联的标准是指用电设备处电压允许偏差。

② 日本中央电力委员会规定：101V的允许偏差为±6V，即±6%；202V的允许偏差为±20V，即±10%。

表2-2　一些国家和组织对于供电电压允许偏差的规定

国别或组织	电压允许偏差
国际电工委员会（IEC）	100V～35kV为±10%
国际发供电联盟（UNIPEDE）	低压供电网为±10%
法国电力局（EDF）	中压电网为±7%；低压电网电缆供电为±5%；架空线供电为±7.5%；其他为±10%
意大利	±10%
荷兰	±10%
瑞典	无全国规定，一般为±5%，最大为±10%
瑞士	无全国规定，一般为±5%以下
奥地利	无全国规定，通常为±10%
芬兰	无全国规定，通常城市为±5%，其他地区为±10%
丹麦	无全国规定，实际白天为±10%，夜间为±5%
挪威	无全国规定，城市为±5%，其他地区为±10%
南斯拉夫	规定±10%，争取达到±5%
波兰	城市±5%，其他地区±10%
捷克	无全国规定，通常为±5%
罗马尼亚	通常为±5%，偏僻地区大于±5%
匈牙利	＋5%；－10%
希腊	无全国规定，通常为±7.5%

2.2 电压偏差超标的危害

2.2.1 电压偏差对用电设备的影响

一、对照明设备的影响

用电设备是按照额定电压进行设计、制造的。照明常用的白炽灯、荧光灯，其发光效率、光通量和使用寿命均与电压有关，如图2-1中的曲线所示。白炽灯对电压变动很敏感，从图2-1中可以看到：当电压较额定电压降低5%时，白炽灯的光通量减少18%；当电压降低10%时，光通量减少30%，使照度显著降低；当电压较额定电压升高5%时，白炽灯的寿命减少 30%；当电压升高 10%时，寿命减少一半，这将使白炽灯损坏的数量显著增加。

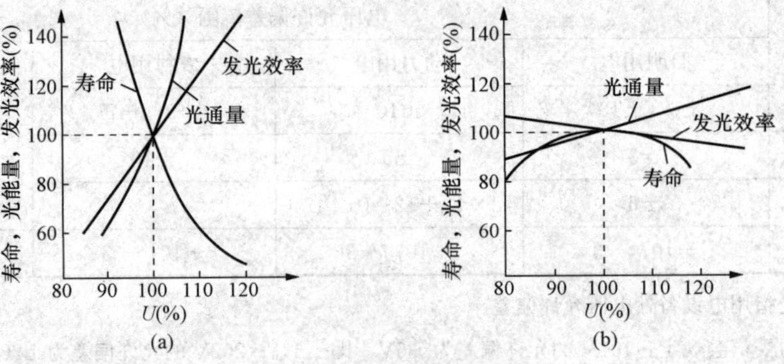

图 2-1　照明灯的电压特性曲线

(a) 白炽灯；(b) 荧光灯

二、对交流电动机的影响

异步电动机占交流电动机的 90%以上，在电网总负荷中占 60%以上。电压偏差对其影响表现在以下几个方面。

（一）转矩

图 2-2（a）所示为异步电动机等值电路，图 2-2（b）所示为将励磁阻抗移前的异步电动机等值电路。图中，U_1 为定子绕组电压，R_1、X_1 分别为定子绕组电阻、漏抗；R_m、X_m 分别为励磁等值电阻、电抗；R'_2、X'_2 分别为折合至定子侧的转子绕组的电阻、电抗；$\dot{c}_1$ 为一系数；s 为转差。其中有

$$\dot{c}_1 = 1 + \frac{R_1 + \mathrm{j}X_1}{R_m + \mathrm{j}X_m} \tag{2-1}$$

$$s = \frac{n_1 - n}{n_1} \tag{2-2}$$

式中：n 为转子转速；n_1 为对应的同步转速。

异步电动机的最大力矩为

$$T_{\max} = \frac{1}{2c_1}\frac{m_1 p U^2}{2\pi f\left[R_1 + \sqrt{R_1^2 + (X_1 + c_1 X'_2)^2}\right]} \tag{2-3}$$

式中：m_1 为定子绕组相数，一般 $m_1 = 3$；f 为电源频率；c_1 为系数，$c_1 \approx \dot{c}_1 = 1 + \frac{X_1}{X_m}$；$U$ 为定子绕组电压；p 为极对数。

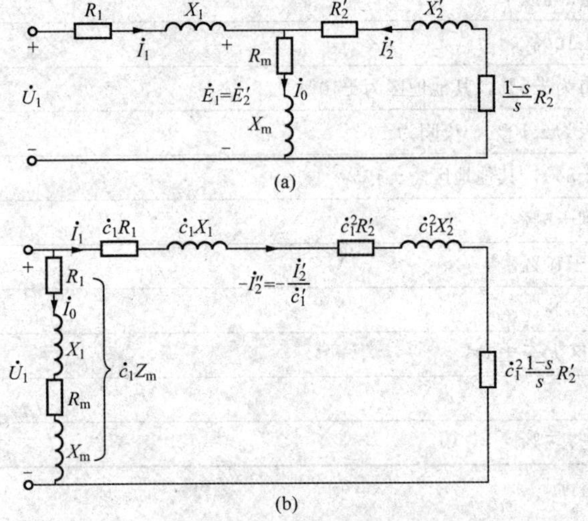

图 2-2　异步电动机等值电路

(a) 异步电动机等值电路；

(b) 励磁阻抗移前的异步电动机等值电路

异步电动机的起动力矩为

$$T_{st} = \frac{m_1 p U^2 R'_2}{2\pi f\left[(R_1 + c_1 R'_2)^2 + (X_1 + c_1 X'_2)^2\right]} \tag{2-4}$$

从式（2-3）和式（2-4）可见，在给定的电源频率及电动机参数下，异步电动机最大力矩和起动力矩与定子绕组端电压的平方成正比。

例如，异步电动机端电压从额定电压降至额定电压的90%，则其最大转矩和起动转矩将分别降至额定转矩 T_N 的81%。T_{max}/T_N 由1.6～2.2降至1.3～1.8，T_{st}/T_N 由0.7～2.2降至0.6～1.8。

（二）滑差和转速

从图2-3所示不同端电压时异步电动机的转矩—转差特性可见，若转矩不变，电压下降会使滑差增大。滑差与电压的关系式为

$$s=\frac{s_{max}}{K_U^2\frac{b}{K_T}+\sqrt{K_U^4\frac{b^2}{K_T^2}-1}} \tag{2-5}$$

式中：s_{max} 为对应最大力矩的滑差；b 为额定电压时的 $\frac{T_{max}}{T_N}$ 值；K_T 为实际力矩与额定力矩之比；K_U 为实际电压与额定电压之比。

由式（2-5）可推得实际滑差 s 与额定滑差 s_N 的关系式为

$$\frac{s}{s_N}=\frac{b+\sqrt{b^2-K_T^2}}{bK_U^2+\sqrt{b^2K_U^4-K_T^2}} \tag{2-6}$$

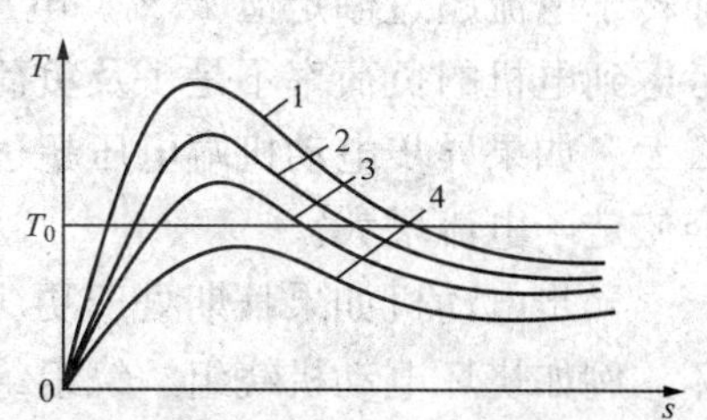

图2-3　不同端电压时异步电动机的转矩—转差特性
1—U=100%U_N；2—U=90%U_N；3—U=80%U_N；4—U=70%U_N

假设电动机的负荷阻力矩与转速无关。当机端电压比额定电压低10%时，对 b=2，s_N=2%的电动机，其滑差 s/s_N 可由式（2-6）计算［即将 b=2，K_U=0.9，K_T=1代入式（2-6）］，可得：s/s_N=1.29，s=2.6%，滑差增大了0.6%，相应的转速和功率减小了0.6%，影响不是很大。如果电动机负荷阻力矩与转速关系很大（成高次方关系），则轴功率和取自电网的功率变化会大一些，但滑差变化会更小一些。

（三）有功功率损耗

异步电动机的损耗，与电动机的参数 R_1、R_2、R_m 等有关系，也与电动机的负荷率有关系。当负荷率比较高时，机端电压下降引起电流增大，在定子绕组和转子中的损耗加大，电动机总的损耗增加；但当负荷率比较低时，电压降低引起的励磁损耗下降的因素超过了电流增大造成定子绕组和转子损耗加大的因素，电动机总的损耗会降低。

（四）无功功率

异步电动机的无功功率电压特性在机端电压大于某一临界值时，无功功率将随电压的升高而增大，电压越高，负荷率越低，其变化率 $\frac{dQ}{dU}$ 越大。但电压低于临界值时，电压降低反而会使无功功率增加，原因是电动机漏抗上的无功功率损耗占了主要部分。

电压临界值的大小与电机的负荷率和负荷性质有关，负荷率越高，电压临界值也越高。例如，轴端负荷恒定时，负荷率为0.85的电压临界值约为额定电压的85%，而负荷率为0.5～0.6时电压临界值下降至额定电压的70%～75%；如果负荷功率与转速的3次方成正比，负荷率为0.85时电压临界值降至额定电压的75%以下，但负荷率很低时对临界电压影响不大。异步电动机运行时机端电压不允许低于电压临界值，否则会造成负荷不稳定。

（五）电流

一般来说，异步电动机端电压降低时，定子和转子电流增大，励磁电流减少，定子电流

增大的程度不如转子电流，应按转子电流确定电动机的允许负荷。转子电流 I_2 与电压的关系可表示为

$$\frac{I_2}{I_{2N}} = \sqrt{\frac{K_T(b+\sqrt{(b^2-1)})}{\frac{b}{K_T}K_U^2+\sqrt{\left(\frac{b}{K_T}K_U^2\right)^2-1}}} \tag{2-7}$$

式中：I_2 和 I_{2N}分别为转子电流和转子额定电流；其他参数符号含义同式（2-5）。

假如某电动机转矩恒定并为额定值，$b=2$，电压降至额定值的 90%时，由式（2-7）得

$$I_2/I_{2N} = 1.14$$

即转子电流超过额定值 14%。电压降至额定值的 95%时，转子电流超过额定值 8%。但若考虑到电机的负荷率不是 1 及负荷转矩与转速成一次方或高次方关系，则转子电流不会有这么大。如果异步电动机端电压超过额定电压很多，则由于磁路饱和，励磁电流增加很快，也会使定子电流增大。

异步电动机如果长期处于更大的电压偏差下运行，特别是低电压运行，还是会发生损坏，例如烧坏电动机绕组、绕组绝缘老化而降低电动机使用寿命等。

同步电动机也是一种常用的电动机，特别是用在功率比较大的场合。调整同步电动机的励磁电流，可以调整其机端电压及无功功率，它既可消耗无功功率，也可产生无功功率。其电磁功率 P 可表示为

$$P = \frac{UE}{x_d}\sin\delta + \frac{U^2(x_d - x_q)}{2x_d x_q}\sin 2\delta \tag{2-8}$$

式中：U 为电动机机端电压；E 为电动势；x_d 和 x_q 分别为同步电动机的纵轴同步电抗和横轴同步电抗。

如果忽略式（2-8）等号右边第二项，便可得到正弦关系的功角特性。最大值 P_{max}对应 $\delta=90°$，即

$$P_{max} = \frac{UE}{x_d} \tag{2-9}$$

同步电动机的最大转矩 T_{max}为

$$T_{max} = \frac{P_{max}}{\Omega} = \frac{UE}{\Omega x_d} \tag{2-10}$$

式中：Ω 为同步电动机的机械转速。

同步电动机运行时的转矩不可大于 T_{max}，否则就会失去稳定。由式（2-10）可见，T_{max} 的大小与同步电动机的端电压 U 及电动势 E 有关，U、E 降低会使 T_{max}下降，会影响同步电动机运行的稳定性。

三、对电力变压器的影响

（一）对空载损耗的影响

变压器空载损耗包括铁心损耗和附加损耗。铁心损耗又称空载损耗，主要包括变压器运行时铁心中磁通产生的磁滞损耗及涡流损耗。这些损耗的大小与铁心中的磁感应强度 B 有关，变压器电压升高，B 也增大，铁心损耗也增大。附加损耗是变压器中的杂散磁场在变压器箱体和其他一些金属零件中产生的损耗。一般额定电压下的空载损耗占变压器额定容量的千分之几。

（二）对绕组损耗的影响

在传输同样功率的条件下，变压器电压降低，会使变压器绕组电流增大，绕组的损耗增大，损耗大小与通过变压器的电流的平方成正比。额定负荷时变压器绕组电阻中的功率损耗是变压器空载损耗的几倍，甚至十几倍。当传输功率比较大时，低电压运行会使变压器过电流。

（三）对绝缘的影响

变压器的内绝缘主要是变压器油和绝缘纸。变压器油在运行中会逐渐老化变质，通常可分为热老化及电老化两大类。热老化在所有变压器油中都存在，温度升高时，残留在油箱中的氧和纤维分解产生的氧与油发生的化学反应加快，使油黏度增高、颜色变深、击穿电压下降。电老化指高场强处产生局部放电，促使油分子缩合成更高分子量的蜡状物质，它们积聚在附近绕组绝缘上，堵塞油道，影响散热，同时逸出低分子的气体，使放电更易发展。变压器高电压运行会使电场增强，加快电老化。

绝缘纸等固体绝缘的老化是指绝缘受到热、强电场或其他物理化学作用逐渐失去机械强度和电气强度。绝缘老化程度主要由机械强度来决定，当绝缘变得干燥发脆时，即使电气强度很好，在振动或电动力作用下也会损坏。绝缘老化是由于温度、湿度、局部放电、氧化和油中分解的劣化物质的影响所致，老化速度主要由温度决定。绝缘的环境温度越高，绕组中电流越大、温升越大，绝缘老化速度就越快，使用年限就越短。高电压运行，会增强电场强度，加剧局部放电，特别在绝缘已受损伤或已有一定程度老化情况下，会加快老化的速度。

以上分析的过电流和高电压对变压器绝缘老化的影响，同样适用于电压互感器（TV）、电流互感器（TA）、充油套管等电气设备。

四、对电力电容器的影响

并联电容器为系统提供的无功功率为

$$Q_C = \frac{U^2}{X_C} \tag{2-11}$$

式中：U 为电容器电压；X_C 为并联电容器容抗。

当电压 U 下降时，由于电容器向电网提供的无功功率与电压平方成正比，因此会下降更多。但电容器上的电压太高，会严重影响电容器的使用寿命。电力电容器的绝缘老化特性（U—t 特性）如图 2-4 所示。图中 U 为电容器上的电压，t 为电容器的寿命。电容器 U—t 特性一般存在三个区域：在区域 1，由于电场很强，存在强烈的放电；在区域 2，存在强烈的局部放电；在区域 3，处于局部起始放电电场强度附近，是弱的局部放电。

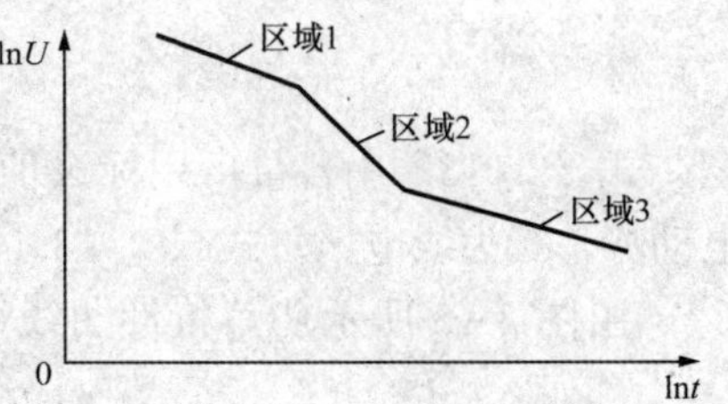

图 2-4　电力电容器的绝缘老化特性

电容器的使用寿命可用式（2-12）估算，即

$$L = L_N\left(\frac{U}{U_N}\right)^{-8.5} \tag{2-12}$$

式中：L_N 为额定电压下电容器的使用寿命；U_N 为额定电压。

如果 L_N 为 20 年，则长期在 1.1 倍额定电压下运行，使用寿命减少到 44.48%，即仅为

8～9年，电容器的使用寿命还与所加电压波形有很大关系。

五、对家用电器的影响

许多家用电器内装有动力装置，如洗衣机、电风扇、空调机、电冰箱、抽油烟机等，动力装置是各种类型的电动机。电动机分为直流电动机、交流异步电动机及交流同步电动机等，其中约85%是单相异步电动机。单相异步电动机类似三相异步电动机，电压过低会影响电动机的起动，使转速降低、电流增大，甚至造成绕组烧毁的后果；电压过高，有可能损坏绝缘或由于励磁过大而过电流。对其他无动力装置家用电器的影响，例如，彩色电视机和黑白电视机的显像管，在电源电压过低时，运行不正常，图像模糊，甚至无法收看；电压过高，显像管的使用寿命会大大缩短。

2.2.2 电压偏差对电力系统稳定和经济运行的影响

一、对功角稳定的影响

同步发电机的转速取决于作用在其轴上的转矩，当转矩变化时转速也将相应地发生变化。正常运行时，原动机的功率与发电机的输出功率是平衡的，因此发电机以恒定的同步转速运行。但是，这种功率平衡状态是相对的、暂时的。由于电力系统的负荷随时都在变化，有时还有偶然事故发生，所以平衡状态不断被打破。例如，负荷功率的变化将引起各发电机输出功率的变化，但原动机功率不能立即跟随其变化，就会在原动机功率与发电机输出功率之间产生不平衡。功率的不平衡以及相应的转矩不平衡，将引起发电机组转速的变化。

当系统由于负荷变化、操作或发生故障而打破平衡状态后，各发电机组将因功率不平衡而发生转速的变化。一般来说，各发电机组功率不平衡的程度不同，可能一部分机组加速，另一部分机组减速，速度变化的程度也不一样。因此，各发电机的转子之间将发生相对运动。如果经过一段时间后各发电机组能重新恢复到原来的平衡状态，或者出现某一新的平衡状态，这样的系统称之为稳定的。相反，当电力系统遭受外部干扰后，发电机组间产生不衰减的振荡，或转子间发生很大的相对运动，造成机组之间失去同步，这样的系统称之为不稳定的。

电力系统维持同步运行的能力，与电网电压水平有很大的关系，即

$$P=\frac{EU}{X_{\Sigma}}\sin\delta \tag{2-13}$$

式（2-13）中各量可用标幺值，也可用有名值。用有名值时P为三相功率，E为发电机电动势，U为线电压。式（2-13）称为单机—无穷大系统功角特性，其曲线如图2-5所示。

由图2-5所示功角特性曲线可以分析在小扰动情况下系统稳定问题，即所谓的静态稳定问题。当发电机原动机功率为P_0时，输电系统可能运行在功角特性曲线的点a或点b。在点a，如在小扰动下产生正的功角增量$\Delta\delta$，则会产生正的发电机输出功率增量ΔP（原动机功率不变），从而发电机电磁转矩增大，机组减速，使运行状态回到点a。因此，运行在点a时，在小扰动情况下系统是稳定的。再看运行在点b的情况。在小扰动下产生的正的功角增量$\Delta\delta$会引起负的发电机输出功率增量，原动机功率超过发电机输出功率，使转子加速，$\Delta\delta$不断增大，运行状态无法回到点b，最后失去稳定。所以，可以用$\Delta\delta$与ΔP的正、负

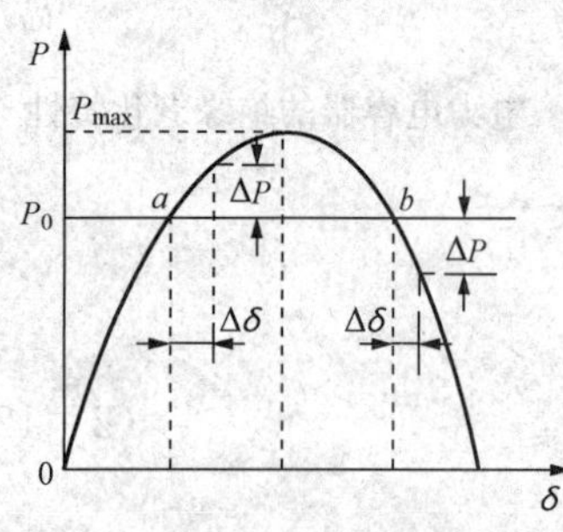

图2-5 单机—无穷大系统功角特性曲线

关系来判断系统是否稳定。令同步力矩系数为 K_S，且

$$K_S = \frac{dP}{d\delta} \tag{2-14}$$

则上述简单系统静态稳定的充分必要条件是

$$K_S > 0 \tag{2-15}$$

由式（2-13）和式（2-14）得

$$K_S = \frac{EU}{X_\Sigma}\cos\delta \tag{2-16}$$

当 $\delta<90°$ 时，$K_S>0$，系统稳定；当 $\delta>90°$ 时，$K_S<0$，系统不稳定；当 $\delta=90°$ 时，$K_S=0$，这是系统稳定与否的分界点，此时对应的发电机功率为

$$P = P_M = \frac{EU}{X_\Sigma} \tag{2-17}$$

式中：P_M 为静态稳定极限功率或静稳极限。

为了保证输电系统的静态稳定，线路上输送的功率不能超过静稳极限，而且要留有足够的储备。从式（2-17）可见，P_M 与系统电压 U 成正比，与发电机电动势 E 成正比，与总的电抗成反比。当电力系统结构已经确定，即 X_Σ 已确定的情况下，提高系统电压及发电机电动势（发电机端电压也相应提高）就能大大提高系统的静态稳定极限。例如，将 E，U 都较额定值升高 10%，则静稳极限要比运行在额定电压时提高 20%。一般情况下，发电机、变压器和线路电抗上都有电压损耗，E 要比 U 高。下面分析一下简单输电系统无功功率与电压之间的关系。因为

$$E\cos\delta = U + X_\Sigma I\sin\varphi \tag{2-18}$$

两边乘以 U，考虑 Q 与 $UI\sin\varphi$ 的关系，可得

$$Q = \frac{U(E\cos\delta - U)}{X_\Sigma} \tag{2-19}$$

式中：Q 为标幺值或三相无功功率有名值；E、U 也为电压标幺值或线电压有名值。

从式（2-19）可见，当 $E\cos\delta>U$ 时，在系统母线上将得到来自发电机的无功功率，E、U 差得越多，Q 就越大；反之，当 $E\cos\delta<U$ 时，发电机可能从系统吸收无功，发电机进相运行。因为系统的运行电压不能太高，从整个系统无功功率电压要求来看，有时要求发电机吸收无功功率，以满足系统无功功率平衡、电压水平的要求，这时 E 就要降低。然而当 $E<U$ 时，由于 E 降低，使静稳极限降低，对电网稳定运行是不利的。但在一般情况下，两者是没有矛盾的。在高峰有功负荷时，电网也需要较多的无功功率，线路重负荷，E 也比较高，静稳极限也比较高。在负荷低谷时，线路功率也比较小，E 低一些也不致影响电网运行的稳定。但在特殊运行情况下，一定要注意发电机的运行方式对稳定性的影响。对于远距离的输电系统，从电网经济性考虑，不应从远方发电机输送无功功率至受端系统。但从稳定性的要求考虑，发电机电动势或机端电压应运行在比较高的数值，因此要限制发电机的进相运行或高功率因数的运行方式。

实际电力系统的结构比上述简单系统要复杂。由于发电机普遍装有自动励磁调节装置，它们对电网的稳定运行影响很大。其好的方面是可以使发电机运行在 $\delta>90°$ 的人工稳定区；坏的方面是有可能激发起低频振荡，这需要采取一些专门的措施，例如励磁的附加控制或其他专门控制。提高电网运行电压水平，对提高电网的静态稳定，防止发电机组非振荡性失步

是很有好处的。

二、对电压稳定的影响

我国 2001 年发布的 DL 755—2001《电力系统安全稳定导则》中将电压稳定定义为：电力系统受到小的或大的扰动后，系统电压能保持或恢复到容许的范围内，不发生电压崩溃的能力。

IEEE 电压稳定小组 1990 年的报告认为：如果电力系统能够维持电压以确保负荷增大时，负荷消耗的功率随着增大，就称系统是电压稳定的；反之就称系统是电压不稳定的。

CIGRE 于 1993 年提出：如果系统受到一定的扰动后，邻近节点的负荷电压达到扰动后平衡状态的值，并且该受扰状态处于扰动后的稳定平衡点的吸引域内，那么就认为系统是电压稳定的；与此相反，如果扰动后平衡状态下负荷邻近的节点电压低于可接受的极限值，那么就称系统电压崩溃。

所谓电压崩溃，是指由于电压不稳定所导致的系统内大面积、大幅度的电压下降的过程（电压也可能是由于角度不稳定而崩溃的，最初的起因往往仅在事故后的细心分析中才能发现）。此外，还有另一常用术语——电压安全性，它不仅是指一个系统稳定运行的能力，也指在出现任何适当而又可信的预想事故或有害的系统变更后，系统维持电压稳定的能力。

当出现扰动、负荷增大或系统变更使电压急剧下降或向下漂移，并且运行人员和自动系统的控制已无法终止这种电压衰落时，系统就会进入电压不稳定的状态，这种电压的衰落可能只需用几秒钟，也可能长达 10～20min，甚至更长。如果电压不停地衰落下去，静态的角度不稳定或电压崩溃就会发生。

在电压衰落期间，电力系统和用户负荷中多种自动、手动的控制装置或手段都会起作用。其中包括发电机和励磁机的保护装置、电厂运行人员的控制（如为降低发电机的无功出力而降低电压调节器的整定值）、系统运行人员的控制（如调整有载调压变压器的分接头）、配电有载调压变压器、控制电压的并联电容器组、恒温控制负荷和手动控制负荷等。在扰动之后，这些控制交互地作用于电压，使得这个期间成为所谓的慢动态期间。

如果电压降低到使裕量最低的电动机转矩低于负荷转矩，该电动机将停转。这又致使电压进一步下降，并使其他电动机以级联的方式停转。伴随电压崩溃的可能是失去负荷和恢复电压降低，也可能是线路掉闸和受影响地区的完全停电。

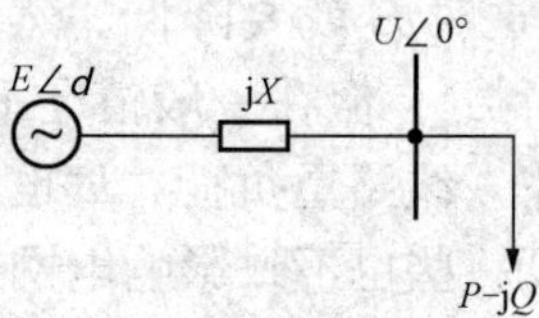

图 2-6　单负荷—无穷大系统的供电接线示意图

图 2-6 所示为单负荷—无穷大系统的供电接线示意图。按单机供电方程可列出

$$\frac{PX}{E^2}=\frac{U}{E}\sin\delta+\frac{U^2(X_d-X_q)}{2X_dX_q}\sin2\delta \tag{2-20}$$

$$\frac{QX}{E^2}=\frac{U}{E}\cos\delta-\left(\frac{U}{E}\right)^2 \tag{2-21}$$

从而得

$$\left(\frac{PX}{E^2}\right)^2+\left[\frac{QX}{E^2}+\left(\frac{U}{E}\right)^2\right]^2=\left(\frac{U}{E}\right)^2 \tag{2-22}$$

并由此解得电压与受端负荷功率的关系为

$$\left(\frac{U}{E}\right)^2=\frac{1}{2}\left[1-2\frac{QX}{E^2}\pm\sqrt{1-4\frac{QX}{E^2}-4\left(\frac{PX}{E^2}\right)^2}\right] \tag{2-23}$$

式（2-23）为系统受端电压功率特性，表示由系统电源电动势 $\dot{E}$ 经输电阻抗 jX 向一受端负荷供电时的系统运行电压特性。

在式（2-20）～式（2-23）中，各量均为以某一电压（kV）和某一容量（MVA）为基准的标幺值。特别要说明的是：

（1）当负荷由系统吸收无功功率时，Q 为正值；而当负荷向系统送去无功功率时，Q 为负值。

（2）所有的 P 及 Q 值，都是对应于相应电压 U 值下的标幺值，而不是额定电压 U_N 下的数值。

在式（2-23）中，取 $\frac{PX}{E^2}$ 为某一确定数值，可得一系列的系统受端电压—无功功率特性 $\left[\frac{U}{E}=f\left(\frac{QX}{E^2}\right)\right]$ 曲线，如图 2-7 所示，并有如下特点。

（1）一般地，在 $\frac{PX}{E^2}$ 为定值的运行曲线 $\frac{U}{E}=f\left(\frac{QX}{E^2}\right)$ 上，同一 $\frac{QX}{E^2}$ 值可以有两个满足要求的 $\frac{U}{E}$ 值，而显然只有曲线右侧交点才是稳定运行点，而曲线左侧交点是不稳定运行点。

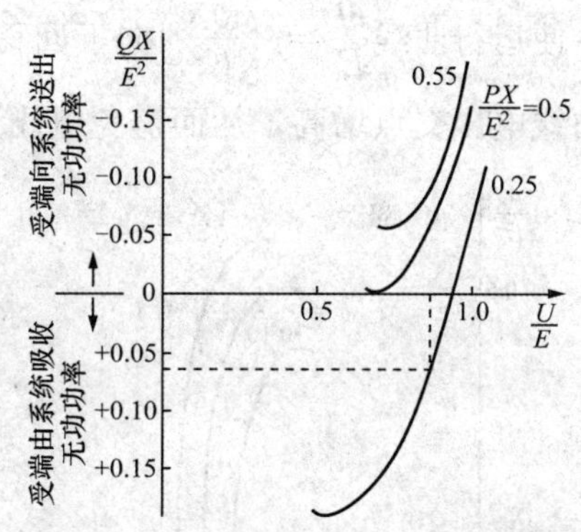

图 2-7　系统受端电压—无功功率特性

（2）曲线的最低点是满足如下条件的最低运行点电压，即

$$\sqrt{1-4\frac{QX}{E^2}-4\left(\frac{PX}{E^2}\right)^2}=0$$

故稳定运行的临界电压为

$$\left(\frac{U}{E}\right)_{\min\left|\frac{PX}{E^2}=\text{const}\right.}=\sqrt{0.25+\left(\frac{PX}{E^2}\right)^2}$$

例如，当 $\frac{PX}{E^2}=0.25$ 时，最低运行点电压值 $\frac{U}{E}=0.56$；当 $\frac{PX}{E^2}=0.5$ 时，最低的 $\frac{U}{E}$ 值为 0.707。有功负荷越大，要求的最低稳定运行电压越高。

（3）当 $\frac{PX}{E^2}>0.5$ 时，$\left(\frac{U}{E}\right)_{\min}$ 在曲线横轴上方，也就是说，如果受端有功功率过大（P 过大），或系统输电电抗过大（X 过大），或系统供电电源电动势过低（E 过低）时，为了保持受端负荷的稳定运行，受端地区必须有足够的过补偿无功功率，除补偿地区负荷的无功功率外，还必须向系统送出一定的无功功率，以维持受端母线电压有足够高的运行电压水平，从而稳定地运行。而当 $\frac{PX}{E^2}<0.5$ 时，受端系统可以由系统吸收或向系统送出一定的无功功率，视具体电压水平而定。无论任何情况，受端母线电压必须高于 $\frac{U}{E}$ 的允许最低值，以应付系统情况与受端负荷的波动，从而稳定地运行。

（4）当系统电源电动势 E 下降时，一般受端母线电压也将随之下降，从而引起受端负荷 P、Q 值的变化。如果认为其中的 P 对电压变化不敏感，可取为定值时，则当 E 下降时，

$\frac{PX}{E^2}$将增大，运行曲线$\frac{U}{E}=f\left(\frac{QX}{E^2}\right)$将随之上移。如果要保持原来的受端母线电压，势必相应地增大受端的补偿无功功率；如果不能随 E 的下降而相应增大此无功补偿量，则受端母线电压将下降，并稳定在既满足负荷电压特性，又满足图 2-7 所示的受端电压功率特性的某一合适电压点上。如果 E 下降过多，或 P 增加过多，而地区无功补偿水平不能相应增加，则受端母线将下降到同时满足负荷电压特性，又满足图 2-7 所示特性的另一新值。当下降的新电压值，滑过图 2-7 中对应此种方式的曲线的最低点时，将出现受端电压崩溃现象。

（5）如果由于故障，使 E 突然下降或使 X 突然增大，则运行曲线$\frac{U}{E}=f\left(\frac{QX}{E^2}\right)$将突然上移。此时为了稳定运行，必须在受端立即投入紧急的无功功率补偿，以稳定受端电压，解除电压崩溃危险。解除电压崩溃危险的另一种有效措施是，立即切除部分地区有功负荷 P（包括相应的无功负荷 Q），这也往往是紧急情况下唯一可行的有效措施。如此，不但因为 P 减少使运行曲线$\frac{U}{E}=f\left(\frac{QX}{E^2}\right)$向下回移，还因为负荷消耗的 Q 减少，进一步使图 2-7 中的运行曲线电压交点增高，从而避免电压崩溃事件的发生。

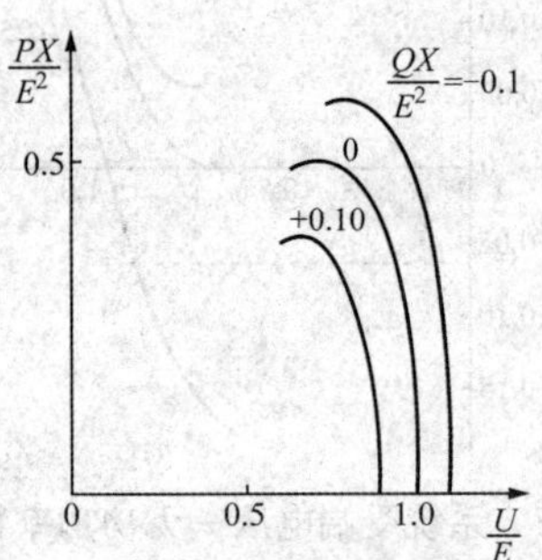

图 2-8　系统受端电压—有功功率特性

式（2-23）的另一种曲线表示法是，以$\frac{QX}{E^2}$为定值，求得系统受端电压—有功功率特性$\frac{U}{E}=f\left(\frac{PX}{E^2}\right)$曲线，如图 2-8 所示。

由式（2-23）可以发现运行曲线$\frac{U}{E}=f\left(\frac{PX}{E^2}\right)$必然对称于 $\frac{U}{E}$ 轴，即适合于吸收 P $\left(\frac{PX}{E^2}\text{为正值}\right)$及送出 $P\left(\frac{PX}{E^2}\text{为负值}\right)$的两种情况。

由图 2-8 可见如下特点。

（1）在$\frac{QX}{E^2}$为定值的运行曲线$\frac{U}{E}=f\left(\frac{PX}{E^2}\right)$上，同一$\frac{PX}{E^2}$值有两个满足要求的$\frac{U}{E}$值存在，但显然也只有右侧交点是稳定运行点，而左侧交点是不稳定运行点。

（2）对应稳定运行极限$\frac{PX}{E^2}$的运行点应满足方程

$$1-4\frac{QX}{E^2}-4\left(\frac{PX}{E^2}\right)^2=0$$

即

$$\left|\frac{PX}{E^2}\right|=\frac{1}{2}\sqrt{1-4\frac{QX}{E^2}}$$

此时有

$$\left(\frac{U}{E}\right)_{\min\left|\frac{QX}{E^2}=\text{const}\right.}=\sqrt{\frac{1}{2}\left(1-2\frac{QX}{E^2}\right)}$$

$\frac{QX}{E^2}=0$ 时，$\frac{PX}{E^2}$的最大（绝对值）值为 0.5，此时的$\left.\frac{U}{E}\right|_{\min}$值为 0.707。在其他条件不变

的情况下，随着 P 的增大，$\frac{U}{E}$将下降，一直到临界的$\frac{PX}{E^2}$值。此时如果继续增加$\frac{PX}{E^2}$，将出现电压崩溃现象。

(3) 增加就地的无功补偿，$\frac{U}{E}=f\left(\frac{PX}{E^2}\right)$曲线右移，极限$\frac{PX}{E^2}$值及$\frac{U}{E}$值增大，系统趋于稳定；反之，系统则趋向不稳定。

(4) 图 2-8 还可以用来研究经传输电抗 X 向受端系统送电的情况，此时$\frac{PX}{E^2}$值为负，U 为送端电压，E 为受端系统等效电动势。不发生电压崩溃的稳定送电条件仍是

$$\left|\frac{PX}{E^2}\right| \leqslant \frac{1}{2}\sqrt{1-4\frac{QX}{E^2}}$$

图 2-6 及图 2-7 是研究电压稳定性，探求电压稳定裕度以及在某种事故状态后求得所需无功功率紧急补偿容量等常用的方法。无论是图 2-7 还是图 2-8 所示的模式，都可以用来研究复杂电网的电压稳定性、特定节点需要补偿的无功容量或特定线路的最大允许传输功率等问题。

为了保证足够的电压稳定裕度，可以考虑以下内容：①运行点电压离允许最低运行点有一定距离；②运行点电压位于曲线比较平坦的部分；③某一特定的无功功率损失或负荷预测误差；④规定故障的节点运行电压高于某一数值，如某些系统多考虑为 90%～95%等。

认真分析式 (2-23)，可以进一步求得一种简捷明了的电压稳定判据，分析如下。

不论系统结构如何复杂，从系统中的某一节点（变电站母线）看向系统，在任一瞬间，都可以把外部系统等效为一个电源电动势（开路电动势）经传输阻抗（到该节点的系统侧短路阻抗）向节点供电的单机系统。式 (2-23) 的唯一假定是认为传输阻抗中只有电抗成分，这通常是成立的，因此该式具有普遍意义。

由式 (2-23) 可解得系统中某一供电节点的稳定临界电压比值为

$$\left(\frac{U}{E}\right)_{\mathrm{cr}} = \sqrt{\frac{1}{2}\left(1-2Q\frac{X}{E^2}\right)} \tag{2-24}$$

而保持该供电节点不发生电压崩溃的基本要求是满足方程

$$1-4Q\frac{X}{E^2}-4\left(\frac{PX}{E^2}\right)^2=0 \tag{2-25}$$

由式 (2-25) 可以找到该供电节点的临界系统等效电动势 E_{cr}，并有

$$\frac{E_{\mathrm{cr}}^2}{X}=2(Q+\sqrt{P^2+Q^2}) \tag{2-26}$$

将式 (2-26) 代入式 (2-24)，即可导出电网中某一供电节点的母线电压稳定临界值 U_{cr}，即

$$U_{\mathrm{cr}}^2 = X\sqrt{P^2+Q^2} \tag{2-27}$$

这样，利用式 (2-27) 来分析电网供电电压的稳定性问题，就颇为方便了。

三、对电网经济运行的影响

输电线路和变压器在输送功率不变的条件下，流过的电流大小与运行电压成反比。电网低电压运行，会使线路和变压器电流增大。线路和变压器绕组的有功损耗与电流平方

成正比，因此低电压运行会使电网有功功率损耗和无功功率损耗大大增加，从而增大了供电成本。

2.3 电力系统电压调整

2.3.1 有功、无功功率传输对电压水平的影响

当线路传输功率时，电流将在线路阻抗上产生电压损耗。图 2-9 所示为不考虑线路分布电容影响的输电线路等值电路和相量图。

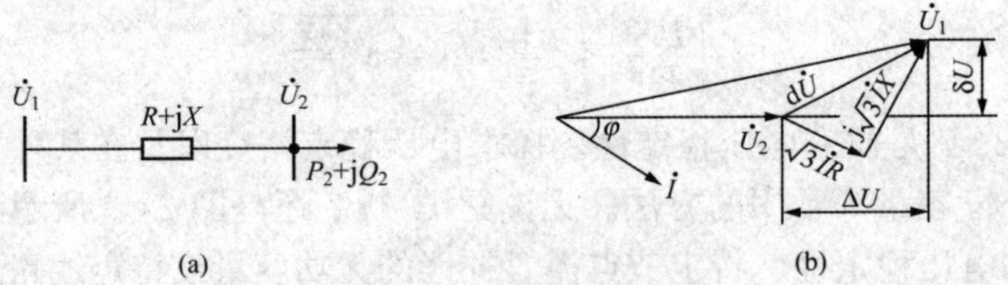

图 2-9 不考虑线路分布电容影响的输电线路等值电路和相量图

(a) 等值电路；(b) 相量图

由图 2-9（b）可知，输电线路首端线电压 $\dot{U}_1$ 和末端线电压 $\dot{U}_2$ 之间存在下列关系

$$\dot{U}_1-\dot{U}_2=\mathrm{d}\dot{U}=\sqrt{3}\dot{I}(R+\mathrm{j}X) \tag{2-28}$$

式中，$\dot{U}_1$ 与 $\dot{U}_2$ 的相量差 $\mathrm{d}\dot{U}$ 称为线路的电压降落，实质上它是电流在线路阻抗上的电压降。

取 $\mathrm{d}\dot{U}$ 在 $\dot{U}_2$ 方向上的投影 ΔU 和在 $\dot{U}_2$ 垂直方向上的投影 δU，并分别称为电压降落的纵分量和横分量，则从相量图上可知

$$\left.\begin{aligned}\Delta U&=\sqrt{3}I(R\cos\varphi+X\sin\varphi)\\ \delta U&=\sqrt{3}I(X\cos\varphi-R\sin\varphi)\end{aligned}\right\} \tag{2-29}$$

若电流 I 用线路末端的功率 S_2 和电压 U_2 表示，即

$$I=\frac{S_2}{\sqrt{3}U_2} \tag{2-30}$$

将式（2-30）代入式（2-29），则可得

$$\Delta U=\frac{P_2R+Q_2X}{U_2} \tag{2-31}$$

$$\delta U=\frac{P_2X-Q_2R}{U_2} \tag{2-32}$$

以 $\dot{U}_2$ 作为坐标参考轴时，则有

$$\dot{U}_1=\dot{U}_2+\Delta U+\mathrm{j}\delta U \tag{2-33}$$

$$U_1=\sqrt{(U_2+\Delta U)^2+(\delta U)^2} \tag{2-34}$$

式（2-33）和式（2-34）是关于电压降落的计算。实际上人们更关心的是线路两端电压有效值之差，称为线路的电压损耗。当 $\dot{U}_1$ 与 $\dot{U}_2$ 之间的相角差比较小时，可以忽略电压降落横分量对电压损耗的影响，把电压降落纵分量近似看作电压损耗，即

$$U_1 \approx U_2 + \frac{P_2 R + Q_2 X}{U_2} \tag{2-35}$$

从式（2-35）可见，电压损耗由两部分组成，即

$$\Delta U = \frac{P_2 R}{U_2} + \frac{Q_2 X}{U_2} \tag{2-36}$$

一般来说，在超高压电网中，因输电线路的导线截面较大，X 远大于 R，所以无功功率 Q_2 对电压损耗的影响很大，而有功功率 P_2 对电压损耗的影响要小得多。在变压器等值电路中，一般串联电抗的数值要比电阻大得多，无功功率的消耗也是造成电压损耗的主要因素。

从以上分析可见，在电网线路、变压器上产生的电压损耗一方面与电网元件的参数有关，因为在电网各点由于电压损耗不同，所以它们实际的运行电压或电压偏差是不同的；另一方面取决于线路或变压器传输的功率，由于传输功率随时间不断变化，因此即使在电网的同一节点上，电压损耗或电压偏差也随时间在不断变化。

2.3.2　负荷无功功率与电压水平的关系

电压与无功功率关系密切，在许多情况下无功功率会引起电压损耗（而且是造成电压损耗的主要因素），同时又随着电压的变化而变化。

一、负荷的电压静态特性

负荷的电压静态特性是指电压缓慢变化时负荷功率的变化特性，即负荷的功率与其端电压的关系。因为综合负荷的组成是复杂的，所以很难用分析计算的方法得到负荷的电压特性，而往往是通过实测或者根据经验估计。但对于其中的每一种负荷成分，可以分析其电压特性。掌握了这些基本负荷的特性，就能理解综合负荷的特性。

首先介绍负荷的有功功率电压静态特性。一般来说，同步电动机的有功负荷与电压无关；异步电动机的有功负荷基本上与电压也无关；照明负荷中白炽灯吸收的有功功率近似地与端电压的1.6次方成正比，而荧光灯消耗的有功功率基本上不随电压变化；电热负荷、电炉、整流负荷的有功消耗大致与电压的平方成正比；输电线路的有功损耗在输送功率不变的情况下，近似与电压的平方成反比。

图2-10所示为异步电动机的无功功率—电压静态特性。异步电动机占电网负荷的很大部分，而且是电网中主要的无功负荷。由图2-10可见，在额定工作点附近，异步电动机吸收的无功功率随端电压的降低而明显下降，这是因为励磁电抗的无功功率消耗占主要部分。但当电压下降到一定程度时，电压的下降不再使异步电动机吸收的无功功率下降，反而使其有所增加，因为此时漏电抗的无功功率消耗占了主要部分，而磁路已经不饱和，励磁电抗上无功功率损耗的降低已没有以前显著。另外，无功功率的电压特性和异步电动机的负荷率（实际有功功率与额定有功功率之比）有很大的关系，负荷率高时，漏电抗中的无功功率损耗在电动机总的无功功率中占的比例要高一些。

图2-11所示为某一综合负荷电压静态特性，异步电动机占总负荷的70%，图中有功功率—电压特性曲线比较平缓，而无功功率—电压特性曲线很陡。由图2-11可见，在额定电压附近，电动机的无功功率随电压的升降而增减。当电压明显地低于额定值时，无功功率主要由漏抗中的无功损耗决定，因此随电压下降反而上升。这一特性对于电力系统运行的稳定性具有重要意义。

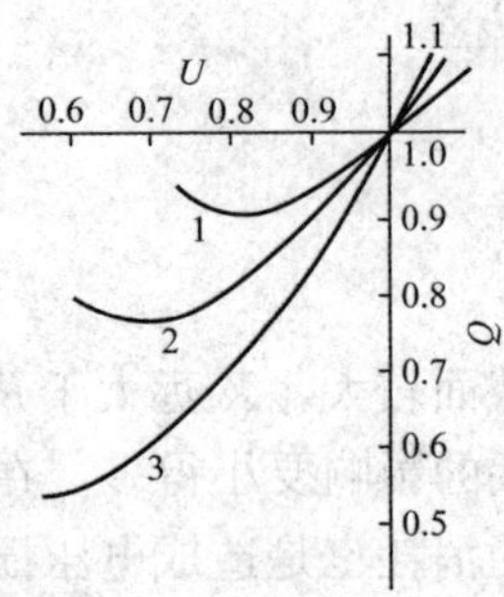

图 2-10　异步电动机无功功率—电压静态特性图

1—100%满负荷；2—75%满负荷；3—50%满负荷

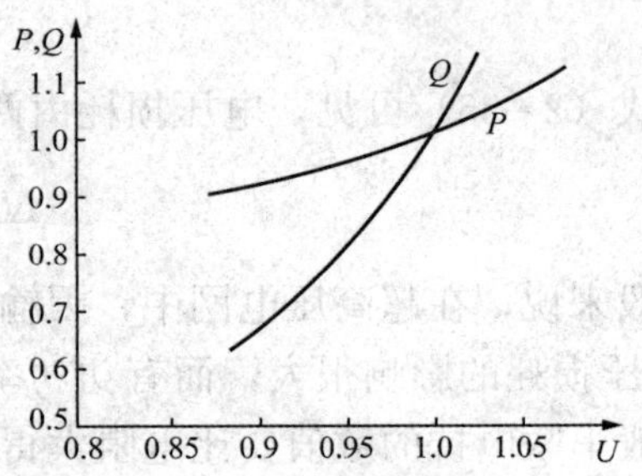

图 2-11　综合负荷电压静态特性

二、电压水平

电力系统的无功功率同有功功率一样在每一时刻也必须保持平衡。从前面分析的负荷无功功率—电压静态特性可知，要想维持负荷的电压水平，就必须供给相应于该电压水平的无功功率。从根本上说，要维持整个系统的电压水平，就必须有足够的无功电源，来满足系统负荷对无功功率的需求和补偿无功功率的损耗。如果系统无功电源不足，会使电网处于低电压水平上的无功功率平衡，即靠电压降低、负荷吸收无功功率的减少来弥补无功电源的不足。同样，如果由于电网缺乏调节手段使某段时间无功功率过剩，也会造成整个电网的运行电压过高。

2.3.3　电力系统电压调整

一、中枢点电压管理

电力系统电压调整的主要目的是采取各种调压手段和方法，在各种不同运行方式下，使用户的电压偏差符合国家标准。但由于电力系统结构复杂、负荷众多，对每个用电设备电压都进行监视和调整，既不可能也无必要。电力系统电压的监视和调整可以通过对中枢点电压的监视和调整来实现。所谓中枢点是指电力系统中可以反映系统电压水平的主要发电厂和变电站的母线，很多负荷都由这些母线供电。若控制了这些中枢点的电压偏差，也就控制了系统中大部分负荷的电压偏差。

为了对中枢点电压进行控制，必须首先确定中枢点电压的允许变动范围，即编制中枢点的电压上、下限曲线。

图 2-12 显示了一个简单网络的电压损耗情况。图 2-12（a）是一个简单网络，有两个负荷点 A 和 B，H 为中枢点。图 2-12（b）、（c）分别是一种简化的负荷 A 和负荷 B 的日负荷曲线，只有最大负荷和最小负荷两种状态。根据负荷曲线和线路参数，可以计算出相应的线路 HA 电压损耗 ΔU_{HA} 和线路 HB 电压损耗 ΔU_{HB} 的变化，如图 2-12（d）、（e）所示。图 2-12（f）表示负荷 A、B 允许的电压偏差，这里假定两个负荷对电压偏差要求相同。

为满足 A 点电压要求，H 点应保持的电压范围是

在 0～8 时

$$U_{HM} = U_M + \Delta U_{HAM}$$
$$U_{Hm} = U_m + \Delta U_{HAm}$$

在 8～24 时

$$U'_{\text{HM}} = U_{\text{M}} + \Delta U_{\text{HAM}}$$
$$U'_{\text{Hm}} = U_{\text{m}} + \Delta U_{\text{HAm}}$$

式中：U_{HM}、U_{Hm}分别为负荷 A 为最小负荷时要求 H 点保持的电压的上、下限；U'_{HM}、U'_{Hm}分别为负荷 A 为最大负荷时要求 H 点保持的电压的上、下限；U_{M}、U_{m} 分别为负荷 A 电压要求的上、下限；ΔU_{HAM}、ΔU_{HAm}分别为负荷 A 的最大、最小负荷时线路 HA 的电压损耗。

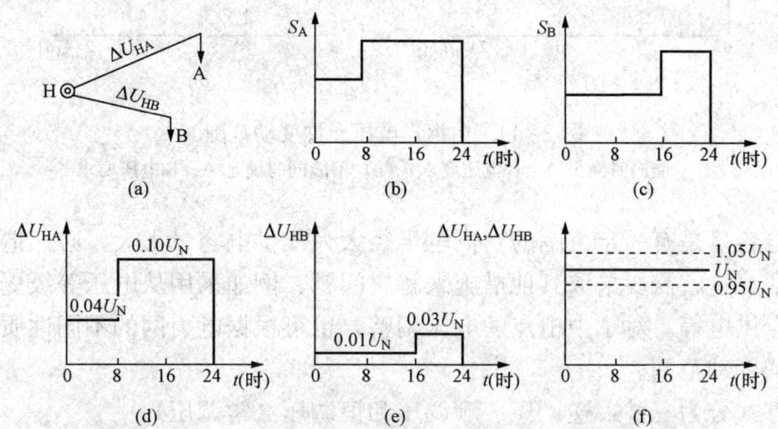

图 2-12　一个简单网络的电压损耗情况

（a）简单网络；（b）负荷 A 日负荷曲线；（c）负荷 B 日负荷曲线；（d）ΔU_{HA}的变化；（e）ΔU_{HB}的变化；（f）负荷 A、B 允许的电压偏差

同样，根据 B 点电压要求，可以求出 H 点电压的上、下限。将满足 A、B 两点电压要求的 H 点电压上、下限曲线，分别表示在图 2-13（a）、（b）中。

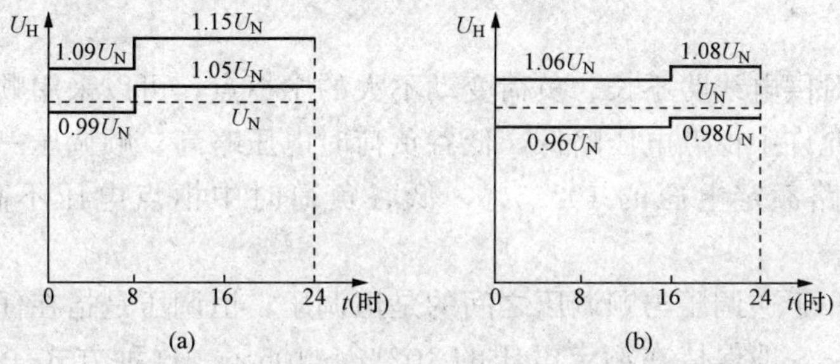

图 2-13　分别满足 A、B 点电压要求的中枢点电压允许范围

（a）满足 A 点电压；（b）满足 B 点电压

如图 2-14 所示，将满足 A、B 两点电压要求的 H 点电压上、下限曲线重叠画在一张图上。图中阴影部分就是能同时满足 A、B 两点电压要求的中枢点 H 的电压范围。有时 H 点电压存在一个能同时满足 A、B 两点电压要求的范围，如图 2-14（a）所示。但有时可能出现两组电压曲线重叠后，没有共同部分的情况，或共同（阴影）部分太窄，无法在实际中真正实现，如图 2-14（b）所示。出现图 2-14（b）所示情况的主要原因是 H 点至 A 点的电压损耗太大，要满足 A 点电压的要求，必然要 H 点保持过高的电压，这就和 B 点电压要求产生矛盾。

根据电网运行经验，为了满足中枢点供电电力用户的电压要求，一定电压等级的线路的

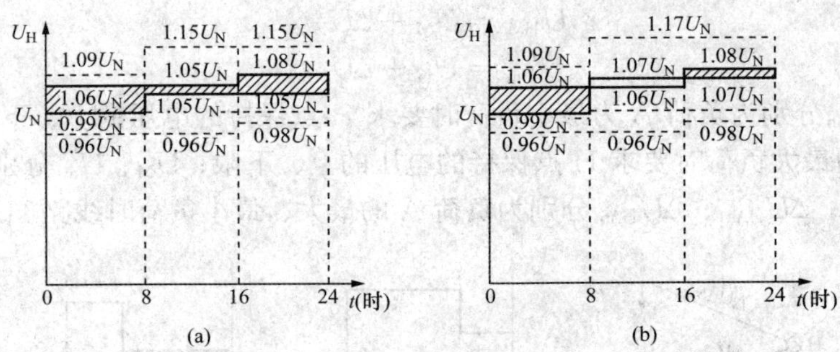

图 2-14　中枢点电压允许变动范围

(a) 能同时满足 A、B 电压要求；(b) 不能同时满足 A、B 电压要求

供电距离和供电容量是有一定范围的。供电半径太大或供电容量太大，必然造成一些用户电压不能满足要求，这就需要采取其他措施来解决问题，例如采用从电压等级更高的电网供电或从其他供电点供电等。对于中枢点的电压调整，也可根据电力网的不同性质，大致确定一个中枢点电压的变动范围。

电网调压方式分为三种：逆调压、顺调压和恒调压（常调压）。

(1) 逆调压。如果中枢点供电至各负荷点的线路较长，各负荷的变化规律大致相同，而负荷变动比较大，则在高峰负荷时适当提高中枢点的电压以补偿线路上增大的电压损耗；在低谷负荷时，供电线路电压损耗比较小，中枢点电压适当降低，以防止负荷点电压过高。这种高峰负荷时电压高于低谷负荷时电压的调整方式，称为逆调压。逆调压方式是一种要求较高的调压方式，一般需要在中枢点装设特殊的调压设备才能实现。在中枢点采用逆调压方式，高峰负荷时一般保持电压比线路额定电压高 5%，低谷负荷时电压下降至线路额定电压。

(2) 顺调压。对供电线路不长、负荷变动不大的中枢点，可以采用顺调压。顺调压方式是指在高峰负荷时允许中枢点电压略低，低谷负荷时电压略高。顺调压一般要求高峰负荷中枢点电压不低于线路额定电压的 102.5%，低谷负荷时中枢点电压不高于线路额定电压的 107.5%。

(3) 恒调压。介于逆调压与顺调压之间的是恒调压，恒调压是指在任何负荷时，保持中枢点电压基本不变，一般保持在额定电压的 102%～105%。这种方式一般避免采用，只有在无功调整手段不足时，负荷变动甚小、线路电压损耗小时，或用户处于允许电压偏移较大的农业电网时，才可采用。

二、发电机调压

发电机不仅是有功电源，也是无功电源，有些发电机还能通过进相运行吸收无功功率，所以可用调整发电机端电压的方式进行调压。现在同步发电机都装有自动励磁调节设备，其主要功能是自动调整发电机的机端电压、分配无功功率以及提高发电机同步运行的稳定性。按规定，发电机可以在其额定电压的 95%～105%范围内保持以额定功率运行。这是一种充分利用发电机设备，不需额外投资的调压手段。

对于由发电机直接供电的负荷，如果供电线路不长、电压损耗不大，通过发电机调压就能满足负荷的电压要求。但如果通过多级变压供电，仅用发电机调压，往往不能满足负荷的电压要求。而且因为发电机要照顾近处的地方负荷，电压不能调得过高，所以远处负荷的电压调整，还要靠有载调压变压器等其他调压措施来解决。

发电机具有进相运行能力，但进相运行时容许发出的有功功率和吸收的无功功率数量受多种因素限制。进相运行给发电机带来两个主要问题：一是使发电机静态稳定极限降低；二是使发电机端部发热加剧。以通过电抗 X_Σ 连至无穷大系统的一台隐极发电机为例，若发电机电动势为 E，电抗为 X_d，系统电压为 U，E 与 U 之间相角差为 δ，则发电机的有功功率为

$$P=\frac{EU}{X_\Sigma+X_d}\sin\delta$$

$\delta=90°$所对应的 P 即为静稳极限。为了使发电机吸收电网的无功功率，就要降低发电机电动势 E，其结果势必降低静稳极限。因此，进相运行时，必须投入自动励磁电压调节器，以提高机组运行的稳定性。

三、变压器调压

（一）利用变压器分接头调压

双绕组电力降压变压器的高压绕组上，除主分接头外，还有几个附加分接头，供不同电压需要时使用。容量在 6300kVA 及以下无载调压的电力变压器一般有两个附加分接头，主分接头对应变压器额定电压 U_N，两个附加分接头对应 $1.05U_N$ 和 $0.95U_N$。容量在 8000kVA 及以上时，一般有四个附加分接头，分别对应 $1.05U_N$、$1.025U_N$、$0.975U_N$ 和 $0.95U_N$。

对于不具有带负荷切换分接头装置的变压器，改变分接头时需要停电，因此必须在事前选好一个合适的分接头，兼顾运行中出现的最大负荷及最小负荷，使电压偏差不超出允许范围。这种分接头不适合频繁操作，往往只是做季节性调整。

（二）利用有载调压变压器调压

有载调压变压器又称带负荷调压变压器，它的调压范围大一些，且可以随时调整，容易满足电力用户对电压偏差的要求，因此在电力系统中得到广泛使用。在一些经济发达国家中，普遍采用有载调压变压器作为保证用户电压质量的主要手段，但它对电压稳定有反作用。

有载调压变压器高压侧除主绕组外，还有一个可调分接头的调压绕组。调压范围常是 1.25%、2.5%、2%的倍数。由于带负荷调压变压器分接头触头的可靠性原因，调节次数不能太频繁。

（三）利用加压调压变压器调压

图 2-15 所示为加压调压变压器的接线图。它和主变压器配合使用，由电源变压器和串联变压器组成。串联变压器串接在主变压器引出线上，当电源变压器采用不同的分接头时，在串联变压器中产生大小不同的电动势，从而改变线路上的电压。

另外，加压调压变压器也可以单独串接在线路中使用。

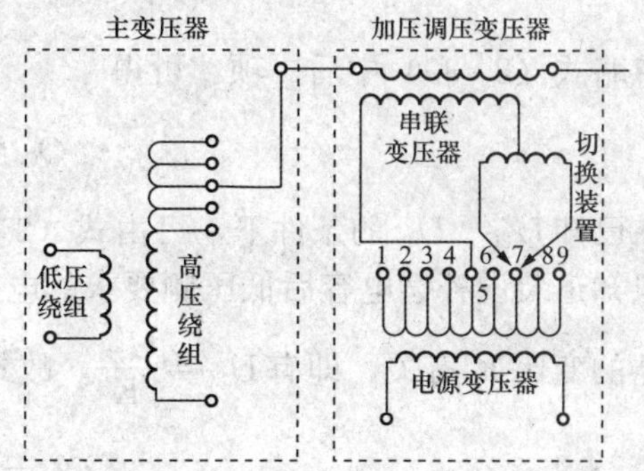

图 2-15　加压调压变压器接线图

四、改变电网无功功率分布调压

（一）改变电网无功功率分布对电压的影响

当线路、变压器传输功率时，会产生电压损耗，

因而如果能改变线路、变压器等电网元件上的电压损耗，也就改变了电网各节点的电压大小。由电压损耗表达式 $\Delta U=\dfrac{PR+QX}{U}$ 可知，要改变电压损耗有两种办法：一种是改变网络参数，可用的办法是串联电容，利用串接的电容、电感上电压相位差180°的特点，抵消部分电抗；另一种是改变电网元件中传输的功率。

在满足负荷有功功率的前提下，要改变供电线路、变压器传输的有功功率，是比较困难的，除非负荷是由环形网供电，环形网采用横向调压变压器可以改变两个方向的有功功率比例。多电源、多线路供电的负荷要改变各条线路有功功率的比例是很困难的，甚至常常是不可能的。因此，改变线路、变压器传输功率都是改变其无功功率。

由于单靠发电机发出的无功功率是远远不能满足电网对无功功率的需要的，因此必须配置各种无功功率补偿装置。无功功率补偿装置的分布，首先要考虑调压的要求，以满足电网电压质量指标；同时也要避免无功功率在电网内的长距离传输，减少电网的功率损耗。无功功率补偿的原则是做到无功功率分层分区平衡，并要留有足够的事故无功功率储备。

（二）并联电容器

对图 2 - 16 所示简单系统，下面将介绍如何根据电压要求来确定电容器的补偿容量。图中，$\dot{U}_1$ 为线路首端电压，$\dot{U}_2$ 为变压器低压母线电压，Z_Σ 为包括线路阻抗、归算至高压侧的变压器阻抗的总阻抗，P、Q 为低压母线上的负荷。忽略线路充电功率及变压器空载损耗，则有

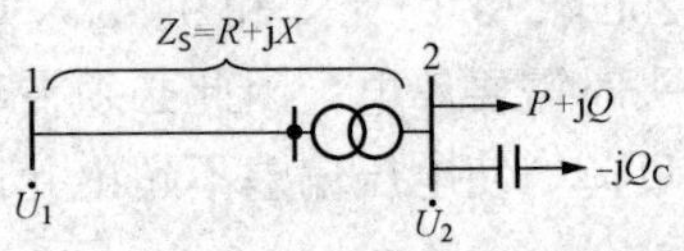

图 2 - 16　简单系统的无功功率补偿

$$U_1=U_2'+\frac{PR+QX}{U_2'} \tag{2-37}$$

式中：U_2' 为 U_2 归算至变压器高压侧的值。

当变压器低压侧装有并联电容器（补偿容量为 $-jQ_C$）时，变压器低压母线电压升高至 U_{2C}，若线路首端电压 U_1 不变，则有

$$U_1=U_{2C}'+\frac{PR+(Q-Q_C)X}{U_{2C}'} \tag{2-38}$$

式中：U_{2C}' 为 U_{2C} 归算至高压侧的值。

由式（2 - 37）和式（2 - 38）可得

$$U_2'+\frac{PR+QX}{U_2'}=U_{2C}'+\frac{PR+(Q-Q_C)X}{U_{2C}'}$$

则有

$$Q_C=\frac{U_{2C}'}{X}\left[(U_{2C}'-U_2')+\left(\frac{PR+QX}{U_{2C}'}-\frac{PR+QX}{U_2'}\right)\right] \tag{2-39}$$

忽略式（2 - 39）中后一项，可得

$$Q_C=\frac{U_{2C}'}{X}(U_{2C}'-U_2') \tag{2-40}$$

在已知 U_{2C}'、U_2' 的条件下，可由式（2 - 40）求出应补偿的电容器的容量 Q_C。但一般情况下只知道装设补偿电容后低压侧要求的电压 U_{2C}，则将 U_{2C} 归算至高压侧可得 U_{2C}'。U_{2C}' 与变压器的变比 K 有关，即有 $U_{2C}=\dfrac{U_{2C}'}{K}$，故式（2 - 40）可写成

$$Q_C=\frac{U_{2C}}{X}\left(U_{2C}-\frac{U_2'}{K}\right)K^2 \tag{2-41}$$

在计算电容器的补偿容量 Q_C 时，按以下两步进行。

第一步，按最小负荷时无电容补偿。设 U_{2Lmin} 是最小负荷时低压侧要求保持的电压，再由式（2-37）算出归算至高压侧的 U'_{2Lmin}，则变比为

$$K=\frac{U'_{2Lmin}}{U_{2Lmin}} \tag{2-42}$$

然后选一实际分接头 U_{1t}，实际的变比为

$$K=\frac{U_{1t}}{U_{2N}} \tag{2-43}$$

式中：U_{1t} 为变压器高压侧所选分接头的标称电压；U_{2N} 为变压器低压侧的额定电压。

第二步，按最大负荷时全部投入电容来选择补偿容量。设 U_{2Lmax} 是最大负荷时低压侧要求保持的电压，先按最大负荷计算未装补偿电容时归算至高压侧的 U'_{2Lmax}，再按装设补偿电容后要求的变压器低压侧的电压 U_{2Lmax} 及第一步已确定的变压器变比，用式（2-41）计算出补偿电容的容量。

（三）改变电网参数

改变元件的电阻和电抗，也能起到改变电压损耗的作用。

一种办法是增大导线截面减小电阻以减小电压损耗。这种方法只是在负荷功率因数较高、原有导线截面偏小的配电线路中才比较有效，一般情况下不宜采用。

另一种办法是改变电力网的接线方式，如切除或投入双回线路中的一回线路，切除或投入变电站中一部分并列运行的变压器等。由于采用投切线路的方法时，要考虑不降低供电可靠性和不显著增加功率损耗等问题，因此这种方法很少采用。但在轻负荷时切除部分并列运行变压器的办法是常用的，因为变压器发生故障的概率比较低，切除部分变压器后，虽然铜损耗有所增加，但铁损耗减少了，轻负荷下变压器总的功率损耗有可能是降低的。

电网中用得最多的办法还是减小线路中的电抗。在超高压输电线路中广泛采用的分裂导线就可以明显降低线路的电抗。在我国，220kV 线路一般采用二分裂，500kV 线路采用四分裂。采用分裂导线，还可以减小导线周围的电场强度，减小电晕放电，降低线路电抗，不仅仅减小了电压损耗，而且有利于电力系统的稳定性，能提高线路的输电能力。采用紧凑型线路结构，还可以进一步降低输电线路的电抗，其主要目的是提高电网的稳定性，同时，也降低了线路的电压损耗。

采用串联电容补偿也可以减小线路电抗。在图 2-17 所示的线路中，未装设串联电容时，线路电压损耗为

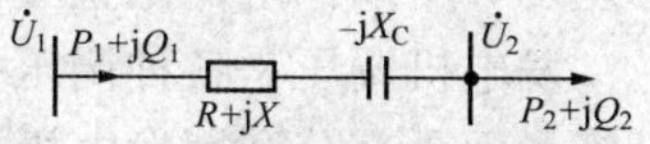

$$\Delta U=\frac{P_1R+Q_1X}{U_1}$$

图 2-17　串联电容补偿接线图

式中：R、X 分别为线路的电阻和电抗；P_1、Q_1 分别为线路始端有功功率和无功功率；U_1 为首端电压。

装设串联电容（其容抗为 X_C）后，电压损耗为

$$\Delta U'=\frac{P_1R+Q_1(X-X_C)}{U_1}$$

可见串联电容后，线路电压损耗减小了。

若此时线路首端条件不变，则提高了线路末端的电压，即

$$\Delta U - \Delta U' = \frac{Q_1 X_C}{U_1} \tag{2-44}$$

如装设串联电容后，线路末端所要求提高的电压值已经确定，即可求得串联电容的容抗值

$$X_C = \frac{U_1(\Delta U - \Delta U')}{Q_1} \tag{2-45}$$

串联电容补偿线路电抗的程度可用补偿度 K_C 来表示，且

$$K_C = \frac{X_C}{X_L} \tag{2-46}$$

式中：X_C 和 X_L 分别为串联电容容抗和线路电抗。

在低压配电线路中，为了提高线路末端的电压，有时采用 $K_C>1$ 的过补偿，即串联电容不仅完全补偿了本线路电抗，而且还补偿了部分接于线路首端的变压器电抗（该线路接变压器低压侧）或者高压线路的电抗。

在超高压输电线路中，串联电容补偿线路电抗的主要目的是提高线路的输电能力和电力系统稳定性，一般取 $K_C<1$。这种方法在一些工业发达国家得到了普遍采用。

采用串联电容，也会带来一些新问题。例如，在配电线路中采用高补偿度的串联电容后，串联电容与一些容量较大的用户异步电动机或同步电动机有可能发生共振，称为电机的自激；串联电容与变压器也可能发生共振，即变压器的铁磁谐振。这些现象都可能对用电设备造成危害，需要采取措施加以克服。另外，在超高压输电线路中，采用串联电容后，有可能与发电机组产生一种低于工频的次同步振荡（Sub-Synchronous Resonance，SSR）。近几年来，又出现了一种由晶闸管控制的串联电容（Thyristor Controlled Series Capacitor，TCSC），其原理接线如图 2-18 所示。TCSC 通过一对反并联的晶闸管控制串联电容的分路电抗上的电流，也相当于控制分路电抗的大小，调整晶闸管的触发角，便可在一定范围内连续调整串联电容的等值容抗或补偿度。TCSC 由于采用无触点的快速控制，因此具有一些新的功能。

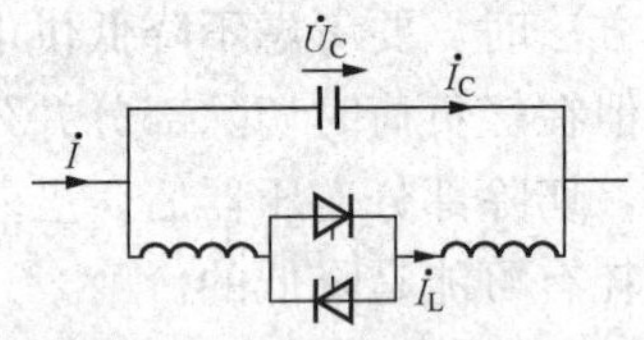

图 2-18 TCSC 的原理接线图

五、各种调压方法的比较和应用

电压调整是个比较复杂的问题，因为整个系统每一个节点的电压都不相同，运行条件也有差别，所以，电压调整要根据系统具体情况选用合适的方法。

发电机调压是各种调压手段中首先被考虑的。因为它不需要附加设备，从而不需要附加投资，而是充分利用发电机本身具有发出或吸收无功功率的能力。但这种方法往往只能满足电厂地区负荷的调压要求，对于通过多级电压输电的负荷，还需要采取其他调压措施才能保证系统电压质量。合理使用发电机调压常常可以在很大程度上减轻其他调压措施的负担。

在无功功率不足的系统中，首要的问题是增加无功功率补偿设备，而不能只依靠调变压器分接头的方法。通常，大量采用并联电容器作为无功补偿设备，目前只是在有特殊要求的场合下才采用静止补偿器与同步调相机。静止补偿器是一种性能良好、维护方便的新型补偿装置，在价格相当的条件下，应优先选用。对于 500、330kV 及部分 220kV 线路，要装设足够的感性无功补偿设备，以防止线路轻载时充电功率过剩引起电网过电压。

在无功电源充裕的系统中，应该大力推广和采用有载调压变压器，这是在各种运行方式下保证电网电压质量的关键手段之一。对一些通过多条不同电压等级线路、多级变压器供电

的负荷，其高峰负荷与低谷负荷电压损耗的差别很大，仅仅用发电机调压或无功补偿的方法已无法满足两种运行方式下用户电压的要求，结果不是高峰负荷时用户电压太低，就是低谷负荷时电压太高。在这种情况下，输电系统中的一级变压器或多级变压器，采用有载调压是保证用户电压质量唯一可行的办法。但是，供电变压器普遍采用具有自动调压功能的带负荷调分接头装置，在电网某些运行方式下，有时也会起不良作用。例如，当受端系统由于系统事故发生无功功率缺额时，受端系统电压下降，如果没有采用自动调压的有载调压变压器，则将由于负荷的自调节效应，使其吸收的无功功率随电压的下降而减少，系统可能在较低的电压水平下运行，以维持整个系统运行电压的稳定性；如果采用自动调压有载调压装置时，调压装置将反映于变压器出口电压的降低，调整抽头位置，提高变压器的输出电压，其结果是负荷电压的恢复和负荷吸收无功功率的增加，可能导致高压电网电压的低落，最终造成系统稳定破坏和受端系统的电压崩溃。换句话说，由于系统故障而产生较大无功功率缺额时，若仍然要维持负荷原有的无功功率需求，就会破坏系统的无功功率平衡，这种状况是无法维持的，不但用户电压不能保持，而且造成高压电网电压低落，进一步增大了无功缺额。自动调压有载调压变压器的这种不良作用，在几次著名的电压崩溃事件中已得到了证实。对于有载调压变压器在调整电压中的重要作用和某些运行方式下的不良作用，还有待进一步的研究。

总的来说，推广和普及有载调压变压器是大势所趋；但大量应用这种装置也是有条件的，即电网的无功电源比较充裕，而且系统还要留有足够的事故情况下能够快速投入的备用无功电源。在重视自动调压有载调压变压器对于系统电压稳定的不良作用的同时，也要研究采用专门的防御措施。例如，安装一些低电压自动减负荷装置，来防止产生电压崩溃等；考虑在某些特殊运行方式下，某些有载调压变压器退出自动控制方式，进行人工调压乃至闭锁。应该注意，在我国电网有条件地、逐步地推广和普及有载调压变压器，是保证电网电压质量的重要手段。

2.3.4 无功电压的自动控制

电力系统无功功率和电压的自动控制系统按作用空间的不同，从功能上分成三个不同的等级，即一次、二次和三次控制，有时也称局部的、区域的和整个系统的（或国家的）控制。

一、一次控制

一次控制是指，当由于负荷的自然波动、网络拓扑改变和偶然事故造成的快速随机电压变化时，先由交流发电机本身的一次电压调节系统部分地吸收；在发生高振幅电压波动时，变压器上的带负荷抽头切换装置开始工作，并联电容器自动投切。这种一次控制是分散的、自动的，往往是根据电压的高低而动作的，其目的是维持节点电压在一定范围内。

二、二次控制

按电压等级将超高压电网分成不同的控制区域，在每一个区域里面可以保持一个大体上平坦的电压水平，且每一个区域内有一个或数个特殊节点，即控制节点，控制节点上的电压波动代表着整个控制区域内的电压波动。该区域内所有发电机及无功功率补偿设备，都是根据控制节点电压水平进行调整。可以通过改变控制区内的发电机励磁调节器的整定值自动地进行校正动作，也可以直接投切并联电容器，还可以改变带负荷调节变压器分接头的位置，系统的时间常数为数分钟。这就出现了二次电压控制，任务是协调、控制一个地区的无功功率电源，使其作用达到最优化。有些较大的扰动仅靠一级电压控制不能奏效，则需要二级电压控制来处理。二级电压控制的响应时间一般较长，可达 3～5min。二级电压控制的构成方式，各国电力系统各有其特点，其中以法国和日本的控制系统最为典型，也最有成效。

法国电网于 1979 年开始广泛采用二次电压控制。至 1990 年，法国输电网已包括 27 个控制区域，共有 100 台燃煤和核能火电机组、150 台水电机组，控制的无功功率为 30 000Mvar。二次电压控制的主要功能如下。

（1）在正常运行和事故情况下，各个区域中的电压都保持接近于调度中心所给定的整定值。其控制信号是为包含多个控制节点的地区而计算的，考虑到了该地区所有电压等级上的每台发电机的作用。

（2）地区计算机计算出的控制信号是直接加在每台发电机励磁调节器上的整定电压。

（3）对发电机产生的无功功率进行协调，减少无功功率的流动，但并不是加上严格的校正约束。

（4）控制系统监视着有限数目的控制节点或“关注”节点的电压。“关注”节点是一组根据经验选择的节点，包括线路末端节点和电缆网供电节点等。由于电网结构的原因，“关注”节点的电压不能反映在控制节点上。

（5）控制系统根据各个发电机的工作范围（发电机工作范围由有功功率、无功功率和电压等参数确定）计算控制信号，从而将各发电机工作点保持在允许的范围之内。

三、三次控制

三次控制以经济和安全准则优化电网的运行状态，对各二次电压控制区进行协调。其控制方式是用位于中央调度所的三次电压调节器，控制位于各个地区调度所的二次电压调节器。目前这种自动控制功能尚未实现，如在法国三次控制是按国家调度中心电话的要求手动进行的。

实际上，电压的运行水平、无功功率的供给以及无功功率的储备，直接关系到系统的安全运行，无功功率缺乏和电压支持弱甚至会造成电压崩溃。已有学者提出要考虑三种运行方式下的无功功率控制和管理。

（一）正常运行方式

在正常运行方式下，调度员应运用各种无功电源及控制手段，达到以下目标。

（1）电网的运行点一定要离电压稳定的临界运行条件有一定的安全距离。

（2）必须充分利用输电系统的输送能力来传输有功功率。

（3）有功功率损耗和无功功率损耗必须是最小的。

（二）在安全被削弱的情况

安全被削弱是指发生线路开断的情况。线路开断一般很少发生，但为了使系统在发生线路开断后仍然保持安全运行状态，开断前系统将运行在一种很不经济的方式，或者说系统为此付出了高昂的代价。现在的一种趋势是允许系统在开断短时间内出现过负荷等现象，但通过校正控制可以使系统回到一个非扰动的状态，这种运行模式称为事故后的重新调整。

（三）紧急情况

紧急情况是指由于一系列的事件（包括不能预见的开断），电网将出现过负荷、低电压、不稳定等情况。其中，一类紧急情况时间很短（只有几秒钟），不可能通过手动操作加以校正；另一类紧急状态可延续一段时间（如几分钟），足够采取一些对策。紧急情况控制的目标必须是使系统恢复到正常状态或者把扰动限制在局部地区内。如果所有连续性控制手段（如发电机、无功功率补偿装置等）提供的无功功率已经用尽，就要采取一些开断操作和切除部分负荷的措施。

2.4　电力系统无功补偿

电力系统无功功率的分布除了要满足调压的要求外，也要满足经济性要求。虽然无功的产生是不用消耗能量的，但无功在电网中流动，在线路、变压器等电网元件中产生了电流的无功分量，使总的电流增大。因此在这些元件中电阻的有功损耗加大了，增大了能量的消耗。要完全避免无功功率在电网中的流动是不可能的，原因如下。

（1）为了充分利用发电机产生无功功率的功能，经常要让发电机向电网提供一部分无功功率，这些无功功率通过线路、变压器流向负荷。

（2）为了便于管理，无功功率补偿设备，尤其是同步调相机和静止补偿器，应相对集中配置。无功补偿设备与负荷之间也会有无功功率流动。并联电容器虽然可以相对分散配置，但太分散会带来管理和维护上的问题。

（3）从电网运行的其他方面要求看，有时需要电网中流动无功功率。例如，为了提高发电机同步运行的稳定性，希望提高发电机的电动势，发电机要向电网输送无功功率。再如，为了加强输电系统中间点的电压支撑，提高输电系统稳定性，接在中间点的同步调相机或静止无功补偿器也要向系统输出无功功率或吸收无功功率。

（4）即使所有的负荷都做到所需无功功率全部就地补偿，系统元件传送有功功率时，还会产生很大的无功功率损耗，需要提供无功功率来补偿这些损耗，这也会造成无功功率在电网中的流动。

为了满足电网的调压要求和尽可能减少电网的有功功率损耗，希望电网中流动的无功功率要尽量少，特别要避免无功功率的远距离流动。无功潮流的优化就是在满足电网调压要求的条件下，获得使线路有功功率损耗最小的无功功率分布的最优方案。这是个静态最优化问题，一般分成两个问题进行研究：一个是无功电源的最优分布；一个是无功负荷的最优补偿。

2.4.1　无功电源的优化

无功电源的优化分布或无功负荷的优化分配是指在满足约束条件的情况下使网络有功损耗最小的无功功率的分布。此时，电网的无功电源已经配置好，仅研究这些无功电源应发出的无功大小，当然，通过计算也可以对原有无功电源配置进行评价和修正。

无功电源优化的目标函数是网络总的有功功率损耗 ΔP_{Σ} 最小。在各节点（除平衡节点）注入的有功功率已经给定的前提下，可以认为，ΔP_{Σ} 仅决定于各节点注入的无功功率 Q_i，或者说决定于各无功电源 Q_{Gi}。上述无功功率变量下标 i 表示节点号，Q_{Gi} 是发电机、调相机或电容器等无功电源发出的无功功率。

目标函数 ΔP_{Σ} 是 Q_{Gi} 的函数，可写作 $\Delta P_{\Sigma}(Q_{Gi})$，且有

$$\Delta P_{\Sigma}(Q_{Gi}) = \sum_{i=1}^{n}\sum_{j=1}^{n} U_i U_j G_{ij} \cos\theta_{ij} \tag{2-47}$$

等式约束条件是无功功率平衡条件，整个系统的无功功率是平衡的，即

$$\sum_{i=1}^{n} Q_{Gi} - \sum_{i=1}^{n} Q_{Li} - \Delta Q_{\Sigma} = 0 \tag{2-48}$$

式中：Q_{Li}为节点i无功负荷功率；ΔQ_{Σ}为电网无功功率的总损耗。

各节点的无功平衡方程为

$$Q_{Gi} = Q_{Li} + U_i \sum_{j=1}^{n} U_j (G_{ij}\sin\theta_{ij} - B_{ij}\cos\theta_{ij}) \tag{2-49}$$

不等式约束条件为节点注入无功功率及电压的上、下限，即

$$Q_{Gimin} \leqslant Q_{Gi} \leqslant Q_{Gimax} \tag{2-50}$$

$$U_{imin} \leqslant U_i \leqslant U_{imax} \tag{2-51}$$

一、等网损微增率准则

在确定目标函数和约束条件后，可以采用拉格朗日乘子法求取使目标函数值最小且满足约束条件的无功功率分布的条件。

首先根据目标函数和等式约束条件建立不受约束的新的目标函数——拉格朗日函数，即

$$L = \Delta P_{\Sigma} + \lambda\left(\sum_{i=1}^{n} Q_{Gi} - \sum_{i=1}^{n} Q_{Li} - \Delta Q_{\Sigma}\right) \tag{2-52}$$

式中：λ为拉格朗日乘子。

拉格朗日函数中有$n+1$个变量，即n个Q_{Gi}和一个λ。该函数的极值解即为原目标函数ΔP_{Σ}的最小值，求最小值时应满足$n+1$个条件，分别为

$$\frac{\partial L}{\partial Q_{Gi}} = \frac{\partial \Delta P_{\Sigma}}{\partial Q_{Gi}} + \lambda\left(1 - \frac{\partial \Delta Q_{\Sigma}}{\partial Q_{Gi}}\right) = 0,\quad i = 1,2,\cdots,n \tag{2-53}$$

$$\frac{\partial L}{\partial \lambda} = \sum_{i=1}^{n} Q_{Gi} - \sum_{i=1}^{n} Q_{Li} - \Delta Q_{\Sigma} = 0 \tag{2-54}$$

式（2-53）可写成下面的形式

$$\frac{\partial \Delta P_{\Sigma}}{\partial Q_{Gi}} = -\lambda\left(1 - \frac{\partial \Delta Q_{\Sigma}}{\partial Q_{Gi}}\right),\quad i = 1,2,\cdots,n$$

故

$$\frac{\dfrac{\partial \Delta P_{\Sigma}}{\partial Q_{Gi}}}{1 - \dfrac{\partial \Delta Q_{\Sigma}}{\partial Q_{Gi}}} = -\lambda,\quad i = 1,2,\cdots,n \tag{2-55}$$

从而得到无功功率最优分布的条件

$$\left.\begin{aligned} &\frac{\dfrac{\partial \Delta P_{\Sigma}}{\partial Q_{G1}}}{1 - \dfrac{\partial \Delta Q_{\Sigma}}{\partial Q_{G1}}} = \frac{\dfrac{\partial \Delta P_{\Sigma}}{\partial Q_{G2}}}{1 - \dfrac{\partial \Delta Q_{\Sigma}}{\partial Q_{G2}}} = \cdots = \frac{\dfrac{\partial \Delta P_{\Sigma}}{\partial Q_{Gn}}}{1 - \dfrac{\partial \Delta Q_{\Sigma}}{\partial Q_{Gn}}} \\ &\sum_{i=1}^{n} Q_{Gi} - \sum_{i=1}^{n} Q_{Li} - \Delta Q_{\Sigma} = 0 \end{aligned}\right\} \tag{2-56}$$

式中：$\dfrac{\partial \Delta P_{\Sigma}}{\partial Q_{Gi}} = \dfrac{\partial \Delta P_{\Sigma}}{\partial Q_i}$是节点$i$注入无功功率变化时有功功率损耗微增率；$\dfrac{\partial \Delta Q_{\Sigma}}{\partial Q_{Gi}} = \dfrac{\partial \Delta Q_{\Sigma}}{\partial Q_i}$是节点$i$无功功率变化时无功功率损耗微增率；$\dfrac{1}{1 - \dfrac{\partial \Delta Q_{\Sigma}}{\partial Q_{Gi}}}$是无功功率网损修正系数。

不考虑无功功率网损，则无功功率网损修正系数为1，无功电源最优分布条件简化为各节点有功功率网损微增率相等，即

$$\left.\begin{aligned}&\frac{\partial\Delta P_{\Sigma}}{\partial Q_{G1}}=\frac{\partial\Delta P_{\Sigma}}{\partial Q_{G2}}=\cdots=\frac{\partial\Delta P_{\Sigma}}{\partial Q_{Gn}}\\&\sum_{i=1}^{n}Q_{Gi}-\sum_{i=1}^{n}Q_{Li}=0\end{aligned}\right\}\tag{2-57}$$

式（2-57）称为等有功功率网损微增率准则，简称等网损微增率准则。

一般情况下，需要考虑无功功率网损的影响，即用无功功率网损修正系数进行修正，无功负荷最优分布准则为经无功功率网损修正后有功功率网损微增率相等，即式（2-56）。

上面的分析没有计入不等式约束条件。对于作为控制变量的不等式约束，如节点注入无功功率 Q_{Gi} 的上、下限，若该变量逾越了它的上、下限，就可取它的上限或下限代替变量，该量不再变化，即

$$Q_{Gi}=Q_{Gi\max}$$

或

$$Q_{Gi}=Q_{Gi\min}$$

二、无功电源的最优分布

确定了无功电源最优分布的等网损微增率准则，推导了有功功率网损微增率与无功功率网损微增率的计算公式，剩下的问题就是寻求最优解了。

其中一种方法是做常规的潮流计算，并计算各个节点的网损微增率，然后对无功电源进行反复调整，以求取无功电源的最优分布。

进行这种计算，首先要给定除平衡节点外其他各节点的有功功率 P_i，PQ节点的无功功率初值 $Q_i^{(0)}$ 和PV节点的电压大小初值 $U_i^{(0)}$。计算高峰负荷下的无功电源分布时要尽可能多地投入无功功率补偿设备和提高系统电压水平，然后交替进行潮流计算、网损微增率 $\frac{\partial\Delta P_{\Sigma}}{\partial Q_i}$ 和 $\frac{\partial\Delta Q_{\Sigma}}{\partial Q_i}$ 计算、$\frac{\frac{\partial\Delta P_{\Sigma}}{\partial Q_i}}{\left(1-\frac{\partial\Delta Q_{\Sigma}}{\partial Q_i}\right)}$ 计算。根据求得的各节点的无功功率网损微增率修正的有功功率网损微增率，调整 Q_i 及 U_i。调整原则是，修正后的有功功率网损微增率大的节点应减小无功电源发出的无功功率或降低电压，因为这种节点增加单位无功功率引起电网有功功率损耗的增加比较大或减少比较小，所以减小其无功电源有利于减少有功功率网损；而修正后的有功功率网损微增率小的节点应增大无功电源发出的无功功率或提高电压，因为这种节点增加单位无功功率引起电网有功功率损耗的增加比较小或减少比较大，所以应增大其注入的无功功率。但因为网损与节点注入无功功率之间是非线性的关系，所以一次不能调整太多，要反复多次，直至网损 ΔP_{Σ} 不再减小为止，此时的无功电源接近最优分布。另外，各节点网损微增率不一定全部相等，因为在调整过程中，有些节点的 Q_i 可能已抵达它们的上限或下限。如 $Q_i=Q_{i\min}$ 的节点的网损微增率是偏大的，但其无功电源已达下限，无法再减；$Q_i=Q_{i\max}$ 的节点的网损微增率是偏小的，但其无功电源已达上限，无法再增加。只有在限额内的那些节点的网损微增率才相等。

2.4.2　电网电压调整标准

我国在2004年先后颁布了《国家电网公司电力网电能损耗管理规定》、《国家电网公司

电力系统电压质量和无功电力管理规定》、《国家电网公司电力系统无功配置技术原则》形成了《国家电网公司电能损耗　无功电压管理规定及技术原则》。

2004年已经颁布的标准有：国家电力公司农电工作部2002年1月发布的《国家电力公司农村电网电压质量和无功电力管理办法》；中华人民共和国能源部1989年3月2日发布、1989年8月1日实施的SD 325—1989《电力系统电压和无功电力技术导则（试行）》；中华人民共和国能源部1993年3月17日发布的《电力系统电压质量和无功电力管理规定（试行）》；中华人民共和国国家质量监督检验检疫总局2003年9月15日发布、2004年3月1日实施的GB/T 12325—2003（代替GB/T 12325—1990）《电能质量　供电电压允许偏差》等规定。GB/T 12325—2008《电能质量　供电电压偏差》是继GB/T 12325—1990首次版本和GB/T 12325—2003第一次修订后的再次修订版本，于2008年6月18日发布，2009年5月1日开始实施。

这些标准中规定的电网电压的标准主要包括如下几点。

（1）500（330）kV母线：正常运行方式时，最高运行电压不得超过系统额定电压的＋10％；最低运行电压不应影响电力系统同步稳定、电压稳定、厂用电的正常使用及下一级电压调节。

（2）发电厂和500kV变电站的220kV母线：正常运行方式时，电压允许偏差为系统额定电压的0～＋10％；事故运行方式时为系统额定电压的－5％～＋10％。

（3）发电厂和220（330）kV变电站的110～35kV母线：正常运行方式时，电压允许偏差为相应系统额定电压的－3％～＋7％；事故后为系统额定电压的±10％。

（4）为保证各类用户受电端的电压质量，规划设计中必须对潮流和电压水平进行核算，电压允许偏差值应符合国标。同时这些数值应包括裕度在内，以便满足规划设计年限以后的负荷增长。特别是低压电网的容许电压波动范围可以用±5％目标值来确定，即电力380V为361～399V，照明220V为209～231V。220kV母线电压允许偏差值在（－3％～＋7％）U_N范围内，但各母线在不同时段的电压偏差幅度不应大于5％。

（5）各级电压容许损失值的范围，经计算应满足表2-3的要求。

表2-3　各级电压电网的电压损失分配

额定电压（kV）	电压损失分配值（％）	
	变压器	线路
220	1.5～3	1～2
110	2～5	3～5
35	2～4.5	1.5～4.5
10及以下	2～4	4～8

注　10kV线路值为1.5～3，低压线路（包括接户线）值为2.5～5。

（6）对变电站和配电网中的电压监测点，各级电压用户受电端的电压考核点宜配置具有连续测量和统计功能且精度为1级的电压监测仪。

（7）冲击负荷及波动负荷引起电网电压波动、闪变，必须满足GB/T 12326—2008《电能质量　电压波动和闪变》的规定。

2.4.3　无功补偿规划原则

一、无功补偿的原则

在我国，无功补偿应按国家有关规定执行，其主要内容包括以下几个方面。

(1) 电力系统的无功电源和无功负荷，在高峰和低谷时都应采用分（电压）层和分（供电）区基本平衡的原则进行配置和运行，并应具有灵活的无功调节手段和检修备用。

(2) 电力系统应有事故无功电力备用，以保证负荷集中区在正常运行方式下，突然失去一回线路或一台最大容量无功补偿设备，或本地区一台最大容量发电机（包括发电机失磁）退出运行，能保持电压稳定和正常供电，而不致出现电压崩溃。

(3) 无功补偿设备的配置与设备类型选择，应进行技术经济比较。

220kV及以上电网，应考虑提高电力系统稳定性的作用。220～500kV电网，应按无功电力分层就地平衡的基本要求配置高、低压并联电抗器，以补偿超高压线路的充电功率。一般情况下，高、低压并联电抗器的总容量不宜低于线路充电功率的90%，高、低压并联电抗器的容量分配应按系统的条件和各自的特点全面研究决定。330～500 kV电网的受端系统，应按输入有功容量相应配套地安装无功补偿设备。无功补偿设备的容量（kvar）宜按输入容量（kW）的40%～50%计算，并分别安装在向其供电的220kV及以下变电站中。220kV及以下电网的最大自然无功负荷计算公式为

$$Q_{\mathrm{Lmax}} = KP_{\mathrm{Lmax}} \tag{2-58}$$

式中：Q_{Lmax}为电网最大自然无功负荷；P_{Lmax}为电网最大有功负荷（发电负荷和外网送入负荷）；K为自然无功负荷系数，K值的大小与城网结构、电压层次和用户构成有关，可计算得出，一般可选1.1～1.3。

(4) 水轮发电机调相。远离负荷中心的水电厂，一般可不考虑调相。处在受端系统内的水电厂，经技术经济比较认为合理时，应配备有关调相运行的设施进行调相运行。

(5) 无功电源中的事故备用容量，应主要储备于运行中的发电机、调相机和静止型动态无功补偿装置中，以便在电网因无功不足而可能导致发生电压崩溃事故时，能快速增加无功电源容量，保持电力系统的稳定运行。

(6) 电网的无功补偿可采取用户端分散就地补偿与电业变电站集中补偿相结合的方式，以利于降低电网损耗和有效控制电压质量。

(7) 无功补偿装置主要是可手动/自动频繁投切的并联电容器组。电容器组宜采用密集型电容器组或单台大容量有内放电电阻的电容器构成，并应具有按功率因数或电压控制的自动投切功能。

(8) 用户变电站配置的并联电容器组，需具有按功率因数控制的自动投切功能。个别地区用户站经电业同意也可以采用按电压控制的自动投切装置，在轻负荷时（电压过高）应禁止向电业变电站倒送无功功率。

(9) 变电站应合理配置恰当容量的无功补偿装置，保证500kV及以下变电站在最大负荷时中低压侧出线功率因数不小于表2-4给出的规定值。

(10) 为限制大容量冲击性负荷、波动负荷对电源产生电压骤降、闪变、非线性畸变负荷对电网注入谐波的影响，必须要求用户就地装设静止无功补偿装置SVC。

(11) 为保持电网安全稳定运行、防止电压崩溃，提高区外受电容量有特殊要求时，经技术经济比较合理后，可考虑配置无功补偿装置。

表 2-4 功率因数规定值

变电站高压侧电压（kV）	变电站中、低压侧出线功率因数 cosφ	无功补偿配置原则
500		一般可不装设电容器组；低压电抗器容量不宜低于 500kV 线路充电功率的 90%
220	0.95～0.98	装设电容器组的容量一般为主变压器容量的 12%～16.7%；220kV 电缆进线的终端站应装设低压电抗器，其容量不宜低于 220kV 电缆充电功率的 110%；变电站毗邻大中型发电厂的情况下，若已满足电压控制范围可不配置电容器组
110，35	0.90～0.95	装设电容器组的容量一般为主变压器容量的 15%～20%
10	0.85～0.95	装设电容器组的容量一般为配电变压器容量的 20%～30%

(12) 经调相、调压计算，在系统各种运行方式下变电站母线的运行电压不符合电压质量标准时，应考虑增加无功补偿设备以满足电压质量标准。在增加无功补偿设备无效果或不经济时，可选用有载调压变压器。除上述情况外，不宜采用有载调压变压器。

二、按电压原则进行补偿

并联补偿的最基本要求是：满足负荷对无功电力的基本需要，使电压运行在规定的范围内，以保证电力系统运行的安全性和可靠性。当电厂出线电压在 220kV 及以下时，其母线电压一般不宜高于额定电压的 10%。因此，各级电网的送受端允许有 10%的电压降。线路压降越大，输送无功电力越多。

从利用发电机无功容量考虑，按送受端允许电压降为 10%的电压原则进行无功补偿，可以让线路多输送些无功电力给受端。这一原则适用于无功补偿容量少且尚不能按经济补偿原则来要求的电力系统。按电压原则进行无功补偿，使电网中无功流动量加大和流动距离增加，电网有功损耗将相应提高。

三、按经济原则进行补偿

在电力系统无功补偿设备充裕，电网运行管理水平较好的情况下，并联无功补偿应按减少电网有功损耗和年费用最小的经济原则进行补偿和配置，即就地分区分层平衡。500 (330) kV 与 220 (110) kV 电网层间，应提高运行功率因数，甚至不交换无功。一个供电公司是一个平衡区，一个 500kV 变电站可作为一个供电区，35～220kV 变电站均可作为一个平衡单位，以防止地区间无功电力大量流动。当用户侧要求最大有功负荷时，功率因数补偿到 0.98～1.0，同时要求补偿容量随无功负荷变化及时调整平衡，不向系统送无功。

四、无功补偿优化

经济合理地配置无功补偿设备，不但可以提高电力系统运行经济性，而且能够节省电力建设投资。但要得出最佳补偿容量和配置方案，其计算工作量很大，随着计算机技术的发展，现代计算工具完全可以胜任这一工作。

2.4.4 无功补偿容量的配置

在规划出全系统或局部地区所需要的无功补偿总容量后，需将其配置到用户和各级变电站中去，配置方式应符合电网电压调整标准中的原则要求，并考虑到适当集中补偿容量，以利于节省投资和无功控制。

一、用户的补偿容量

目前我国对用户尚未要求按经济原则进行补偿，即在最大负荷方式时，要求用户基本不接受系统供给的无功，功率因数达到0.98～1.0；在非最大负荷方式时，用户应及时调节补偿容量，不向系统送无功。如按经济补偿原则，用户需要安装有效的控制设备并具有较高的运行水平。

对用户的补偿容量在《全国供用电规则》4.3条中已有规定：无功电力应就地平衡，用户应在提高用电自然功率因数的基础上，设计和装设无功补偿设备，并做到随负荷和电压变动及时投入和切除，防止无功电力倒送。

用户在当地供电局规定的电网高峰时的功率因数，应达到下列规定。

（1）高压供电的工业用户和供电装置有带负荷调整电压装置的用户，功率因数为0.9以上。

（2）其他100kVA（kW）及以上电力用户和大、中型电力排灌站，功率因数为0.85以上。

（3）趸售和农业用电，功率因数为0.8。

目前我国各电力系统中，大部分是符合按功率因数0.9进行补偿的电力用户。如按用户自然功率因数0.707计（$Q/P=1$），用户只需补偿其所需无功容量的50%，其余50%的无功电源则取自电力系统。这一配置方式与按经济原则相比，电业系统的无功补偿容量就偏大了。

二、220kV及以下地区电网无功补偿容量配置

无功补偿容量的配置方式与电网结构、负荷性质、负荷间的同时率、受电电压等因素有关。根据目前供用电规则和具体情况，各级变电站电容器补偿容量可按主变压器容量计算。

（1）35kV和110kV变电站补偿容量一般可取主变压器容量的15%～20%；63kV变电站一般可取主变压器容量的20%～30%；220kV变电站一般可取主变压器容量的0～30%。

（2）如有地区性电厂接入不同的电压层，则根据其供出的无功容量相应减少该层变电站的补偿容量，甚至不装无功补偿设备即所需无功由电厂提供。

采用就地补偿的配置方式使电网有功和无功损失减少，但由于用户加大了补偿容量，用户间的同时率将起作用，补偿总容量会有所增加，K值升高。通过综合经济分析，可确定经济补偿容量。

三、500（330）kV电网无功补偿装置配置

500（330）kV变电站中，一般在主变压器的三次侧（15～63kV）装设低压电抗器和并联电容器，并根据各种技术需要在线路两端装设500（330）kV高压电抗器。按就地补偿原则，电厂内也需装设电抗器，如厂内无条件安装低压电抗器时，应安装高压电抗器补偿充电功率。

四、电缆线路电抗器的补偿

随着城市电网建设的需要，35～220kV电缆线路敷设量逐渐增加。电缆线路与架空线路相比，其单位长度的电抗小，一般为架空线路的30%～40%；正序电容大，一般为架空线路的20～50倍；由于散热条件不同，当导体截面相同时，电缆长期允许通过的电流值一般只有架空线路的50%。因此，电缆线路相对架空线路而言其运行特点是：损耗小、充电功率多、负荷轻。

电缆线路是输送有功负荷的设备，是不能根据无功负荷变化而频繁投切的无功电源。由于35kV和63kV电缆线路的充电功率小且距负荷的电气距离近，一般情况下，作为无功电源参与无功平衡，不进行电抗补偿。对110kV和220kV电缆线路的充电功率则需根据电缆线路长度和电网的具体情况而定。电缆充电功率利用越多，无功电源的调节容量越小。为更好地使用和调节电缆线路产生的无功容量，应考虑装设一定容量的电抗器，以补偿在小负荷运行方式时电缆线路多余的充电功率。

在我国，用并联电抗器补偿电缆线路充电功率，其容量和配置方式尚无明确规定。上海地区电网的做法是：在有电缆进出线的220kV变电站低压侧安装补偿电抗器，其容量为主变压器容量的17%，即180MVA主变压器补偿一组30Mvar低压电抗器，120MVA主变压器补偿一组20Mvar电抗器。

2.5 无功和电压管理

2.5.1 无功和电压管理的体制与职责

无功和电压管理涉及的单位和部门多，地域广，必须实行统一领导下的分级管理负责制，建立必要的规章制度。各单位（部门）由主管生产领导（或总工程师）负责此项工作，并指定归口管理部门设置专职工程师，协助对全网无功功率、电压偏移实行从规划到生产运行的日常管理，并对所属调度、发电厂、供电（电业）公司等生产单位的无功电力平衡、电压管理工作进行监督、指导与考核。网（省）电力公司有关职能部门相应设置电压和无功兼职工程师，负责做好有关工作。发电厂也应设置电压、无功专职工程师，对全厂发电机的无功出力、调压功能进行管理与监督。地市供电（电业）公司应指定无功、电压归口管理部门，设置专职工程师对所属地区电网的无功平衡、电压偏移实行从规划到生产运行的日常管理，并对所属调度、发电厂、变电站等基层生产单位的无功功率平衡、电压偏移进行检查与考核。各级电力企业和运行部门还应制定无功管理的实施细则及更具体的规章制度。

各级调度是电力生产的运行指挥部门，负责电网运行中的无功平衡和电压监督。同时由于无功功率、电压控制属于分散控制，因此需要依靠最基层单位的无功功率电压管理和运行人员。

2.5.2 电压监测点和中枢点的选择

电网调压的目的就是要采取必要措施，使用户的电压偏移保持在规定的范围之内。电网中的用户成千上万，不可能对每一用户都进行监视，因此就有必要选择一些可反映电压水平的主要负荷供电点以及某些有代表性的发电厂、变电站的电压进行监视和调整。只要这些点的电压质量符合要求，其他各点的电压质量也就能基本满足要求。

一、电压监测点

通常将监测电网电压值和考核电压质量的节点，称为电压监测点。电压监测点的设置原则如下。

（1）与主网（220kV及以上电压电网）直接相连的发电厂高压母线。

（2）各级调度“界面”处的220kV及以上的变电站的一次母线和二次母线，其中220kV指具有调压变压器的一、二次母线，否则只能取一次母线或二次母线。

（3）所有变电站和带地区供电负荷发电厂的10（6）kV母线是中压配电网的电压监

测点。

(4) 供电（电业）公司选定一批具有代表性的用户作为电压质量考核点，包括：

1) 110kV及以上供电的和35（63）kV专线供电的用户（B类电压监测点）。

2) 其他35（63）kV用户和10（6）kV用户的每1万kW负荷至少设一个母线电压监测点，且应包括对电压有较高要求的重要用户和每个变电站10（6）kV母线所带的代表性线路的末端用户（C类电压监测点）。

3) 低压（380/220V）用户至少每百台配电变压器设置一个电压监测点，且应考虑有代表性的首末端和重要用户（D类电压监测点）。

4) 供电（电业）公司还应对所辖电网的10kV用户和公用配电变压器、小区配电室以及有代表性的低压配电网中线路首末端用户的电压进行巡回检测。检测周期不应少于每年1次，每次连续检测时间不应少于24h。

二、电压中枢点

通常把电网中重要的电压支撑点称为电压中枢点，电压中枢点一定是电压监测点，而电压监测点却不一定是电压中枢点，因此电网的电压调整也就转化为监视、控制各电压中枢点的电压偏移不越出给定范围。一般电压中枢点选择原则如下。

(1) 区域性水电厂、火电厂的高压母线（高压母线有多回出线）。

(2) 母线短路容量较大的220kV变电站母线。

(3) 有大量地方负荷的发电厂母线。

中枢点变电站设置的数量不应少于全网220kV及以上电压等级变电站总数的7%～10%。中枢点确定以后，就要编制中枢点的电压曲线，也就是确定每个中枢点的电压允许变化范围，只要调整中枢点电压在这个变化范围内，由其供电的所有用户对电压的要求就可以满足。因此编制中枢点电压曲线和调整中枢点电压合格是电网调度运行部门的一项重要工作。

中枢点电压允许偏移范围的确定，是以网络中电压损失最大的一点（即电压最低的一点）及电压损失最小的一点（即电压最高的一点）作为依据，使中枢点电压允许偏差在规定值的±5%以内。

中枢点的最低电压等于在地区负荷最大时，电压最低一点的用户电压下限加上到中枢点间的电压损失；中枢点的最高电压等于在地区负荷最小时，电压最高一点的用户电压上限加上到中枢点间的电压损失。当中枢点的电压上、下限满足这两个用户的电压要求时，其他各点的电压就基本上能满足要求。

如果中枢点是发电机的低压母线，则除了要满足上述要求外，还应满足厂用电电压、发电机的机端最高电压及能维持稳定运行的最低电压要求。

电压监测应使用具有连续监测和统计功能的仪器和仪表，其监测精度不应低于1级。

2.5.3 电力系统的电压监测

为了对电网电压水平进行监测、考核，需要选定一批能反映电网电压水平的监测点，装设具有一定测量精度和功能的电压监测仪。电压监测仪的功能、精度、可靠性要求如下。

一、基本功能

电压监测仪用于对电力系统正常运行状态缓慢变化所引起的电压偏差进行连续监测和统计。按其产品功能分为以下几类。

（1）记录式电压监测仪。这种仪器中对被监测电压的超限时间与总供电时间分别设置相应的计时器进行记录和累计，由人工进行电压合格率的计算。

（2）统计式电压监测仪。这种仪器由以微处理器为主的设备构成，具有进行自动记录和统计的功能，是建议推广使用的电压监测仪。

电压监测仪的主要功能如下。

（1）电压监测仪应具有监测电压偏差及直接或间接地统计电压合格率或电压超限率的功能。电压合格率和电压超限率的定义为

$$\text{电压合格率}(\%)=\left(1-\frac{\text{电压超限时间}}{\text{电压监测总时间}}\right)\times 100\% \tag{2-59}$$

$$\text{电压超限率}(\%)=\frac{\text{电压超限时间}}{\text{电压监测总时间}}\times 100\% \tag{2-60}$$

电压超上限率和电压超下限率可用类似式（2-60）的定义。电压质量监测统计的时间以 min 为单位。

（2）记录式监测仪应能储存与显示电压超上限累计时间、电压超下限累计时间以及电压监测总计时间。

（3）统计式电压监测仪应具有以下功能。

1）具有按月和按日统计的功能，能显示和打印电压合格率及合格累计时间、电压超上限率及相应累计时间、电压超下限率及相应累计时间，至少能储存前一月和当月、前一日和当日的记录数据。

2）具有打印功能，包括日整点打印、平均值打印、最大值与最小值及其相应出现时间打印、即时打印等。

3）具有典型日监测数据显示打印功能，其典型日可任意设定，一般每月不少于 3 日。

4）可随意调出显示或打印储存的各项记录和统计值，且在其显示、打印时，不影响监测仪的其他功能。

5）可显示年、月、日、时、分、秒，能自动转换。

（4）电压监测仪应能实时显示被监测电压，刷新周期为 2s，显示位为 4 位，显示值相对误差不大于±0.5%。

（5）电压监测仪应能预置被监测电压额定值，并按要求整定在被监测电压允许偏差范围内的上限值和下限值。其整定调节范围应为（1±10%）U_N（U_N 为被监测系统的额定电压）的要求。对可预置整定或任意设定的控制键，必须加装闭锁装置或采取加密措施。除了以上这些基本功能外，电压监测仪还应满足以下要求。

1）应设置自动恢复系统，恢复时间应小于或等于 2s，使其在允许使用条件下，能连续正常工作。

2）一旦失去工作电源，其后备工作电源应保证失电保护时间不少于 72h。

3）在正常使用条件下，监测仪自身的功率损耗应小于或等于 3VA，可安装在电压互感器的二次侧。对配有打印机、功率损耗大于 3VA 的监测仪，应使用外接电源。

4）监测仪对被监测电压采用有效值采样时，采样周期应小于或等于 1s，并作为预处理值储存。以 1min 作为 1 个统计单元，取 1min 内的电压预处理值的平均值代表被监测系统即时的实际运行电压。

二、精度

在正常使用条件下，应保证电压监测仪工作在（1±20%）U_N（被监测系统的额定电压）范围内，其综合测量误差 $r_s \leqslant \pm 0.5\%$。整定电压的上限值和下限值基本误差均为 $r_b \leqslant \pm 0.5\%$。

电压监测仪的灵敏度 $K \leqslant \pm 0.5\%$，灵敏度 K 定义为

$$K = \frac{|U_{st} - U_r|}{U_{st}} \times 100\% \tag{2-61}$$

式中：U_{st} 为起动电压，即刚好驱动监测仪超限计时，并使相应的超限指示器稳定显示的电压值；U_r 为返回电压，即刚好使监测仪从超限状态进入合格状态的电压值。

监测仪内时钟误差每天不大于±1s 或每年不大于±5min。

三、可靠性

电压监测仪平均无故障时间 MTBF（Mean Time Between Failure）大于或等于 10 000h。

监测仪采样电压有三类：第一类为用于 3kV 及以上电压等级的监测，采样电压取自电压互感器二次电压，其额定值为 100V；第二类用于 220V 单相供电系统电压监测；第三类用于 380V 三相供电系统。后两类采样电压直接取自电网电压。

电压监测仪的工作电源额定电压也分为 100、220V 和 380V 三种，并要求在额定电压偏差±20%时电压监测仪能正常工作。

2.5.4 电压偏差的统计考核

电压偏差以电压合格率为统计及考核指标。根据式（2-59），则有

$$V_i(\text{主网}\ i\ \text{节点电压合格率}) = \left[1 - \frac{\text{月电压超限时间总和(min)}}{\text{月电压监测总时间(min)}}\right] \times 100\% \tag{2-62}$$

$$V_N(\text{主网电压合格率}) = \frac{\sum_{i=1}^{n} V_i}{n} \tag{2-63}$$

式中：n 为主网电压监测点数。

$$V_S(\text{供电综合电压合格率}) = 0.5\text{A} + 0.5\left(\frac{\text{B}+\text{C}+\text{D}}{3}\right) \tag{2-64}$$

式中：A、B、C、D 为四种类型的监测点的供电电压合格率。

（1）A 类：带地区供电负荷的变电站和发电厂（直属）的 10（6）kV 母线电压。

（2）B 类：35（66）kV 专线供电和 110kV 及以上供电的用户端电压。

（3）C 类：35（66）kV 非专线供电的和 10（6）kV 供电的用户端电压。每 10MW 负荷至少应设一个电压质量监测点。

（4）D 类：380/220V 低压网络和用户端的电压。每百台配电变压器至少设两个电压质量监测点。监测点应设在有代表性的低压配电网首末两端和部分重要用户。

2.5.5 无功功率补偿设备的运行和管理

根据无功功率平衡的特点，无功补偿设备配置的原则应该是就地平衡，应做到分层和分区平衡。分层平衡指的是按电压层次，不同电压等级的电网本身基本做到无功功率平衡；分区平衡指的是电网的各个地区，也应做到本地区无功功率基本平衡。

发电厂的无功出力应按运行限额图进行调节。在高峰负荷时，将无功出力调整至使高压

母线电压接近允许偏差上限值，直至无功出力达到最大允许值，为电网提供尽可能多的无功功率。在低谷负荷时，将无功出力调整到使高压母线电压接近允许偏差下限值，直至功率因数达到 0.98 以上（迟相），具有进相运行能力的发电机应达到进相运行值，防止电网因无功过剩而出现高电压运行。

变电站应配置足够的无功功率补偿设备及调压手段。在最大负荷时，要多投入补偿设备，使一次侧功率因数不低于 0.95。在最小负荷时，要切除一部分或全部补偿设备，使一次侧功率因数不高于 0.95（110kV 变电站不高于 0.98）。

凡列入运行的无功功率补偿设备，应随时保持完好状态，按期进行巡视检查。发生故障时，应及时处理修复，保持电容器可投率在 95%以上，调相机每年因检修与故障停机时间不超过 45 天。无功补偿装置应逐步实现自动控制方式，自动投切（控制）装置未经调度部门许可，不得停用。

用户并联电容器数量大、可控性差，因此要加强对用户运行功率因数的管理。1983 年，当时的水利电力部和国家物价局颁发了《功率因数调整电费办法》，促进了用户装设无功功率补偿设备，节约了电能。该办法的主要内容如下。

（1）为了鼓励用户自行提高其负荷的功率因数，规定凡超过功率因数标准的用户，将根据其实际功率因数不同程度地降低电费，凡低于功率因数标准的用户，将不同程度地增加电费，实际功率因数越低，增加电费的幅度也越大。

（2）为了防止低谷时用户无功功率倒送，该办法规定，用户倒送无功功率，将作为用户从电网吸收无功功率一样处理，加以经济处罚。

（3）《功率因数调整电费办法》第三款第二条规定：凡装有无功补偿设备且有可能向电网倒送无功电量的用户，应随其负荷和电压变动及时投入或切除部分无功补偿设备。对于该类用户除装设有功电能表外，电力部门应在计费计量点加装带有防倒装置的反向无功电能表，按倒送的无功电量与实用的无功电量两者的绝对值之和，计算月平均功率因数。

第3章 电力系统频率偏差

3.1 电力系统频率概念

3.1.1 频率的基本属性

电频率是与发电机组转速直接相对应的交流电的频率，其表达式为

$$f=\frac{pn}{60} \tag{3-1}$$

式中：p 为发电机极对数；n 为机组每分钟的转数。

机组转速取决于机组输入、输出能量的平衡程度，并受机械惯性的制约，其标幺值表示式为

$$\left.\begin{aligned}T_{\mathrm{J}}\frac{\mathrm{d}\omega}{\mathrm{d}t}&=M_{\mathrm{m}}-M_{\mathrm{e}}-D(\omega-1)\\ \frac{\mathrm{d}\delta}{\mathrm{d}t}&=\omega-1\end{aligned}\right\} \tag{3-2}$$

式中：T_{J} 为机组惯性常数，s；δ 为转子 q 轴与以同步速旋转的坐标实轴之间的夹角，rad；M_{m} 为机械转矩；M_{e} 为电磁转矩；D 为机械阻尼系数；ω 为角频率，$\omega=2\pi f$，rad/s。

可见，电频率是一个惯性量。这使得借助测量电压波速度而间接获得电频率数值时，受电压相量无惯性及波形畸变（噪声、谐波及运行工况突变等造成的）的影响，往往难以检测到实际频率。

为了进一步理解频率的基本属性，以系统中某一节点 a 突然增负荷（$+\Delta P$）为例，来考虑频率的相应变化。当 $+\Delta P$ 出现时，打破了系统原有的功率平衡状态，系统中各电源（机组）将按各自的电动势 E 对节点 a 的电气距离成反比来分摊负荷增量，即按各自同步功率 $\frac{\partial P}{\partial X}$ 成正比来分摊负荷增量 ΔP，并释放转子惯性系统储存的部分动能，力图使系统能量维持均衡。转子动能的消耗将使机组转速下降，频率也会相应降低。这将促使电源（机组）按各自调速系统的调差系数来重新分配负荷。紧接着系统事先安排的调频机组增加出力使得系统功率重新平衡。在整个过程中，因各机组初始承担的负荷不同和调差系数不同，机组新增负荷功率的分配比例不停地改变着，各电源（机组）频率围绕着系统等值惯性中心频率变化的轴线振荡，并随之下降和回升，逐渐和等值惯性中心的频率趋于一致，最终回到系统正常的运行频率偏离范围之内。

3.1.2 电力系统频率、电源频率和负荷节点频率

电力系统在正常运行状态下，用电负荷和发电机输出功率一直不断地变动着，所属设备的操作也时有发生，这就使系统中不同节点的频率产生不同程度的波动，这种波动是系统能量均衡的动态过程。在不破坏整个系统稳定运行的前提下，用测量设备在不同节点同时检测，不易觉察到波动的差异（即在概率统计的意义下各节点的频率是相等的，并在作同步的变化），因此由任一节点测得的频率均为系统频率。

在系统动态过程中，电源的频率取决于自身原动机能量输入和其他机组同步力矩对其的

牵制及负荷的分布。因此电源频率和其他节点的频率存在着差异，在系统失步的过程中这种差异尤为明显，而且带来的危害也很大。

负荷节点的频率，取决于系统内各电源等值电动势相量相对运动，传递到该节点的电压相量在时间轴上的运动轨迹。负荷中旋转机组的机械惯性仅是电源机组的几百分之几。在这种惯性支撑下，负荷群失去电源之后的几十毫秒内，伴随着频率的衰减会出现一个残压衰减的过程。过去为防止按频率减负荷装置误动而延迟其动作时间，就是为了避开这种频率衰减引起的电源未中断假象。

动态过程中，若系统处于稳定运行的临界状态、已失步状态或失步后转入再同步的过程中，则系统各节点的频率值不等，但在仍能维持同步的系统局部区域内，电源动态等值机组的转速主导着该局部区域的“局部系统频率”。“局部系统频率”可用来作为分析系统工况的一个参量，但已超出了传统的频率定义范围。

3.1.3 频率波动

电力系统中的负荷一直处在变动之中，但专业人员可以凭经验，结合各种负荷变动的统计规律、用户负荷增减的申请和天气预报等资料，预报次日 24h 的负荷曲线，其误差一般不大于 3%。这说明系统中负荷的波动是有规律可循的。运行经验表明，负荷的瞬时变化由 3 部分组成：一是变化周期一般小于 10s 的随机分量；二是变化周期在 10s～3min 的脉动分量，其变化幅度比随机分量的幅值要大些；三是变化十分缓慢的持续分量并带有周期规律的负荷，这都是工厂的作息制度、人民的生活习惯和气象条件的变化等造成的，也是负荷变化的主体，一般负荷预测主要就是预报这一部分。图 3-1 为电力系统负荷变化的分解示意图。

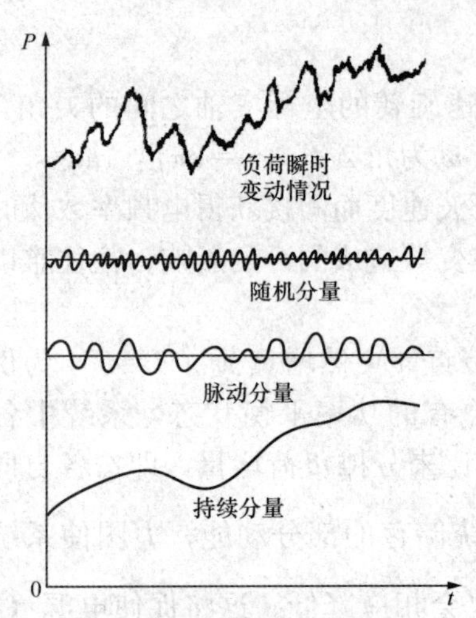

图 3-1 电力系统负荷变化的分解示意图

负荷的波动势必导致电力系统频率的波动。但由于电力系统自身的惯性，频率波动是被动的，对其起主要影响的是上述负荷波动的脉动分量和持续分量。

3.1.4 电力系统的频率特性

从能量的角度考虑，输变电网络和电源的能量损耗（包括厂用电负荷）均可视为负荷的一部分。这样，电力系统可视为发电机组和负荷两个环节组成的能量控制闭环系统，其功率与频率的关系即为频率特性。下面先分别讨论这两个环节，然后再综合讨论系统总体。

一、电力系统负荷的功率—频率静态特性

不计及系统电压波动影响时，系统频率和系统负荷功率的关系为

$$P_L = F(f) \tag{3-3}$$

负荷有功部分与频率的关系，可归纳为以下五类。

（1）与频率变化无关的负荷，如照明、电弧炉、电阻炉、整流负荷等。

（2）与频率的一次方成正比的负荷，如切削机床、球磨机、往复式水泵、压缩机、卷扬机等。

(3) 与频率的二次方成正比的负荷，如电网线损、变压器中的涡流损耗等。

(4) 与频率的三次方成正比的负荷，如通风机、静水头阻力不大的循环水泵等。

(5) 与频率的更高次方成正比的负荷，如静水头阻力很大的给水泵等。

因此，负荷的功率—频率静态特性一般表示为

$$P_L = a_0 P_{LN} + a_1 P_{LN}\left(\frac{f}{f_N}\right) + a_2 P_{LN}\left(\frac{f}{f_N}\right)^2 + a_3 P_{LN}\left(\frac{f}{f_N}\right)^3 + \cdots + a_n P_{LN}\left(\frac{f}{f_N}\right)^n \quad (3-4)$$

式中：f_N 为额定频率；P_{LN}为系统频率为额定值时，整个系统的有功负荷；P_L 是系统频率为 f 时整个系统的有功负荷；a_0，a_1，a_2，a_3，…，a_n 分别为与系统频率的 0，1，2，3，…，n 次方成正比的负荷占额定负荷的百分比。

以额定频率和额定频率下的负荷功率 P_{LN}为基准值，则式（3-4）的标幺值表达式为

$$P_{L*} = a_0 + a_1 f_* + a_2 f_*^2 + a_3 f_*^3 + \cdots + a_n f_*^n \quad (3-5)$$

由定义可知

$$a_0 + a_1 + a_2 + a_3 + \cdots + a_n = 1$$

式（3-5）称为电力系统负荷功率—频率静态特性方程，可用图 3-2（a）所示的曲线表示。

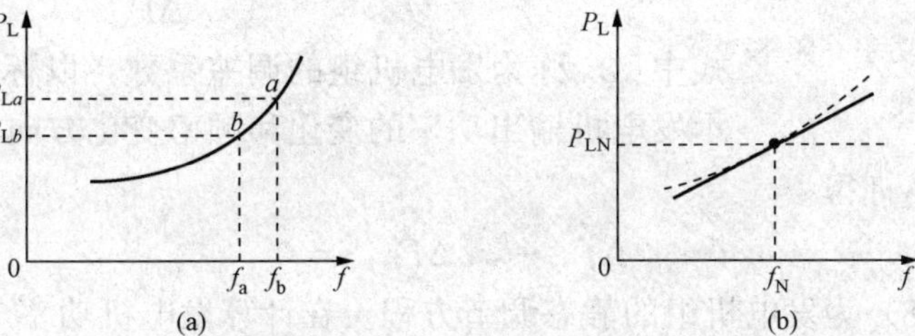

图 3-2　电力系统负荷功率—频率静态特性曲线

(a) 准确描述；(b) 近似描述

通常与频率变化三次方以上成正比的负荷很少，如忽略其影响，并将式（3-5）对频率微分，得

$$\frac{dP_{L*}}{df_*} = a_1 + 2a_2 f_* + 3a_3 f_*^2 = K_{L*} \quad (3-6)$$

从图 3-2 可见，当系统频率偏离额定值时，系统负荷功率的变化方向与频率变化的方向一致。当频率上升时，负荷需求功率随之增加，阻止频率的上升；频率下降时，负荷需求功率跟着下降，抑制频率的下降。负荷的频率效应起到减轻系统能量不平衡的作用。因此，称 K_{L*} 为负荷的频率调节效应系数，其倒数 s 称为负荷的调差系数。电力系统允许频率变化的范围很小，为此负荷功率与频率的关系曲线可近似地视为具有不变斜率的直线，如图 3-2（b）所示。直线斜率即为 K_{L*}，表明系统频率变化 1%时，负荷功率变化的百分数。对于不同的电力系统，因其负荷需求功率对频率变化的效应不同，K_{L*} 值也不相同（一般情况下 $K_{L*}=1\sim3$），即使是同一系统，K_{L*} 也随季度及昼夜交替导致负荷组成的改变而变化。电力系统调度部门在运行调度（尤其是事故处理）和按频率自动减负荷的整定中，都离不开 K_{L*} 值。一般地调度人员凭借运行经验（尤其是事故处理经验），再辅以分析估算，即可得到所在系统近似的 K_{L*} 值。

当系统频率变动不大时，对电压的影响很小，常可忽略其影响，并不妨碍有足够精度的频率特性。实际运行时，系统中某一节点负荷的功率—频率的静态特性不仅与电压有关，而且频率和电压之间往往存在着负的调节效应。

二、发电机组的功率—频率静态特性

当电力系统频率变化时，促使发电机组的原动机（即汽轮机或水轮机等）调速系统自动改变原动机的输入，从而改变发电机的出力，以求系统功率供需平衡，恢复频率到正常允许偏差范围之内。这表明发电机组的功率—频率特性取决于调速系统的特性。人们把频率变化导致发电机组输出功率变化的关系称为发电机组的功率—频率静态特性，其曲线如图 3-3 所示。

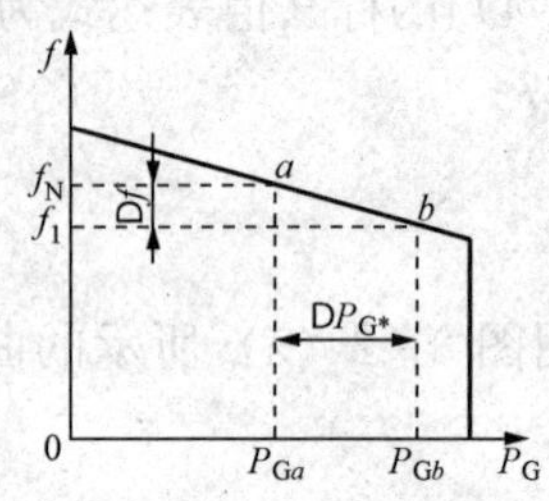

图 3-3 发电机组的功率—频率静态特性曲线

发电机组以额定频率 f_N 运行时（图 3-3 中 a 点），其对应的出力为 P_{Ga}；当系统负荷增加使频率下降到 f_1 时，在调速系统作用下，发电机组输出功率增至 P_{Gb}（图 3-3 中 b 点），即频率下降 Δf_*，发电机组输出功率增加 ΔP_{G*}。这个过程是有差调节，其特性称为有差调节特性。特性曲线的斜率为

$$\sigma_* = \frac{-\Delta f_*}{\Delta P_{G*}} \tag{3-7}$$

式中：σ_* 称为发电机组的调差系数，以标幺值表示；“—”表示发电机输出功率的变化和频率变化方向相反。

由式（3-7）整理得

$$\Delta f_* + \sigma_* \Delta P_{G*} = 0 \tag{3-8}$$

一般称式（3-8）为发电机组的静态调节方程。在计算发电机功率与频率的关系时，常常采用调差系数的倒数，即

$$K_{G*} = \frac{1}{\sigma_*} = \frac{-\Delta P_{G*}}{\Delta f_*} \tag{3-9}$$

式中：K_{G*} 为发电机的功率—频率静态特性系数，也称为原动机的单位调节功率，标志了随频率的升降发电机组发出功率减少、增加的多少。

发电机组的 σ_* 和 K_{G*}，通常取：

汽轮发电机组，$\sigma_* = 4\% \sim 6\%$，$K_{G*} = 16.7 \sim 25$；

水轮发电机组，$\sigma_* = 2\% \sim 4\%$，$K_{G*} = 25 \sim 50$。

电力系统中调差系数的选择，需通盘考虑火电机组、水电机组及系统送受端机组之间定值的协调与配合，这对维持电力系统内频率的稳定运行影响很大。一般为了减少电力系统的频率波动，汽轮机调差系数取得小一点，但这必须在水火电调差系数协调的基础上考虑，否则会助长频率波动。

三、电力系统的频率静态特性

将负荷和电源两个环节的功率—频率静态特性曲线绘在一起可以得到电力系统的频率静态特性，如图 3-4 所示。由图可知，发电机组的功率—频率静态特性与负荷的功率—频率静态曲线的交点是电力系统频率的稳定运行点（如图 3-4 中 a 点所示），对应的系统负荷功率为 P_L，运行频率为额定频率 f_N。当系统负荷增加 ΔP_L 时，若此时系统内所有发电机组的调速系统均不动作，机组的输入功率保持为 P_T 不变且等于 P_L，则会使系统达到新的平衡

点（如图 3-4 中 b 点所示）。此时频率下降到 f_3，系统负荷吸收的功率仍为原来的 P_L。但在频率从 f_N 下降的过程中，机组调速系统实际上将会动作，增加机组的输入功率，经过一段时间后，运行点稳定在图 3-4 中的 c 点，这时系统负荷已从 P_L 增到 P_{L2}（$P_{L2}=P_L+\Delta P_{L2}$），仍小于额定频率下所需的功率 P_{L1}（$P_{L1}=P_L+\Delta P_L$），频率稳定在 f_2。调速系统这个时段的作用，是将频率 f 从 f_N 降到 f_3，恢复到仍低于 f_N 的 f_2。这种调节作用，通常称为频率的一次调节。

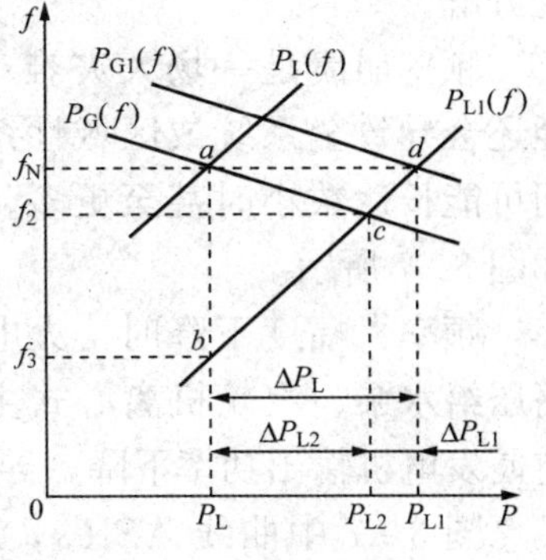

图 3-4 电力系统的频率静态特性曲线

图 3-4 中，运行点 c 并没有满足负荷增加 ΔP_L 的需要，而且频率还因为新增功率 ΔP_{L2} 而下降到 f_2。这表明负荷功率虽然增加了一部分，但生产效率却因频率下降而下降了。因此，需要自动调频装置自动操作调速系统的整定机构，使发电机的功率—频率静态曲线向上平移，直至系统发电机组的输入功率能符合负荷功率增长 ΔP_L 的需求。此时运行点移到 d 点，频率恢复到额定值 f_N。这种移动调速系统特性曲线使频率恢复到额定值的操作，称为二次调节，即调频装置的调节是二次调节。

四、电力系统的频率动态特性

负荷的突然增减，使系统中能量供求关系失去平衡，系统频率将从正常的稳态值过渡到另一个使能量供求达到新平衡的稳态值。频率的这种变化过程，称为电力系统的频率动态特性。电力系统的频率动态特性，与系统中电源备用容量大小、负荷调节效应、电源（机组）的机械惯性和负荷的机械惯性等有关。电力系统频率动态特性曲线示意图如图 3-5 所示。

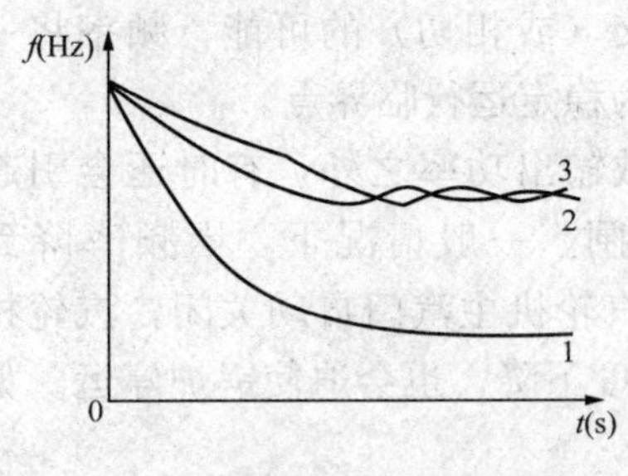

图 3-5 电力系统频率动态特性曲线示意图

当系统中无旋转备用容量时，系统频率将逐步下降到新的稳定频率，如图 3-5 中曲线 1 所示。当有旋转备用容量时，系统频率通过波动而降至新的稳定频率，如图 3-5 中曲线 2、3 所示。系统频率波动的幅值与负荷的调节效应系数 K_{L*} 有关。当 $K_{L*}=1$ 时，对应曲线 2；当 $K_{L*}=2$ 时，对应曲线 3。在频率变化的动态过程中，电源（机组）之间是在振荡中逐渐一致地抵达新的频率稳态值。因此，在频率变化的动态过程中各电源（机组）的频率与系统频率存在着差异，且电源频率之间差异更大些。

3.1.5 频率突然下降及崩溃

发电厂内部故障或其出线故障、系统解列成几个小系统、电源与负荷平衡遭到严重破坏时，均可能导致电力系统频率大幅度下降。为此，系统调度部门都需预先按实际运行条件，制定相应的防止频率大幅度下降的措施。在频率降低的过程中，这些措施有效地遏制这种恶性事故的发生或扩大。但运行中仍可能由于功率缺额太大或所采取的预防措施不力，而导致频率大幅度下降。一般从频率开始下降，遏制措施起作用，至电源与负荷重新维持平衡，频率稳定于新运行点的全过程约为几秒至几十秒，其变化过程如图 3-6 所示。图中的 AUFLS (automatic under-frequency load shedding) 为按频率自动减负荷装置。

事故中频率若不能迅速恢复正常，系统被迫在低频率下运行，是十分危险的。因为电源与负荷在低频率下的重新平衡是很不牢固的，稳定性很差，抗干扰能力很弱，稍有负荷或电源的波动，很可能再次失去平衡，导致频率再度下降，功率不平衡的程度更加严重，甚至发生频率崩溃和系统分解。

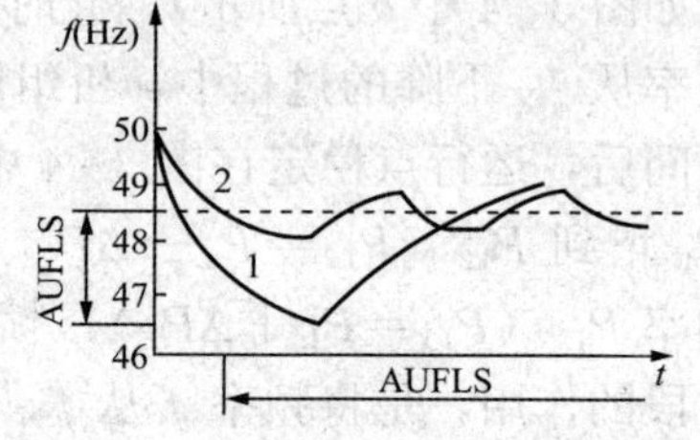

图 3-6　电力系统引起的频率下降过程示意图

1—大量功率缺额；2—重复缓慢的频率降低

频率崩溃是一场大灾难，不仅会使系统瓦解，甚至还会导致全系统或区域性系统的停电，事故恢复时间可能长达数小时甚至更多。电力系统频率崩溃过程如图 3-7 所示。

频率大幅度下降时，火电厂的厂用机械，尤其是高压给水泵、汽轮机离心式主油泵出力将下降，往往迫使发电机输出功率下降，导致功率缺额加大，频率进一步下降，并形成恶性循环。

图 3-7 中曲线 AB_1C_1，AB_2C_2，AB_3C_3，AB_4C_4 为系统等值电源与频率的关系曲线，DE 为系统等值负荷的频率特性曲线。当系统发生某一功率缺额时，假设运行点从额定频率 f_N 时的曲线 DE 和曲线 AB_1C_1 的交点 P 下降至 P' 点。频率下降引起厂用机械输出功率下降，发电机运行特性受影响后的发电机频率特性曲线 AB_2C_2，与负荷频率特性曲线 DE 的新交点为 P' 点。P' 点运行频率 f' 比较稳定。不论频率向上、向下变化，所产生的系统功率余额总是促使频率往恢复 f' 的方向移动。若系统频率下降得更多，使发电机的频率特性下降到 AB_3C_3，正好与负荷频率特性曲线 DE 相切于 P''。此时，由于系统的剩余功率为负值，频率稍往下降，就会导致频率进一步下降，使厂用机械输出功率下降。如果发电机频率特性曲线下降为 AB_4C_4，与等值负荷频率特性曲线已没有相交（或相切）的可能，频率将一直下降，直至崩溃，故称 P'' 为稳定运行临界点。

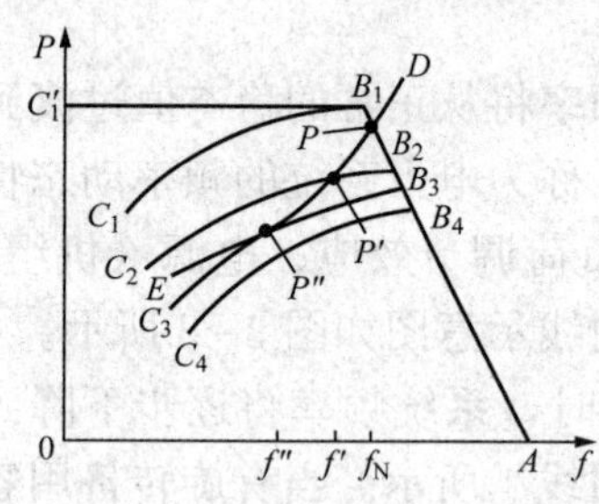

图 3-7　电力系统频率崩溃过程示意图

频率下降除影响厂用机械输出功率之外，有时还会引起厂用机械或主机的故障和跳闸。一般情况下，当频率降到 45Hz 以下时，汽轮机的离心式主油泵油压显著下降，迫使汽轮机主汽门自动关闭，汽轮机停运。高压给水泵出力随频率下降以三次方或更高次方的速度下降，也会迫使锅炉停运。如此一来，将产生恶性循环。

当频率下降，即发电机转速下降时，发电机的电动势将减小，输出无功功率降低，系统内部并联电容器补偿的功率也随之下降，而用户需要励磁用的无功功率却增加，促使系统电压随频率的下降而降低，威胁系统的安全稳定。当频率低至 43～45Hz 时，极易引起电压崩溃。

综上所述，一旦发生频率大幅度的下降，恢复正常的过程可能很长。为此，调度运行部门在编制运行计划时，就必须采取各种预防措施，防止频率事故的发生；同时还应有相应的补救措施，遏制事故的扩大，迅速将频率恢复至正常运行水平。

3.1.6　频率与电压的关系

电力系统的频率和电压这两个电气参数间存在着紧密的依存和制约关系，只有在正常运行允许的偏差范围内，才有可能假定彼此的影响可以忽略不计。但当上述参数中某一个做快速大幅度变化，或系统中上述两参数之一处在正常允许偏差之外运行时，另一参数的变化就必须计及相互间的影响，否则将难以得到符合实际的结论，也无法找出正确的改善对策。

系统负荷的功率静态特性可表示为

$$P = F_1(f,u); \quad Q = F_2(f,u)$$

负荷的功率—频率静态特性可用微分形式表述，即

有功部分

$$\frac{\mathrm{d}P}{\mathrm{d}f} = \frac{\partial P}{\partial f} + \frac{\partial P}{\partial u} \times \frac{\mathrm{d}u}{\mathrm{d}f} \tag{3-10}$$

无功部分

$$\frac{\mathrm{d}Q}{\mathrm{d}f} = \frac{\partial Q}{\partial f} + \frac{\partial Q}{\partial u} \times \frac{\mathrm{d}u}{\mathrm{d}f} \tag{3-11}$$

这种特性是负调节效应，对频率、电压的变化相互起着阻尼作用。除极个别的情况外，绝大部分时间内是有利于运行稳定性的。

同样，发电机的频率特性也受电压的影响。发电机电动势按励磁系统不同，随着频率的平方或三次方成正比变化。当系统频率下降时，发电机的无功功率将减小，用户需要的励磁功率将增加。此时若系统无功电源不足，频率下降将促使电压随之降低。经验表明，频率下降1%时，电压相应下降0.8%～2%。电压下降又使负荷的有功功率减小，阻止频率的下降。因为在无功电源充足的情况下，发电机的自动励磁调节系统将提高发电机的无功功率，防止电压的下降，即发电机的无功功率将因系统频率的下降而增大。当系统频率上升时，发电机的无功功率将增加，负荷的无功功率将减少，使系统电压上升。但发电机的自动励磁调节系统将阻止电压上升，即发电机的无功功率在频率上升时下降。

电力系统运行工况急剧变化时，频率与电压的相互影响更大。例如，在20世纪70年代，我国某电力系统通过双回110kV线路向一很弱的受端系统送电。当两线路因故障同时掉闸后，该地区有功缺额虽很大（即输入功率远大于地区电源输出功率），但频率并未下降，按频率自动减负荷装置不动作，电压却陡降，甩掉大部分负荷，导致地区电厂机组超速全停。

频率与电压这种相互关系，不仅可以利用其负调节效应保证系统稳定，而且在考虑调整和改善运行工况时也十分有用，如发电机励磁系统控制策略上的改进，就是充分利用了频率与电压之间相互依存制约的关系。自从发电机自并励方式被广泛采用，就减少了励磁机这个中间惯性环节，使励磁系统的调节具有快速的特点。但同时也出现了以往比例式或电压比例—积分—微分控制方式，与这种快速励磁方式不相适应的情况，使电力系统的阻尼特性恶化，易产生负阻尼，导致电力系统发生低频振荡。为了发挥自并励对控制响应快速的优点并克服上述弊病，20世纪70年代美国GE公司在励磁控制方式上，除保留按发电机端电压偏差的比例—积分—微分环节外，增加了按发电机转速或频率的二阶超前校正环节。这种由单输入发展成为双输入的控制方式，即电力系统稳定器（PSS，Power System Stabilizer）控制方式，对提高电力系统稳定性有显著成效。

3.2　频率偏差对电力系统的影响

3.2.1　频率偏差

电力系统正常运行工况下，应在额定频率下运行。系统中的所有电气设备只有在额定频率下才能获得最好的可靠性和经济性，这是在设计时被确定的。电力系统负荷的大小每时每

刻在不断变动，电源出力及其频率调节系统跟随负荷变化又有一定的惯性，致使系统频率总是处于变动的状态之中。因此，必须对运行频率规定允许的偏差范围，以确保运行的可靠性和经济性。

GB/T 1980—2005《标准频率》规定设备的额定频率允许偏差范围为±1%。GB/T 7064—2008《隐极同步发电机技术要求》规定发电机的频率偏差范围为±2%。以上两个标准允许的偏差范围有较大差别，这是因为用户对系统提供的电能质量的要求高一些，以利于安全经济地使用电气设备；汽轮发电机作为电能的供应方，要求自身承受频率偏差的能力大一些，以增加保证系统安全、经济运行的应变能力。两者从不同的角度为了同一个目的对频率偏差提出不同的要求，这是十分合理的。同样，在供电方能达到的条件下尽量满足用户需求，从电力系统的整体可靠性、经济性出发，将电力系统频率允许偏差规定得小一点也是应该的。

3.2.2 影响频率的因素

从电力系统规划、设计直到运行调度，有一系列的因素最终都可能对频率带来影响。在规划设计中，电源和负荷间的供需平衡、调峰调频方案的选取，各种类型火力发电厂（包括核电站、燃气—蒸汽联合循环电厂等）、水力发电厂（包括抽水蓄能、泾流、具有不同调节能力水库及梯级开发的电站）因时因地制宜地配置比例是否得当，对运行中系统频率质量有着重大的影响。此外，信息通道的配置合理与否，自动发电控制（AGC）的应用普遍与否，所有这些因素将会在日常的运行中显示出它们对频率的影响。

以往某些电力系统曾一度采用降低频率运行，借负荷的频率效应来压低负荷对电力的需求的方法，以求得表面上的电力供需平衡。实际上降低运行频率，不仅降低了发供用电设备的效率，更给这些设备带来累积性的伤害。其中尤为严重的是汽轮机叶片的疲劳损伤和断裂事故，在上述时期内屡有发生，进而加剧了供需矛盾。此时唯一正确的措施是限制部分次要负荷用电，调配负荷曲线，充分发挥电源的作用，尽量减小由于电力电量不足给生产带来的影响。

日常运行调度的负荷预报，检修及冷、热（旋转）备用的安排，线路检修及网络接线的调配，同样会影响系统运行的频率。当系统出现电源故障（包括电力输送环节的故障）致使系统运转电源不足时，旋转备用、冷备用能否及时投入运行，抽水蓄能机组能否迅速从抽水转换成发电工况，限制对预先协议调荷用户的供电能否实现等，决定着系统频率能否迅速回升至正常值。当系统中大用户由于自身故障等原因，突然中断受电时，调频调峰机组能否及时相应地减小出力，抽水蓄能机组能否快速转换成抽水工况；频率升高过多时，电源的超速保护能否快速切除部分机组，都对保证机组运行安全和系统频率质量起决定性的作用。

从频率偏离正常值的大、小和对设备安全威胁的程度来看，高频率比低频率更具有危害性，必须采取更果断的措施迅速予以遏制。

频率通常有两项控制指标。一是规定系统频率正常允许偏差范围，例如±（0.2～0.5）Hz；二是时钟偏差，例如不超过±1s/日。前者划出了合乎质量要求的范围，发供用电气设备按此标准设计，使电气设备的安全性、可靠性和经济性处于最佳的运行工况范围之内。后者目的在于给累积误差提出一个限制要求，并保证电钟的准确性。

3.2.3 系统低频率运行对水电厂的影响

在系统运行频率不低于额定值 95%的波动范围内，水轮机转子转速的下降，使水流和转子叶片间速率差增大而引起转矩略增，机组输出功率随之产生少许变动，此时水轮机输出功率受转速变化的影响不明显，转速变化对辅助设备（包括主轴承油泵、轴承冷却水泵）也都无重大影响。发电机受低频率的影响比水轮机稍多些，其冷却空气流量是转速的函数，空气冷却器的冷却水流循环是由多组电动水泵驱动的，其裕度足以抵偿大幅度的冷却水温变化、水流量减低或者部分冷却器被迫停运等不良影响。低频率运行中，内冷型机组因冷却介质流动速度减慢，降低了冷却效率，而迫使机组输出功率下降。但水轮发电机组群中采用内冷却的若为数不多，则低频率运行将不至于影响系统中水轮发电机总体的供电能力。

3.2.4　系统低频率运行对火力发电厂的影响

电力系统运行频率过低，会给电力负荷带来明显的不利影响。即使偏离额定值较少，持续时间不长，也会对设备带来累积损伤，降低生产效率，影响产品质量。其中影响最大的为火力发电厂，尤其是高温高压电厂。因为负荷在频率下降时，负荷将减少从系统吸收的功率，其频率调节效应将促使频率回升。火力发电厂则不然，系统频率的下降，将导致电厂辅助机械功率减小，继而发电功率下降，从而使系统频率下降更大，对系统频率崩溃起着推波助澜作用。

系统低频率运行，对各类蒸汽、燃气及内燃机驱动的发电机组所受影响差别很大。影响的程度是由频率下降的幅度及其持续时间共同确定的。短暂的1～2s频率下降和数分钟的持续低频率，影响完全不同。长达数分钟甚至数十分钟的低频率，将导致发电机组冷却系统输出功率下降引起的设备过热、振动，尤其是共振应力引起的汽轮机叶片疲劳和损伤、发电机电动势的降低等，均需分别采取防范措施，并视机组的设计、已运行的年限等进行不同的处理。

3.2.5　系统低频率运行对负荷的影响

系统频率特性随运行工况不同和负荷组成比例的变化而不同，不仅不同的系统有不同的特性，即使同一系统，在不同的季节甚至不同的时段内，也有不小的差别。为了掌握和判断这种差别，有必要对各类负荷的频率特性进行研究。

我国各地多次的系统频率特性试验综合结果为：在50Hz系统中，频率每变化0.1Hz，负荷功率变化0.02%～0.06%。负荷对低频率响应的系统试验需要限制在很短的时段内进行。因为在该时段内负荷自身也会发生一些变化（不是由频率变化引起的那一部分）。此外对于一些恒温控制的负荷（如冰箱和空调），其吸收的电功率随着频率降低的减轻仅仅是暂时的。在非短暂性的低频率下，恒温控制的电气设备在运转的工作周期内将增加吸收有功功率，以恢复控制恒温的需要。因此，这类负荷对低频运行响应的特点是，持续时间越短，功率变化越大。

一、对电动机的影响

就电动机驱动的负荷整体而言，计及负荷阻力矩特性后，才是供电频率对这类负荷的实际影响。分析这类负荷的频率特性时，必须综合考虑电动机及被其驱动的负荷运行特性，来考察其整体的频率特性。

（一）同步电动机

为简化分析，在研究系统频率变动对同步电动机的影响时，通常假设定子电压、转子励磁电流及负荷转矩不变。其影响主要体现在以下四个方面。

（1）转速。同步电机转子转速 n 与定子电源频率 f 的关系式为

$$n = \frac{60f}{p} \tag{3-12}$$

式中：p 为极对数，对具体某一电机而言是一定数。

从式（3-12）可见，转速与频率之间存在着不变的线性比例关系。

（2）磁通。同步电动机定子电动势 E_a，定子磁通（电枢反应磁通）Φ_a 和定子电源频率 f 的关系式为

$$E_a = 4.44fWK_{W1}\Phi_a \tag{3-13}$$

式中：W 和 K_{W1} 分别为定子绕组匝数和绕组系数。

当忽略定子绕组漏阻抗压降，且 E_a 恒定时，频率下降将促使定子磁通增大；另外，气隙合成磁通 Φ_δ 为定子磁通 Φ_a 和励磁主磁通 Φ_0 的相量和，在过励时，定子磁通对励磁主磁通有去磁作用，因此，气隙合成磁通随频率下降而减小。

（3）转矩。异步起动同步电动机的异步起动转矩与频率的三次方成反比。当忽略同步电动机定子绕组电阻 R_a（即 $R_a \ll X_d$，X_d 为同步电抗，$X_d = 2\pi fL_d$）时，其最大电磁转矩为

$$M_{max} = \frac{mpE_aU}{2\pi fX_d} \tag{3-14}$$

式中：U 为端电压；m 为电动机相数。

由式（3-14）可知，频率升高时，同步电机 X_d 增大，则最大电磁转矩减小，电动机过载能力 $K_M = \frac{M_{max}}{M_N}$ 下降（M_N 为额定转矩）；频率降低时，最大电磁转矩 M_{max} 增大，电动机过载能力 K_M 上升。但当频率下降较多时，定子绕组电阻 R_a 作用加大，$X_d \gg R_a$ 的条件不再成立，最大电磁转矩将因而减小。此时，只有增加定子电压 U 和励磁电流 I_f，才能使 M_{max} 不减小或增大。

（4）功角。同步电动机的电磁转矩公式为

$$M = \frac{mpE_0U}{2\pi fX_d}\sin\delta \tag{3-15}$$

式中：δ 为电源电压相量与转子电动势相量的夹角。

由式（3-15）可知，在负荷转矩不变，即功角 δ 不变时，电磁转矩也基本不变。频率升高时，随着 fX_d 的增大，$\sin\delta$ 也必须增大，才能使 $\frac{\sin\delta}{fX_d}$ 基本保持不变。但当功角 δ 增大到 90°时，同步电动机处于临界状态，因此，同步电动机一般都按 $\frac{U}{f}$ 为定值作变频调速运行。

同步电动机变频运行时，励磁电动势可表示为

$$E_0 = 2\pi f'L_{af}I_f \tag{3-16}$$

式中：f' 为电动机运行频率；L_{af} 为励磁绕组与定子绕组间的互感；I_f 为励磁电流。

此时，同步电抗则相应变为

$$X_d = 2\pi f'L_d \tag{3-17}$$

电磁转矩为

$$M = \frac{mp}{2\pi}\left(\frac{U'}{f'}\right)\left(\frac{L_{af}}{L_d}\right)I_f\sin\delta \tag{3-18}$$

对具体的电机而言，m、p、L_{af}、L_d 均为结构常数，所以

$$M \propto \left(\frac{U'}{f'}\right) I_{\mathrm{f}} \sin\delta \tag{3-19}$$

当变频运行时，如果维持电压和频率的比值不变，则同步电动机的电磁转矩表达式及其功角特性 $M=f(\delta)$ 就和额定频率运行时完全相同。

（二）异步电动机

异步电动机特性受频率、电路常数和电压变化的影响。从图 3-8 所示的异步电动机 L 型等效电路，可推导出频率偏离对异步电动机各方面性能的影响。推导中假设 $R_{\mathrm{m}} \ll X_{\mathrm{m}}$，$(R_1+R_2') \ll (X_{1\sigma}'+X_{2\sigma}')$，$s \approx 0$。这样的假定既接近被研究工况的实际，又可使分析简化，从概念上了解各参量的变化趋势，以突出主要因素。

（1）异步电动机的同步转速。其表达式为

$$n_{\mathrm{s}}' = \frac{60f}{p} = n_{\mathrm{s}}\left(\frac{f}{f_{\mathrm{N}}}\right) \tag{3-20}$$

式中：n_{s} 为额定频率时的同步转速；p 为极对数；f_{N} 为额定频率。

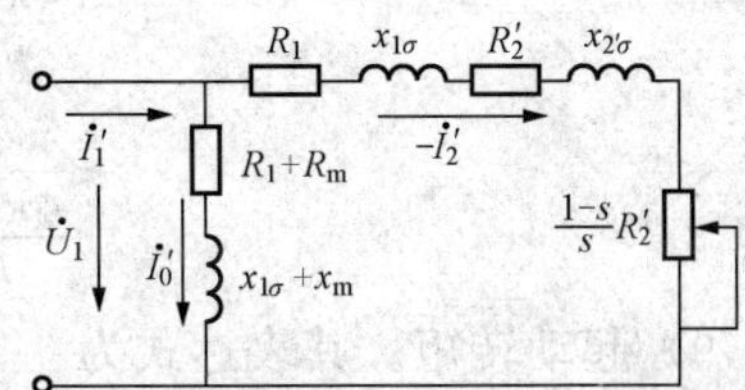

图 3-8　异步电动机 L 型等效电路图

式（3-20）表明，异步电动机的同步转速与电源频率成正比。

（2）空载电流。其表达式为

$$\dot{I}_0 = \frac{\dot{E}}{R_{\mathrm{m}}+\mathrm{j}X_{\mathrm{m}}} \approx \frac{\dot{E}}{\mathrm{j}X_{\mathrm{m}}} \propto \frac{\dot{E}^{m'}}{X_{\mathrm{m}}(f/f_{\mathrm{N}})^{m'}} \propto \left(\frac{\dot{E}f_{\mathrm{N}}}{f}\right)^{m'} \tag{3-21}$$

式中：m'为常数，依据经验一般定为 2～3。

式（3-21）表明，空载电流随电源频率的 2～3 次方成反比变化。

（3）铁损耗。其表达式为

$$W_{\mathrm{Fe}} = k_1 f B_{\mathrm{m}}^{a} + k_2 f^2 B_{\mathrm{m}}^2 \tag{3-22}$$

式中：a、k_1、k_2 均为常数；B_{m} 为最大磁密。

式（3-22）是电源电压恒定时获得的铁损耗与频率的关系式。

（4）通风损耗。其表达式为

$$W_{\mathrm{w}} \propto (f/f_{\mathrm{N}})^3 \tag{3-23}$$

（5）机械损耗。其表达式为

$$W_{\mathrm{m}} \propto (f/f_{\mathrm{N}}) \tag{3-24}$$

（6）定子电流。其表达式为

$$\dot{I}_1 = \dot{I}_0 + \dot{I}_2 = \frac{\dot{E}}{R_{\mathrm{m}}+\mathrm{j}X_{\mathrm{m}}} + \frac{\dot{E}}{\left(R_1+\frac{R_2'}{s}\right)+\mathrm{j}(X_{1\sigma}+X_{2\sigma}')} \tag{3-25}$$

式中：s 为滑差；$\dot{I}_2$、$\dot{I}_0$ 分别为转子电流及励磁电流（折算到定子侧）；R_1、R_2' 和 R_{m} 分别为电机定子绕组、转子绕组（折算到定子侧）和励磁回路等值电阻；X_1、X_2' 和 X_{m} 分别为电机定子、转子（折算到定子侧）和励磁回路等值电抗，且 $X_{1\mathrm{m}}+X_{2\mathrm{m}}=X_{\mathrm{m}}$。

（7）最大输出功率。其表达式为

$$P_{\mathrm{m}} = \frac{mE^2}{2\left[R_1+\sqrt{R_1^2+(X_{1\sigma}+X_{2\sigma}')^2}\right]}$$

$$\approx\frac{mE^2}{2(R_1+X_{1\sigma}+X'_{2\sigma})}$$

$$\approx\frac{mE^2}{2(X_{1\sigma}+X'_{2\sigma})(f/f_N)} \tag{3-26}$$

（8）最大转矩。其表达式为

$$T_m=\frac{mE^2}{\frac{4\pi f}{p}\left[R_1+\sqrt{R_1^2+(X_{1\sigma}+X'_{2\sigma})^2}\right]}$$

$$\approx\frac{mE^2}{\frac{4\pi f}{p}(X_{1\sigma}+X'_{2\sigma})}$$

$$\approx\frac{mE^2}{\frac{4\pi f_N}{p}(X_{1\sigma}+X'_{2\sigma})\left(\frac{f}{f_N}\right)^2} \tag{3-27}$$

（9）起动转矩。其表达式为

$$T_s=\frac{mE^2R'_2}{\frac{2\pi f}{p}\left[(R_1+R'_2)^2+(X_{1\sigma}+X'_{2\sigma})^2\right]}$$

$$=\frac{mE^2R'_2}{\frac{2\pi f}{p}(X_{1\sigma}+X'_{2\sigma})^2\left[1+\frac{(R_1+R'_2)^2}{(X_{1\sigma}+X'_{2\sigma})^2}\right]}$$

$$\approx\frac{mE^2R'_2}{\frac{2\pi f_N}{p}(X_{1\sigma}+X'_{2\sigma})^2(f/f_N)^3} \tag{3-28}$$

（10）效率。其表达式为

$$\eta=\frac{P_0}{P_0+W}=\frac{P_0}{P_0+(W_{Fe}+W_{Cu}+W_m+W_w)} \tag{3-29}$$

式中：W_{Cu}为铜损耗；W_{Fe}为铁损耗；P_0 为输出功率。

（11）功率因数。其表达式为

$$\cos\theta=\frac{I_0\cos\theta_0+I_2\cos\theta_2}{\sqrt{(I_0\cos\theta_0+I_2\cos\theta_2)^2+(I_0\sin\theta_0+I_2\sin\theta_2)^2}}$$

$$\approx\frac{I_2\cos\theta_2}{\sqrt{(I_2\cos\theta_2)^2+(I_0+I_2\sin\theta_2)^2}} \tag{3-30}$$

$$\cos\theta_0=\frac{R_m}{(\sqrt{R_m^2+X_m^2})}$$

$$\cos\theta_2=\frac{R_1+\frac{R'_2}{s}}{\sqrt{\left(R_1+\frac{R'_2}{s}\right)^2+(X_1+X'_2)^2}}$$

式中：$\cos\theta_0$ 为励磁回路的功率因数；$\cos\theta_2$ 为电机主回路的功率因数。

（12）转差率。其表达式为

$$s\approx\frac{P_0R'_2}{mE^2}\approx\frac{\frac{\omega fTR'_2}{f_N}}{mE^2} \tag{3-31}$$

式中：T 为转矩。

(13) 输出功率。其表达式为

$$P_0=\frac{mE^2R_2'\left(\frac{1-s}{s}\right)}{\left(R_1+\frac{R_2'}{s}\right)^2+(X_1+X_2')^2}$$

$$=\frac{mE^2R_2's(1-s)}{(sR_1+R_2')^2+s^2(X_1+X_2')^2}\approx\frac{mE^2s}{R_2'} \tag{3-32}$$

当电源电压恒定时，异步电机受电源频率的影响可归纳如下。

1）同步转速与频率成正比。

2）空载电流与频率二、三次方成正比。

3）定子电流与频率近似成反比。

4）起动电流与频率近似成反比。

5）最大功率与频率近似成反比。

6）最大转矩与频率二次方近似成反比。

7）起动转矩与频率三次方近似成反比。

8）功率因数与频率近似成比例。

9）效率与频率近似成比例。

10）功率一定时，频率增加则温升下降。

二、对输配电系统的影响

（一）直流输电系统

对交流电力系统来说，与之连接的直流输电系统相当于电流源性质的负荷。交流系统频率偏离对直流输电系统的影响主要是对其交流滤波器的影响。

在滤波器滤波性能计算中除考虑其失谐因素外，一般考虑交流系统频率偏离±0.5Hz。此时，滤波电容器电容量的变化如下：由于初始失谐为±0.5%；电容器元件故障为－1.0%～0；环境温度变化为±1.5%；总的电容量变化为 ΔC＝＋2%～－3%。总的电容变化用等值频率偏离表示，相当于－1%～＋1.5%，即－0.5～＋0.75Hz，包括系统频率偏离的总偏离为－1.0～＋1.25Hz。

当交流系统发生某些故障，致使系统频率偏离超出正常允许范围时，假设为±1.5Hz，则滤波电容器电容量的变化为：由于初始失谐为±0.5%；电容器元件故障为－2.0%～0；环境温度变化为±1.5%；总的电容量变化为 ΔC＝－4%～＋2%。总的电容量变化用等值频率偏离表示，相当于－1%～＋2%，包括系统频率偏离的总偏离为－2～＋2.5Hz。

基于上述分析，考虑交流滤波器在电容器元件运行正常，环境温度接近设计要求值时所能承受的频率变化范围，即为上述两项等值频率总偏离值。因此，直流输电系统为维持其正常运行，一般要求交流频率的正常偏离不超过±0.5Hz；在交流系统发生故障时，瞬时频率偏离的极限值不得超过±2.5Hz，并在15min内逐步恢复至±1.0Hz，60min内恢复至正常偏离范围之内。

（二）电容器和电抗器

并联无功补偿电容器能持续在额定频率和110%额定电压下提供其最大的无功功率。当运行频率下降时，电容器的无功出力和额定电流将直接按频率的降低成比例地下降。此时电压对并联电容器的支撑作用也因频率下降引起的容抗增大而削弱，进一步使输出电流减小。在频率对额定值负偏离不超出5%时，对并联电容器的影响很小。无功补偿用并联电抗器的感抗随频率的降低而线性地下降，同时导致无功电流的增加。有关标准规定，并联电抗器要能在105%额定电压下持续运行，这相当于可长期耐受105%额定电流。因此，就设备的容量而言，−5%的频率偏离不会带来明显的影响。另外，可按系统对无功功率需求量对这些电抗器进行切合操作，也可利用晶闸管平滑地进行无功（电压）调节，因此即使频率波动较大带来一些不良影响，在调节中也总可以得到抵偿。

对于线路串联补偿用电容器，若运行频率下降，则在线路感抗随之下降的同时，增大了电容器的容抗，导致线路补偿度的增加，使线路的传输能力得到提高。但此时线路在给定的传输功率下，串联电容器装置两端的电压差增加，削弱了串联电容器的电压裕度。在多数实际运行系统中，串联电容器的容量受其额定电流的制约，即低频率运行时，只能认为是串联补偿线路输送能力的储备得到了提高。

用于抑制次同步谐振的滤波器，一般装设在弱联系的输电线或带串联补偿的输电线上。粗略地说，滤波器是由电容器和电抗器并、串联组成的，并使其对某些特定要求的频率敏感，以达到特定的滤波目的。在低频率运行时，首先关注的是对滤波器性能及其滤波的有效性的影响，而不是滤波器自身可能遭到的损伤。一般来说，滤波器容许的频率正偏离值小于容许的负偏离值，这主要取决于频率偏离对滤波器性能影响的程度。

（三）变压器

各种输电或配电用变压器，包括带负荷调节分接头的，都是按标准在额定频率运行条件下确定其额定容量（kVA），并在二次侧绕组电压为1.05倍额定电压、功率因数为0.8及以上时，使变压器温升不超过规定极限值。若频率偏离额定值，变压器的铁心损耗、漏磁通和噪声所受的影响，与相反方向的电压偏离导致的影响十分相似。虽然铁心的磁滞损耗、杂散负荷损耗和介质损耗在运行频率下降时会有所下降，但对强迫冷却的变压器，其冷却介质的流量将会近似地按频率变化成比例降低。在频率对额定值的负偏离超出5%时，需要顾及温升对变压器出力的限制。配电变压器很少采用强迫冷却方式，但变压器励磁电流随着运行频率的下降而非线性地增加，在地区内无功补偿不足或调压措施不完善时，将会导致地区电压下降。

综上所述，频率负偏离不超过5%额定值，对电网中变压器的影响不大。

（四）继电保护装置

从以下几个方面讨论低频率运行对继电保护装置的影响。

（1）阻抗型保护：在低频率运行时阻抗继电器测得的故障点的线路电抗值将减小1.3%/Hz，输电线的电抗也降低相同的数值。因此，继电器作用距离不受系统频率波动的影响。同样，频率对方向继电器的影响也可以忽略不计。用于发电机失磁保护的阻抗继电器和线路用阻抗继电器比，在频率变化时很少对阻抗变化进行精确的补偿，但一般在频率不低于95%的额定值时，其性能不会受到不良影响。

（2）比相型保护：比相型保护的适用范围取决于被保护线路的寄生电容值，并低于某一特定极限。低频率运行时，正好使寄生电容值降低，增加了对极限的裕度。因此，比相原理的继电器不受运行频率降低的影响。

（3）在频率不低于90%额定值时，电网中的继电保护对任何故障形式，都无需检验低频率对其性能的影响。除频率继电器之外，还有一些对频率很敏感的继电器，如插棒式铁心型继电器，其灵敏度与运行频率成线性关系，在进行了温度和频率的补偿之后，其性能有足够裕度抵消运行频率下降的影响。

（五）电力系统的运行性能——稳定极限

稳定极限一般并不严格地考虑系统运行频率偏移额定值的影响，但实际上其影响面却相当广。频率下降时系统电抗减小、电容增大，储藏在转动惯量中的能量增大。拓展惯用的暂态稳定计算分析法，计及运行频率的所有影响，来定量地确定频率对稳定极限影响的工作过于繁复，也无必要。但某些定性地确定其影响的方法是有用的。

（六）互联电力系统需考虑的影响

电力系统间联络线过负荷的原因尽管多种多样，但主要是由联络线两端频率的差异引起的。频率差异越大，持续时间越长，过负荷越严重。这表明，此时互联系统的运行已超出了常规频率调节的控制能力，需要由事先设定的防止联络线过负荷的措施来消除过负荷，甚至还需调度人员及时干预。措施不力或反应迟缓，均可能导致联络线掉闸。若此时尚有其他联络线互联时，则将危及这些联络线的正常运行。若不及时消除过负荷，势将导致连锁反应而相继掉闸；若无其他联络线，则互联系统的解列，将导致一端系统频率下降，另一端系统频率上升；若联络线解列前瞬间也输送大量无功功率，或线路的解列是由于该线路故障、掉闸引起的，则问题更趋复杂和严重。被解列一端若为一大负荷、小电源的受端，处理不当甚至会酿成频率或电压崩溃，或低频率、低电压互为因果，迫使系统全停。

互联系统中电源（机组）多，容量大，有条件采用一部分大容量机组以提高运行经济性。通常大机组单元容量占总系统容量的20%～30%为宜。大机组单元容量在总容量中所占比例大，易酿成所谓“大机组小电网”的运行困境。频率和电压的大偏离，会首先促使大机组停运，紧接着就会逼使该局部系统全停。

3.2.6　冲击负荷引起的电力系统频率波动

某些作周期性和非周期性变化的负荷，从电力系统中快速、变化地取用功率，并视其在系统总负荷中所占份额的大小不同，而引起系统频率和电压不同程度的波动，这类负荷通称为冲击负荷。图3-9所示为某钢铁厂冲击负荷的典型有功功率变化曲线，其无功功率变化曲线规律与此类似。

冲击负荷对系统运行的影响，随着电力系统容量的增加，因其在负荷总容量中的份额减小而减弱。但互联系统中与主系统电气联系薄弱的局部系统，在运行中由其冲击负荷带来的频率与电压波动的影响仍不容忽视。削弱冲击负荷引起系统频率波动的措施主要有以下几方面。

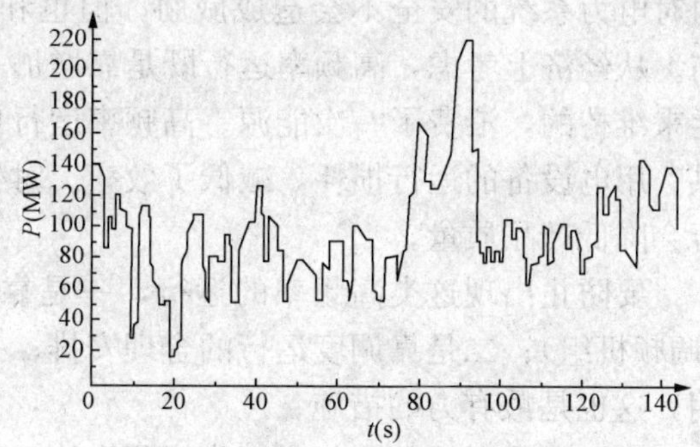

图3-9　某钢铁厂冲击负荷的典型有功功率变化曲线

（1）增加电力系统装机容量和系统互联。由频率的基本属性可推导出系统静态频率特性的表达式，借此可以说明电力系统发电容量大小对减少频率波动的作用。由于此时研究的仅是改变系统发电容量、减少频率波动幅度的过程，因此，利用系统静态频率特性说明是可以

的。系统静态频率特性的表达式为

$$-\frac{\Delta P\%}{\Delta f\%}=\rho K_{\mathrm{fp}}+K_{\mathrm{pf}} \tag{3-33}$$

式中：ΔP 为相对于系统发电容量的负荷变化；ρ 为备用容量系数，等于系统发电容量与总负荷（包括厂用及网损）之比；K_{fp}为系统发电机原动机调速系统频率静态特性的平均斜率；K_{pf}为负荷的频率静态特性调节系数，一般 $K_{\mathrm{pf}}=1\sim3$。

由式（3-33）可知，系统电源运行容量越大，相对于系统发电容量的负荷变化越小，因而频率偏差 Δf 也越小。

（2）电力系统保持足够的旋转备用。同样由式（3-33）可知，系统备用容量越大，频率下降越少。

（3）改进电源频率调节系统并采取功率跟踪调节。电力系统的频率质量，直接与电源的频率调节系统性能和灵敏度有关。通常，汽轮发电机组调速器的不灵敏区为 0.1%～0.5%，水轮发电机组的为 0.1%～0.7%。功频电液调速器失灵区可以小于 0.1%。

3.2.7　电力系统高频率运行的危害

电力系统的高频率运行，是系统电源出力高于负荷在额定频率下消耗功率的一种异常工况。电源（机组）的频率调节系统减低电源输出功率，以便恢复到额定频率工况下的功率平衡，这一过程通常靠机组的自动调节就能完成。但当系统中调频容量不足，处于负荷低谷运行时，受电源（机组）最低允许输出功率限制，或出于机组避免短期内重复停运、起动操作等技术经济上的原因，系统被迫在频率额定值以上，但不超出频率正常运行工况允许上限值范围内运行的情况，是很可能发生的。互联系统中出力富裕和事故解列后的系统往往也容易产生这个问题。这时应视解列后诸系统的实际情况采取一切有力措施，尽快压低系统间的频率差，以恢复互联系统的并列运行，促使频率恢复正常。系统中发电厂的出线或互联系统中的联络线因系统故障而解列，导致电源（机组）失去大量的负荷而超速运转，这种情况必须立即予以有效的遏制。若遏制不及时或力度不够，则必将导致机组损坏、系统瓦解、电厂全停的重大恶性事故。

以下从两方面来介绍高频运行的危害。

（1）电力系统运行频率高于额定值，但不超出正常运行允许上限的工况。这种工况短期内对电力系统的安全不会造成威胁，但也和低频率运行一样，对运行设备有一定的累积损伤。从经济上考虑，高频率运行既是靠增加一次能源消耗来支撑的，又是靠迫使负荷增加损耗来维持的，浪费了一次能源。高频率运行似乎可以增加产品的数量，但实际上增加了发、供、用电设备的运行损耗，减低了效率。对生产设备运转速度要求严格的用户来说，高频运行会降低产品质量。

要防止出现这类高频率的运行，一是靠电源类型的合理配套，使系统中有足够的电源（调频机组）；二是靠调度运行的合理安排；三是增加抽水蓄能机组及其他高效蓄能设备的应用，这也是最有力的措施。

（2）电力系统频率超出正常运行允许上限值的工况。这种工况绝大部分是电源（机组）由于各种原因突然甩去大量负荷而产生的。作为系统送端电源运行的水电站和坑口火电站，其出线故障易引起这类事故。旋转机组的超速是十分危急的故障，转子上的线圈绑线和原动机转子上的叶片，在超出正常转速 10%以上就可能从转子上甩出，发电机定子端部也很可能受超速过电压的冲击而受损，电动机转子也会发生类似的损伤。旋转机组在设计时均按飞逸转速的限制来考虑转子的安全。水轮机、汽轮机等均有超速脱扣装置（如危急保安器等），一般超速到110%，保护装置将立即切断一次能源（蒸汽、水等）的供应。新的机组应通过起动调试中的超速试验，当机组一次甩去25%、50%、75%甚至100%额定功率时，机组的自动调速系统应具备快速关小（有时快速打通旁路）直至切断一次能源输入的能力，使机组超速在飞逸转速以下就能减速到正常转速左右，并经衰减振荡恢复至额定值。电源（机组）高频率运行时，其电动势将按励磁方式的不同以不同的正比例关系增加，因此，除采取励磁系统强行减磁等防止过电压的措施外，发电厂母线的过电压保护及换流站交流侧过电压保护，也起到防止系统高频率的作用。

3.3　电力系统频率的检测与评价

3.3.1　电力系统频率的运行工况

电力系统频率在运行中的工况，随着机组携能工质的输入和电能输出之间的平衡程度而变化，而这种平衡又依赖于其输出的电能与负荷电能需求之间的平衡程度。其平衡点取决于机组和负荷的功率—频率静态特性曲线，即在系统调频中平移机组频率特性曲线所获得的与负荷频率特性曲线的交点。

从系统频率的上述运行变化中，可分解出以下四种工况。

一、正常运行工况

系统负荷吸收电能的大小，时刻处于变动之中，促使系统频率随之波动。系统调频就是靠机组追随负荷功率波动，调节自身所需工质的输入，即平移自身频率特性曲线，使其与负荷频率特性曲线相交，以满足系统功率供需的平衡。当交点处于系统频率正常允许的偏差范围之内时，即构成系统频率的正常运行工况，通常要求系统95%～99%以上的运行时间处于这种工况之内。正常运行工况下，随着各负荷节点功率供需关系的变化，系统中各节点的频率偏差相互间虽有差异，但在机组相互间同步力矩的维系下，这种差异十分细微，可以认为整体系统各节点频率相等。

二、异常运行工况

由于某种原因，系统中机组输出功率不满足负荷在频率正常允许偏差范围内运转的功率需求，借系统负荷功率—频率静态特性的调节作用，压低负荷功率正常实际需求，使系统被迫在低于频率正常允许偏差下限之下低频率运行，以满足系统功率平衡的条件。在这种工况下，虽然系统仍维持同步运行，但系统损耗增加，发、供、用电效率下降，安全裕度很小，是一种安全稳定性很差的运行工况。此时系统各节点的频率偏差相互间差别不大，和正常运行工况相似，在机组相互间同步力矩维系下，基本上也可视为全系统运行在同一频率。但此时安全稳定裕度小（其危急程度视机组和负荷的构成及系统频率偏差的程度而定），潜伏着系统频率和电压事故，甚至存有崩溃的危机，必须迅速采取措施，提高电能供应能力，削减负荷功率需求，以减小系统频率偏差，使之迅速恢复到正常允许偏差范围之内。

相反，当机组输出功率超出负荷在频率正常允许偏差范围内运转的功率需求时，同样也是借负荷功率—频率静态特性的调节作用，增加负荷功率实际需求，迫使系统在高频率下运行，同样也会降低发、供、用电设备效率，增加系统损耗，并易引起过电压和飞逸转速损伤系统设备。因此，必须迅速采取措施，果断削减电源（机组）携能工质的输入和电能的输出，以恢复频率至正常值范围之内。这种工况下，一般各节点的频率相差也不大，在同步力矩的维系下，也可视为全系统各节点频率相等。

不论系统是低频率还是高频率运行，均是处于系统频率的异常工况之中，此时一旦系统功率平衡进一步遭受破坏或系统阻尼和同步力矩减弱，势必导致频率异常运行工况的恶化，而进入同步振荡甚至进入振荡失步的境地。因此，当系统频率为异常工况时，不能任其发展，而应尽快采取相应的技术措施，使其恢复至正常工况。

三、系统同步振荡工况

运行中由于某些原因导致系统阻尼减弱或系统中功率的供需关系失调（如传输环节减弱、因故障致使功率传输受阻、电源或负荷被迫切除等），会使机组的输出或负荷的输入变化较大，引起系统同步振荡。此时系统中各节点的频率偏差程度相差较大，但系统仍在机组相互间同步力矩的维系之中，处于同步振荡状态，但必须采取有效措施，缩小电能供需差距，增强系统阻尼和电源（机组）相互间的同步转矩，迅速平息振荡。

四、系统失步振荡工况

由于某些比系统同步振荡工况中更严重的故障，或由于系统同步振荡工况的继续恶化，迫使系统中功率供需关系严重失调，导致系统失步振荡，系统中各节点之间频率相差很大，且频率和电压均在做急剧的非同步振荡，此时即为系统失步振荡工况。这种工况下必须立即采取措施，视具体情况采取解列部分机组、切除部分负荷等措施，力求缩小电能供需差距，首先恢复主系统再同步，然后再逐步恢复那些被解列的电源（机组）和负荷的并网运行。

3.3.2 电力系统的动态频率

在电力系统动态过程中，系统频率、电源节点频率、负荷节点频率不仅在数值和变化规律上不同，而且物理含义也有所区别。系统中按频率自动减负荷装置、备用电源的低频自起动装置和负荷的频率控制装置等的监测和控制目标是系统频率（动态过程中，通常是装置所在局部系统频率），可是检测到的却仅是系统中的某一具体节点频率，而且很可能还受到多种因素的“污染”，因此，有必要建立系统动态频率概念，并据此安排所需频率的检测。

电力系统受功率扰动或结构突然变化引起的动态过程中，整个系统各机组承受的扰动量，按各机组至扰动源的电气距离成反比例分配，并分成两个或两个以上的机组组合。各个组合以其起主导作用的大容量机组频率为主，与其他组合起主导作用的大容量机组主频率间相互产生振荡。同一组合的非主导机组既参与对其他组合机组的振荡，又围绕着该组合惯性中心的主频率作趋近于主频率的变化或振荡。因此，当上述组合的等值惯性中心以该组合内起主导作用的大容量机组的频率，与其他组合机组相互振荡时，该组合的频率即为该组合机组所处局部系统的动态频率。当各组合振荡趋于平衡一致时，系统等值惯性中心以系统主导机组的频率波动，该频率即为该系统的动态频率。

在定义电力系统动态频率时，要考虑到：①系统中零序分量受变压器二次侧三角形接线的阻隔，不可能进入发电机；②系统负序电压或负序电流引起的脉动力矩不会影响发电机转速；③机械惯量制约着发电机组的电角度和电加速度，使它们在暂态过程中不可能发生突变。

因此，电力系统的动态频率定义为：由系统不平衡功率作用在系统惯性中心的系统等值旋转惯量上，所产生的转速增量随时间的变化。局部系统的动态频率定义与系统的动态频率相仿，仅需将“系统”改为“局部系统”即可。

3.3.3　电力系统频率的检测

测量正弦稳态交流的单相电压信号在预定时间间隔（通常是 1s）内的周期数是检测频率的最一般的方法，也可用高速秒表或计数器来实现。这两种仪表的精确程度受被检测电压过零时引起的误差（因为很易受谐波、噪声的干扰）和参考时钟的速率及精度所局限。在单相电压信号受噪声、谐波和运行操作之类的随机干扰时，若测量条件与传统定义相同，干扰严重时测量结果就差别很大了。

电力系统频率的检测工作有三个难点：一是正常运行时要排除谐波和噪声的污染；二是系统受大扰动时，要排除频率中暂态高频噪声的污染；三是系统振荡时，要通过分析计算找出系统和局部系统主导频率的惯性中心，以检测其频率。

3.3.4　电力系统频率的评价

1994 年，由我国原水利电力部颁发的 DL 558—1994《电业生产事故调查规程》，对频率事故有着明确规定，将频率事故界定为：3000MW 及以上电力系统频率偏差超出（50±0.2）Hz 延续 1h 以上或频率偏差超出（50±1）Hz 延续 15min 以上；3000MW 以下电力系统频率偏差超出（50±0.5）Hz 延续 1h 以上或频率偏差超出（50±1）Hz 延续 15min 以上。此外，1980 年原电力工业部颁发的《动力系统调度管理规程》、1996 年 11 月原电力工业部安全监察及生产协调司编写出版的《电力供应与使用法规汇编》中的“供电营业规则”及 1991 年电力行业标准《电力系统自动低频减负荷技术规定》等，均对电力系统频率作出了相应的管理和评定规定。可见，我国一直将电力系统频率管理作为一项系统运行调度的重要管理内容。但是以往在一些特定的时期内，不仅对异常频率潜在的危害性认识不深，而且对系统故障工况下的低频率危害是否立即发生也存在侥幸心理。例如，认为低频率运行可解负荷需求的燃眉之急，看不到低频率运行的累积性伤害；对低频率运行表面上可多接纳负荷设备容量而负荷运行实际吸收的电力和运行效率却是下降的事实缺乏认识。

欧洲发输电联盟（Union for the Co-ordination of Production and Transmission of Electricity，UCPTE）的频率统计以频率的均方差来评价其质量。从概率统计的角度考虑，频率 f 为随机变量，其数学期望值记为 Mf，即为频率额定值 f_N，考虑 f 与 f_N 的偏差 $f-f_N$ 可正可负，因此，可用其绝对值 $|f-f_N|$ 或 $(f-f_N)^2$ 的大小来衡量 f 与 f_N 的靠近程度，即可用均方差 σ 来表示 f 与其数学期望值（$Mf=f_N$）的离散程度，即

$$\sigma=\sqrt{\frac{1}{n-1}(f-f_N)^2} \tag{3-34}$$

实际操作方法是：每秒钟采样一次，每 15min 计算出一个 σ 值，然后通过 σ 的统计分析来评价系统频率质量。

UCPTE 电网的频率静态特性在 2×10^6MW 负荷水平时，约为 25×10^3MW/Hz，再加上各运行成员都按要求留有 2.5%的旋转备用，因此，客观条件上能够保持系统的频率质量。尽管 UCPTE 各成员在所有制形式和企业内部组织机构不尽相同，但在保证电网频率质量方面有共识。他们认为，一旦 UCPTE 电网的频率偏离额定值，则表明至少有一个成员是从其他所有成员那里“挪用”了电能，使供需关系形成“缺口”，降低了全系统的安全水平，而安全本身是比频率质量更为重要的问题。如果系统频率在较长一段时间内偏离额定值运行，就说明至少有一个成员并没有根据联盟的基本准则来运行，而是把安全的风险转嫁给其

他成员。保证系统频率质量，除需电能生产装备有必备的冗余度和运行管理上全面综合安排外，关键还在于电力工作者们必须对电能质量有一个正确的共识。

3.4 电力系统频率偏差的标准和规定

有关电力系统频率偏差的规定有以下两个方面。

一、电源方面

电源方面的电力系统频率偏差规定，指对电力系统电源供应负荷的频率质量作出的规定。其中又分四个部分，即额定值、正常运行允许偏差范围、事故方式下允许的上限值和下限值、事故方式下频率异常程度及其相应的容许时限。

二、负荷方面

负荷方面电力系统频率偏差规定，指对消耗电能的设备在运行过程中能承受的频率偏差而作出的用电设备质量规定。所谓承受是指不致影响用电设备运行安全和产品质量的频率偏差。

简言之，前一类规定是对供电方频率质量的要求；后一类规定是对受电方承受频率偏差的能力的要求。因此，这两方对频率允许偏差的要求不一致。前者对偏差要求严，因为这是从系统内发、供、用设备安全、质量、经济三方面协调综合后作出的规定，而且面对的是用户群体，各种用户对频率允许偏差的要求有高有低，规定时必须就高不就低，这体现了供电方对需电方全面负责，满足需方对电能质量的要求。后者看似要求偏宽，这是要求用电设备在设计、制造和产品考核中考虑抗运行中频率扰动（偏差）的能力，是一种裕度，是对用电设备适应能力的严格要求，旨在保证用电设备运行中的适应能力，因此，频率允许偏差范围宜宽。

3.4.1 国内外有关的标准和规定

一、要求供电方遵守的标准和规定

国外电力系统频率允许偏差值 Δf 见表 3-1。从表 3-1 中可以归纳出两种情况下的频率允许偏差范围，这有助于我国电力系统频率允许偏差范围的确定。

表 3-1　国外电力系统频率允许偏差值的规定

<table>
<tr><th rowspan="2">国家</th><th rowspan="2">电力公司或电力系统名称</th><th rowspan="2">额定频率 f_N(Hz)</th><th colspan="2">正常运行</th><th colspan="2">事故方式</th></tr>
<tr><th>Δf (Hz)</th><th>Δf (%)</th><th>Δf (Hz)</th><th>Δf (%)</th></tr>
<tr><td>美国</td><td>北美系统</td><td>60</td><td>±0.1</td><td>±0.17</td><td rowspan="6">1.0～+0.5</td><td rowspan="6">−2.0～+1.0</td></tr>
<tr><td>前苏联</td><td>全国</td><td>50</td><td>±0.2</td><td>±0.4</td></tr>
<tr><td rowspan="2">日本</td><td>50Hz 电力系统</td><td>50</td><td>±0.1</td><td>±0.2</td></tr>
<tr><td>60Hz 电力系统</td><td>60</td><td>±0.1</td><td>±0.17</td></tr>
<tr><td>加拿大</td><td>全国</td><td>60</td><td>±0.1</td><td>±0.17</td></tr>
<tr><td>英国</td><td>中央发电局</td><td>50</td><td>±0.2</td><td>±0.4</td></tr>
<tr><td>法国</td><td>法国电力公司</td><td>50</td><td>±0.1</td><td>±0.2</td><td rowspan="3">±0.5</td><td rowspan="3">±1.0</td></tr>
<tr><td>意大利</td><td>全国</td><td>50</td><td>±0.1</td><td>±0.2</td></tr>
<tr><td>瑞典</td><td>全国</td><td>50</td><td>±0.1</td><td>±0.2</td></tr>
<tr><td>芬兰</td><td>全国</td><td>50</td><td>±0.2</td><td>±0.4</td><td>−2.5</td><td>−5.0</td></tr>
</table>

续表

国家	电力公司或电力系统名称	额定频率 f_N(Hz)	正常运行		事故方式	
			Δ*f* (Hz)	Δ*f* (%)	Δ*f* (Hz)	Δ*f* (%)
荷兰	全国	50	−0.2～+0.1	−0.4～+0.2	−2.5	−5.0
比利时	全国	50	−0.2～+0.1	−0.4～+0.2	−1.0	−2.0
德国	全国	50	±0.03	±0.06	−0.5	−1.0

注 2000年8月欧盟输电协调联盟（The Union for the Co—ordination of Transmission of Electricity，UCTE）统一了当时欧盟中比利时、奥地利、西班牙、葡萄牙、意大利、瑞士、德国、荷兰、法国、希腊、斯洛文尼亚、南斯拉夫、克罗地亚、卢森堡、波斯尼亚—黑塞、马其顿16国的频率偏差标准。内容为：正常运行小于0.05Hz，事故方式为0.05～0.15Hz，严重事故方式为0.15Hz以上。

（一）正常运行时频率允许偏差范围

各国电力系统频率正常允许偏差范围不尽相同，相互间差别约为0.2个百分点。这是各个电力系统根据自身的条件和具体要求确定的，包括这些系统间非同步联网运行在内，均无需统一标准。只有在系统间同步联网运行时，需协商采取一个共同标准，以利于系统运行操作和事故处理。

（二）事故方式下频率允许偏差范围

表3-1中所列事故方式的数据有两点无法确定，一是应界定事故方式的界限值（阈值）还是允许的下限值；二是其指定的频率允许偏差值在事故方式下每次及年累计允许持续多长时间。这两项均十分关键，缺少了就难以评价国外电力系统事故方式下频率允许偏差范围。

下面介绍我国有关电力系统频率允许偏差值的标准和规定。原电力工业部1980年8月颁发的《动力系统调度管理规程》第35条规定：系统周率（即频率）标准是50周/s，周率偏差不得超过±0.5周/s，容量较大及有条件的系统应努力使周率偏差不超过±0.2周/s，禁止升高或降低周率运行。该规程完全是要求供电方遵守的行业强制性标准。规程中视电网容量大小，对频率允许偏差范围作了两个档次的要求，其中，±0.5Hz是强制性的要求，且禁止升高或降低周率运行；±0.2Hz是对容量较大且有条件的系统，要求其通过努力减小频率允许偏差范围，以提高频率质量。这是因为在容量大的系统中（以电网容量在3000MW为下限）大容量机组（300MW及以上）多，机组要求频率偏差小。大容量系统中负荷门类也多，其中必有一些负荷也要求频率偏差小。从另一方面考虑，大容量系统的自动调频措施及装置比小容量系统的先进，负荷波动的幅值相对也较小，因此，大容量系统也有条件将频率允许偏差范围减小。概括地说，系统稍降频率运行（例如49.5Hz），虽没有危及运行安全，但降低了系统的安全裕度和发电效率，降低了用户用电设备的运行效率，也降低了用户的劳动生产率；另外，接到系统中运转的用电设备额定容量可能增加了（即用户多了），而实际用电设备的总出力却是下降的。

GB 7064—1986《汽轮发电机通用技术条件》第3.5.1条规定：发电机在额定功率因数，电压变动范围±5%和频率变动范围±2%时，应能连续输出额定功率。该规定与电力系统正常运行方式下的频率允许偏差范围是应用在不同范畴中的两项规定。这里的规定是汽轮发电机投入电力系统运行时，对其适应性和应变能力的规定，频率允许偏差范围越大，要求越严格。其目的在于：①使汽轮发电机在电力系统运行工况恶化时，有一定的抗干扰能力；②使汽轮发电机在运行性能上具备一定的裕度，以利于促使电力系统在事故方式下有恢复正常运行的潜在能力。

原国家经委1983年批准实施的《全国供用电规则》第4.7条规定：用户的冲击性负荷、不对称负荷和整流用电等对供电质量和安全经济运行有影响者，应采取技术措施消除影响，否则供电局可不供电。

第5.2条规定：供电局供电频率的允许偏差，电网容量在3000MW及以上者为±0.2；电网容量在3000MW以下者，为±0.5 Hz。

《全国供用电规则》对电力的供、需双方都提出了要求。对供电方的要求是与《动力系统调度管理规程》精神相一致，并比后者更明确规定了电力系统容量为3000MW及以上系统，频率允许偏差范围为±0.2Hz，3000MW以下系统为±0.5Hz。对需电方，这里是指对系统供电质量和安全经济运行有影响的冲击、不对称和整流用电负荷，要求采取技术措施消除影响，否则供电局可以不供电。这里所说的影响没有指出量的界限。

GB/T 15945—2008《电能质量　电力系统频率偏差》第3.2条规定：用户冲击负荷引起的系统频率变动一般不得超过±0.2Hz，根据冲击负荷性质和大小以及系统的条件也可适当变动限值，但应保证近区电力网、发电机组和用户的安全、稳定运行以及正常供电。上述条件细分有两层含义。

（1）本规定有条件地提出一个量的界限——由冲击负荷引起的系统频率允许偏差一般在±0.2Hz内。同时，根据冲击负荷性质和大小以及系统的条件也可适当变动限值。这表明±0.2Hz不是一个确定的限值，而是有伸缩条件的限值。实际上，尽管冲击负荷对频率的影响涉及冲击负荷性质、大小，电力系统容量、结构、旋转备用、调频方式、调速调频装置性能，系统中原有冲击负荷，以及无功功率平衡和调压手段等诸多因素，但仍宜理解上述±0.2Hz，是这些诸多因素已经确定，并作为冲击负荷对系统频率偏差影响的制约条件起作用后，确定的允许冲击负荷运行引起的系统频率允许偏差限值。这个限值，不是由于涉及其影响的因素众多而难以确定；也不是由于有些因素，如对系统运行的某一时刻而言，系统电源运行容量和旋转备用容量等，其具体数值和影响带有一定的随机性而难以确定。而是因为当允许该冲击负荷运行时引起的系统频率允许偏差值，在系统正常运行时的频率允许偏差值中占多大份额不易确定。系统频率正常允许偏差范围是明确的，例如3000MW以上容量的电力系统为±0.2Hz，那么±0.2Hz作为在某一冲击负荷运行时引起的系统频率允许偏差值是否合适，是一个需要结合系统运行实际，通过分析、计算和研究，由电力供需双方协调磋商共同解决的问题。从这个观点来说，±0.2Hz是有条件的伸缩性限值，而且这种伸缩性必须受下述条件的制约。

（2）应保证近区电力网、发电机组和用户的安全、稳定运行，以及正常供电。这句话表明是有伸缩余地的限定，“安全”、“稳定运行”、“正常供电”是一些没有明确界限的限定词。要具体考虑的是，在冲击负荷影响其附近电力网、发电机组和用户的问题中，除电压波动是一局部系统的问题外，就正常运行中频率偏差而言，整个系统是近似相同的。因此，冲击负荷对频率的影响不分近区（指电气距离短）、远区大小都相似。但冲击负荷所引起的有功功率的突变和潮流窜动，对近区机组和电力网的冲击相对来说是首当其冲的。

二、要求需电方用电设备遵守的标准和规定

要求需电方用电设备遵守的标准和规定实际上是要求用电设备的设计、制造部门，必须提供符合标准和规定的产品，也是需电方选购用电设备必须依据的技术条件之一。

GB 1980—1980《电气设备额定频率》第 3.2 条规定：电力供电系统及设备，其额定频率的允许偏差值规定为±1%。这是针对供电系统传输环节和耗能环节的各种设备在运行中所能承受的频率偏差，而制定的一项电能质量规定。必须指出，这里的频率是指设备受电时承受的频率，而不是系统中电源所确定并提供的电能频率。因此，对各自相应的频率正常允许偏差，必须有严格的区别，概念上不可混淆。

IEC/TC—77（Technical Committee No.77）1987 年在《低压系统电磁兼容水平》中规定：对于大多数公用供电系统，频率正常变动不大于额定值±1Hz。IEC 1000—2—2 1990 年在《电磁兼容》第 2 节“低压公共供电系统中低频传导干扰和信号的电磁兼容性水平”中规定，频率变动一般为额定值±1Hz。这两项规定是从确定低压系统电磁兼容水平的角度，对电源频率偏差作出不超过±1Hz 的规定，以便将电磁兼容性水平局限在现实可操作的范围之内，势必需要给频率偏差留出一定的裕度，因此，比系统电源频率正常允许偏差范围要大一些，但并不是要降低系统电源频率正常允许偏差，而是在这两方面对频率偏差范围作合理的配合。

3.4.2 电力系统频率偏差标准和规定的讨论

从 3.4.1 节介绍的国内外一些频率偏差的标准和规定中可归纳出下列四条要点。

（1）频率允许偏差分两大类：一类是电力系统运行频率允许偏差；另一类是电力系统中发电、输变电设备和用电设备受电（或发电）频率允许偏差，体现设备运行中承受电源频率偏差的能力。因此，设备在运行中承受频率偏差的裕度和受电频率偏差是完全不同的概念。

（2）国内外电力系统的频率允许偏差规定原则是一致的，仅具体数值略有差异。因为允许偏差值和系统电源结构、负荷运行特性的需求等关系十分密切，所以系统的多样性带来对频率允许偏差值在数值上的差异，是完全可以理解的，也没必要统一。只有电力系统同步互联时，出于运行管理和技术运作的原因，需对频率允许偏差做统一规定。正因如此，视电力系统容量大小，对频率允许偏差做出不同的规定是可行的。至于作为国家标准，为有别于行业标准，统一规定系统频率允许偏差，并要求所属各系统视自身具体条件制定行业（企业）标准时不得低于国标要求，这也是制定标准的惯例。鉴于我国现有电力系统现状，为使其在实际操作上具有一定的灵活性，这样处理也是可以的。

（3）电力系统频率正常允许误差一般为±0.2Hz，实际运行中不少系统保持在不大于±0.1Hz范围内。再进一步缩小允许范围，在技术上并无不可克服的困难。正如前面所述，这是安全、质量、经济三方面的组合优化问题，存在一个最佳值的域，并不是偏差越小越好。从发展趋势看，由于单位机组容量的增大及系统互联的扩大，实际运行系统频率偏差已有所减小，没有必要放宽允许范围。对系统频率要求严格的用户，如超临界、亚临界机组和一些高新技术负荷，容许系统频率的偏差很小，有时靠蒸汽驱动或整流—逆变的交流稳频驱动（或直流驱动）等措施，使一些对频率敏感的设备免受系统频率波动的影响。因此，从系统总体的发展看，对系统频率的质量要求，关键在于正常频率允许偏差范围内运行的持续性和供电可靠性的进一步提高，没有进一步缩小系统频率允许偏差的需求。

（4）系统中电力、电量存在需大供小矛盾时，降低频率正常允许偏差范围不是解决问题的正确途径，也不会真正获得实效，只会增加系统损耗，形成迫使高效益负荷向低效益负荷“让电”和频率继续降低的怪圈，不能优先保证高效益负荷供电。因此，确定系统正常频率允许偏差范围时，应考虑电力、电量需大供小的矛盾，不能借降低频率质量的方法来缓和供需矛盾，以避免导致供需矛盾进一步尖锐，频率质量进一步恶化。

3.5 电力系统频率调整

3.5.1 频率的一次调整

负荷和电源的有功功率—频率静态特性已知时，分析频率的一次调整并不困难。为此，可先设系统中仅有一台发电机组和一个综合负荷，它们的静态频率特性分别以直线代替［如图 3-2（b）和图 3-3 所示］。

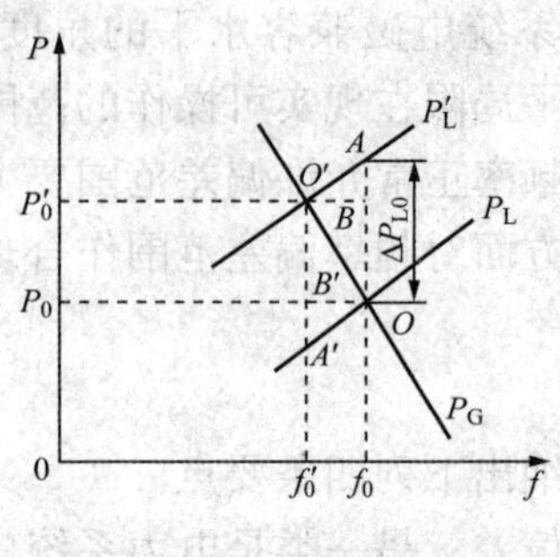

图 3-10 频率的一次调整

发电机组原动机的频率特性和负荷频率特性的交点就是系统的原始运行点，如图 3-10 中点 O。设在点 O 运行时负荷突然增加 ΔP_{L0}，即负荷的频率特性突然向上移动 ΔP_{L0}，则由于负荷突增时发电机组功率不能及时随之变动，机组将减速，系统频率将下降。而在系统频率下降的同时，发电机组的功率将因它的调速器的一次调整作用而增加，负荷的功率将因它本身的调节效应而减少。前者沿原动机的频率特性向上增加，后者沿负荷的频率特性向下减少，经过一个衰减的振荡过程，抵达一新的平衡点，即图 3-10 中点 O'。

由于图 3-10 中 $OA=OB+BA=B'O'-B'A'$，而 $B'O'=\Delta P_G=-K_G\Delta f$、$B'A'=\Delta P_L=K_L\Delta f$、$OA=\Delta P_{L0}$，可得

$$\Delta P_{L0}=-(K_G+K_L)\Delta f$$

或

$$-\frac{\Delta P_{L0}}{\Delta f}=K_G+K_L=K_S \tag{3-35}$$

式中：K_S 称系统的单位调节功率。

系统的单位调节功率可以 MW/Hz 或 MW/0.1Hz 为单位，也可以标幺值表示。以标幺值表示时的基准功率通常就取系统原始运行状态下的总负荷。系统的单位调节功率标志了系统负荷增加或减少时，在原动机调速器和负荷本身的调节效应共同作用下系统频率下降或上升的值。因此，从系统的单位调节功率 K_S 可求取在允许的频率偏移范围内系统能承受的负荷增减量。

系统的单位调节功率取决于两个方面，即发电机的单位调节功率和负荷的单位调节功率。因为负荷的单位调节不可调，要控制、调节系统的单位调节功率只有从控制、调节发电机的单位调节功率或调速器的调差系统入手。只要将机组的调差系数整定得小些或将发电机的单位调节功率整定得大些就可保证频率质量。

需要注意，由于实际上系统中不止一台发电机组，调差系统不能整定得过小。为说明这一问题，不妨设想将调差系数整定为零的极端情况。这时，似乎负荷的变动不会引起频率的变动，从而可确保频率恒定。但这样就要出现负荷变化量在各发电机组之间的分配无法固定，各发电机组的调速系统不能稳定工作的问题。因此，为保证调速系统本身运行的稳定性，不能采用过小的调差系数或过大的单位调节功率。

而且，系统中不止一台发电机组时，有些机组可能因已满载，以致它们的调速器受负荷

限制器的限制不能再参加调整，这就使系统中总的发电机单位调节功率下降。也可认为，由于这些机组已不能再参加调整，它们的调差系数为无限大，从而使全系统发电机组的等值调差系数增大。例如，系统中有 n 台发电机组，n 台机组都参加调整时，系统总的发电机单位调节功率为

$$K_{GN}=K_{G1}+K_{G2}+\cdots+K_{G(n-1)}+K_{Gn}=\sum_{i=1}^{n}K_{Gi}$$

如果 n 台机组中仅有 m 台参加调整，即第 $m+1$，$m+2$，…，n 台机组不参加调整时，有

$$K_{GM}=K_{G1}+K_{G2}+\cdots+K_{G(m-1)}+K_{Gm}=\sum_{i=1}^{m}K_{Gi}$$

显然 $K_{GN}>K_{GM}$。

如将 K_{GN}和 K_{GM}换算为以 n 台发电机组的总容量为基准的标幺值，则这些标幺值的倒数就是全系统发电机组的等值调差系数，即

$$\frac{\sigma_N\%}{100}=\frac{1}{K_{GN*}},\quad \frac{\sigma_M\%}{100}=\frac{1}{K_{GM*}}$$

显然，$\sigma_M\%>\sigma_N\%$。

由于上述两方面的原因，系统中总的发电机单位调节功率以及系统的单位调节功率 K_S 都不可能很大。正因为这样，依靠调速器进行的一次调整只能限制周期较短、幅度较小的负荷变动引起的频率偏移。当负荷变动周期更长、幅度更大时，需要借助二次调整。

3.5.2　频率的二次调整

频率的二次调整就是手动或自动地操作调频器使发电机组的频率特性平行地上下移动，从而使负荷变动引起的频率偏移可保持在允许范围内。例如，图 3-11 中，如不进行二次调整，则在负荷增大 ΔP_{L0}后，运行点将转移到 O'，即频率将下降为 f'_0，功率将增加为 P'_0。在一次调整的基础上进行二次调整就是在负荷变动引起的频率下降 $\Delta f'$越出允许范围时，操作调频器，增加发电机组发出的功率，使频率特性向上移动。设发电机组增发 ΔP_{G0}，则运行点又将从点 O'，转移到点 O''。点 O''对应的频率为 f''_0、功率为 P''_0，即由于进行了二次调整频率降低由仅有一次调整时的 $\Delta f'$减少为 $\Delta f''$，可以供应负荷的功率则由仅有一次调整时的 P'_0 增加为 P''_0。显然，由于进行了二次调整，系统的运行质量有了改善。

由图 3-11 还可见，只进行一次调整时，负荷的原始增量 ΔP_{L0}可分解为两部分：一部分是因调速器的调整作用而增大的发电机组功率 $-K_G\Delta f'$（$B'O'$）；另一部分是因负荷本身的调节效应而减少的负荷功率 $K_L\Delta f'$（$B'A'$）。一、二次调整同时进行，负荷增量 ΔP_{L0}可分解为三部分：一部分是由于进行了二次调整，发电机组增发的功率 ΔP_{G0}（OC）；另一部分仍是由于调速器的调整作用而增大的发电机组功率 $-K_G\Delta f''$（$CB=B''C''$）；第三部分仍是由于负荷本身的调节效应而减少的负荷功率 $K_L\Delta f''$（$AB=B''A''$）。

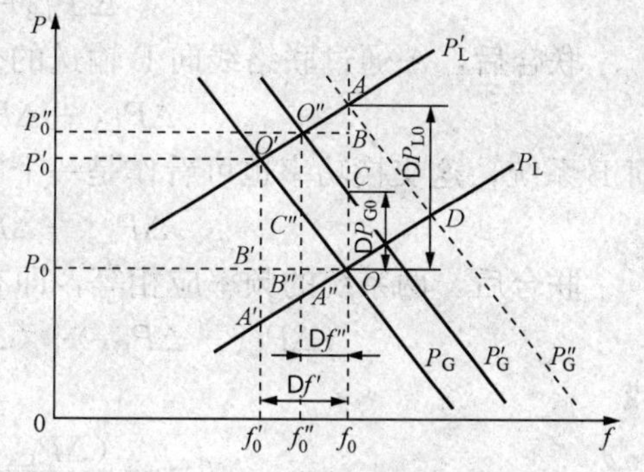

图 3-11　频率的二次调整

因此，在一、二次调频同时进行时，有

$$\Delta P_{L0}-\Delta P_{G0}=-(K_G+K_L)\Delta f$$

整理得

$$-\frac{\Delta P_{L0}-\Delta P_{G0}}{\Delta f}=K_G+K_L \tag{3-36}$$

由此可知，如果 $\Delta P_{L0}=\Delta P_{G0}$，即发电机组如数增发了负荷功率的原始增量 ΔP_{L0}，则 $\Delta f=0$，亦即实现了所谓无差调节（如图 3 - 11 中虚线所示）。

观察式（3 - 36）可知，有二次调整时，除增加一项因操作调频器而增发的功率 ΔP_{G0} 外，其他和仅有一次调整时没有不同。正是因为发电机组增发了这一部分功率，系统频率的下降才有所减少，负荷所能获得的功率才有所增加。

上述结论可推广运用于系统中有 n 台机组，且由第 n 台机组担负频率的二次调整任务的情况。因这种情况相当于有 1 台机组进行二次调整、n 台机组进行一次调整。从而，类似式（3 - 36）可直接列出

$$-\frac{\Delta P_{L0}-\Delta P_{Gn0}}{\Delta f}=K_{GN}+K_L=K_S \tag{3-37}$$

比较式（3 - 36）和式（3 - 37）可知，由于 n 台机组的单位调节功率 K_{GN} 远大于一台机组的，在同样的功率盈亏（$\Delta P_L-\Delta P_G$）下，系统的频率变化要比仅有一台机组时小得多。

通常进行二次调整时，系统中负荷的增减基本上要由调频机组或调频厂承担。虽可适当增大其他机组或电厂的单位调节功率以减少调频机组或调频厂的负担，但这样增发功率的数值毕竟有限。这就使调频厂的功率变动幅度远大于其他电厂。如调频厂不位于负荷中心，则这种情况可能使调频厂与系统其他部分的联络线上通过的功率超出允许值。这样，就出现了在调整系统频率的同时控制联络线上通过功率的问题。

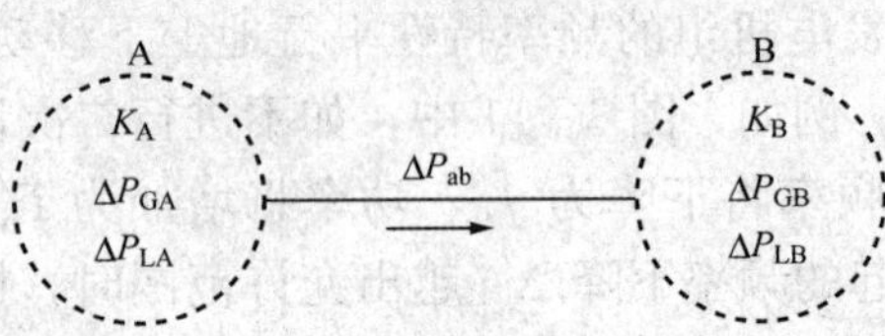

图 3 - 12 两个系统的联合

为讨论这个问题，将一个系统分成两部分或看作是两个系统的联合，如图 3 - 12 所示。图中 K_A、K_B 分别为联合前 A、B 两系统的单位调节功率。而为使讨论的结论有更普遍的意义，设 A、B 两系统中都设有进行二次调整的电厂，它们的功率变量分别为 ΔP_{GA}、ΔP_{GB}；A、B 两系统的负荷变量则分别为 ΔP_{LA}、ΔP_{LB}；联络线上的交换功率 P_{ab} 由 A 向 B 流动时为正值。于是，在联合前，对 A 系统有

$$\Delta P_{LA}-\Delta P_{GA}=-K_A\Delta f_A$$

对 B 系统有

$$\Delta P_{LB}-\Delta P_{GB}=-K_B\Delta f_B$$

联合后，A 通过联络线向 B 输送的交换功率，对 A 系统也可看作是一个负荷，可得

$$\Delta P_{LA}+\Delta P_{ab}-\Delta P_{GA}=-K_A\Delta f_A \tag{3-38}$$

对 B 系统，这交换功率也可看作是一个电源，可得

$$\Delta P_{LB}-\Delta P_{ab}-\Delta P_{GB}=-K_B\Delta f_B \tag{3-39}$$

联合后，两系统的频率应相等，即有 $\Delta f_A=\Delta f_B=\Delta f$，则有

$$(\Delta P_{LA}-\Delta P_{GA})+(\Delta P_{LB}-\Delta P_{GB})=-(K_A+K_B)\Delta f$$

或

$$\Delta f=-\frac{(\Delta P_{LA}-\Delta P_{GA})+(\Delta P_{LB}-\Delta P_{GB})}{K_A+K_B} \tag{3-40}$$

将式（3-40）代入式（3-38）或式（3-39），可得

$$\Delta P_{ab}=\frac{K_A(\Delta P_{LB}-\Delta P_{GB})-K_B(\Delta P_{LA}-\Delta P_{GA})}{K_A+K_B} \tag{3-41}$$

令$\Delta P_{LA}-\Delta P_{GA}=\Delta P_A$、$\Delta P_{LB}-\Delta P_{GB}=\Delta P_B$，其中$\Delta P_A$、$\Delta P_B$分别为A、B两系统的功率缺额，则式（3-38）～式（3-41）可改写为

$$\left.\begin{aligned}\Delta P_A+\Delta P_{ab}&=-K_A\Delta f\\ \Delta P_B-\Delta P_{ab}&=-K_B\Delta f\end{aligned}\right\} \tag{3-42}$$

$$\Delta f=-\frac{\Delta P_A+\Delta P_B}{K_A+K_B} \tag{3-43}$$

$$\Delta P_{ab}=\frac{K_A\Delta P_B-K_B\Delta P_A}{K_A+K_B} \tag{3-44}$$

由式（3-43）可见，联合系统频率的变化取决于该系统总的功率缺额和总单位调节功率，因为两系统联合后本应看作是一个系统。由式（3-44）可见，如A系统没有功率缺额，即$\Delta P_A=0$，联络线上由A流向B的功率要增大；反之，如B系统没有功率缺额，即$\Delta P_B=0$，联络线上由A流向B的功率要减少。而如B系统的功率缺额完全由A系统增发的功率所抵偿，即$\Delta P_B=-\Delta P_A$，则$\Delta f=0$，$\Delta P_{ab}=\Delta P_B=-\Delta P_A$。这种情况下，虽可保持系统的频率不变，B系统的功率缺额ΔP_B或A系统增发的功率$-\Delta P_A$却要如数通过联络线由A向B传输。这也就是调频厂设在远离负荷中心，而且要实现无差调节的情况。

应该指出，上述结论对自动二次调整（自动调频）也同样适用。

3.5.3　调频厂的选择

无论手动或自动二次调频，总需选择一个或几个发电厂担负二次调整任务。这种调频厂必须满足一定的要求，诸如调整容量应足够大，调整速度应足够快，调整范围内的经济性能应较好，调整时不至引起系统内部或系统间联络线工作的困难等。

关于调整容量，由式（3-37）可得

$$\Delta P_{Gn0}=\Delta P_{L0}+K_S\Delta f \tag{3-45}$$

即调整容量取决于负荷变动的幅度、允许的频率偏移以及系统的单位调节功率。其中，允许的频率偏移取决于对电能质量的要求，通常已知；系统的单位调节功率取决于各发电机组调速器调差系数的整定值和负荷的频率调节效应，通常也可求取；只有负荷变动的幅度有其随机性质，较难确定。

式（3-45）中的调整容量ΔP_{Gn0}并非就是调频厂的容量，火电厂的锅炉和汽轮机都有它们的技术最小负荷，其中锅炉约为额定容量的25%（中温中压）～70%（高温高压）；汽轮机约为额定容量的10%～15%。换言之，火电厂受锅炉最小负荷的限制，可调容量仅为其额定容量的30%（高温高压）～75%（中温中压）。因此，如上述20 000MW系统中由高温高压火电厂作调频厂，则调频厂或调频机组的总容量应在400/0.30=1333（MW）左右；如改由中温中压火电厂调频，则这个容量可下降为400/0.75=533（MW）左右。水电厂的可调容量既受向下游释放水量的限制，又受水轮机技术最小负荷的限制，而这二者又因各水电厂的具体条件不同而不同。一般情况下，水电厂的可调容量大于火电厂，即使保守地估计，也可认为水电厂的可调容量约为其额定容量的50%。

除调整容量外，调整速度也是一个重要问题。一个容量为5000MW的系统中，负荷上升的速度可达15～20MW/min。但急剧的负荷变动将使火电厂的锅炉、汽轮机受损伤或因

燃烧不稳定而引起熄火。一般认为，高温高压锅炉从70%～80%额定负荷上升至满负荷约需1～5min；中温中压锅炉从50%额定负荷上升至满负荷仅需1min，比较快；汽轮机很慢，在50%～100%额定负荷范围内，每分钟仅达2%～5%。因此，火电厂中限制调整速度的主要是汽轮机。水电厂水轮机负荷变动的速度高得多，每分钟可达50%～400%。当然，过分急剧的负荷变动也会损坏水电厂的设备。原子能电厂虽可调容量较大，调整速度也不低于一般火电厂，但由于原子能电厂的运行费用低，通常都以满负荷运行，不考虑以这类电厂调频。

可见，从可调容量和调整速度这两个对调频厂的基本要求出发，系统中有水电厂时，一般应选水电厂作调频厂；没有水电厂或水电厂不宜承担调频任务时，例如洪水季节，则选中温中压火电厂作调频厂。抽水蓄能电厂每天可有4～8h甚至10h放水发电，放水发电时，这种电厂与水电厂无异，因此，根据地理位置和布局特点，也可考虑其在这一段时间内参与调频。

不仅如此，选择水电厂作调频厂在经济性上也较合理。因如前所述，水电厂机组的退出、投入或迅速增减负荷不需额外耗费能量，而火电厂则没有此特点。至于联络线的传输能力，虽是选择调频厂时应考虑的一个因素，却不是决定因素，因为必要时可采取其他措施来克服联络线工作的困难。

当仅由一个电厂担负调频任务时，其调整容量往往不够大。这时就要根据上述原则确定几个调频厂，并分别规定它们的调整范围和顺序。例如，规定位于负荷曲线最高部位的有调节水电厂为第一调频厂，频率偏移超出一定范围时，由该厂进行二次调整；余下的中温中压火电厂为第二调频厂，当频率偏移更大时，依次参加二次调整。作为第一调频的水电厂不承担调频任务时，则以第一、二个中温中压火电厂为第一调频厂；后面几个中温中压火电厂为第二调频厂。

当仅由一台机组进行二次调整时，其调整速度往往不够快，这时就需要有几台机组同时调整。而手动操作调频器时，为防止调整过程中的混乱，又常常不允许同时调整几台机组，这就促使近代电力系统几乎无例外地采用自动调频方式。由于自动调频装置可同时控制若干台机组的调频器，实现二次调整的自动化，不仅可解决调整速度问题，而且有较好的经济性。因为这时可将负荷的变动分散地由若干台机组承担，改变了手动调整时少数机组频繁而大幅度地变动功率的情况。另外，实现自动调频，有利于克服联络线工作的困难。

3.6 新能源发电接入后的电力系统频率调整

3.6.1 新能源发电并网对电力系统频率的影响

新能源是指传统能源之外的各种能源形式，包括风能、太阳能、沼气、燃料电池、潮汐发电以及地热发电等。开发利用新能源，已经成为世界能源可持续发展战略的重要组成部分。风力及光伏发电是目前技术较为成熟、已经开始大规模开发利用的新能源。

新能源发电对系统频率的影响主要体现在由于其能量来源的随机性和间歇性引起的有功出力的不可预测性。目前的研究认为，在新能源发电穿透功率较小的情况下，其出力波动不会对整个系统带来影响。但随着新能源发电的快速发展，电场规模越来越大，其出力波动也随之增加，系统的有功平衡会受到明显的影响。因此，大规模新能源发电功率并网后的系统频率控制问题，是制约其接入规模的重要因素之一。

此外，在替代能源的开发利用热潮中，电动汽车（Plug-in Hybrid Electric Vehicle，PHEV）以其无污染、高节能的特性，迎来了新的发展机遇。电动汽车在电网高峰负荷时段，由汽车电池向电网放电，而在电网低谷时段充电，这种电动汽车与电网之间实现能量与信息双向交换的关系，被称之为电动汽车—电网互动（Vehicle to Grid，V2G）。

大量PHEV接入电网，通过智能化电网平台实现规模化应用，能够有效地调节电网负荷峰谷差，降低传统调峰备用发电容量，提高电网的有效利用率，成为频率调节、平抑新能源等功能的有效手段。调频对PHEV而言是一种理想的电网辅助服务，因为其服务周期短，对调频命令响应快速准确，在辅助服务市场中价格最高，能够给电动汽车用户提供良好的经济回报。

与此同时，新型储能技术的快速发展，也为电力系统安全稳定性的提高提供了新的解决思路。现代储能技术已具有有功、无功大容量快速双向调节能力，利用储能技术阻尼互联电网间功率振荡，提高互联电力系统稳定性，具有实际可行性。除了抽水蓄能外，目前的新型储能技术主要有新型蓄电池、超级电容器、超导磁储能和飞轮储能等。

3.6.2 风电大规模接入后的系统调频问题

风力发电出力具有明显的间歇性与波动性。并入电网发电时，当自身容量相比电网容量较小时，其功率的扰动对电力系统的影响甚微；当并网单元数量增加到一定额度时，其功率的扰动将有可能影响电网的稳定，对电网频率造成不利影响。

我国风能资源与电力负荷的地理分布，存在着显著的不匹配现象，决定了我国的风电开发特点是大规模基地、远距离传输。国家发改委规划在沿海地区和“三北”地区建设大型和特大型风电场，包括若干个千万千瓦级风电基地。这些风能资源丰富地区，一般多为电网末端，电网网架结构较弱，电网调节能力有限，这致使大规模风电接入对地区电网的调频和稳定运行带来极大压力。大规模风电场并网对系统频率的不利影响，主要体现在如下几点。

首先，风电功率的波动性和不可预期性，将会产生严重的地区有功功率平衡问题。传统电力系统调频任务主要是针对负荷的随机变化及联络线功率控制的需求设置的，随着风电的引入，风电的随机性及负荷波动性的双重性作用将给系统频率控制带来前所未有的困难，而且，这一困难随着风电比例的升高将会变得更加严重。

其次，电力系统的惯量对于系统的频率变化起决定性作用，惯量越小，系统频率变化速率越快。发电机惯性时间常数是表征系统惯量的机械参数，它的物理意义如下：当发电机空载时，在转子上加额定转矩，转子从静止状态到达额定转速的时间。改变惯性时间常数对频率动态过程的影响如图3-13所示，可见，频率下降到最低点的时间随着惯性时间常数的增大而增长，并且惯性时间常数越大，频率回复的时间越缓慢。

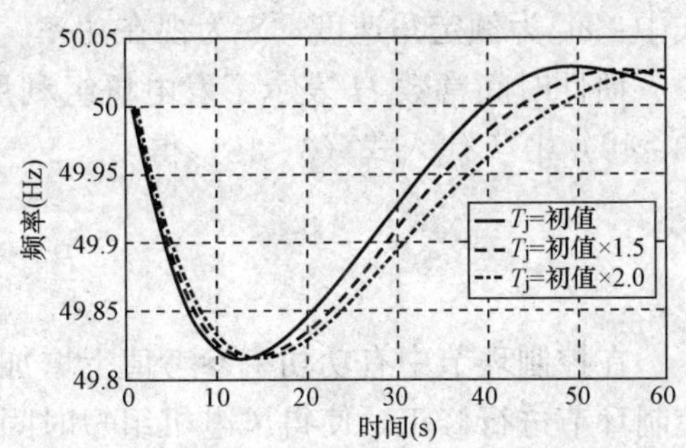

图3-13 惯性时间常数对系统频率下降的影响

风电大规模并网后，势必替代部分常规发电机组。由于传统的变速恒频风电机组控制系统实现了机组转速与电网频率的完全解耦，使风电机组失去了对频率的快速有效响应，因此，传统变速恒频风电机组转速的惯性动能对系动惯量的贡献微乎其微。在电网频率发生改变时，机组无法对电网提供频率响应，导致电网发生功率缺额时，电网频率降低的变化率较高，频率跌落的幅度较大，不利于电网的频率稳定。

最后，由于我国风电事业的发展过程中，对风机并网的技术要求缺少统一标准，目前并网发电的风电机组多数并不具备高、低电压穿越能力。当电力系统中风电装机容量达到一定规模时，由于电网故障引起电压波动等因素，导致风电场整体退出运行时，会引起系统有功出力和负荷之间的动态不平衡，当电网其他发电机组不能够快速响应风电功率波动时，则有可能造成系统频率偏差，严重时可能导致系统频率越限，进而危及电网安全运行。

3.6.3　风电机组参与电力系统频率控制

大型电厂同步发电机组的惯性时间常数通常在 2～9s 的范围之内，而风电机组惯性时间常数大约为 2～6s。两种发电机组的惯性常数在一个数量级上面。因此，变速风电机组若能参与电力系统频率的调节，充分利用风电机组可以提供的“隐含惯量”，有利于提高电力系统的频率稳定性和电网可接入的风电机组容量。

目前，对于变速风电机组参与电力系统频率调节，主要研究和应用的对象为基于双馈感应电机的变速风电机组。变速恒频风电机组转速运行范围较宽，既可以超同步速运行，又可以亚同步速运行，风力机可以提供较充分的旋转动能来参与电力系统频率的调节，且双馈变速风电机组是风电市场上的主流机型，是今后风电机组单机容量大型化发展的主要选择之一。

变速风电机组参与频率调节是通过调整其转子转速变化释放或吸收部分旋转动能来实现的。风力机转子储存的动能可表示为

$$E_k = \frac{1}{2}J\omega_w^2 \tag{3-46}$$

式中：J 为风力机转动惯量；ω_w 为风力机转子转速。如果当系统频率从 f_0 变化到 f_1 时，转子转速相应地从 ω_0 变化到 ω_1，则风力机转子释放或吸收的旋转动能为

$$\Delta E_k = E_{k1} - E_{k0} = \frac{1}{2}J(\omega_1^2 - \omega_0^2) \tag{3-47}$$

通过控制转子转速变化利用该部分旋转动能，改变变速风电机组输出电磁功率

$$P = \frac{dE_k}{dt} = J\omega_w\frac{d\omega_w}{dt} \tag{3-48}$$

用惯性常数 H 来表示式（3-48），H 定义为

$$H = \frac{E}{S} = \frac{J\omega_s^2}{2S} \tag{3-49}$$

式中：ω_s 为额定角速度；S 为视在功率。

惯性时间常数 H 表示了发电机组利用其旋转动能提供额定功率输出的持续时间。将式（3-49）中 J 代入式（3-48）得

$$\frac{P}{S} = 2H\frac{\omega_w}{\omega_s}\frac{d\left(\frac{\omega_w}{\omega_s}\right)}{dt} \tag{3-50}$$

在控制环节中有功功率参考值上增加一个与系统频率相关的有功功率值，对原来的功率控制环节进行修正，使得风电机组短时间内调整输出功率，对系统频率有效响应。当系统频率不发生变化时，$\Delta f=0$（即 $d\omega/dt=0$），则频率控制环节不起任何作用；当频率发生变化

时，$\Delta f \neq 0$（即 $d\omega/dt \neq 0$），频率控制环节开始作用。系统频率降低时，变速风电机组通过附加频率控制环节降低转子转速释放部分旋转动能转化为有功功率输入系统；反之，系统频率升高时，变速风电机组通过提高转子转速吸收部分电磁功率用于增加转速，储存部分动能于风电机组转子中减少有功功率的输出从而实现参与系统频率调节的目的。

由于变速风电机组转速运行具有一定安全范围，当参与调频使其转速达到安全运行极限时，可能会发生突然退出一次调频的情况，这便形成了一个矛盾：机组参与调频时转速变化越大，调节的有功功率就越多，频率控制效果就越好；但转速变化越大，就越可能使变速风电机组因转速到达安全运行极限而退出参与调频。因此，需要解决好风电机组转速的偏移量和系统频率控制效果的协调问题。

当系统频率过高时，还可以通过控制系统使部分风电机组停机，或通过控制桨距角来减少风电场的输出功率，达到使风电参与电力系统二次调频的目的。

3.6.4　光伏发电对系统频率的影响

光伏发电系统通常分两大类：一是独立光伏发电系统，二是光伏并网发电系统。其中，光伏并网发电系统具有环保且易于安装等优点，加上商业技术的成熟与世界各国的计划性推动，已成为发展太阳能发电的主要选择。

并网光伏发电系统结构如图 3-14 所示，光伏发电系统直接与电网连接，其中逆变器将太阳电池所发的电能逆变成正弦电流并入电网中；控制器控制太阳电池最大功率点跟踪、控制逆变器并网电流的波形和功率，使向电网转送的功率与光伏阵列所发的最大功率电能相平衡。

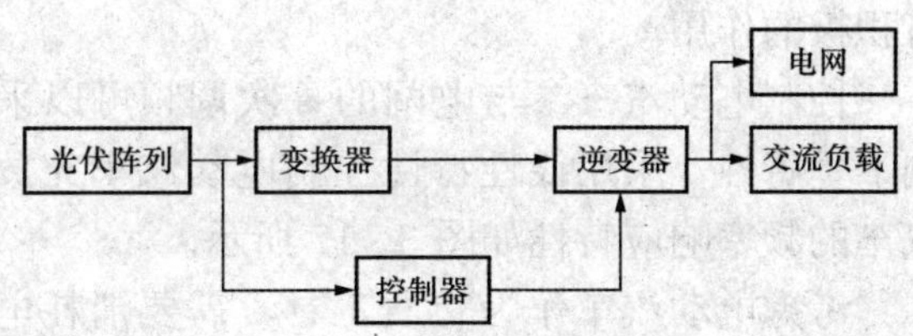

图 3-14　并网光伏发电系统

光伏发电具有随机性、间歇性和周期性的特点，目前还不能进行准确预测。光伏输出功率与太阳辐照度密切相关，一般在中午日照达到高峰时，其输出功率也达到最大值；当云层飘过时，光伏电站输出功率将迅速下降，若光伏并网容量较大时，将给系统造成较大功率缺额，此时电网中其他电源需要调整输出功率，为其提供补偿调节，以保证对用电负荷持续可靠地供电。

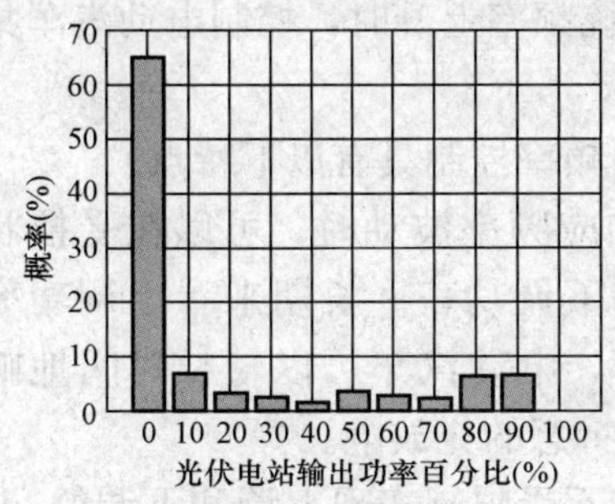

图 3-15　光伏电站输出功率百分比概率分布图

图 3-15 显示了系统负荷最大时光伏电站的输出功率百分比概率统计，从图中可以看出，最大负荷时光伏输出功率为零的概率占 66%，且同时段光伏电站输出功率从 10%～90%范围都存在，概率都小于 8%。由于最大负荷时刻光伏电站输出功率为零的概率较大，光伏电站输出功率不能有效削减峰值负荷（最大负荷）；随着其容量（穿透功率）的增加反而使最小负荷变得更小，因此当容量（穿透功率）达到一定比例的时候，系统峰谷差和峰谷差率将全部增大。

图 3-16 所示为光伏电站输出功率百分比与超过某输出功率百分比的累计概率关系图，从图中可以看出，光伏电站输出功率超过 30%的概率不到 20%。若置信概率为 90%，那么光伏电站输出功率只能保证在 7.7%的水平，即光

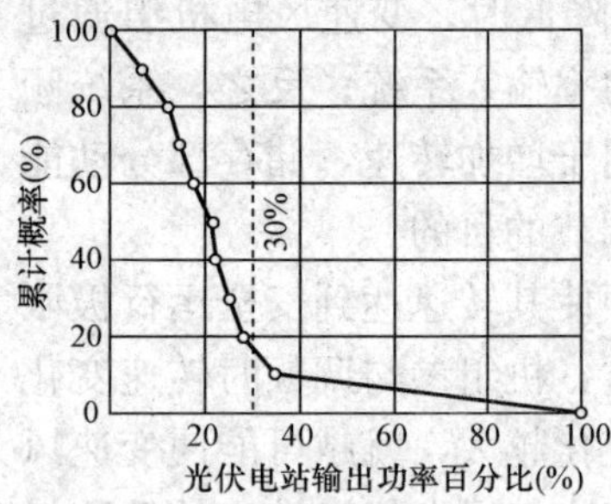

图 3-16 光伏电站输出功率百分比累计概率图

伏电站的容量置信度只有 7.7%。由于光伏电站容量置信度较低，不能有效代替峰值负荷电源，因此光伏电站的接入没有缓解调峰压力，反而会增大调峰压力。

当光伏并网发电系统的发电容量占电网内总发电量比例逐步增大后，由于其发电具有随机性，因而可能导致电网频率时常出现波动，电网必须为光伏并网发电系统提供足够的区域性旋转备用机组，来控制和调整系统的频率。如果系统内的一次调频机组大多采用火电机组，将会在一定程度上影响到汽轮机叶片的使用寿命。在这种情况下，电网将以牺牲经济运行方式为代价来保证电网的安全稳定运行。

3.6.5 V2G 参与系统调频

电动汽车—电网互动技术（V2G），指电动汽车与电网之间实现双向通信，并受其控制，实现电动汽车与电网之间的能量转换（充、放电）。随着电网智能水平和电动汽车保有量的大幅提高，以及充电站技术的成熟，V2G 具有充足可控的调整容量，具备功率双向交换功能，因此在电网频率波动的时候，能够迅速做出响应，对电力系统的频率控制和频率质量具有积极的作用。

控制电动汽车参与电网的一次调频可以采用频率控制下垂特性，采用线性特性控制电动汽车充放电。电动汽车的频率响应特性如图 3-17 所示。

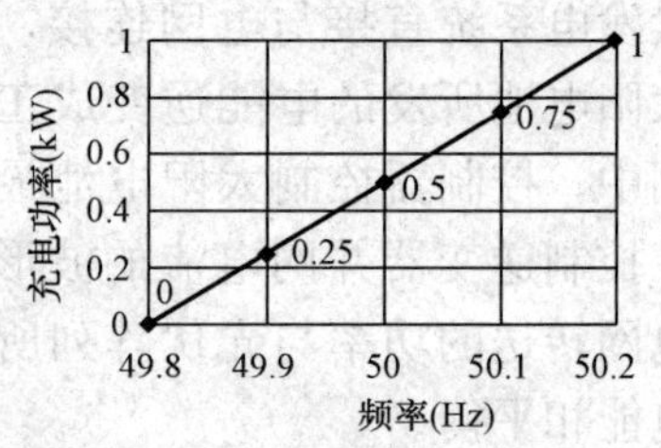

图 3-17 电动汽车频率响应特性

考虑电动汽车作为交通工具，需要消耗电能，设置系统频率差为零时电动汽车仍为充电状态。充电功率随着系统频率增大而增加，随着系统频率减小而减少。

实际中，频率响应特性在图 3-17 所示基础上还应增加调节死区和调节功率限值两个环节：调频死区保证电动汽车不响应过小的频率变化区间，以延长电池寿命；调节功率限值则考虑电动汽车的可用容量问题。改进的特性曲线如图 3-18 所示。

电动汽车也可采用分层控制方式，参与电网二次调频，根据区域控制偏差信号控制其充放电，当系统频率下降时，控制电动汽车集中放电；当系统频率上升时，控制电动汽车集中充电，以恢复系统频率及联络线交换功率于正常。

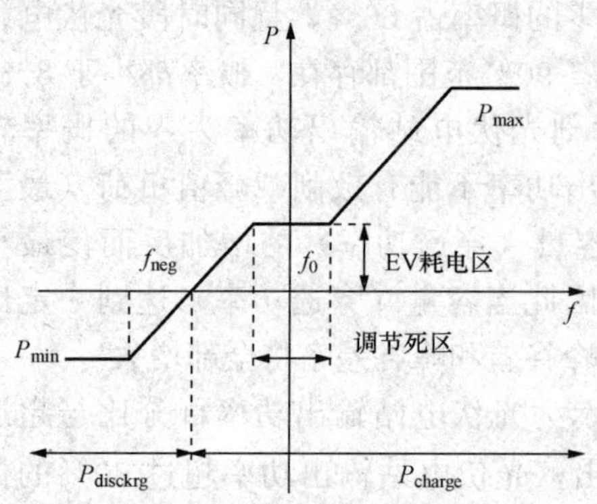

图 3-18 电动汽车改进频响特性曲线

V2G 参与电网频率控制具有以下特点。

（1）V2G 在响应频率波动时，可以在受控状态下实现上调功率和下调功率。长期来看上调功率与下调功率趋于平衡，电动汽车可以较长时间地响应频率波动而不需要特意的充放电。

（2）V2G 可以不受限制实现上调和下调的交替。传统调频厂在机组控制中要考虑对响应功率幅值与极性改变速度的限制。为使机组安全运行，功率变化信号不能超过允许的最大上升或下降功率；同时，为减少功率信号上升和下降频繁交替对机组物理性能的损害，对同一方向功率信号的持续时间规定了一个限值，在此时间段内将封锁反向功率信号。而 V2G 在响应频率波动过程中不存在这样的限制。

(3) 电动汽车蓄电池在响应频率波动过程中处于浮充电状态，相对于平抑地区电网峰谷负荷需要电池深度充放电来说，对电池的寿命影响较小，因此电动汽车参与频率响应的成本较低廉。

(4) 响应功率储备裕度小。传统调频对 AGC 信号的不准确响应，要求电网调度有更大的响应功率储备裕度，而 V2G 对充放电命令响应快速准确，可以减少功率储备裕度。

3.6.6 飞轮储能调频电站

飞轮储能系统结构主要包括四个部分：飞轮转子本体、支撑转子的高速轴承、实现电能一动能互相转换的电机以及起到控制作用的变流器。储存在飞轮中的动能为

$$E=\frac{1}{2}J\omega_{\mathrm{m}}^{2} \tag{3-51}$$

式中：J 为飞轮的转动惯量；ω 为飞轮的转动角速度。在实际应用中，考虑材料的技术问题，飞轮转动角速度存在设计上限。设飞轮的最高和最低转速分别为 $\omega_{\max}$ 和 $\omega_{\min}$，则飞轮储能系统可以储存和释放的最大能量为

$$E_{\max}=\frac{1}{2}J\omega_{\max}^{2}-\frac{1}{2}J\omega_{\min}^{2} \tag{3-52}$$

其能量利用率为

$$R_{\mathrm{u}}=\frac{E_{\max}}{\frac{1}{2}J\omega_{\max}^{2}}=1-\left(\frac{\omega_{\min}}{\omega_{\max}}\right)^{2} \tag{3-53}$$

与其他储能方式相比，飞轮储能具有大容量、低维护、长寿命、高效率以及安装方便、对环境无危害等特点，使得飞轮储能很适合应用于低频率、大容量、长时间应用领域。目前飞轮储能技术在提高电力系统稳定性领域的应用，主要集中于对电网功率不平衡的快速补偿，即作为一种调频控制手段。

目前，美国已建成数个基于飞轮储能技术的调频电站示范工程。美国纽约州 20MW 调频电站工程具体设计参数如下：额定输出功率为 20MW，可维持 15min；调控功率范围为 20MW±20MW；额定储存能量为 5MWh；从零至额定功率输出的响应时间小于 4s；调频核心组件飞轮能够完成 15 万次完全充/放电，存储能力不会退化；飞轮机械效率超过 97%，系统总充/放电效率为 85%。

用于调频的飞轮储能电站，具有四个独立的运行状态：充电状态（飞轮转速上升）、放电状态（飞轮转速下降）、稳定状态（飞轮转速恒定）、退出状态（飞轮转速不在工作范围内）。研究表明，基于飞轮储能的调频电站全天有 98.3%的时间处于工作状态，即充电、放电或稳定状态，只有 1.7%的时间处于退出状态。飞轮储能电站在充电和放电状态下有大约 10%的能量损耗，稳定状态的能量损耗约为 1%。

采用飞轮储能装置进行调频具有以下优势。

(1) 响应速度快。美国太平洋西北国家实验室比较了相同容量下，快速响应的调控手段与传统调控手段的相对价值。研究表明：在同等条件下，具有快速响应能力的储能技术参与调频可以获得双倍于传统火电机组的效果，即 1MW 的飞轮调频能替代 2MW 的传统火电调频。

（2）调频成本低。下面给出调频周期定义进行飞轮储能与其他各类调频电源的成本比较，一个调频周期包括15min的放电或者输出功率爬坡过程，15min的充电或者输出功率下降过程，30min的稳态或正常运行过程。表3-2为各类电源一个调频周期的成本比较。

表3-2　各类电源单位小时调频成本比较　单位：百万美元

电站类型	基建费用	燃料费/电费	维修费	总成本（不含 CO_2 排放）	CO_2 排放	总成本（含 CO_2 排放）
飞轮储能	121.8	30.5	26.6	178.9	0	178.9
铅酸蓄电池	57.1	26.6	167.4	251.1	0	251.1
燃气基荷	49.5	300.6	7.6	357.7	7.7	365.4
燃气调频	197.9	57.1	26.7	281.7	26.6	308.3
燃煤基荷	76.1	178.8	11.4	266.3	15.2	281.5
燃煤调频	178.9	60.9	26.6	266.4	79.9	346.3

从表3-2中可以看出，即使不含 CO_2 排放费用，飞轮储能电站也具有最低的单次调频成本，飞轮储能电站作为调频手段具有巨大的成本优势。

（3）对环境友好。飞轮储能技术不消耗燃料，也不产生颗粒或排放其他有害气体。即使计及存储电能所损耗的能量在生产时所排放的 CO_2，基于飞轮储能技术的调频设施仍可以比燃气机组调频减少约50%的排放量；与燃煤机组调频相比，减少的 CO_2 排放甚至可以达到85%。

第4章　电力系统谐波

4.1　电力系统谐波的基本概念

电力系统谐波（波形畸变）并不是一个新的问题，早在1920～1930年间，德国就已提出静态整流器产生的波形畸变问题。但直到20世纪50～60年代，由于高压直流输电技术的发展，才有大量关于换流器谐波问题的文章发表。近年来，由于电气化铁道的发展以及化工、冶金、钢铁、有色金属、煤炭和交通等工业部门大量使用了电力电子设备，应用电力整流、换流技术（如500kV高压直流输电工程葛上线的投入运行），产生了大量谐波注入电网。谐波问题已经对有些电力系统和用电设备产生了严重危害和影响，必须认真研究并采取相应的限制及管理措施。世界各国都十分重视和关心谐波问题，曾多次召开了国际性的学术讨论会，不少国家已制定出对电力系统谐波和用电设备谐波的国家标准或电力部门的规定。IEC和CIGRE都相继组成专门工作组，开展这方面的工作，并制定了包括各项电力和用电设备以及家用电器在内的谐波标准。英国电气委员会总工程师会议在1979年9月制定了供电网络谐波的有关规定（工程技术导则G5/3），成为各国际组织和世界各国研究和制定谐波标准进行谐波管理的典范。

由于谐波问题的出现，对原有一些电工原理的概念，如无功功率和功率因数等都需要重新确定其含义。为了引起各方面对电力系统谐波问题及管理工作的重视，开展有关我国电力系统谐波的研究工作，1984年原水利电力部根据国家经委批准的"供用电准则"制定和颁布了SD 126—1984《电力系统谐波管理暂行规定》。国家技术监督局在1993年7月31日发布了GB/T 14549—1993《电能质量　公用电网谐波》，并于1994年3月1日起实施。

4.1.1　电力系统中正弦波形

工作在正弦稳态情况下，电力网电压可表示为

$$u(t)=\sqrt{2}U\sin(\omega t+\alpha)$$

式中：U为电压的有效值，其幅值为$\sqrt{2}U$，α为初相角，ω为角频率。

角频率ω又可表示为

$$\omega=2\pi f=\frac{2\pi}{T}$$

式中：f、T分别为频率、周期。

幅值、初相角和频率是确定正弦波的三个特征量，通常称其为正弦波的三要素。

在电路中线性无源元件上的电流和电压的关系，有比例（$u=Ri$）、微分$\left(u=L\dfrac{\mathrm{d}i}{\mathrm{d}t}\right)$和积分$\left(u=\dfrac{1}{C}\int i\mathrm{d}t\right)$等关系。正弦周期函数在进行加、减、微分和积分等运算时，仍保持正弦函数的特点，所以在电力系统中要求尽可能由正弦波形的电源供电。

4.1.2　谐波的定义和性质

一、谐波的定义

国际上公认的谐波定义为：谐波是一个周期电气量的正弦波分量，其频率为基波频率的

整数倍。由于谐波的频率是基波频率的整数倍，也常称之为高次谐波。

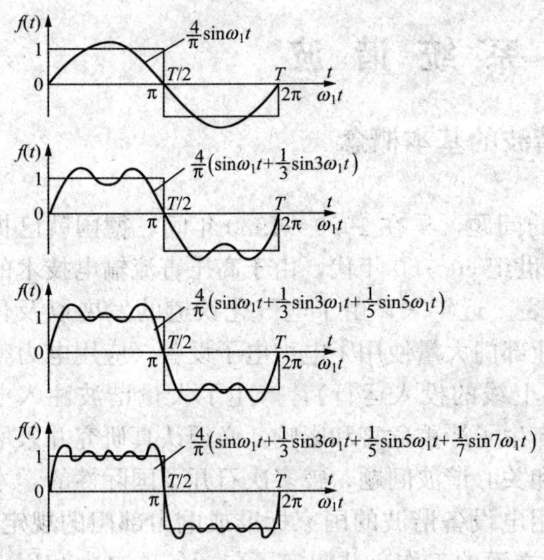

图 4-1　用一组正弦波叠加来近似表示方波

国际电工标准（IEC 6100-3-2）、国际大电网会议（CIGRE）文献（工作组报告 36—05）中对谐波也都有明确的定义：谐波分量为周期量的傅里叶级数中大于 1 的 n 次分量。对谐波次数 n 的定义则为：以谐波频率和基波频率之比表达的整数。IEEE 标准（见 IEEE 519—1992）中谐波的定义为：谐波为一周期波或量的正弦波分量，其频率为基波频率的整数倍。

畸变波形可以用一组正弦函数来近似表示。以图 4-1 所示的周期性方波为例，可以用若干个正弦波形叠加来近似表示。图中，$\sin\omega_1 t$ 项称为基波，其周期与畸变波形方波的周期相同；其他各项均称为谐波。由于谐波的频率是基波频率的整数倍，因此 $\sin3\omega_1 t$ 项称为 3 次谐波，$\sin5\omega_1 t$ 项称为 5 次谐波……通常将各奇次的谐波统称为奇次谐波，偶次的谐波统称为偶次谐波，图 4-1 所示的方波中不含偶次谐波。谐波分析是计算周期性波形的基波和谐波的幅值和相角的方法。谐波分析又称为频域分析，所得到的表达式通常称为傅里叶级数。

二、谐波的性质

（一）谐波次数 n 必须是正整数

例如，我国电力系统的额定频率为 50Hz，则其基波频率为 50Hz，2 次谐波为 100Hz，3 次谐波为 150Hz。n 不能为非整数，因此也不能有非整数谐波。

（二）谐波和暂态现象必须加以区别

通常认为谐波现象的波形保持不变，而暂态现象则是每周的波形都发生变化或有衰减现象等。根据傅里叶级数的基本理论，被变换的波形必须是周期性的和不变的。虽然实际上很难完全做到，因为电力系统负荷是波动的，而负荷的变动会影响系统中谐波含量；但在实际分析中只要被分析的现象或情况持续一段适当的时间，就可以应用傅里叶级数。因此，谐波可以分解成傅里叶级数。

此外根据国际大电网会议工作组的意见，图 4-2 所示的波形畸变虽然也是周期性的，但不属于谐波范畴。这种波形畸变仅在正弦波一周期的极小部分发生陷波，这种波形畸变陷波，一般以基波峰值 U_{1m} 的百分数来表示，并称为畸变偏差百分值 δ_u^*，即

$$\delta_u^* = \frac{\Delta u}{U_{1m}} \times 100\% \qquad (4-1)$$

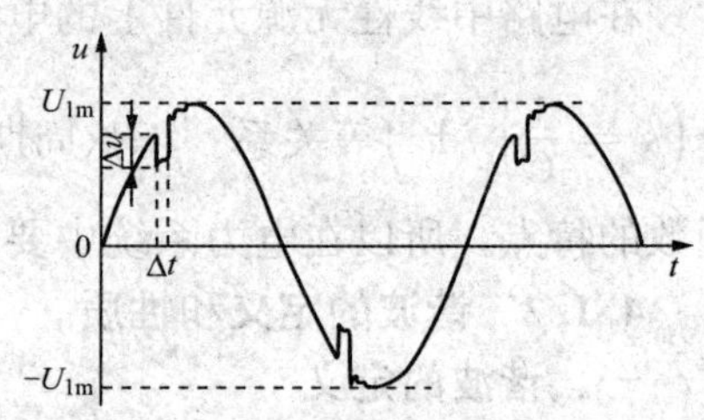

图 4-2　波形畸变陷波

对畸变偏差百分值 δ_u^* 的最大允许值要加以限制。在国际大电网会议工作组 36—05 的报告中指出，这种畸变虽然也可用一系列的谐波分量表示，但不作为谐波现象

考虑，而只作为一种暂态现象。

为了对暂态现象和谐波加以区别，国际大电网会议工作组一致同意在计算电压（或电流）畸变率时，采用谐波电压（或电流）的平均有效值或平均总畸变率，其时间区间段 Δt 取 3s，即取 3s 中的测量或计算的平均有效值或平均值。以电压为例，即

$$U_n = \sqrt{\frac{1}{m}\sum_{k=1}^{m}U_{nk}^2} \tag{4-2}$$

$$D_u(\%) = 100 \times \sqrt{\frac{1}{m}\sum_{k=1}^{m}\left(\frac{U_{nk}}{U_{1k}}\right)^2} \tag{4-3}$$

式中：m 为将 Δt 分成的区间数；U_n 为第 n 次谐波电压的 3s 平均有效值；D_u 为电压总畸变率的 3s 平均值的百分数；U_{1k} 为第 k 个区间测出的基波电压有效值；U_{nk} 为第 k 个区间测出的第 n 次谐波电压有效值。

（三）短时间谐波和暂态现象中的谐波分量

这是指晶闸管控制的轧钢机等设备工作时产生的短时间的突发电流脉冲。这种突发的脉冲包含着暂态分量及谐波分量。如果这类电流脉冲及其引起的电压畸变是间断性质的，也就是说电流脉冲的持续时间不超过 2s，且两个电流脉冲之间的时间间隔不小于 30s，则这种暂态分量和谐波分量是允许的。关键的问题是防止这种突发脉冲对其他电力设备，例如对电力电容器造成的损坏和对电子设备的干扰。如果供电点的基波电压不超过额定供电电压的 106%，应当不会有发生损坏的危险。对于这类用电设备，控制的因素常常不是电流脉冲而是在其生产过程中造成的电压波动所引起的闪变（Flicker）。为了使闪变减小到可以容许的程度，供电点处的短路电流必须保持在一定水平，或者在供电点处装设电压波动补偿装置并附带滤波器。

4.1.3　非正弦波形的有效值和畸变率

一、非正弦波形的有效值

以周期电流 $i(t)$ 为例，它的有效值 I 定义为

$$I = \sqrt{\frac{1}{T}\int_0^T i^2(t)\mathrm{d}t} \tag{4-4}$$

由此可见，周期量的有效值等于它的瞬时值的平方在一周期内平均值的平方根，所以有效值又称为均方根值。

在电网中，如果电压和电流都具有非正弦波形，可将电压和电流分别分解为傅里叶级数，即

$$\left.\begin{aligned} u(t) &= \sum_{n=1}^{N}\sqrt{2}U_n\sin(n\omega_1 t+\alpha_n) \\ i(t) &= \sum_{n=1}^{N}\sqrt{2}I_n\sin(n\omega_1 t+\beta_n) \end{aligned}\right\} \tag{4-5}$$

式（4-5）中，$u(t)$ 和 $i(t)$ 具有相同的基波频率 $f_1(\omega_1=2\pi f_1)$。由于负荷可能是非线性的，因此电压和电流不一定具有相同阶次的谐波分量。

将式（4-5）代入式（4-4），则有

$$I^2 = \frac{1}{T}\int_0^T[\sqrt{2}I_1\sin(\omega_1 t+\beta_1)+\sqrt{2}I_2\sin(2\omega_1 t+\beta_2)+\cdots+\sqrt{2}I_n\sin(n\omega_1 t+\beta_n)+\cdots]^2\mathrm{d}t$$

将上式的右边展开以后，即可分成许多项的积分，一类项含有各谐波瞬时值平方的平均值，即

$$\frac{1}{T}\int_{0}^{T} 2I_n^2\sin^2(n\omega_1 t+\beta_n)\mathrm{d}t = I_n^2$$

另一类项含有不同次数谐波瞬时值的乘积的 2 倍的平均值，这类项应等于零，即

$$\frac{1}{T}\int_{0}^{T} 4I_n\sin(n\omega_1 t+\beta_n)I_m\sin(m\omega_1 t+\beta_m)\mathrm{d}t = 0, m\neq n$$

因此

$$I^2 = I_1^2+I_2^2+I_3^2+\cdots+I_n^2$$

由此可见，非正弦周期电流的有效值，等于其各次谐波电流有效值的平方和的平方根值，即

$$I=\sqrt{I_1^2+I_2^2+I_3^2+\cdots+I_M^2}=\sqrt{\sum_{n=1}^{M}I_n^2} \tag{4-6}$$

同理，非正弦周期电压 $u(t)$ 有效值为

$$U=\sqrt{U_1^2+U_2^2+U_3^2+\cdots+U_M^2}=\sqrt{\sum_{n=1}^{M}U_n^2} \tag{4-7}$$

所以，非正弦量的有效值只与非正弦量所含各次谐波的有效值有关，而与其相位无关。如果非正弦电流中只含有奇次谐波，可只由半个周期内均方根值来确定有效值，如

$$I=\sqrt{\frac{2}{T}\int_{0}^{\frac{T}{2}} i^2(t)\mathrm{d}t} \tag{4-8}$$

尽管在含有整流装置的负荷中，电流中会含有直流分量，但经过变压器隔离后在交流侧不会含直流分量。在交流电网中是不允许注入直流电流的，所以在式（4-6）和式（4-7）中略去直流分量。

应当指出，基波和各次谐波等正弦量，它们的最大值与有效值之间存在简单关系，对于非正弦量来说并不存在。如图 4-3 所示的两个不同的畸变波形，由于两个波形所含的基波和 3 次谐波的幅值分别相等，因此它们的有效值是相同的；但两个波形之间的相位关系不同，所以它们的最大值是不同的。

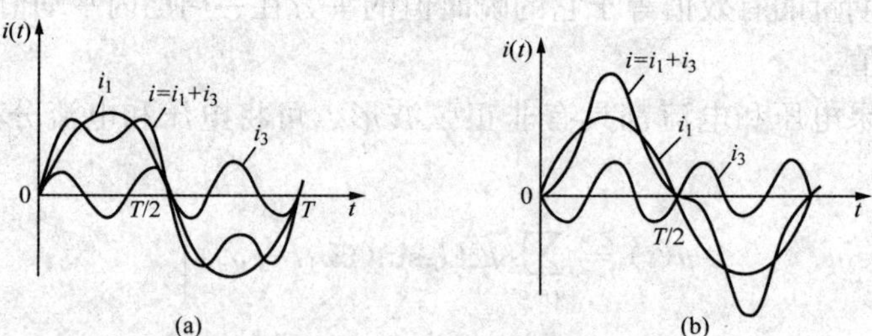

图 4-3 两个不同的畸变波形
（a）3 次谐波初相角与基波相同；（b）3 次谐波初相角与基波相反

二、非正弦波形的畸变率

畸变波形偏离正弦波形的程度，常以其正弦波形畸变率表示。各次谐波有效值的平方和的平方根值与其基波有效值的百分比，称为正弦波形畸变率（Total Harmonic Distortion,

THD)，或简称畸变率。

电压正弦波形的畸变率（THD_{u}）为

$$THD_{\mathrm{u}} = \frac{\sqrt{\sum_{n=2}^{\infty} U_n^2}}{U_1} \times 100\% \tag{4-9}$$

式中：U_1 为额定基波电压，有时也用实际基波电压的有效值来表示。

在工程上，为了抑制和补偿某次谐波的数值，常以其谐波含量来表示。电压畸变波形的第 n 次谐波含量为第 n 次谐波电压的有效值 U_n 与基波电压有效值 U_1 的百分比，即

$$HRU_n = \frac{U_n}{U_1} \times 100\% \tag{4-10}$$

对于方波来说，其第 n 次谐波的含量则为 $\frac{100}{n}\%$。

电流正弦波形的畸变率为

$$THD_{\mathrm{i}} = \frac{\sqrt{\sum_{n=2}^{\infty} I_n^2}}{I_1} \times 100\%$$

第 n 次谐波的含量为

$$HRI_n = \frac{I_n}{I_1} \times 100\%$$

应当指出，实际上的畸变波形所含各次谐波分量的幅值，在各个周期内不会完全相同，其数值可能相差较大，而且还可能是随机变化的。国际大电网会议工作组建议，在测量和计算各次谐波的有效值时，应当给出它在3s内平均的有效值，这可对暂态现象和谐波加以区别。例如对于第 n 次谐波，设在第 k 次谐波分析时所得到的第 n 次谐波的有效值为 U_{nk}，在3s内设共取得 m 个数据（为排除偶然因素可舍去其中最大和最小者），则在3s内第 n 次谐波平均的有效值应为

$$U_n = \sqrt{\frac{1}{m}\sum_{k=1}^{m} U_{nk}^2}$$

4.1.4　特征谐波

在应用晶闸管的整流装置和调光装置中，都以晶闸管作为开关切换交流电源使其输出电流的大小和波形变化，所以装置的交流电流波形偏离正弦而发生畸变。这类电流的畸变波形中所含谐波的次数在各种装置中是各有特点的。

在单相桥式整流电路中，当电网电压为正弦波形，并且直流侧串联足够大的电感使得直流电流 $i_{\mathrm{d}} = I_{\mathrm{d}}$ 时，在交流侧的交流电流波形中所含谐波的次数为3，5，7，…，这些次数的谐波称为单相桥式整流装置的特征谐波。单相桥式整流电路特征谐波次数的一般表达式为

$$n = 4k \pm 1, k = 1,2,\cdots$$

各种接线的三相桥式整流装置中，假设交流系统电网三相正弦波形的电压平衡，晶闸管的触发脉冲等间隔，各种接线的整流装置的特征谐波不同。在上述情况下各装置的特征谐波次数与其晶闸管的触发脉冲数有关。对于各种三相整流电路的交流侧电流来说，每周期内触发的脉冲若为 p，则其产生的谐波（又称特征谐波）次数为

$$n = kp \pm 1, k = 1,2,\cdots$$

4.1.5 谐波和非特征谐波

在电力系统谐波问题中，要特别强调谐波的次数 n 为正整数。但实际上，在电力系统中有时也存在一些频率不是基波频率整倍数的正弦分量。为区别起见，称这些正弦分量为非谐波（non harmonics）、非特征谐波、间谐波或分数谐波。例如，当电网电压含有谐波电压时，在感应电动机中产生谐波电流使其附加损耗增大、附加温升增高，而感应电动机转子的异步转速又反过来会产生分数谐波电流，此分数谐波电流在系统阻抗上产生的电压降将导致电网电压也含有分数谐波（分数谐波电压对电视机影响较大）。

由于

$$\sin\omega_1 t+\sin\omega_2 t=2\cos\left(\frac{\pm\omega_2\mp\omega_1}{2}\right)t\times\sin\left(\frac{\omega_2+\omega_1}{2}\right)t$$

可知，两个不同频率的正弦波叠加有时可合成调幅波形。对于谐波来说，只要谐波电压幅值不超过基波电压幅值的 50%，便不会使电压的幅值受到调制，可是分数谐波引起电压波形畸变时，即使分数谐波的幅值不大，有时也可使电压的幅值受到调制。由此可见，受谐波危害的电气设备反过来也可能产生非特征谐波和谐波，又危害其他设备，而且各种电气设备对各次谐波和非特征谐波的敏感程度也不同，所以在设计和使用电气设备时，一方面要设法减小用电设备产生的谐波电流，另一方面也要设法提高用电设备抗谐波干扰的能力。

4.1.6 谐波计算的等值电路参数

对于一个线性电感，在基波单独作用下的电抗值若为 X_L，则在第 n 次谐波单独作用下的电抗值等于 nX_L。一个线性电容，在基波作用下的电抗值若为 X_C，则在第 n 次谐波作用下的电抗值等于$\frac{X_C}{n}$。可见，实际的电路元件在高次谐波作用下的电路参数，往往与在基波作用下的电路参数有很大差别。同一个电路元件在不同频率下，常表现出不同的电磁特性。例如感应线圈在低频下可以看作一个纯电感，而在高频下就不能忽略线圈的匝间分布电容。又如一段不长的输电线路，在基波作用下可用集中参数 L 和 C 等描述，而对于高次谐波，有时则需用均匀输电线的等值参数来描述。

尽管高次谐波与基波同时作用于电气设备时，与高次谐波单独作用于该电气设备所起的作用是不同的，但实际上仍然可利用电力系统的参数来研究电力系统的谐波问题。这在工程上是有参考价值的，但是在做谐波计算时，要特别注意等值参数的选择。例如三相电源经Yd 连接的变压器接有单相含谐波电流的负荷，当负荷阻抗比系统阻抗大很多时，可将此负荷看作谐波恒流源。对于第 n 次谐波来说，若电源每相的谐波阻抗为 Z_n，那么从谐波源来看它的等值阻抗 Z_{eq} 应是多大呢？为便于分析，假设图 4-4 所示的 Yd 连接的变压器线电压的标幺值均为 1，于是其一、二次侧的匝数比应为 1∶$\sqrt{3}$。设变压器二次侧谐波源的第 n 次谐波电流值为 3，则变压器各绕组的电流数值与方向如图 4-4 所示。由此可知，一次侧谐波电压 $U_{OB}=2\sqrt{3}Z_n$，折算到二次侧 $U_{ac}=\sqrt{3}U_{OB}=6Z_n$，因此对于第 n 次谐波，由谐波源来看其等值谐波阻抗为

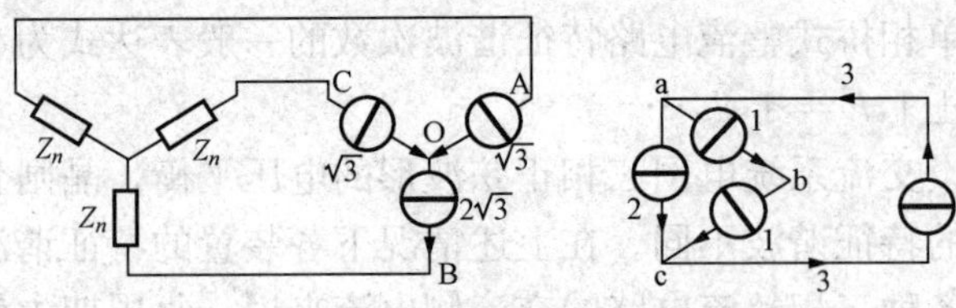

图 4-4 Yd 连接的变压器的等值谐波阻抗的换算图

$$Z_{eq}=\frac{U_{ac}}{3}=2Z_n$$

在利用电力系统的参数作谐波计算时，要特别注意根据具体情况来确定其等值参数，包括注意如何由三相转换到单相等问题，当有两个谐波源同时作用时，如何确定等值的谐波阻抗可能在有些情况下是相当复杂的。

4.2 电力系统非正弦波形的分析方法

4.2.1 非正弦波形及其频域分解

一、非正弦周期函数分解为傅里叶级数

非正弦周期函数的傅里叶级数展开式为

$$f(t)=C_0+\sum_{n=1}^{\infty}C_n\sin(n\omega_1 t+\varphi_n) \tag{4-11}$$

也可写成

$$f(t)=C_0+\sum_{n=1}^{\infty}(a_n\cos n\omega_1 t+b_n\sin n\omega_1 t) \tag{4-12}$$

式中：ω_1 为周期函数的角频率，$\omega_1=\frac{2\pi}{T}$。

比较式（4-11）和式（4-12）中第 n 次谐波项的系数，可得

$$\begin{aligned}C_n\sin(n\omega_1 t+\varphi_n)&=C_n\sin\varphi_n\cos n\omega_1 t+C_n\cos\varphi_n\sin n\omega_1 t\\&=a_n\cos n\omega_1 t+b_n\sin n\omega_1 t\end{aligned}$$

由此可得下列关系

$$\left.\begin{aligned}a_n&=C_n\sin\varphi_n\\b_n&=C_n\cos\varphi_n\end{aligned}\right\} \tag{4-13}$$

或

$$\left.\begin{aligned}C_n&=\sqrt{a_n^2+b_n^2}\\\varphi_n&=\arctan\frac{a_n}{b_n},\quad b_n>0\\\varphi_n&=\arctan\frac{a_n}{b_n}+180^\circ,\quad b_n<0\end{aligned}\right\} \tag{4-14}$$

一般来说，φ_n 所在象限需根据 a_n 和 b_n 的符号正、负来判断，而根据式（4-14）可只由 b_n 的符号正、负来判断。不难看出，根据式（4-14）计算 φ_n 是简便的。

理论分析表明，由一组 $\cos n\omega_1 t$ 和 $\sin n\omega_1 t$（$n=0,1,2,\cdots$）组成的函数组为完备的正交函数组。当 $n=0$ 时，$\sin n\omega_1 t=0$，$\cos n\omega_1 t=1$，所以可得到一个由 1，$\cos\omega_1 t$，$\cos 2\omega_1 t$，…，$\cos n\omega_1 t$，…；$\sin\omega_1 t$，$\sin 2\omega_1 t$，…，$\sin n\omega_1 t$，…表示的完备的正交函数组。所谓函数组为正交，是指它们的乘积在一个周期内的定积分（又称内积）为零。于是有

$$a_n=\frac{2}{T}\int_0^T f(t)\cos n\omega_1 t\,dt \tag{4-15}$$

$$b_n=\frac{2}{T}\int_0^T f(t)\sin n\omega_1 t\,dt \tag{4-16}$$

$$C_0 = \frac{1}{T}\int_0^T f(t)\mathrm{d}t \tag{4-17}$$

所以，C_0 是 $f(t)$ 在一周期内的平均值，又称为直流分量。

在交流电中，常会遇到一非正弦周期函数，其后半周期与前半周期的波形相同但符号相反，如图 4-5（a）所示。这种函数称为按横轴对称函数，且满足

$$f(t) = -f\left(t + \frac{T}{2}\right) \tag{4-18}$$

又因为

$$\begin{aligned}\sin\left[n\omega_1\left(t+\frac{T}{2}\right)+\varphi_n\right] &= \sin\left(n\omega_1 t + n\frac{\omega_1 T}{2} + \varphi_n\right)\\ &= \sin(n\omega_1 t + n\pi + \varphi_n)\\ &= \begin{cases}\sin(n\omega_1 t + \varphi_n)，n\text{ 为偶数}\\ -\sin(n\omega_1 t + \varphi_n)，n\text{ 为奇数}\end{cases}\end{aligned}$$

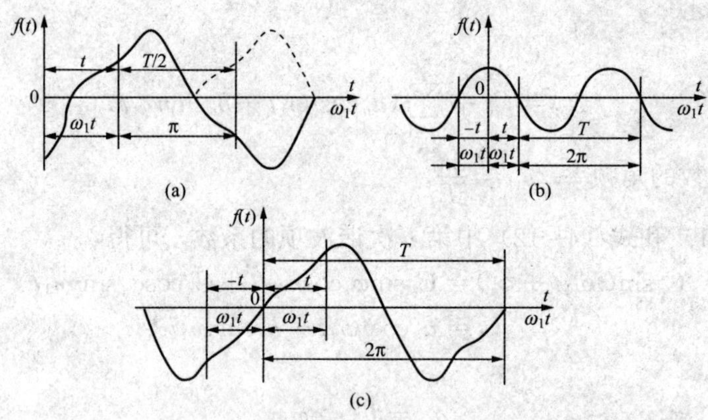

图 4-5 畸变波形的特征

（a）横轴对称函数；（b）按纵轴对称的函数；（c）按坐标原点对称的函数

可见，只有当 n 为奇数时才满足式（4-18），在这种情况下傅里叶级数只含奇次谐波，即

$$f(t) = C_1\sin(\omega_1 t + \varphi_1) + C_3\sin(3\omega_1 t + \varphi_3) + C_5\sin(5\omega_1 t + \varphi_5) + \cdots \tag{4-19}$$

在交流电中，也常会遇到一种非正弦周期函数，当适当地选定坐标原点时，可使其成为按纵轴对称的函数，如图 4-5（b）所示，这种函数满足

$$f(t) = f(-t) \tag{4-20}$$

在这种情况下，傅里叶级数只含有余弦函数（偶函数），因为

$$\cos(-n\omega_1 t) = \cos n\omega_1 t$$

所以有

$$f(t) = C_0 + a_1\cos\omega_1 t + a_2\cos 2\omega_1 t + a_3\cos 3\omega_1 t + \cdots \tag{4-21}$$

有些函数，当选定坐标的原点在函数为零点时，可使其成为按坐标原点对称的函数，如图 4-5（c）所示。这种函数满足

$$f(t) = -f(-t) \tag{4-22}$$

在这种情况下，分解成的傅里叶级数只含正弦函数（奇函数），这是因为

$$-\sin(-n\omega_1 t) = \sin n\omega_1 t$$

所以

$$f(t) = b_1\sin\omega_1 t + b_2\sin 2\omega_1 t + b_3\sin 3\omega_1 t + \cdots \tag{4-23}$$

可以看出，对于同一个方波，由于所选择的坐标原点不同，可以分别得到不同的傅里叶级数展开式。例如图4-1和图4-6（a）所示方波的傅里叶级数分别为

$$f(t) = \frac{4}{\pi}\left(\sin\omega_1 t + \frac{1}{3}\sin 3\omega_1 t + \frac{1}{5}\sin 5\omega_1 t + \cdots\right)$$

和

$$f(t) = \frac{4}{\pi}\left(\cos\omega_1 t + \frac{1}{3}\cos 3\omega_1 t + \frac{1}{5}\cos 5\omega_1 t + \cdots\right)$$

其中，图4-1所示方波为奇函数，图4-6（a）所示方波为偶函数。由此可见，傅里叶级数的系数 a_n 和 b_n 与计时起点的选择有关，所以适当选择计时起点有时会使傅里叶级数的形式简化。

二、非正弦周期函数的频谱

电压和电流等信号的时间函数，只能反映信号瞬时的大小和随时间的变化。如将非正弦周期函数分解为傅里叶级数，则可以了解到此函数所含谐波、各次谐波的幅值和初相角等。

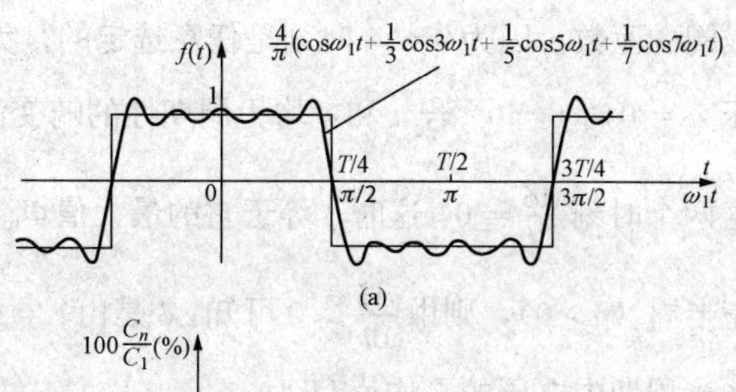

(a)

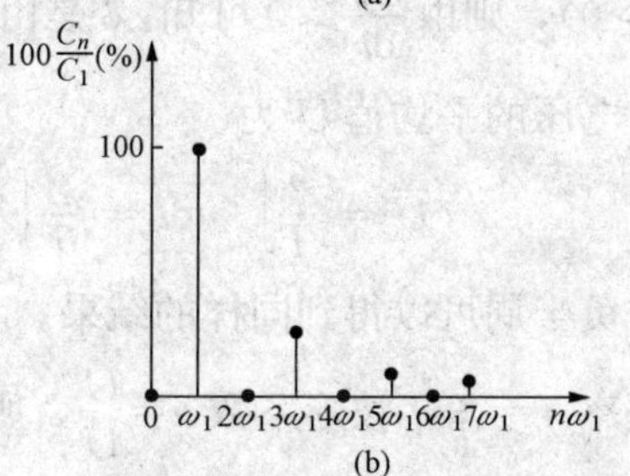

(b)

图4-6　方波及其幅频特性

（a）方波波形及其1、3、5、7次谐波叠加波形；（b）幅频特性

各次谐波的幅值和初相角也常常用图像描述，如以角频率（或频率）为横坐标、各次谐波的幅值 C_n 为纵坐标，可以描述周期函数的幅值频谱，称为幅频特性。虽然横坐标画成一条直线，但是频谱 C_n 只是对于 ω_1 的整数倍 $n\omega_1$ 才有意义。这种只在离散点 ω_1，$2\omega_1$，$3\omega_1$，…处才有意义的频谱，称为离散频谱。实际工作中对非正弦波形的谐波含量通常用幅频特性来表示，常取幅频特性的纵坐标为 $\frac{100C_n}{C_1}(\%)$（即基波的幅值为100%），如图4-6（b）所示。如以各次谐波的初相角为纵坐标，以角频率 ω_1，$2\omega_1$，$3\omega_1$，…为横坐标，则可以描述周期函数离散的相位频谱，称为相频特性。因为初相角的选择是任意的，所以通常的相频特性是相对基波的初相角而言的，即以 $\frac{1}{n}\varphi_n - \varphi_1$ 为纵坐标的。这样给定的非正弦周期函数的相频特性将是唯一确定的。除非特别说明，一般所说的频谱都是指幅值频谱。

理论上，傅里叶级数是一个无穷级数，但是实际上只能截取级数的有限项数，因此就产生截断误差问题。截取项数的多少，要根据所要求的精度来定。如果级数收敛很快，只取级数的前几项即已足够精确。一般来说，函数的波形越光滑、越接近正弦波形，其傅里叶级数收敛得越快。而方波在每隔 $\frac{T}{2}$ 等时间点处有跃变，所以它的傅里叶级数收敛

较慢。

三、畸变波形的数字特征

在实际工作中，常需用数字集中表述畸变波形的某种特性以便于用其作为谐波管理的指标或作为量测仪表和计算公式的修正参数。通常多以 4.1 节中介绍的畸变波形的谐波含量和畸变率作为衡量畸变波形偏离正弦波的标准。

在有整流装置的电路中，常引入波形系数，它是畸变波形的有效值与整流后电流的平均值的比值。例如，在附有整流器的磁电式交流电表中，通过电表线圈的电流为整流后直流的平均值，而表盘的刻度通常为交流的有效值，它是按照正弦波的波形系数为 $\frac{\pi}{2\sqrt{2}}=1.11$ 的比值来确定的。在测量非正弦量的有效值时，整流式电表可能有较大误差，这时需要根据波形系数加以修正。

研究铁心线圈和变压器时，铁心内电压 u 与磁通的最大值 ϕ 的关系式为 $u=\omega\frac{\mathrm{d}\phi}{\mathrm{d}t}$，$\omega$ 为线圈的匝数。因为 $t=0$ 时刻是任意选定的，为方便起见，可取其为 u 的过零点，即取在电压 $u=0$ 时 $t=0$。若 u 和 ϕ 均为周期性的畸变波形，则当 $t=\frac{T}{2}$ 时 $u=0$，于是在 $t=0$ 和 $\frac{T}{2}$ 这两个时刻 $\frac{\mathrm{d}\phi}{\mathrm{d}t}=0$，这时 ϕ 等于它的最大值 Φ_{m} 或最小值 $-\Phi_{\mathrm{m}}$。在 $0\sim\frac{T}{2}$ 的期间，电压处于正半周（$u>0$），则由 $\frac{\mathrm{d}\phi}{\mathrm{d}t}>0$ 可知，ϕ 是由 $t=0$ 时的 $\phi=-\Phi_{\mathrm{m}}$ 增长到 $t=\frac{T}{2}$ 时的 $\phi=+\Phi_{\mathrm{m}}$。在半周期内电压的平均值 $\overline{U}$ 为

$$\overline{U}=\frac{2}{T}\int_{0}^{\frac{T}{2}}u\mathrm{d}t=\frac{2}{T}\int_{0}^{\frac{T}{2}}\omega\frac{\mathrm{d}\phi}{\mathrm{d}t}\mathrm{d}t=\frac{2\omega}{T}\int_{-\Phi_{\mathrm{m}}}^{\Phi_{\mathrm{m}}}\mathrm{d}\phi=\frac{4\omega\Phi_{\mathrm{m}}}{T}$$

与此类似在负半周可以得到同样的结果。

因为频率 $f=\frac{1}{T}$，波形系数 $k=\frac{U}{\overline{U}}$，所以可以得到在畸变波形下的计算公式

$$U=4kf\omega\Phi_{\mathrm{m}} \tag{4-24}$$

对于正弦波，$k=\frac{\pi}{2\sqrt{2}}=1.11$，于是得到工程人员所常用的计算公式

$$U=4.44kf\omega\Phi_{\mathrm{m}} \tag{4-25}$$

一般说来，当电压畸变波形较尖锐时，铁损耗较小，因为 $u=\omega\frac{\mathrm{d}\phi}{\mathrm{d}t}$，$\phi=\frac{1}{\omega}\int u\mathrm{d}t$，经过积分可得到幅值 Φ_{m} 相对不大的较平坦的波形的磁通。但是从另一方面来看，当电压的有效值相同时，较尖锐的畸变波形具有较大的电压峰值，而供电电缆或电容器等电气设备的绝缘强度又与电压的峰值有关。所以实际上总是尽可能要求电网电压接近正弦波形。

在测量峰值的晶体管电压表表盘上，有同时刻的最大值和有效值，最大值与有效值的比值称为振幅系数。通常，表盘刻度是根据正弦波的振幅系数为 $\sqrt{2}$ 来刻度的，所以在测量非正弦量时，常需要根据畸变波形的振幅系数加以修正。常见波形的振幅系数见表 4-1。

表 4-1　畸变波形的振幅系数

名称	$f(t)$ 的图形	$f(t)$ 的傅里叶级数	畸变率	波形系数	振幅系数
正弦波	0, π, 2π, ωt, A	$A\sin\omega_1 t$	0	$\frac{\pi}{2\sqrt{2}}=1.111$	$\sqrt{2}=1.414$
方波	0, π, 2π, ωt, A	$\frac{4A}{\pi}\left(\sin\omega_1 t+\frac{1}{3}\sin3\omega_1 t+\frac{1}{5}\sin5\omega_1 t+\cdots+\frac{1}{n}\sin n\omega_1 t+\cdots\right)$	$\frac{\pi}{2\sqrt{2}}\sqrt{1-\frac{8}{\pi^2}}=0.4835$	1	1
三角波	0, π, 2π, ωt, A	$\frac{8A}{\pi^2}\left[\sin\omega_1 t+\frac{1}{9}\sin3\omega_1 t+\frac{1}{25}\sin5\omega_1 t-\cdots+\frac{(-1)^{\frac{n-1}{2}}}{n^2}\sin n\omega_1 t+\cdots\right]$	$\frac{\pi^2}{4\sqrt{6}}\sqrt{1-\frac{96}{\pi^4}}=0.1212$	$\frac{2}{\sqrt{3}}=1.155$	$\sqrt{3}=1.732$
梯形波	0, β, A, π, β, 2π, ωt	$\frac{4A}{\beta\pi}\left(\sin\beta\sin\omega_1 t+\frac{1}{9}\times\sin3\beta\sin3\omega_1 t+\frac{1}{25}\sin5\beta\sin5\omega_1 t+\cdots+\frac{1}{n^2}\sin n\beta\sin n\omega_1 t+\cdots\right)$	$\frac{\beta\pi\sqrt{1-\frac{4\beta}{3\pi}-\frac{8\sin^2\beta}{\beta^2\pi^2}}}{2\sqrt{2}\sin\beta}$	$\frac{\sqrt{1-\frac{4\beta}{3\pi}}}{1-\frac{\beta}{\pi}}$	$\frac{1}{\sqrt{1-\frac{4\beta}{3\pi}}}$

4.2.2　非正弦电路的电压和电流

一、电感和电容中的谐波电流

当电压为正弦波时，通过线性电感 L 的电流有效值 I 为电压的有效值 U 除以它的基波阻抗 $\omega_1 L$，即

$$I=\frac{U}{\omega_1 L}$$

当电压为非正弦波时（假设含有奇次谐波），电压的有效值为

$$U=\sqrt{U_1^2+U_3^2+U_5^2+\cdots}=U_1\sqrt{1+\frac{U_3^2}{U_1^2}+\frac{U_5^2}{U_1^2}+\cdots}$$

电流的有效值将等于各个谐波电流有效值平方和的平方根，即

$$I=\sqrt{\frac{U_1^2}{\omega_1^2L^2}+\frac{U_3^2}{9\omega_1^2L^2}+\frac{U_5^2}{25\omega_1^2L^2}+\cdots}=\frac{U_1}{\omega_1 L}\sqrt{1+\frac{U_3^2}{9U_1^2}+\frac{U_5^2}{25U_1^2}+\cdots}$$

$$=\frac{U}{\omega_1 L}\sqrt{\frac{1+\frac{U_3^2}{9U_1^2}+\frac{U_5^2}{25U_1^2}+\cdots}{1+\frac{U_3^2}{U_1^2}+\frac{U_5^2}{U_1^2}+\cdots}}<\frac{U}{\omega_1 L}$$

因为在根号下的分数中，分子比分母小，所以是电流的有效值 I 比 $\frac{U}{\omega_1 L}$ 要小些，但相差

不大。例如，设 $U_3=0.2U_1$ 和 $U_5=0.1U_1$，则

$$\sqrt{\frac{1+0.0044+0.0004}{1+0.04+0.01}}=0.98$$

即仅相差 2%左右。

当电压为正弦波时，通过线性电容 C 的电流有效值 I 为电压的有效值 U 乘以它的电纳 $\omega_1 C$，即

$$I=\omega_1 CU$$

当电压为非正弦波时（假设只含有奇次谐波），则通过电容的电流有效值为

$$\begin{aligned}I&=\sqrt{\omega_1^2C^2U_1^2+9\omega_1^2C^2U_3^2+25\omega_1^2C^2U_5^2+\cdots}\\&=\omega_1CU_1\sqrt{1+9\frac{U_3^2}{U_1^2}+25\frac{U_5^2}{U_1^2}+\cdots}\\&=\omega_1CU\sqrt{\frac{1+9\frac{U_3^2}{U_1^2}+25\frac{U_5^2}{U_1^2}+\cdots}{1+\frac{U_3^2}{U_1^2}+\frac{U_5^2}{U_1^2}+\cdots}}>\omega_1CU\end{aligned}$$

因为在根号下的分数中，分子比分母大，所以电流的有效值 I 比 ω_1CU 要大得多。例如，设 $U_3=0.2U_1$ 和 $U_5=0.1U_1$，则

$$\sqrt{\frac{1+9\times0.04+25\times0.01}{1+0.04+0.01}}=1.24$$

即要相差 24%，由此可见，并联电容对非正弦电流有放大作用。

二、两个谐波源合成电流的有效值

在供电系统中非线性负荷所产生的谐波电流构成谐波源。一般来说，非线性负荷的内阻抗比系统阻抗大得多，所以常将非线性负荷所产生的谐波电流看作一个理想的谐波电流源（谐波恒流源）。

两个谐波源同次谐波电流合成时，根据叠加原理可给出合成谐波电流计算公式。设两个谐波源第 n 次谐波电流分别为

$$i_{xn}=\sqrt{2}I_{xn}\sin n\omega_1 t$$

$$i_{yn}=\sqrt{2}I_{yn}\sin(n\omega_1 t+\theta_n)$$

则其合成的第 n 次谐波电流为

$$i_n=\sqrt{2}I_{xn}\sin n\omega_1 t+\sqrt{2}I_{yn}\sin(n\omega_1 t+\theta_n)$$

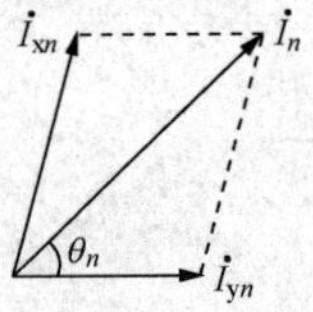

两个谐波电流的有效值分别为 I_{xn} 和 I_{yn}，合成的谐波电流有效值则为

$$I_n=\sqrt{\frac{1}{T}\int_0^T i_n^2\mathrm{d}t}=\sqrt{I_{xn}^2+I_{yn}^2+2I_{xn}I_{yn}\cos\theta_n} \tag{4-26}$$

对于同次谐波电流可在同一个相量图上表示（如图 4-7 所示），$\dot{I}_n$ 为 $\dot{I}_{xn}$ 和 $\dot{I}_{yn}$ 的相量和，这将便于分析计算。

图 4-7 两谐波电流的相量和

当 $\theta_n=0°$时，$\dot{I}_n=\dot{I}_{xn}+\dot{I}_{yn}$。当 $\theta_n=90°$ 或 $270°$ 时，$I_n=\sqrt{I_{xn}^2+I_{yn}^2}$；当 $\theta_n=180°$ 时，$I_n=|I_{xn}-I_{yn}|$。

三、对称三相电路中的谐波

供电系统应尽可能通过配电使三相负荷接近于对称，对于三相对称但为非正弦的电网电压来说，其相电压在时间上依次相差1/3周期，但其变化规律相似。

设A相电压所含的第n次谐波为

$$u_{an}=\sqrt{2}U_n\sin(n\omega_1t+\varphi_n)$$

考虑到$\omega_1T=360°$，且$\omega_1\left(t-\dfrac{T}{3}\right)=\omega_1t-120°$，则对于B相和C相，有

$$u_{bn}=\sqrt{2}U_n\sin[n(\omega_1t-120°)+\varphi_n]=\sqrt{2}U_n\sin(n\omega_1t+\varphi_n-n\times120°)$$

及

$$u_{cn}=\sqrt{2}U_n\sin[n(\omega_1t+120°)+\varphi_n]=\sqrt{2}U_n\sin(n\omega_1t+\varphi_n+n\times120°)$$

对于不同的正整数n，上述表达式有以下特点。

（1）当$n=3k$时（k为任何正整数），三相谐波电压都有相同的方向，即第3，6，9，12，…次谐波都为零序性谐波，此时有

$$u_{an}=u_{bn}=u_{cn}=\sqrt{2}U_n\sin(n\omega_1t+\varphi_n)$$

（2）当$n=3k+1$时，三相谐波电压的相序都与基波的相序相同，即第1，4，7，10，13，…次谐波都为正序性谐波，此时有

$$u_{an}=\sqrt{2}U_n\sin(n\omega_1t+\varphi_n)$$

$$u_{bn}=\sqrt{2}U_n\sin(n\omega_1t+\varphi_n-120°)$$

$$u_{cn}=\sqrt{2}U_n\sin(n\omega_1t+\varphi_n+120°)$$

（3）当$n=3k-1$时，三相谐波电压的相序都与基波的相序相反，即第2，5，8，11，14，…次谐波都为负序性谐波，此时有

$$u_{an}=\sqrt{2}U_n\sin(n\omega_1t+\varphi_n)$$

$$u_{bn}=\sqrt{2}U_n\sin(n\omega_1t+\varphi_n+120°)$$

$$u_{cn}=\sqrt{2}U_n\sin(n\omega_1t+\varphi_n-120°)$$

任何3个变量i_a、i_b、i_c均可根据规定的条件变换成新的3个变量。

在正弦稳态的三相不对称系统中，对于三相电动机来说，各对称分量的等值阻抗将各不相同。这是因为由正序三相电流产生的磁场与电动机的转子向同一方向旋转，而由负序三相电流产生的磁场则向相反方向旋转，所以负序阻抗比正序阻抗要小得多。在电源与负荷间没有中性线相连的三相电路中，将不会有零序电流，所以在这种情况下零序阻抗$Z_0=\infty$。

应当指出，在没有零序分量时，三相系统的不对称程度以其负序分量的比值来表示。如果此比值不超过5%，则三相系统就可近似看作是对称的。

另外，上述变换并没有限定i_a、i_b、i_c是正弦稳态的。结合电力网问题，它们一般是周期函数但可以是非正弦的。在对称三相的非正弦电压或电流中，可以分解出正序性、负序性或零序性的高次谐波，而且单独对每次谐波来看三相都是对称的。在不对称的三相非正弦电压或电流中，单独对于每次谐波来看，其三相都可能是不对称的。在这种情况下，如果也想将三相不对称的各次谐波分别分解成三相对称分量的话，则会得出该次谐波的正序、负序和零序三个分量，即可分解成零序性谐波的正序分量、零序性谐波的负序分量和零序性谐波的零序分量。对于正序性谐波和负序性谐波，在三相不对称的情况下也都可以将其分解成正

序、负序和零序三个分量。

4.2.3 非正弦电路的功率和功率因数

一、有功功率和无功功率

在电压和电流都为正弦波形且负荷为线性时，电压和电流的瞬时值表达式可写成

$$u=\sqrt{2}U\sin\omega_1 t$$

$$i=\sqrt{2}I\sin(\omega_1 t-\varphi)=\sqrt{2}I\cos\varphi\sin\omega_1 t-\sqrt{2}I\sin\varphi\cos\omega_1 t$$

式中：U、I 和 φ 分别为电压的有效值、电流的有效值和电流滞后电压的相角。

如将电流 I 分解成与电压同相的有功分量 i_p 和与电压相角差 90°的无功分量 i_q，则有

$$i_p=\sqrt{2}I\cos\varphi\sin\omega_1 t$$

$$i_q=\sqrt{2}I\sin\varphi\cos\omega_1 t$$

因而，瞬时功率 p 为

$$p=ui=2UI\sin\omega_1 t\sin(\omega_1 t-\varphi)=UI\cos\varphi-UI\cos(2\omega_1 t-\varphi)$$

瞬时有功功率 p_a 为

$$p_a=ui_p=2UI\cos\varphi\sin^2\omega_1 t=UI\cos\varphi-UI\cos\varphi\cos2\omega_1 t$$

瞬时无功功率 q 为

$$q=ui_q=-2UI\sin\varphi\sin\omega_1 t\cos\omega_1 t=-UI\sin\varphi\sin2\omega_1 t$$

如图 4-8 所示，p、p_a、q 均以 2 倍工频（$2\omega_1$）随时间变化。

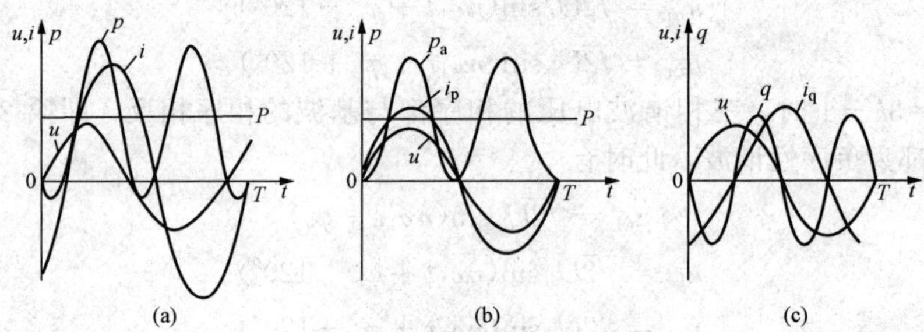

图 4-8 功率变化的波形图

(a) u、i 和 p 的波形图；(b) u、i_p 和 p_a 的波形图；(c) u、i_q 和 q 的波形图

瞬时功率 p 和瞬时有功功率 p_a 的平均值相同，均以有功功率 P 表示（P 为正值表示其为真实消耗的功率），所以有功功率又称为平均功率。于是有

$$P=\frac{1}{T}\int_0^T p\,dt=\frac{1}{T}\int_0^T p_a\,dt \tag{4-27}$$

在正弦情况下

$$P=UI\cos\varphi \tag{4-28}$$

瞬时无功功率 q 的平均值为零，表示有能量变换但不消耗功率，幅值 Q 作为能量交换的量度，称为无功功率，即

$$Q=UI\sin\varphi \tag{4-29}$$

在电压和电流都为非正弦波形的情况下，谐波的出现不仅会影响到电压和电流的有效值，也将影响到功率的数值。

根据有功功率等于瞬时功率在一个周期内平均值的定义，并且考虑到三角函数的正交性

(即仅有同频率的电压和电流才构成有功功率，而不同频率的电压和电流则不构成有功功率)，可以得出

$$P=\frac{1}{T}\int_0^T ui\,\mathrm{d}t=\sum_n U_n I_n \cos\varphi_n \tag{4-30}$$

式中：φ_n 为第 n 次谐波电流滞后电压的相角。

仿照上述有功功率的计算公式，可给出频域的无功功率定义为

$$Q_{\mathrm{f}}=\sum_n U_n I_n \sin\varphi_n \tag{4-31}$$

式中：Q_{f} 的下角标 f 表示它是根据频域分析而定义的，而 Q_{f} 实际上没有明确的物理意义。

虽然至今对于 Q_{f} 仍无满意的测量手段，上述 Q_{f} 的定义仍被广泛使用。

在正弦波的情况下，习惯上规定感性负荷的无功功率为正、容性负荷的无功功率为负，利用无功功率的符号来研究无功补偿问题不会引起任何矛盾。但在非正弦波的情况下，在同一个谐波源内可能会出现某次谐波是感性无功，而另一次谐波则是容性无功。在利用无功功率的符号规定时，在这种情况下将导致不同谐波的无功相互补偿。换句话说，在非正弦波的情况下，无功功率已没有能量交换的最大量度等物理意义。另一方面，习惯上规定用户吸收有功功率为正、发出有功功率为负。含有谐波源的用户，根据式（4-27）计算出的有功功率 P 值可能会小于它的基波功率 P_1，即它将吸收的一部分基波功率转化为谐波功率而反馈至电网并危害其他用户。根据谐波功率的正和负可以判断和区别谐波源和吸收谐波的负荷。

二、视在功率和功率因数

工程上常将电工设备的电压和电流的有效值乘积看作功率的设计极限值。为此引入视在功率

$$S=UI \tag{4-32}$$

使有功功率 P 越接近视在功率 S，则越能利用和发挥电工设备的容量，提高经济效益。

在正弦波情况下，功率因数由电压和电流之间的相移决定。各项功率数值之间的关系，可用图 4-9 所示功率三角形表示。

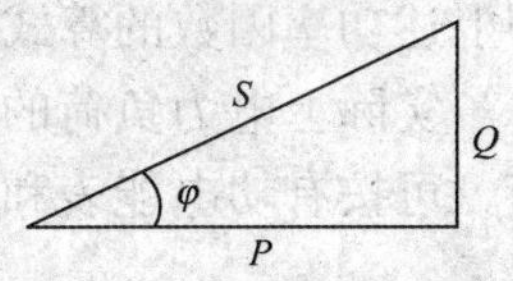

图 4-9　功率三角形

在非正弦波的情况下，则有

$$S=\sqrt{\sum_{n=1}^{N}U_n^2}\sqrt{\sum_{n=1}^{M}I_n^2} \tag{4-33}$$

显然 $S^2>P^2+Q_{\mathrm{f}}^2$。于是引入畸变功率 D，使得

$$S^2=P^2+Q_{\mathrm{f}}^2+D^2 \tag{4-34}$$

其中

$$D=\sqrt{\sum_{m\neq n}[U_m^2I_n^2+U_n^2I_m^2-2U_mI_mU_nI_n\cos(\varphi_m-\varphi_n)]+\sum_{m\neq n}U_m^2I_n^2}$$

P、Q_{f}、D 和 S 各项功率之间的关系，可用图 4-10 所示功率立方体表示。应当指出，尽管上述各量的数值关系如式（4-34）所示，但它们却是不同类型的量，这是式（4-34）的一个矛盾。有功功率是瞬时功率的平均值。在正弦波情况下无功功率以瞬时无功功率的幅值表示；畸变功率和无功功率一样，都不真正消耗有功功率，它们在一周期内的平均值都为零，可用来研究能量的交换过程。视在功率在正弦波情况下则与瞬时功率的幅值成比例。

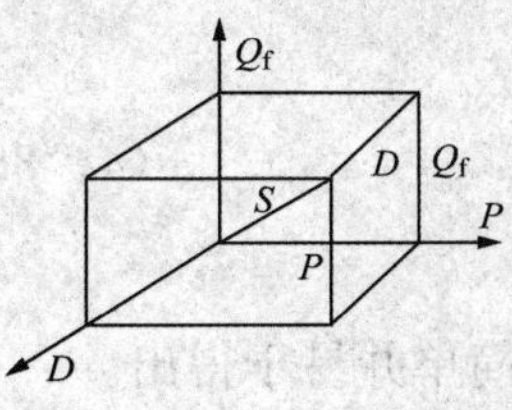

图 4-10　功率立方体

以电压含基波、3次和7次谐波，电流含基波、3次和7次谐波为例，非正弦波形下各功率的算式为

$$P = U_1 I_1 \cos\varphi_1 + U_3 I_3 \cos\varphi_3$$

$$Q_f = U_1 I_1 \sin\varphi_1 + U_3 I_3 \sin\varphi_3$$

$$\begin{aligned} P^2 + Q_f^2 &= U_1^2 I_1^2 + U_3^2 I_3^2 + 2U_1 I_1 U_3 I_3 \cos\varphi_1 \cos\varphi_3 + 2U_1 I_1 U_3 I_3 \sin\varphi_1 \sin\varphi_3 \\ &= U_1^2 I_1^2 + U_3^2 I_3^2 + 2U_1 I_1 U_3 I_3 \cos(\varphi_1 - \varphi_3) \end{aligned}$$

$$U^2 = U_1^2 + U_3^2 + U_5^2; I^2 = I_1^2 + I_3^2 + I_7^2$$

$$S^2 = U^2 I^2 = U_1^2 I_1^2 + U_1^2 I_3^2 + U_1^2 I_7^2 + U_3^2 I_1^2 + U_3^2 I_3^2 + U_3^2 I_7^2 + U_5^2 I_1^2 + U_5^2 I_3^2 + U_5^2 I_7^2$$

$$\begin{aligned} D^2 = S^2 - P^2 - Q_f^2 &= U_1^2 I_3^2 + U_3^2 I_1^2 - 2U_1 I_1 U_3 I_3 \cos(\varphi_1 - \varphi_3) \\ &+ U_1^2 I_7^2 + U_3^2 I_7^2 + U_5^2 I_1^2 + U_5^2 I_3^2 + U_5^2 I_7^2 \end{aligned}$$

显然，$S^2 > P^2 + Q_f^2$。

从经济上的需要来看，因功率因数关系到电动机和供电系统的容量以及供电费用，在电网电压和电流都接近正弦波形的情况下，功率因数小于1主要是由于电压和电流间的相移引起的；当电网电压或电流的波形发生畸变情况下，功率因数小于1是由电压和电流间的相移与波形畸变两大因素引起的。

由此可见，在非正弦的情况下，难以用电压和电流间的相角这个概念来表述功率因数。这时可根据能量流动来定义功率因数，即

$$\cos\varphi = \frac{P}{\sqrt{P^2 + Q_f^2 + D^2}} \tag{4-35}$$

如果定义无功功率为 Q_t，并使 $Q_t^2 = Q_f^2 + D^2$，则有

$$\cos\varphi = \frac{P}{\sqrt{P^2 + Q_t^2}} \tag{4-36}$$

即上述功率因数的算式与无功功率的定义有关。

实际上电力负荷的有功和无功功率都是波动的，计算功率因数常取日平均值或月平均值，可按有功电能表和无功电能表的读数 W_p、W_q 计算，即

$$\cos\varphi = \frac{W_p}{\sqrt{(W_p)^2 + (W_q)^2}} \tag{4-37}$$

三、不对称三相负荷的功率因数

当三相供电系统所连接的单相负荷容量较大时，将会引起三相负荷的不对称。尽管一个用户的不对称负荷可能部分地被另一用户的不对称负荷所补偿，或者像电气化铁道的处理办法（将沿线分成若干区段分别由各相换位来供电从而可减轻三相负荷的不对称），但三相不对称仍将增加发电设备和线路的损耗。

美国电机工程学会曾专门讨论功率因数问题，建议试用以下两个定义。

定义其一为

$$\cos\varphi = \frac{\sum P}{\sum S} \tag{4-38}$$

式中：S 为各相电流和各线到人为中性点电压的乘积。

此定义考虑了不对称，但不是建立在科学的基础上，主要优点是简单并易于得出。

另一定义为

$$\cos\varphi = \frac{\sum P}{|\sum \tilde{S}|} \tag{4-39}$$

此定义可称为相量功率因数。如图 4-11 所示，图中 $\tilde{S}$ 为复功率，各功率的相角对应于每相电流滞后或超前电压的相角。

从技术上来看，一方面，希望将相移、波形畸变和三相不对称三个因素分开，因为它们的起因和补偿措施各不相同；另一方面，又希望最好能用一个因数同时反映相移、波形畸变和不对称这三个因素，但这几乎很难做到。只要计算收费简单，采用分别测量相移和不对称的方案也未尝不可。这样，对于大功率单相负荷造成的供电和其他用户的经济损失，可由该类用户本身承担。如此可促使用户安装相平衡器，以补偿它们产生的负序电流。

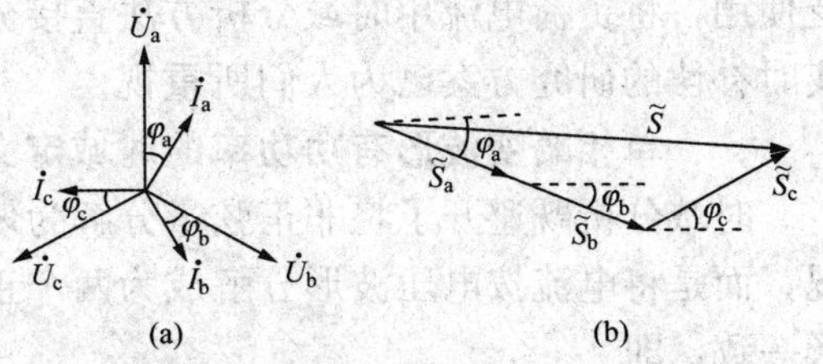

图 4-11 相量功率因数的几何作图法
(a) 电流电压相量；(b) 相量功率因数作图法

对于三相无中性线的电源，可将不对称的三相分解成正序和负序两个对称的三相系统。这时功率因数定义为

$$\left.\begin{aligned} \cos\varphi &= \frac{\text{正序有功功率}}{\text{正序视在功率}} \\ \text{不对称因数} &= \frac{\text{负序电流}}{\text{正序电流}} \end{aligned}\right\} \tag{4-40}$$

实际上电压的不对称很小，电流的不对称是主要因素。不对称因数可作为不对称电流的直接量度。上述定义以分解成正序和负序的方法来分析电路，并且按两个因数同时来测量和收费。

下面介绍采用一个因数表示的功率因数定义。假定电网三相电压为对称的正弦波，则不对称三相非正弦电流所产生的视在功率为

$$S^2 = P^2 + Q^2 + S_2^2 + S_0^2 + D^2 \tag{4-41}$$

式中：P 和 Q 分别为三相有功功率和无功功率。

若 I_2 和 I_0 分别为三相电流中正弦基波的负序和零序分量的有效值，I_{an}、I_{bn}、I_{cn} 和 I_{Nn} 分别为 A 相、B 相、C 相和中性线的第 n 次谐波电流的有效值，则负序和零序视在功率分别为

$$S_2 = 3UI_2$$
$$S_0 = 3UI_0$$

畸变功率为

$$D = \sqrt{3}U\sqrt{\sum_{n=2}^{\infty} I_{an}^2 + \sum_{n=2}^{\infty} I_{bn}^2 + \sum_{n=2}^{\infty} I_{cn}^2 + \sum_{n=2}^{\infty} I_{Nn}^2} \tag{4-42}$$

三相的功率因数则为

$$\cos\varphi = \frac{P}{S} = \frac{P}{\sqrt{P^2 + Q^2 + S_2^2 + S_0^2 + D^2}} \tag{4-43}$$

为了测量和计算的方便，目前我国各供电系统仍多根据电能表的计数，按式（4-37）计算功率因数的平均值。从工程实用上看，要求采用的定义便于测量和计费；但从理论上看，采用定义时首先要考虑它是否有科学根据，要力求使定义准确合理，而不应受到是否可

能测量或便于测量的限制。

4.2.4　非正弦波形有功功率、无功功率的时域定义

对于非正弦波形用频域分析方法，将其分解为各次谐波进行研究是较方便的，但进行谐波分解对处理有跳跃情况和提高补偿作用问题有一定的难度。近年来随着大功率晶闸管的广泛使用，将负荷电流用时域分析方法直接分解出与电压波形一致的分量，将其余的分量进行实时补偿的研究方案已为人们所重视。

一、单相畸变波形有功功率的时域定义

时域分析既避开了将非正弦量分解为傅里叶级数的步骤，也不限于电压为正弦波形的情况，而是将电流按电压波形分解成为两个正交分量，其中有功分量 $i_{\mathrm{p}}(t)$ 与电压 $u(t)$ 的波形一致，即

$$i_{\mathrm{p}}(t) = Gu(t) \tag{4-44}$$

式中：G 为一比例常数。

G 的取值满足

$$\frac{1}{T}\int_0^T u(t)i_{\mathrm{p}}(t)\mathrm{d}t = P$$

由此可得出

$$P = G\frac{1}{T}\int_0^T u^2(t)\mathrm{d}t = GU^2$$

所以有

$$G = \frac{P}{U^2} \tag{4-45}$$

将式（4-45）代入式（4-44），可得

$$i_{\mathrm{p}}(t) = \frac{P}{U^2}u(t) \tag{4-46}$$

电流的无功分量 $i_{\mathrm{q}}(t)$ 满足

$$i(t) = i_{\mathrm{p}}(t) + i_{\mathrm{q}}(t) \tag{4-47}$$

二、单相畸变波形无功功率的时域定义

已知在时域分析中

$$P = \frac{1}{T}\int_0^T ui\,\mathrm{d}t = \frac{1}{T}\int_0^T ui_{\mathrm{p}}\mathrm{d}t$$

所以有

$$\int_0^T ui_{\mathrm{q}}\mathrm{d}t = 0，\text{即}\int_0^T i_{\mathrm{p}}i_{\mathrm{q}}\mathrm{d}t = 0$$

则电流有效值为

$$I^2 = \frac{1}{T}\int_0^T i^2\mathrm{d}t = \frac{1}{T}\int_0^T i_{\mathrm{p}}^2\mathrm{d}t + \frac{1}{T}\int_0^T i_{\mathrm{q}}^2\mathrm{d}t + \frac{2}{T}\int_0^T i_{\mathrm{p}}i_{\mathrm{q}}\mathrm{d}t = I_{\mathrm{p}}^2 + I_{\mathrm{q}}^2 \tag{4-48}$$

将式（4-48）两边同乘以 U^2，引用定义 $S=UI$ 和 $P=Ui_{\mathrm{p}}$，并定义 $Q_{\mathrm{t}}=Ui_{\mathrm{q}}$，则有

$$\begin{aligned} S^2 &= P^2 + Q_{\mathrm{t}}^2 \\ Q_{\mathrm{t}}^2 &= Q_{\mathrm{f}}^2 + D^2 \end{aligned} \tag{4-49}$$

式中：Q_{t} 的下标 t 表示它是根据时域分析而定义的。

式（4-49）说明在频域分析中，由基波和同次谐波电流、电压之间相移引起的无功功

率称为频域分析无功功率 Q_f，由不同次谐波电流和电压之间相移引起的无功功率称为畸变功率 D；而在时域分析中，无功功率 Q_t 则包含基波与谐波电流、电压相移所引起的无功功率的总和。

可见，对于同一电路的无功功率，按照不同的定义来分析计算，常会得出不同的结果。为此人们希望得到通用的无功功率定义，既具有功率定义的普遍化表述形式，又具有能量交换的最大量度等物理意义。但是到目前为止，这个问题还没有得到很好的解决。

为了进一步了解在畸变波形下的无功功率问题，下面再介绍一种无功功率的时域定义，即

$$Q = \frac{1}{2\pi}\oint u \mathrm{d}i \tag{4-50}$$

这是由于在电流和电压均为正弦波形的情况下满足

$$u = \sqrt{2}U\sin\omega_1 t$$

$$i = \sqrt{2}I\sin(\omega_1 t - \varphi)$$

$$\oint u\mathrm{d}i = \int_0^T \sqrt{2}U\sin\omega_1 t\,\sqrt{2}\omega_1 I\cos(\omega_1 t - \varphi)\mathrm{d}t$$

$$= 2\pi UI\sin\varphi$$

可见，无功功率可用伏安特性曲线所描绘的面积来描述。如图 4-12 所示，对应电流和电压变化一个周期，其伏安特性的变化轨迹为一个椭圆，它们的对应点为 0、1、2、3、4。

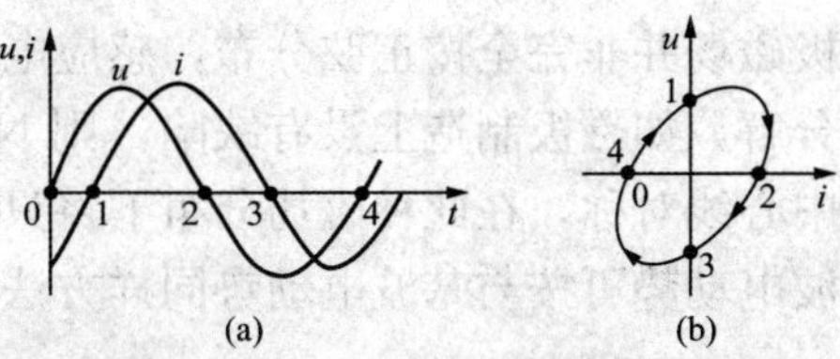

图 4-12　无功功率用伏安特性曲线描述

(a) 电流、电压波形；(b) 伏安特性曲线

4.3　电力系统谐波的来源

电力系统本身包含的能产生谐波电流的非线性元件主要是变压器（空载电流），交直流换流站的可控硅控制元件，可控硅控制的电容器、电抗器组等。但是，电力系统谐波更主要的来源是各种非线性负荷用户，如各种整流设备、调节设备、电弧炉、轧钢机以及电气拖动设备。另外，各种低压电气设备和家用电器所产生的谐波电流也能从低压侧馈入高压侧。对于这些设备，即使供给它理想的正弦波电压，它的电流也是非正弦的，即有谐波电流存在。其谐波含量决定于它本身的特性和工况，基本上与电力系统参数无关，因而可看作谐波恒流源。这些用电设备产生的谐波电流注入电力系统，使系统各处电压含有谐波分量。变压器的励磁回路也是非线性电路，也会产生谐波电流。荧光灯和家用电器单个容量不大，但数量很大且散布于各处，电力部门又难以管理。如果这些设备的电流谐波含量过大，则会对电力系统造成严重影响，因此对该类设备的电流谐波含量，在制造时即应限制在一定的数量范围之内。

4.3.1　发电机和电动机

发电机在发出基波电动势的同时也会产生谐波电动势，其谐波电动势只取决于发电机本身的结构和工作状况，基本上与外接阻抗无关，因而可看作谐波恒压源，但其值很小。国际电工委员会规定，发电机实际端电压波形在任何瞬间与基波波形之差不得大于基波幅值的5%。因此，可以认为发电机电动势具有纯正弦波形，没有谐波分量。

一、发电机磁饱和非线性产生的谐波

发电机作为电力系统中的有功电源，由原动机带动。当在转子的励磁绕组中通以直流电流，并在磁极下产生按正弦分布的磁场时，定子绕组中将感应出正弦电动势。

设发电机定子总槽数为 Z，电机的极对数为 p，则槽间的电角度 $\alpha=\dfrac{2\pi p}{Z}$。又令每极每相的槽数为 q，线圈的节距为 y，极距为 τ，并均以槽数表示，则由电机学原理可知，每一相感应的电动势的有效值 E 为

$$E=4.44wk_{\mathrm{w}}f\Phi \tag{4-51}$$

式中：w 为每相绕组的串联匝数（即每一条支路的匝数）；f 为电源频率，50Hz；Φ 为每一对磁极下的磁通；k_{w} 为绕组系数。绕组系数 k_{w} 等于短距系数 k_{y} 与绕组分布系数 k_{q} 的乘积，即 $k_{\mathrm{w}}=k_{\mathrm{y}}k_{\mathrm{q}}$。其中

$$k_{\mathrm{y}}=\sin\left(\frac{y}{\tau}\times\frac{\pi}{2}\right),\quad k_{\mathrm{q}}=\sin\frac{q\alpha}{2}\bigg/\left(q\sin\frac{\alpha}{2}\right)$$

当磁极磁场按正弦分布时，定子绕组的感应电动势就将按正弦规律变化。实际电机中，磁极磁场并非完全按正弦分布，感应电动势也就不完全是正弦波形。将磁极磁场按傅里叶级数分解，如磁极制造上没有缺陷，则 N 极下的磁场分布和 S 极下的分布对称，且都关于磁极中心线对称，在此种磁场分布下将只有奇次谐波，如图 4-13 所示，这些谐波磁场感应的谐波电动势可按与基波电动势同样方法计算。

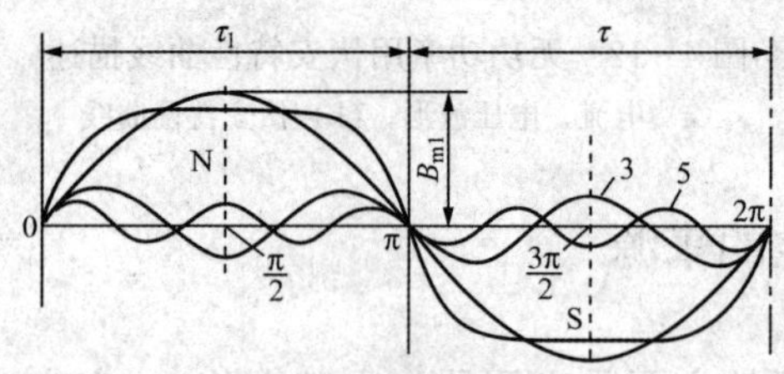

图 4-13 电机磁极下的磁场分布及其分解

第 n 次谐波磁场的极对数 p_n 应为基波极对数 p 的 n 倍，极距 τ_n 则为基波极距 τ 的 $\dfrac{1}{n}$，谐波磁场也因转子旋转而形成旋转磁场，其转速等于转子转速，因而在定子绕组中感应的谐波电动势的频率 f_n 为基波频率的 n 倍。谐波电动势的有效值为

$$E_{\Phi n}=4.44wk_{\mathrm{w}n}f_n\Phi_n \tag{4-52}$$

式中：Φ_n 为 n 次谐波每对极磁通量；$k_{\mathrm{w}n}$ 为 n 次谐波绕组系数。

n 次谐波绕组系数 $k_{\mathrm{w}n}$ 的表达式为

$$k_{\mathrm{w}n}=k_{\mathrm{y}n}k_{\mathrm{q}n}$$

其中

$$k_{\mathrm{y}n}=\sin\left(\frac{ny}{\tau}\times\frac{\pi}{2}\right),\quad k_{\mathrm{q}n}=\sin\frac{nqa}{2}\bigg/\left(q\sin\frac{na}{2}\right)$$

二、发电机不对称运行引起的高次谐波

同步电机在对称运行情况下，定子绕组只产生与转子同步的旋转磁场。定子绕组旋转磁场的方向与通过定子绕组电流的相序有关。当同步电机不对称运行时，定子绕组出现了负序电流。负序电流在定子上产生一个与转子旋转方向相反的同步角速度旋转磁场。这种旋转磁场相对转子以 2 倍同步角速度运动，将在转子绕组中感应 2 倍同步频率的电流。如果转子上只有励磁绕组，则励磁绕组中的 2 倍同步频率的单相电流，只能产生与转子相对不动的脉冲磁场，它的脉动频率是 2 倍同步频率。这种脉动磁场可以分解成两个大小相等、方向相反，以 2 倍同步频率相对转子运动的旋转磁场。其中，与转子旋转方向相反的 2 倍同步角速度旋

转磁场，相对定子以同步转速旋转，它与定子绕组中负序电流产生的旋转磁场相对；与转子方向同向旋转的那个旋转磁场，相对定子以3倍同步角速度旋转，在定子绕组中感应3倍同步频率的三相对称电动势，即3次谐波电动势。由于定子回路不对称，在定子绕组中将出现3次谐波的负序电流。这种电流在定子回路中产生以3倍同步角速度反转子方向旋转的旋转磁场，它在励磁绕组中感应的电流是4倍同步频率的交流，即4次谐波子电流，此电流在转子上产生4倍同步频率的脉动磁场。和2次谐波励磁电流产生的脉动磁场一样，4次谐波子电流可以分解为两个相对于转子以4倍同步角速度旋转的旋转磁场，其中，与转子方向相反的一个与定子3次谐波磁场相对应；与转子同方向旋转的一个，在定子上感应5次谐波电动势。

可见，同步电机在不对称运行下的负序电流，将在定子回路（即电力系统）中感应出奇次谐波电流，在转子回路感应出偶次谐波电流。

当然，如果转子上装有纵横轴阻尼绕组；或对于整体转子的汽轮发电机负序电流在转子感应的是多相电流，则它产生的是和负序旋转磁场对应的旋转磁场，这样就不会向系统传送高次谐波了。

三、电动机

电动机和发电机一样都是旋转电机，其产生谐波的主要原因是结构问题。一般情况，电动机容易产生齿谐波，但这些谐波发生量较少，一般在0.6%以下，所以电动机也不是主要的谐波源，其谐波问题随着设计和制造水平的提高将逐步得到解决。

异步电机转子上装有对称的多相绕组，因此负序电流不会引起高次谐波。

4.3.2 变压器和电抗器

在电力系统中，变压器的总容量一般达到发电机总容量的4倍左右或更多，所以是电力普遍存在的谐波源。变压器和电抗器产生谐波的原因是铁磁饱和特性，而系统运行电压则是使变压器和电抗器铁心磁饱和的决定因素。

在稳态工作时，这种由磁饱和引起的高次谐波一般很小，不会对系统的工作造成严重的危害。正常工作时变压器空载励磁电流仅为额定工作电流的2%～10%时，饱和电抗器正常工作产生的高次谐波已由设计良好的滤波器滤除。但当变压器流过直流时，增加了变压器铁心的饱和程度，励磁电流显著增加。例如，一台额定电流为1kA的变压器，励磁电流为10～30A，只要2～3A的直流流过绕组，就可产生过热。

在暂态过程中，铁心磁通或磁通密度的交变，往往偏向横坐标一侧，最大磁通或最大磁通密度比正常时成倍增加，由于磁饱和非线性，使励磁电流大大增加，电流波形的畸变更加严重。变压器、电抗器饱和时的合闸涌流可达额定电流的6～8倍，这种电流包含很大的非周期分量和高次谐波分量。

下面忽略磁滞的影响，以空载变压器进行分析。当端电压为正弦波时，即

$$u=\sqrt{2}U\sin\omega t \tag{4-53}$$

由端电压与铁心磁通间的关系得

$$u=w\frac{\mathrm{d}\phi}{\mathrm{d}t}$$

于是有

$$\phi=-\frac{\sqrt{2}U}{w\omega}\cos\omega t=\Phi_{\mathrm{m}}\sin\left(\omega t-\frac{\pi}{2}\right) \tag{4-54}$$

也就是说，在正弦电压下，磁通也是正弦的，只是相位滞后电压$\frac{\pi}{2}$。由铁心的磁化曲线可求得对应此磁通的电流波形。若将磁化曲线近似表示为

$$i = a_1\phi + b_1\phi^3 \tag{4-55}$$

则有

$$\begin{aligned} i &= a_1\Phi_m\sin(\omega t - \frac{\pi}{2}) + b_1\Phi_m^3\sin^3\left(\omega t - \frac{\pi}{2}\right) \\ &= \left(a_1\Phi_m + \frac{3}{4}b_1\Phi_m^3\right)\sin\left(\omega t - \frac{\pi}{2}\right) - \frac{1}{4}b_1\Phi_m^3\sin3\left(\omega t - \frac{\pi}{2}\right) \\ &= \sqrt{2}I_1\sin\left(\omega t - \frac{\pi}{2}\right) + \sqrt{2}I_3\sin\left(3\omega t - \frac{\pi}{2}\right) \end{aligned} \tag{4-56}$$

由此可见，此时的电流已发生畸变，包含有3次谐波项，且其峰值与基波峰值相重合构成尖顶波。

式（4-55）只是个近似表达式，实际上电流中还有其他高次谐波项。但电流波形正、负半波相同，因而电流中只有奇次谐波存在。

在计及所加电压的初相角θ时，有

$$u = \sqrt{2}U\sin(\omega t + \theta) \tag{4-57}$$

则

$$i = \sqrt{2}I_1\sin\left(\omega t - \frac{\pi}{2} + \theta\right) + \sqrt{2}I_3\sin\left(3\omega t - \frac{\pi}{2} + 3\theta\right) \tag{4-58}$$

可见，初相角的变化改变了坐标原点的位置，n次谐波移动了$n\theta$的角度，但电流的波形不变。图4-14所示为电压初相角$\theta = \frac{\pi}{2}$时变压器励磁回路的电压、电流和磁通的变化曲线。

如果变压器的励磁电流是正弦波形，则由磁化曲线可求得相应的磁通曲线，再求其的导数，即得电压波形（如图4-15所示）。这时磁通曲线是平顶的，但电压波形是尖顶的。同样，若磁化曲线近似表示为

$$\phi = a_2 i - b_2 i^3 \tag{4-59}$$

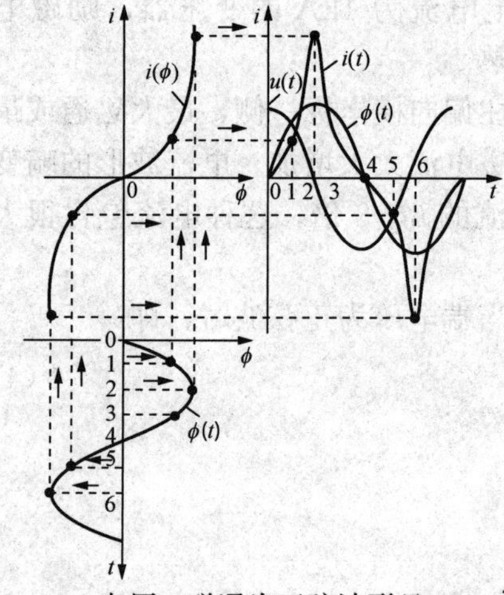

图4-14　电压、磁通为正弦波形且$\theta = \frac{\pi}{2}$时变压器励磁回路的电压、电流和磁通变化曲线

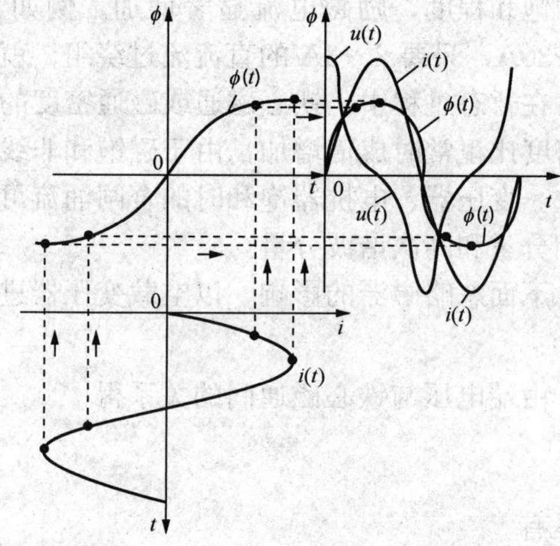

图4-15　电流为正弦波形时，变压器励磁回路电压、电流、磁通的变化曲线

由 $i=\sqrt{2}I\sin\omega t$，可得

$$\phi = a_2\sqrt{2}\sin\omega t - b_2(\sqrt{2}\sin\omega t)^3 = \Phi_{1m}\sin\omega t + \Phi_{3m}\sin 3\omega t$$

$$u = w\frac{d\Phi}{dt} = w\omega\Phi_{1m}\cos\omega t + 3w\omega\Phi_{3m}\cos 3\omega t$$

$$= \sqrt{2}U_1\sin\left(\omega t+\frac{\pi}{2}\right)+\sqrt{2}U_3\sin\left(3\omega t+\frac{\pi}{2}\right) \tag{4-60}$$

又因为在计及初相角 θ 时，$i=\sqrt{2}I(\sin\omega t+\theta)$，于是可得

$$u=\sqrt{2}U_1\sin\left(\omega t+\frac{\pi}{2}+\theta\right)+\sqrt{2}U_3\sin\left(3\omega t+\frac{\pi}{2}+3\theta\right) \tag{4-61}$$

同样，初相角只是改变坐标原点，并不改变其波形。

计及磁滞的影响时，变压器励磁回路电压、电流和磁通变化曲线如图 4-16 所示。磁滞使得电流波形扭曲，但仍对横轴对称，即它只含有奇次谐波，且以 3 次谐波为主。

对三相变压器来说，情况变得更加复杂，这时应计及铁心的结构和变压器线圈的接线方式。对三相三铁柱变压器来说，对称系统 3 的倍数次谐波（即零序性谐波）的磁通是经由空气（油及外壳）构成回路的，显然磁阻要大得多，因而磁通中该次谐波的含量就要小些。在采用三角形连接时，零序性谐波电流在三角形内流动而不会注入系统。当三相对称且三角形接法时，3 的倍数次谐波不会注入系统，但实际上由于磁路不对称，3 的倍数次谐波并不平衡，它不同于三相同相位的零序分量，故一部分 3 的倍数次谐波还是可以通过变压器感应到三角形侧来的。

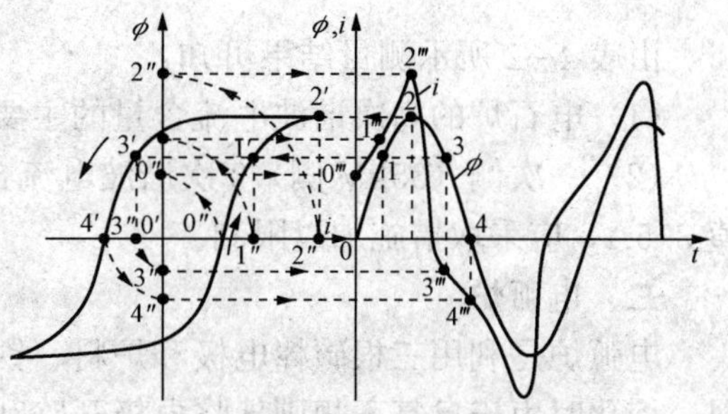

图 4-16　计及磁滞影响时，变压器励磁回路电压、电流和磁通变化曲线

施加于变压器的电压越高，铁心越趋近于饱和，高次谐波成分则急剧增加，当电压提高 8%时，高次谐波电流将增加 1 倍。

电力系统中变压器有较大的重复容量，变压器数量很大，因此，变压器空载电流中的谐波电流是不可忽视的，特别是在轻负荷电压升高的情况下。变压器励磁电流的谐波含量与其饱和程度有直接联系。正常时，电压为额定电压，铁心工作点在线性范围内，谐波含量不大。但在夜间，尤其是在一些偏远地区，由于运行电压偏高，铁心饱和程度变深，又值轻负荷时期，励磁电流占总电流比重较大，故对系统影响颇大。变压器空载电流中的谐波成分还与铁心材料有关。另外，太阳耀斑爆发引起的地磁暴在电力系统中产生的地磁感应电流（GIC），其基波周期可达 6～15min，峰值达 5～100A 或更高，它相当于在电力系统中注入一个准直流，使变压器铁心在半周内较深地进入饱和区，也使谐波电流及其影响大为增加。

4.3.3　电弧的非线性伏安特性形成的高次谐波

在电弧燃烧过程中，电弧的电压与通过的电流有关，电流增大，电阻以更快的速度降低，这使得电弧的伏安特性呈现明显的非线性。即使在电弧中通过正弦波形的电流时，电弧电压的波形也不是正弦形的，这样就产生了高次谐波。

一、电石炉

电石熔化时不像钢水熔化时那样把电极完全短路。福建省某化工厂电石分厂 1 号电石炉一次侧谐波电流测试结果列于表 4 - 2。测量时电石炉一次侧相间电压 36.75kV，二次侧相间电压 166V，二次侧相对地电压 74V。一次侧电流分别为 I_A＝264A，I_B＝268A，I_C＝252A。

表 4 - 2　　福建省某化工厂电石分厂 1 号电石炉一次侧谐波电流测试结果　　单位：%

测量点 \ 谐波量 \ 谐波次数		基波	3		5		7		9		总谐波率
			各相	平均	各相	平均	各相	平均	各相	平均	
一次侧电流	I_A	100	0.55	2.3	0.11	0.43	0.097	0.14	0.016	0.04	2.34
	I_B	100	3.25		0.75		0.13		0.05		
	I_C	100	3.2		0.43		0.18		0.064		

由表 4 - 2 所示测量结果可知：

(1) 电石炉的高次谐波电流含量的主要成分是 3、5、7 次谐波，以 3 次为主。

(2) 一次侧（35kV 侧）3 次谐波电流含量的最大值达到 3.25%（8.71A），已超过规定值 3.5A，应采取措施加以限制。

二、电弧炉

电弧炉是利用三根碳棒电极和炉料、铁渣之间的三相大电流电弧所产生的热量来熔化炉料，熔化时由于反复不规则地将电极开路和短路，以致电弧不稳定，负载不平衡，所以产生谐波。谐波次数和发生量，因电弧炉本身的特性和运行方式而不同。熔炼初期，偶次谐波和奇次谐波都很大，熔解期偶次谐波开始减小，精炼期偶次和奇次谐波都较小。

熔炼初期的谐波电流成分见表 4 - 3。从表 4 - 3 中可知，熔炼初期的谐波电流主要为 3 次谐波电流，它引起各相不平衡，在变压器三角形接线中不能消除，其很大一部分仍然会扩散到主系统来，电弧炉产生的 3 次谐波电流大小与炉子的特性及炼钢的钢水有关，约为电炉变压器额定电流的 10%～30%。电弧炉的电流波形中，尚包含异常谐波电流，如 2、4、6 次。

表 4 - 3　　电弧炉熔炼初期的谐波电流成分

谐波	基波	2 次	3 次	4 次	5 次	6 次	7 次
谐波成分（%）	1	0.17	0.23	0.04	0.13	0.06	0.09

三、气体放电灯

气体放电灯的电路本身包含电弧，并串有镇流器稳定电弧放电，为提高功率因数和抑制高频干扰，还与放电灯并接电容器。放电灯产生的 3 次谐波电流水平达 5%～20%；5 次谐波达 1%～6%；其余次数的谐波量不大，小于 1%。接在同一网络中的同种型号的放电灯，谐波电流水平不同，主要取决于电源电压。电压升高时，谐波电流减小，计算时可取 3 次谐波电流为 10%，5 次谐波电流为 3%。在工程实际中，如果照明负载很大，零线可能因谐波电流过载，选择导线截面时应予考虑。

四、电弧焊设备

目前，三相桥式不可控整流电弧焊设备被广泛采用，其电弧可按反电动势考虑。按电弧焊设备负荷大小不同，其产生的谐波电流值也不相同。在中等负荷下工作时，整流变压器一次侧电流只包含奇次谐波，但可能引起 5 次和 7 次谐波电流成倍增加或减小；电弧焊设备在满负荷下工作时，谐波电流较小，可按 $I=100/n^2$ 估计。由于各整流器组点燃角的分散性和整流器特性不稳定，加之整流变压器铁心的饱和，电弧焊设备常包含偶次和 3 的倍数次谐波。

4.3.4 整流和换流装置

整流和换流装置在变换电力的工作过程中，使得从电力系统输入的电压、电流之间失去了比例关系，导致了负荷电流波形的非正弦。因此，就整流装置来说，它既是一个从电力系统吸收功率的负荷，又是一个谐波能量的“源”。

表 4 - 4 列出的是各种整流电路、晶闸管调节电路及其谐波电流特性。

实际使用的电路也可能是表 4 - 4 所列电路的某种形式的组合。整流换流装置接入电力系统以后成为谐波源的特征，由各回路的谐波电流特性所确定。

表 4 - 4　　整流电路、晶闸管调节电路及其谐波电流特性

名称	电路图	谐波电流特性
三相桥电路	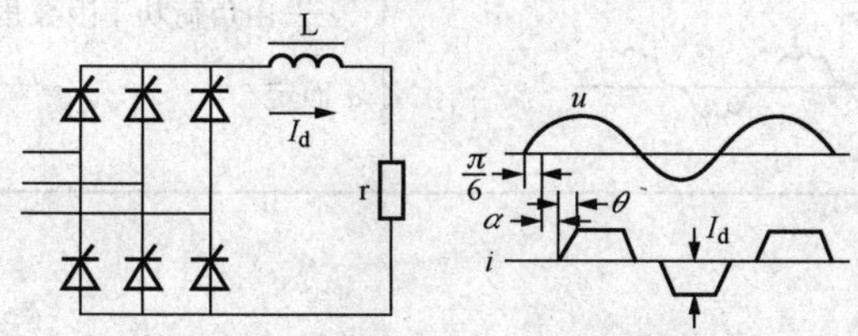	$k=6n\pm1$，$n=1$，2，… $\frac{I_k}{I_1}=K_k\frac{1}{k}$ 其中，$\alpha=0°$，$\theta=0°$时，$K_k=1$；α 为相位控制角；θ 为换相重叠角
单相桥电路	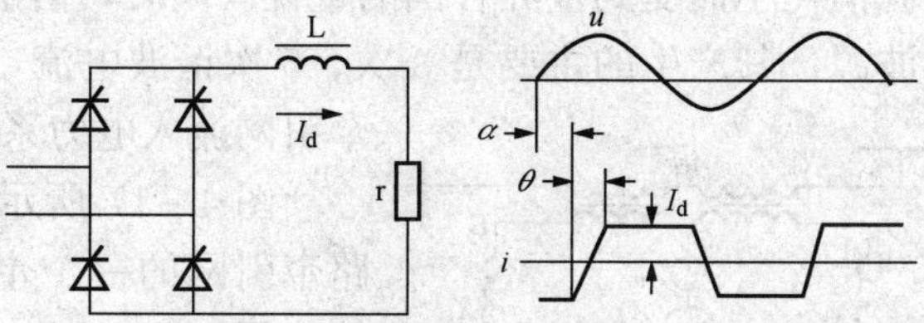	$k=4n\pm1$，$n=1$，2，… $\frac{I_k}{I_1}=K_k\frac{1}{k}$ 其中，$\alpha=0°$，$\theta=0°$时，$K_k=1$
三相混合桥电路	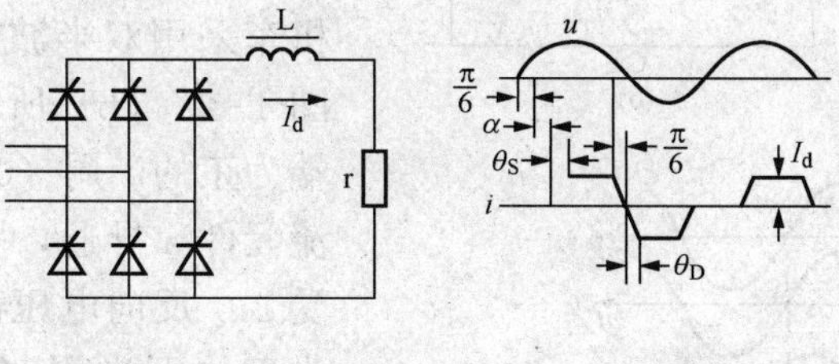	$k=3n\pm1$，$n=1$，2，… $\frac{I_k}{I_1}=K_k\frac{1}{k}$ $\theta_S=\theta_D=0°$时，有 $K_k=\sqrt{\frac{2}{3}}$ $\sin\frac{k\pi}{3}\sqrt{1-(-1)^k\cos ka\Big/\cos\frac{a}{2}}$ 式中：θ_S 为晶闸管侧换相重叠角；θ_D 为二极管侧换相重叠角
带平衡电抗器的反星形电路	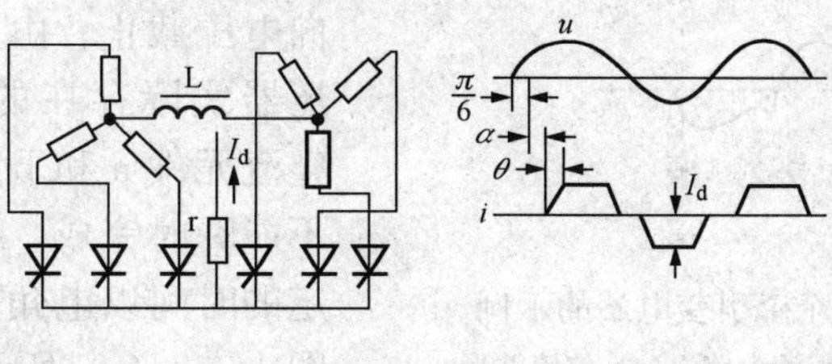	$k=6n\pm1$，$n=1$，2，… $\frac{I_k}{I_1}=K_k\frac{1}{k}$ 其中，$\alpha=0°$，$\theta=0°$时，$K_k=1$

续表

名称	电路图	谐波电流特性
单相双方向控制电路	u α i r-L 负荷	$k=4n\pm1$，$n=1$，2，… $\frac{I_k}{I_1}$由负荷功率因数角 φ 和相位控制角 α 而定
三相双方向控制电路	u α i	$k=6n\pm1$，$n=1$，2，… $\frac{I_k}{I_1}$由负荷功率因数角 φ 和相位控制角 α 而定
三相单方向控制电路	u α i	$k=3n\pm1$，$n=1$，2，… $\frac{I_k}{I_1}$由负荷功率因数角 φ 和相位控制角 α 而定

4.3.5 电力机车

电气化铁路由于牵引力大、能源消耗小而受到世界各国的重视。同时，由电力系统供电的交流电力机车都是一个很大的谐波源，其产生的主要是 3 次、5 次谐波电流，通过沿线的牵引网流入电力系统。

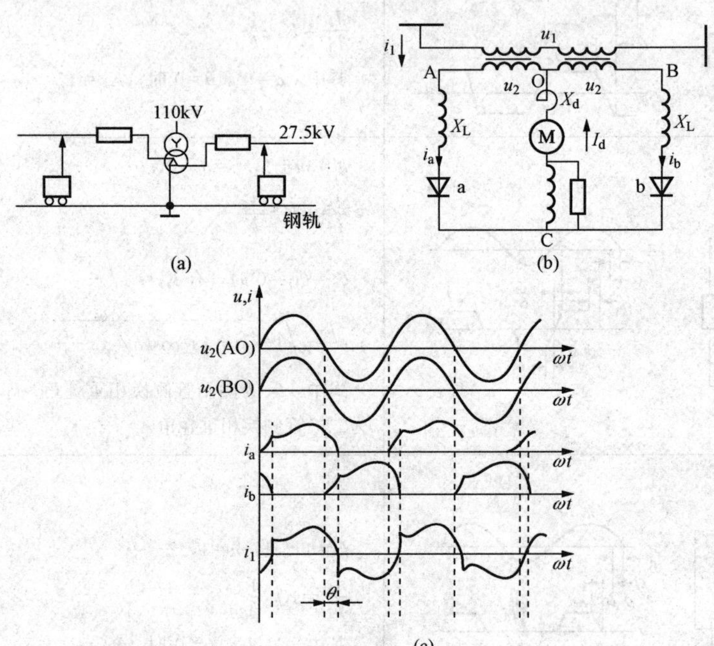

图 4-17 电气化铁路牵引网的一个牵引变电站的示例

(a) 韶山Ⅰ型电力机车牵引电路；(b) 整流电路；(c) 整流波形

图 4-17 所示为电气化铁路牵引网的一个牵引变电站示例。图 4-17（a）所示为韶山Ⅰ型电力机车牵引电路交流电力机车采用双半波整流电路。如图 4-17（b）所示，在电源 A 端为正的半周（$0<\omega t<\pi$）整流元件 a 导通，整流元件 b 承受 $2u_2$ 反向电压截止；到 B 端为正的下半周（$\pi<\omega t<2\pi$）换相为 b 导通，a 承受 $2u_2$ 反向电压截止。由于机车整流变压器实际存在的漏抗 X_L，使整流元件 a 和 b 间的电流换向不能瞬时完成。换相需要有一定的时间以电角度 θ 表示［如图 4-17（c）所示］，这样换向

完成后通过 a 和 b 的电流 i_a 和 i_b 不再按正弦变化，此时机车输入电流 i_1 的波形成为图 4-17（c）所示的畸变波形。20 世纪 80 年代对韶山Ⅰ型电力机车运行在石太线石阳段和宝成线秦岭段做的频谱分析结果分别见表 4-5 和表 4-6。

表 4-5　电力机车运行在石（石家庄）太（太原）线石阳段谐波电流含量

机车负荷电流（基波，A）	级位（手柄位）	各次谐波电流含有率（%）									
		2	3	4	5	6	7	8	11	13	15
75	运行级（21 位）	0.3136	24.79	0.1724	13.25	0.061	8.456	5.305	3.337	2.099	1.422
	过渡级（22 位）	5.614	24.25	2.402	13.11	0.580	7.943	4.305	2.461	1.515	1.005

表 4-6　电力机车运行在宝（宝鸡）成（成都）线秦岭段谐波电流含量

机车负荷电流（基波）（A）	各次谐波电流含有率（%）										
	2	3	4	5	6	7	8	9	10	11	13	15
100	3.76	25.4	1.08	12.9	0.13	7.46	0.39	4.34	0.34	2.64	1.62	1.13

从表 4-5 和表 4-6 可见，韶山Ⅰ型电力机车正常谐波电流主要是 3、5、7 次，其值约为

$$I_k = \frac{(1.5 \sim 2)I_1}{k^2} \tag{4-62}$$

式中：I_1 为基波电流。

韶山Ⅰ型电力机车产生的谐波电流比国外高速电力机车产生的谐波电流要大一些，但 CRH2—200 型就要小很多了，详细数值见表 4-7。

表 4-7　韶山Ⅰ型、CRH2—200 型和国外高速电力机车的谐波电流

各次谐波电流	谐波电流含量（%）		
	韶山Ⅰ型	CRH2—200 型	国外高速电力机车
I_3	19～22	5.0～6.0	17～18
I_5	9.5～10.5	2.2～2.8	4.5～6.8
I_7	6.2～6.5	1.0～2.0	3.1～3.6

目前，在我国电气化铁道中使用的电力机车除韶山Ⅰ型外，还有一种韶山Ⅲ型，与韶山Ⅰ型相比，在谐波控制方面有了一些改进。

中国铁路开行的 CRH 动车组已知有 CRH1、CRH2、CRH3、CRH5、CRH380A、CRH380B、CRH6。中国铁道部将所有引进国外技术、联合设计生产的 CRH 动车组车辆均命名为“和谐号”。各变电站背景电能质量指标与动车组（CRH2）运行后电能质量指标变化比较见表 4-8。

表 4-8　各变电站背景电能质量指标与动车组（CRH2）运行后电能质量指标变化比较

变电站名称	母线电压总畸变率（%）		升高百分数（%）
	背景	动车组运行后	
平度站	1.2	1.491	24
王家站	0.84	1.009	20

续表

变电站名称	母线电压总畸变率（%）		升高百分数（%）
	背景	动车组运行后	
汉口站	0.693	0.954	37
徐楼站	0.873	1.448	66

4.3.6 家用电器

家用电器单个容量不大，但数量很大且散布于各处，电力部门又难以管理。家用电器所产生的谐波电流可以从低压系统馈入电网。一般家用电器所产生的高次谐波电流含量见表4-9。从表中可以看出，谐波含量最高的是电视机，电视机的谐波电流差别较大，总谐波率最大的超过100%，而总谐波率最小的不到13%。这取决于电视机的类型及电路设计中对电磁兼容优化的程度。其次是计算机，已随着社会的发展，成为人们生活中必要的家用电器，但同时，它们产生的谐波污染已日益成为不可忽视的问题。

表4-9　一般家用电器设备产生的谐波电流含量

谐波数 / 谐波率（%） / 电器名称	3	5	7	9	11	总谐波率
29in显像管电视	79.1	56.9	33.2	14.3	7.6	108.1
15in液晶电视	67	56.2	37.9	28.3	21.2	104.6
57in液晶电视	10.2	5.1	1.9	3.6	0.7	12.9
洗衣机	18.55	4.62	0.92	0.79	0.61	19.18
计算机	61.91	17.12	9.86	13.00	6.42	66.90
微波炉	42.96	14.53	2.56	1.23	0.57	45.44
空调器	8.8	10.1	5.3	3.4	0.5	21.9
电冰箱	21.2	10.6	6.0	—	—	—
吸尘器	9.1	1.1	0.7	—	—	—

4.4 电力系统谐波潮流计算

当系统中有非线性负载即谐波源时，节点电压和支路电流中均含有高次谐波分量，所以谐波潮流计算比基波潮流计算情况更加复杂，但作为基波潮流计算常用的牛顿—拉夫逊法仍可用以求解此时的潮流。

变压器等值电路的励磁支路为非线性，在基波网络中，常常忽略这一支路。在谐波潮流计算中，如果将励磁支路看作是单独的非线性负载，或仍略去不计，则电力网络中只有线路和变压器漏抗，它们均是线性元件，也就是说，各次谐波网络均是线性的，因而可将网络中的电压、电流分解为各次谐波值。各次谐波电压、电流可分别在各次谐波网络中进行计算，各次谐波网通过谐波取得联系。当各次谐波网络仍是对称、平衡的三相系统时，可按单相网络计算，否则，需要同时计算三相网络。

4.4.1　电网各元件等值电路的谐波参数

三相高次谐波往往呈现不同的正、负、零序特性。在分析各元件谐波参数时，应考虑到它们的序特性并采用相应的序参数。

一、发电机

合格的发电机，其电动势可认为是纯正弦的，即不含有高次谐波，因而发电机电动势只存在于基波网络。在高次谐波网络里，发电机电动势（谐波电动势）为零，其等值电路为由发电机端点经谐波电抗 X_{Gn} 直接与中性点（地）相连，如图 4-18 所示。

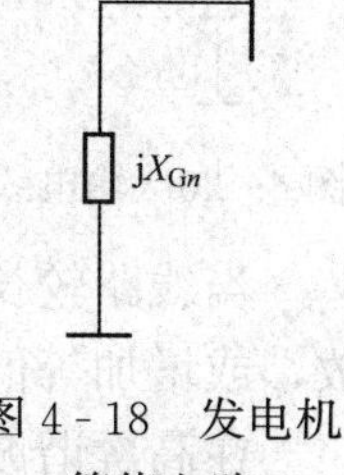

图 4-18　发电机等值电路

零序电流一般不会进入发电机，当它进入发电机时在定子中产生的三相合成磁通为零，因而发电机高次谐波零序电抗等于基波时的零序电抗与该次谐波次数 n 的乘积。正、负序高次谐波电流进入发电机时，在定子中产生以 n 倍同步速旋转的旋转磁场，与转子作 $n\pm1$ 倍同步速的相对运动。这时发电机的谐波电抗，可近似认为等于基波时的负序电抗与该次谐波次数 n 的乘积。因此，发电机谐波电抗可表示为

$$X_{Gn}=nX_{G1} \tag{4-63}$$

式中：X_{G1} 为基波时发电机的零序或负序电抗，由该次谐波的序特性决定。

在基波计算时，通常均按发电机阻抗为纯电抗计算。在谐波计算中，一般有功负荷为零或只有很小的数值。有功功率只是网络里各元件的损耗，因此往往需将各元件的损耗按电阻形式估计。一般情况下对发电机可按其阻抗角为 85°估计；如果这是个等值发电机，即是包含有线路、变压器及负荷等元件的综合等值发电机，可按其阻抗角为 75°估计。

二、变压器

在基波潮流计算（尤其是高压网的计算）中，常忽略变压器的励磁支路和绕组电阻。由于铁心的存在，变压器的励磁支路是非线性的，其非线性的程度随外施电压而变。电压越高，铁心越接近饱和，其非线性程度也越大。变压器是电力系统的谐波源之一，在谐波潮流计算中，可以将它看作单独的谐波源。在较粗略计算时也可忽略变压器非线性的作用。在高次谐波作用下，变压器绕组相间及绕组匝间的电容将要起作用，但在所考虑的谐波次数不太高时，可以忽略不计，因而其等值电路为一连接一、二次侧节点的阻抗支路，如图 4-19 所示。变压器阻抗值由绕组电阻和漏抗所组成。电感值可近似认为是常数，从而其漏抗值是相应基波电抗与谐波次数的乘积，即

$$X_{Tn}=nX_{T1} \tag{4-64}$$

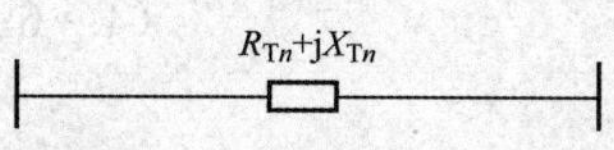

图 4-19　变压器等值电路

式中：X_{T1} 为变压器在基波时的相应序电抗，其谐波电抗由该次谐波的序特性确定。

在高次谐波作用下，变压器绕组内的集肤效应和邻近效应都变得显著，电阻值要增大。根据一些资料表明，电阻值大致与谐波次数的平方根成正比，因而变压器谐波阻抗可表示为

$$Z_{Tn}=\sqrt{n}R_{T1}+\mathrm{j}nX_{T1} \tag{4-65}$$

式中：R_{T1} 为基波时变压器的绕组电阻。

当略去变压器的电阻时，变压器等值电路就是一个纯电抗的支路。

三、输电线路

输电线路是具有均匀分布参数，经过完全换位的输电线路可看作是三相对称的。在潮流计算中，通常以集中参数的Ⅱ型等值电路表示，如图4-20所示。

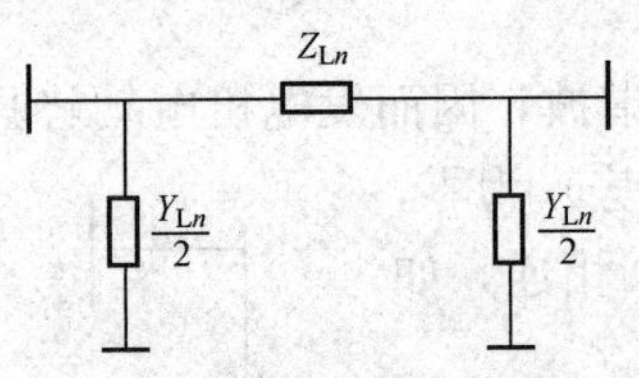

图4-20 输电线路的等值电路

作基波（$n=1$）计算时，等值电路参数为分布参数的简单集中。若以r_{01}、x_{01}及b_{01}分别表示线路单位长度的基波电阻、电抗和电纳（电导一般均略去），且此线路长度为l（km）时，基波等值电路参数为

$$\left.\begin{aligned}Z_{L1}&=(r_{01}+jx_{01})l\\Y_{L1}&=jb_{01}l\end{aligned}\right\}\tag{4-66}$$

当线路较长时（架空线路大于300km，电缆线路大于100km），应将此参数乘以修正系数，或增加等值Ⅱ型电路的个数，即不使每个Ⅱ型电路所代表的线路过长。

在高次谐波作用下，输电线路的分布参数特性将比基波时较为明显。如300km架空线路，对于基波（50Hz）来说，它是$\frac{300}{6000}=\frac{1}{20}$波长的线路；对5次谐波，则变为$\frac{300\times5}{6000}=\frac{1}{4}$波长的线路；而对$n$次谐波，它是$\frac{300\times n}{6000}=\frac{n}{20}$波长的线路。换句话说，若对基波300km以上的架空线路需要考虑它的分布特性，则对n次谐波来说，$\frac{300}{n}$km的线路就需要计及其分布特性。例如对11次谐波，$\frac{300}{11}=27.3$km的架空线路就应计及分布特性。为此，计算中以应用双曲线函数计算输电线路等值参数较好。此时有

$$\left.\begin{aligned}Z_{Ln}&=Z_{\lambda n}\,\mathrm{sh}r_nl\\\frac{Y_{Ln}}{2}&=\frac{\mathrm{ch}r_nl-1}{Z_{\lambda n}\,\mathrm{sh}r_nl}\end{aligned}\right\}\tag{4-67}$$

$$Z_{\lambda n}=\sqrt{\frac{Z_{0n}}{Y_{0n}}}$$

$$r_n=\sqrt{Z_{0n}Y_{0n}}\tag{4-68}$$

式中：$Z_{\lambda n}$和r_n分别为对应于该次谐波时线路的波阻抗和传播常数；Z_{0n}和Y_{0n}分别为该次谐波时输电线路单位长度的阻抗和导纳。

输电线路的电容和电感值可认为是不随频率而变的常量。正常运行时，线路的电导可以忽略，因而线路单位长度导纳可表示为

$$Y_{0n}=jnb_{01}\tag{4-69}$$

式中：b_{01}为基波时的线路单位长度电纳值。

输电线路的电阻因集肤效应将随谐波次数增高而增大，对通常应用的导线规格，电阻的变化情况可表示为

$$r_{0n}=0.288r_{01}+0.138\sqrt{nr_{01}},\ n\neq1\tag{4-70}$$

式中：r_{0n}和r_{01}分别是谐波和基波时单位长度线路电阻值。

这样，线路单位长度阻抗可表示为

$$Z_{0n}=r_{0n}+jnx_{01}\tag{4-71}$$

式中：x_{01}为基波时线路单位长度电抗值。

应该注意，由于高次谐波的序特性，上面各式所用的基波参数应采用相应的序参数。

四、负荷

这里的负荷是指除去谐波源后电力系统的其他负荷。电力负荷遍及各行各业，但主要是工业负荷，其中异步电动机是其主要部分。在潮流计算中各节点的负荷是综合负荷，基波潮流计算是将它作为节点注入功率处理。在作谐波潮流计算时，基波部分仍可按节点注入功率看待，而在谐波网络中则将负荷看作是恒定阻抗。由于各种负荷比例及地点随时间变化较大，因而要准确地确定其等效阻抗值是很困难的，近似地可认为综合负荷为一等值电动机。当高次谐波电压施加于电动机端时，定子中将产生 n 倍同步速的旋转磁场，它和转子间作接近于 $n\pm1$ 倍同步速的相对运动（异步电机转子转速略低于同步速），于是可得综合负荷的谐波等值阻抗值为

$$Z_n=\sqrt{n}R_1+\mathrm{j}nX_1 \tag{4-72}$$

式中：R_1 和 X_1 分别为基波时等值电动机的负序电阻和电抗，其值可由该节点的基波电压、功率值经换算求得。

当以负荷的功率、电压为基准值时，综合负荷负序基波电阻、电抗值可取为

$$R_1+\mathrm{j}X_1=0.4+\mathrm{j}0.35$$

还需说明，当在负荷点处接有较大容量的无功补偿装置时，由于电容的频率特性和电感的全然不同，此时应将其从综合负荷中分出来作为一个独立支路对待。显然，电容的谐波电抗值和谐波次数成反比。

零序电流一般不会进入负荷，因而在零序性的高次谐波网络里，可忽略负荷支路。

求得各元件的谐波参数后，即可按它们的接线情况形成用以描述谐波网络的谐波导纳矩阵。在形成各次谐波导纳阵时，对基波分量可求出基波网络节点导纳矩阵，其导纳元素与网络的基波阻抗相对应。对谐波分量，其网络元件参数和等值电路，应与谐波的频率相对应。另外，还需将发电机和线性负荷的等值谐波阻抗接到各谐波网络中相应的节点上，从而求出各次谐波网络的节点导纳矩阵。

4.4.2　对称系统的谐波潮流计算

一、数学模型

稳态运行中，注入网络的谐波电流，可认为是由理想谐波电流源所产生，其数值由测量得到。在交流系统中，各次谐波电压、电流分别呈正序、负序和零序。谐波次数与相序的关系为：$3N-1$—负序，$3N$—零序，$3N+1$—正序，$N=1,2,3,\cdots$。

可见，3倍频谐波是呈零序的。只有当变压器接法为YNyn时，零序电流才可能通过。一般网络中，变压器大多为YNd或Yd接法，故可以不考虑零序谐波分量的影响。

下面分别列出对称系统谐波潮流计算数学模型的各个方程。

（1）基波功率平衡方程

$$\Delta P=P_{\mathrm{sp}}-P=0 \tag{4-73}$$

$$\Delta Q=Q_{\mathrm{sp}}-Q=0 \tag{4-74}$$

式中：ΔP、P_{sp}、P 分别为节点基波有功功率偏差量、节点基波注入有功功率的给定值及计算值；ΔQ、Q_{sp}、Q 分别为节点基波无功功率偏差量、节点基波注入无功功率的给定值及计算值。

（2）谐波电压、电流方程。节点谐波电压可通过谐波注入电流与谐波导纳矩阵求得，即

$$Y_{\mathrm{h}}^{(k)}U_{\mathrm{h}}^{(k)} = I_{\mathrm{h}}^{(k)}, k = 2,4,5,7,8,10,11,\cdots \tag{4-75}$$

式中：$Y_{\mathrm{h}}^{(k)}$ 为 k 次谐波导纳阵；$U_{\mathrm{h}}^{(k)}$ 为 k 次谐波节点电压列相量；$I_{\mathrm{h}}^{(k)}$ 为 k 次谐波注入电流列相量。

由于式（4-75）为线性方程组，故可先将导纳矩阵 $Y_{\mathrm{h}}^{(k)}$ 进行因子分解，形成因子表存储起来，以提高计算速度。

（3）谐波注入电流相角修正方程。由谐波测量仪测出的谐波注入电流，其相角是相对于基波电流的相角。因此，在求出基波电流以后，需将谐波注入电流相角修正为相对于参考节点的相角，即

$$\theta_{\mathrm{h}i}^{(k)\prime} = \theta_{\mathrm{h}i}^{(k)} + \theta_i \tag{4-76}$$

式中：$\theta_{\mathrm{h}i}^{(k)}$ 是 i 节点 k 次谐波注入电流相对于基波电流的相角；θ_i 是 i 节点基波电流相角；$\theta_{\mathrm{h}i}^{(k)\prime}$ 为 i 节点 k 次谐波注入电流相对于参考节点的相角。

（4）基波注入量的修正方程。前面讲过，系统节点的功率应为基波功率与谐波功率之和，发电机发出的功率被非线性负荷吸收以后，有一部分被转化成谐波分量注入电网，故实际的基波功率应为总功率与那部分谐波功率之差。同样，节点电压也含有各次谐波电压，也应该进行修正。修正方程如下

$$P' = P_{\mathrm{sp}} - \sum_{i=2}^{N} P_{\mathrm{h}i} \tag{4-77}$$

$$Q' = Q_{\mathrm{sp}} - \sum_{i=2}^{N} Q_{\mathrm{h}i} \tag{4-78}$$

$$U' = U_{\mathrm{sp}} - \sqrt{\sum_{i=2}^{N} U_{\mathrm{h}i}^2} \tag{4-79}$$

以上式中：$\sum_{k=2}^{N} P_{\mathrm{h}k}$ 为节点各次谐波有功功率之和；$\sum_{k=2}^{N} U_{\mathrm{h}k}^2$ 为节点各次谐波电压平方之和；$\sum_{k=2}^{N} Q_{\mathrm{h}k}$ 为节点各次谐波无功功率之和；k 表示谐波次数，h 为最高谐波次数；P_{sp}、Q_{sp} 及 U_{sp} 分别为基波节点注入有功功率、无功功率及节点电压给定值；P'、Q' 及 U' 分别为节点基波注入有功功率、无功功率及节点电压修正值。

因此，前面基波功率平衡方程［式（4-73）和式（4-74）］中的 P_{sp}、Q_{sp} 应不断地进行修正，实际上就是式（4-77）、式（4-78）中的 P' 及 Q'。要注意的是，线性负荷处的基波注入功率不必修正。

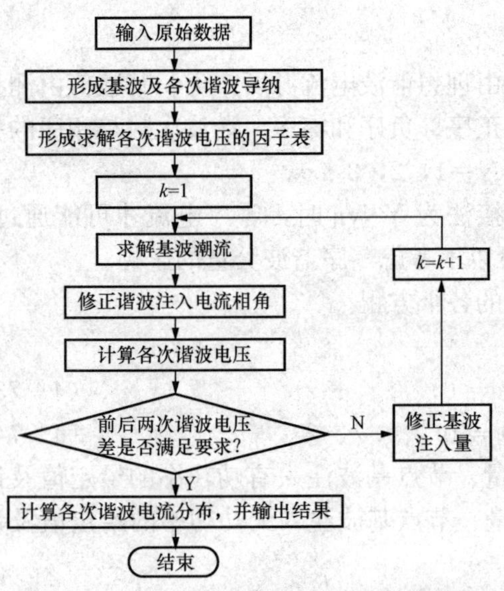

图 4-21　对称系统的谐波潮流计算流程图

二、计算流程

对称系统的谐波潮流计算流程图如图 4-21 所示。

三、收敛性讨论

由前面的数学模型可以看出，在求解谐波电压时，其方程是线性的，只要谐波导纳矩阵 $Y_{\mathrm{h}}^{(k)}$

为非奇异，方程的解一定存在且总是能求出的。因此，求解谐波电压时，不存在收敛性问题，整个计算的收敛性主要取决于基波潮流收敛性。

4.4.3 谐波潮流的简化计算法

利用上述的潮流计算法可以较准确地求出电力系统的谐波潮流，但当网络接线复杂时，计算工作量较大，需有事先编好的计算程序才能求解。有时，只需要较粗略地估算谐波源给电力系统造成的影响，如当一个新的谐波源用户接入系统，估算其在接入地点的母线上所能形成的谐波电压值时，可将所讨论的谐波网络简化成图 4-22 所示的形式。图中 $\dot{I}_n$ 为该负荷的谐波电流，其值可由其负荷特性计算或实测经验确定，在估算谐波源造成的谐波电压时，还可用谐波负荷的谐波电流含量来估算其谐波电流。计算时，基波电流可取为该负荷的工作电流或额定电流，基波电压可近似取其额定值。

系统谐波阻抗 Z_{sn} 可由计算或实测获得。在没有计算或实测值时，可据该处网络情况近似估算。目前，可用系统在该处的短路容量来近似估算。这种方法是近似认为系统阻抗是纯感性的，其谐波电抗等于基波电抗 X_{s1} 与该谐波次数 n 的乘积。而 X_{s1} 又近似等于系统对该母线的短路电抗，可由系统对该点的短路容量 S_k 和该处网络额定电压 U_N 求得，即

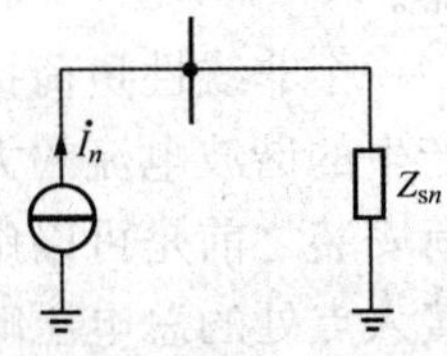

图 4-22 简化谐波网络

$$X_{sn}=nX_{s1}=n\frac{U_N^2}{S_k} \tag{4-80}$$

当需要估算系统谐波阻抗的电阻分量时，可近似以其阻抗角为 75°估计。系统的短路容量是随着运行方式的不同而变化的，因而求得的电抗值也将随着运行方式的改变而变化。在已获得系统谐波电抗后，谐波源接入处母线上的谐波电压 U_n 可估算为

$$U_n=\sqrt{3}I_nZ_{sn}\approx\sqrt{3}nI_n\frac{U_N}{S_k} \tag{4-81}$$

显然，谐波电压也是随运行方式的改变而变化。为求得合理的谐波电压，应选取相应的运行方式下的谐波阻抗值。为求最严重情况下的谐波电压，就应选用最严重情况时的谐波阻抗。在以短路容量估算时，应取最小运行方式下的短路容量进行估算。

这里应强调指出，尽管不少资料都介绍用短路容量估算的方法，但这种方法十分粗糙，这是因为有许多因素（如其他负荷的分流作用）在短路电流计算中可以忽略，而在谐波网络中却有较大影响。更重要的是系统中的元件不全是电感性的，有许多是电容性的，例如系统中大量装设的无功补偿装置——静电电容器，其容抗值和谐波次数成反比关系。在短路计算中一般可以略去静电电容器影响，而在谐波网中它的影响就较大，尤其当它装设在所讨论的母线或其邻近处时，影响就更大。在已知有较大的电容器装设在该谐波源附近时，应将其单独分开来分析讨论。另外，一些元件（如输电线路）的谐波参数也不是简单地与谐波次数成正比变化的，因此在有可能取得实测值的情况下，应取实测的系统谐波阻抗值进行计算。

4.5 电力系统谐波测量技术

4.5.1 概述

电网中谐波问题可用理论分析来研究，也可用实际测量来研究。但由于电网中谐波问题

复杂，目前用数学计算的方法，尚无法进行准确的分析，最终还是要以实际测量的结果为依据，有时甚至以初测量结果作为处理问题的出发点。因此，就要求有可靠的测量手段与装置，而且要求测量结果可信。

一般地，在进行交流电力设备和仪器设计时，都是假定供给设备或仪器的电源具有正弦波形，且电压值和频率也是稳定的。对于电压和频率在规定的允许范围内变化所引起的影响，通常是可以预测的。但对于电源波形畸变的影响，在出现谐波测量仪器之前，很难进行定量分析。

在大多数情况下，畸变的负载电流是由用户的非线性负载或是由电压源存在的畸变引起。然而，当把能产生谐波电流的负载注入存在谐波电压的电压源时，要判别在送电支路中流动着的谐波电流是由用户还是由电网本身所产生，唯一的办法就是利用专用的谐波测量仪器。

一个非线性负荷接入一个供电系统中，在其接入点所引起的电压畸变的大小决定于该负荷产生的谐波电流的大小及供电网络的阻抗。对于一个特定的负荷所产生的各次谐波电流在负荷安装之前是可以确定的。只要知道在负荷接入点处的网络阻抗，就可以预先估量出在负荷接入点处的总电压畸变值，从而可以决定这个特定负荷能否直接接入系统，及需加强的电源容量、需加装滤波器的参数。通常，假定供电变压器阻抗占主要成分，采用 50Hz 短路试验所求得的漏感抗及串联电阻来计算各次谐波频率下的网络阻抗。这种简单的计算方法，不适合于装有补偿电容器及谐波过滤器的现场，也发现不了网络中的谐振点。因此，要直接测量供电网络的阻抗，也必须利用专门的谐波测量仪器。

目前，就谐波测量本身来讲，除作为谐波标准外，对测量准确度的要求一般不高。以误差表示，约为百分之几的数量级，相当于工业测试范畴。有时甚至只要能判断它们的大小（如谐波警报器）或流动方向（如谐波功率流向）就已满足要求了。

电网谐波测量，主要研究和测定下述各量。

（1）谐波电压 U_n；

（2）谐波电流 I_n；

（3）谐波相位角 φ_n；

（4）谐波流向、谐波功率；

（5）电压、电流波形畸变率；

（6）谐波阻抗 Z_{sn}。

在畸变波形下，虽然电量仍作周期性变化，但波形可能与正弦波有很大出入。在这种情况下，电压有效值和电流有效值虽仍能反映电路的一些情况，但表征电路其他性质的电量大部分不能通过它们来获得。因为一方面在畸变波形下，一些原有电量的定义要重新审查，甚至要重新定义；另一方面可能还要引入一些新的定义。这两方面的工作又与所采用的电路分析方法（如时域法、频域法等）和拟解决的问题（如用有源元件补偿和无源元件补偿等）有关。科技人员就是根据这些定义去选择适当的测量方法或设计新的测量方法，并组成具有特殊使用目的的测量装置。

4.5.2 非正弦周期信号的采样

对于非正弦周期信号进行谐波分析常用的一种方法是，将连续时间信号 $f(t)$ 的一个周期 T 分成 N 个等分点，每隔 $\frac{T}{N}$s 进行一次采样得到离散时间信号，经过模拟/数字转换（A/

D转换）便得到用有限字长表示的离散时间信号 $f\left(k\dfrac{T}{N}\right)$，把这些数据送给计算机进行处理，将信号所含的各次谐波的幅值和相位计算出来。通常将 $f\left(k\dfrac{T}{N}\right)$ 简写成 f_k，将离散时间点 $k\dfrac{T}{N}$ 用 k 来代表，周期信号器采样和所得离散时间序列如图 4-23 和图 4-24 所示。采样所得到的离散时间序列可以写成

$$\{f_k\} = f_0, f_1, f_2, \cdots, f_{N-1} \tag{4-82}$$

尽管序列并不一定是由连续时间信号采样得到的，但习惯上都将 f_k 称为序列 $\{f_k\}$ 的在 $k\dfrac{T}{N}$ 点的采样值。离散时间序列 $\{f_k\}$，如用图 4-24 所示的方法描述，虽然横坐标画成一条连续的直线，但 f_k 只是对于整数 k 值才有定义。对于非整数 k，将 f_k 想象为零是错误的，因为 f_k 对于非整数值的 k 是没有意义的（即限定 k 只取整数值）。

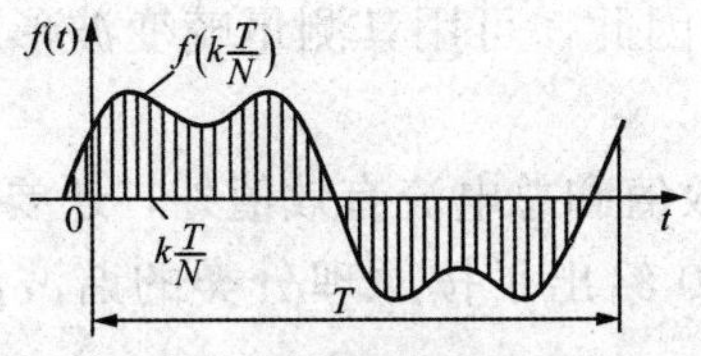

图 4-23 周期信号的采样

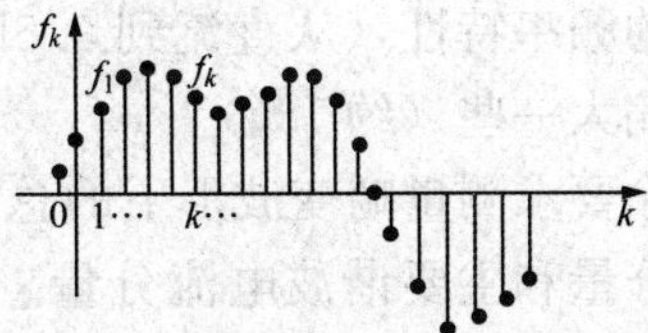

图 4-24 离散时间序列

在离散时间信号的分析中，序列有几种基本运算。

（1）两个序列 $\{x_k\}$ 和 $\{y_k\}$ 的和与积，分别定义为其采样值的和与积的序列，即

$$\{x_k\} + \{y_k\} = \{x_k + y_k\}$$

$$\{x_k\}\{y_k\} = \{x_k y_k\}$$

（2）序列和一个常数 a 相乘等于将其各个采样值都乘以 a，即

$$a\{x_k\} = \{ax_k\}$$

（3）如果序列 $\{y_k\}$ 的取值为 $y_k = x_{k-m}$（m 为整数），则序列 $\{y_k\}$ 称为序列 $\{x_k\}$ 的移位序列或延迟序列。

（4）对于采样所得的离散时间序列 $\{f_k\}$，若此时离散时间点为 $t = k\dfrac{T}{N}$ $\left(\text{采样时间间隔 } \mathrm{d}t = \dfrac{T}{N}\right)$，在此离散时间点 $f(t)$ 的采样值为 f_k，则 $n\omega_1 t = n\dfrac{2\pi}{T} \times k\dfrac{T}{N} = \dfrac{2\pi}{N}kn$。根据离散时间序列 $\{f_k\}$ 的数据，可得计算第 n 次谐波的系数 a_n 和 b_n 的公式为

$$\left.\begin{aligned} a_n &= \frac{2}{T}\sum_{k=0}^{N-1} f_k \cos\frac{2\pi}{N}kn \times \frac{T}{N} = \frac{2}{N}\sum_{k=0}^{N-1} f_k \cos\frac{2\pi}{N}kn, \quad n = 0,1,\cdots,N-1 \\ b_n &= \frac{2}{T}\sum_{k=0}^{N-1} f_k \sin\frac{2\pi}{N}kn \times \frac{T}{N} = \frac{2}{N}\sum_{k=0}^{N-1} f_k \sin\frac{2\pi}{N}kn, \quad n = 0,1,\cdots,N-1 \end{aligned}\right\} \tag{4-83}$$

4.5.3 非正弦波形下常用电量的测量

由 4.2 节可知，在所测谐波电量中电压有效值、电流有效值和功率的定义不因波形畸变而改变，即有

$$U=\sqrt{\frac{1}{T}\int_{T}u^{2}\mathrm{d}t}$$

$$I=\sqrt{\frac{1}{T}\int_{T}i^{2}\mathrm{d}t}$$

$$P=\sqrt{\frac{1}{T}\int_{T}ui\,\mathrm{d}t}$$

除此之外，还有一些物理量需继续沿用原有的定义，如单相视在功率 $S=UI$，单相等效功率因数 $\cos\varphi=P/S$，等。至于在频域法中一些需要修正的定义和重新定义的量，下面将分别提出并介绍有关的测量方法。

一、电压与电流

对于电压与电流测量，如只作为监视目的，常用的模拟式电表仍可使用；如要求测量得更准确些，就得采用宽频带（达1～2kHz）的电动系、电磁系以及性能更优良的变换器式电压表和电流表。此外，静电系电表的测量基本量就是电压有效值的平方，按有效值刻度，它又有非常良好的频率特性（从直流到 0.5MHz），因此，可用其测量畸变波形下的电压有效值，不过误差偏大一些（约1%）。

在电网中除要求测量畸变波形下的总电压有效值和总电流有效值外，还要监测电网中的主要谐波电压分量和主要谐波电流分量。表 4-10 给出了按原理分类的谐波测量器的各种形式。

表 4-10 谐波测量器的形式

形式	原理	特点
失真度计式	抑制基波，得到总谐波有效值，指示后者与基波有效值之比	测总谐波幅度并可连续记录
外差选频式	用外差原理分别选测某次谐波	不能同时测各次谐波分量
带通选频式	采用多个窄带滤波器逐次选出各次谐波分量	各次谐波分量可连续测量或记录
采样数字式	对待测信号采样，经 A/D 转换并离散化，然后用计算机处理	可打印出各次谐波的幅值和相位

图 4-25 给出了测量谐波电流的原理性方框图。图中来自电流互感器二次侧的电流 i 经输入电路 1 转换为与 i 成比例的电压，由电路 5 选出基波电流分量，经检波器 6 在显示器 7 上展示出它的幅值。另一通路经基波抑制电路 2、量程选择电路 3，将谐波分量缩小或放大，再经选频电路 4 将各高次谐波单独分离出来，同样通过检波器 6 在显示器 7 上展示其幅值。

图 4-26 所示为测量谐波电压的框图。图中由电压互感器取来的畸变电压波 u_{in}，经输入电路 1 输入，其后一路经电路 5 分离出基波分量；另一路通过基波抑制电路 2 和量程选择电路 3 及谐波选择电路 4 将各次谐波分量单独分离出来，两路各设一个精密检波器 6。8 是除法器，用它可求出各次谐波对基波的比值。7 是显示器，既可展示各次谐波的绝对值，也可展示它们与基波的比值。10 是一种称为谐波报警器的装置，当某次谐波含量超过预置限度时，发出信号警告工作人员。该装置的原理为：将畸变电压经双 T 无源滤波器使基波至少衰减 40dB 后，再经过隔离

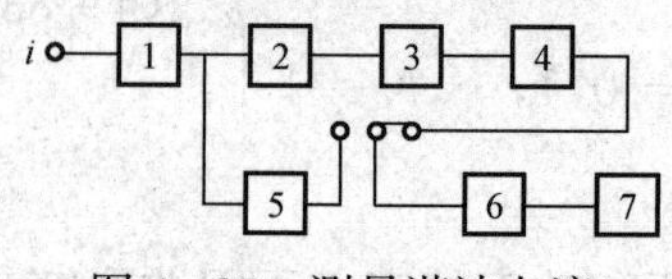

图 4-25 测量谐波电流的原理性方框图

级［对100～1250Hz（相当于2次到25次）具有水平的增益特性］，总输出经整流后所得的直流电压与谐波畸变的平均值成比例；然后驱动一个100A的电流表使其满刻度对应于报警值（例如3％～5％），谐波总分量达到此值时给出报警信号，并有一电子锁定电路将电表指针固定在满刻度处，等待手动复位。报警器装置中整流电路的时间常数约为1s，如此可避免短时失常所引起的误动作。

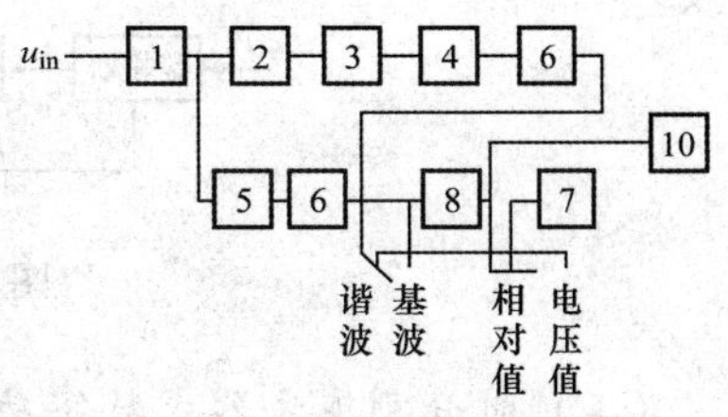

图4-26 测量谐波电压的框图

二、功率的测量

当所含谐波次数不过高时，仍可采用电动系功率表测量畸变波形下的功率。下面介绍两种测量畸变波形下有功功率的数字式仪表。

（一）同步采样式数字功率表

同步采样式数字功率表框图如图4-27所示，其原理如下。

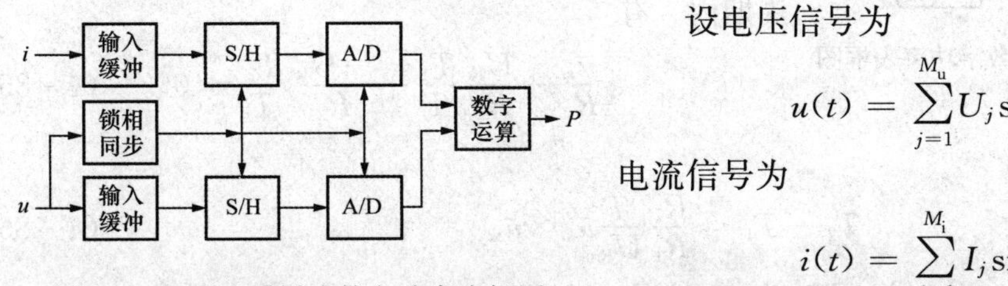

图4-27 同步采样式数字功率表框图

设电压信号为

$$u(t) = \sum_{j=1}^{M_u} U_j \sin(j\omega t + \alpha_j)$$

电流信号为

$$i(t) = \sum_{j=1}^{M_i} I_j \sin(j\omega t + \beta_j)$$

于是功率为

$$p(t) = u(t)i(t) = \sum_{j=1}^{M_p} P_j \sin(j\omega t + \varphi_j)$$

式中：M_p、M_u、M_i 分别是功率、电压、电流信号的最高谐波次数，$M_p = M_u + M_i$。平均功率为

$$P = \frac{1}{T}\int_T p(t)\mathrm{d}t$$

对功率信号 $p(t)$ 的 m 个整周期，均匀等间隔地采样（实际上是对电压、电流信号同时分别采样后再相乘）N 次，得数据 p_n（$n=0$，1，2，…，N）。如果功率信号的最高谐波次数 M_p 满足（充分但非必要）

$$\frac{M_p(N)}{n} < 1$$

则理论上有

$$\frac{1}{N}\sum_{n=1}^{n} p_n = P \tag{4-84}$$

如图4-27所示，采样保持环节（S/H）将连续函数的波形离散化，再经A/D转换环节将采样值数量化。由电压 u 和电流 i 送来的数字量按式（4-84）的要求进行运算，就可得到 P 值。

同步采样原理要求保证同步，这是实现高准确度的保证。图4-28是锁相同步环节的简化框图。其原理是：如果发生失步情况，则输入信号 $u(t)$ 与反馈信号间有相位差，鉴相器有输出，从而改变压控振荡器的频率，直到 $u(t)$ 与反馈信号间无相位差为止。

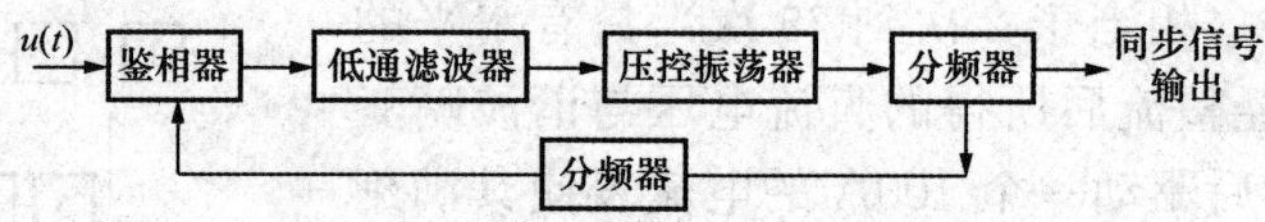

图 4-28 锁相同步环节的简化框图

(二) 时分割乘法器式数字功率表

时分割乘法器式数字功率表框图如图 4-29 所示。现将其核心部分（完成电压与电流模拟相乘运算）——时分割乘法器的工作原理（如图 4-30 所示）简述如下。

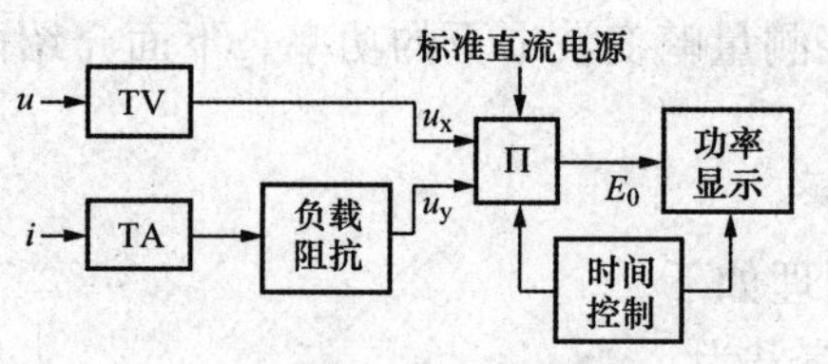

图 4-29 时分割乘法器式数字功率表框图

如图 4-30 所示，输入信号 u_x 与节拍方波 $\pm E_c$、标准直流参考电源 $\pm U_R$ 同时加到积分器的输入端，其输出端通过一个比较器对开关 S1 的开闭进行控制。由于这是一个闭环系统，当达到平衡时，在一个开闭周期内，有

$$\frac{\bar{u}_{xt}}{R_1}+\frac{U_R}{R_2}\frac{T_1}{T}+\frac{-U_R}{R_2}\frac{T_2}{T}=0 \tag{4-85}$$

即

$$T_2-T_1=\frac{R_2}{R_1}\frac{T}{U_R}\bar{u}_{xt}\infty\bar{u}_{xt} \tag{4-86}$$

式中：T_1 为 S1 接通 $+U_R$ 的时间；T_2 为 S1 接通 $-U_R$ 的时间；T 为一个开闭周期的时间，$T=T_1+T_2$；$\bar{u}_{xt}$ 为 u_x 在周期 T 内的平均值。

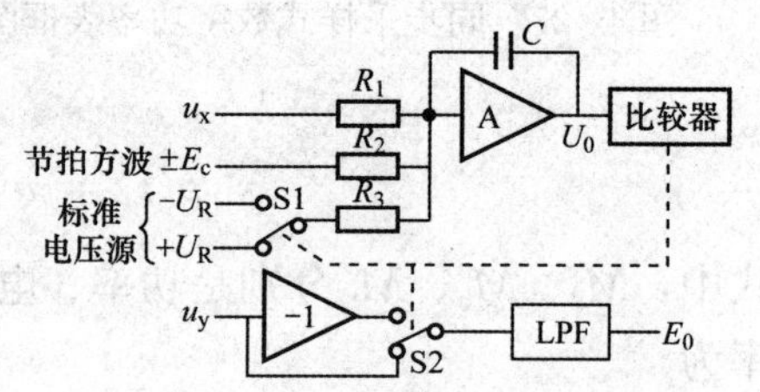

图 4-30 时分割乘法器的工作原理框图

令开关 S2 与 S1 联动，则 u_y 通道的输出处将出现一个幅值决定于 u_y、时间通断比例受 $\bar{u}_{xt}$ 控制的输出信号 E_0，在一周期 $T=T_1+T_2$ 的间隔内，E_{0T} 的表达式为

$$E_{0T}=\frac{\bar{u}_{yT_1}T_1-\bar{u}_{yT_2}T_2}{T_1+T_2}\approx\frac{T_1-T_2}{T}\bar{u}_{yT} \tag{4-87}$$

式中：$\bar{u}_{yT_1}$、$\bar{u}_{yT_2}$、$\bar{u}_{yT}$ 分别为 u_y 在 T_1、T_2、T 时间间隔内的平均值。

将式（4-86）代入式（4-87），有

$$E_{0T}\approx\frac{R_2}{R_1}\frac{1}{U_R}\bar{u}_{xT}\bar{u}_{yT}\infty\bar{u}_{xT}\bar{u}_{yT} \tag{4-88}$$

经滤波后，输出为 $\bar{u}_{xT}\bar{u}_{yT}$ 的直流分量，近似等于 u_xu_y 的直流分量（即待测有功功率的瞬时值），这些近似过程使此种乘法器具有固有的原理性误差。显然，T 越小此误差也越小，$\bar{u}_{xT}$、$\bar{u}_{yT}$ 以及它们的乘积越接近于瞬时值。

三、谐波功率流向计

在电网中畸变的负荷电流究竟是由用户的非线性负荷所引起的，还是由畸变的电压源所引起的，应该查清，以明责任。这就要求明确谐波功率的流向，在此使用谐波电流表和谐波电压表已无能为力，谐波功率流向计就是专为此目的而研制的简单专用仪器。

测量谐波功率的主要困难在于从总功率中将谐波功率分离出来，谐波功率要比基波功率小得多，仅是它的几千分之一或几万分之一。

图4-31所示为谐波功率流向计的原理框图。电压信号和电流信号经各自的输入电路将基波滤掉，再利用选频滤波器选出同次谐波分量，施加到乘法器上，经积分后即输出该次谐波的功率。指示器为一零位在表盘中间的仪表，由指针的偏转方向即可判断该次谐波功率的流向。

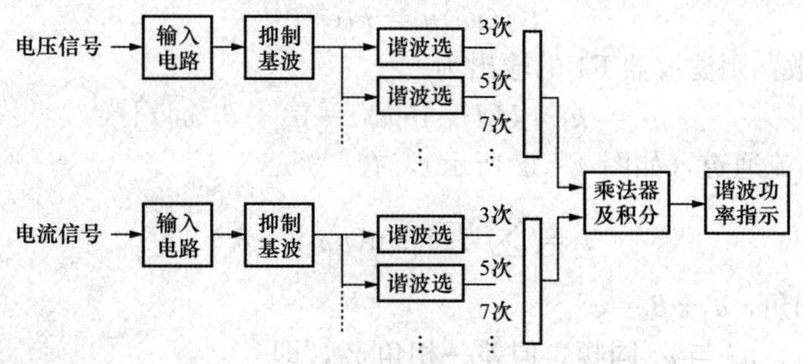

图4-31 谐波功率流向计的框图

四、无功功率的测量

沿用频域法，各次谐波的无功功率定义为

$$Q_n = U_n I_n \sin\varphi_n, \quad n = 1,2,\cdots,N \tag{4-89}$$

而总无功功率为

$$Q = \sum Q_n = \sum_{n=1}^{N} U_n I_n \sin\varphi_n \tag{4-90}$$

下面介绍测量某一次谐波无功功率的原理和装置。测量谐波无功功率的原理框图如图4-32所示。

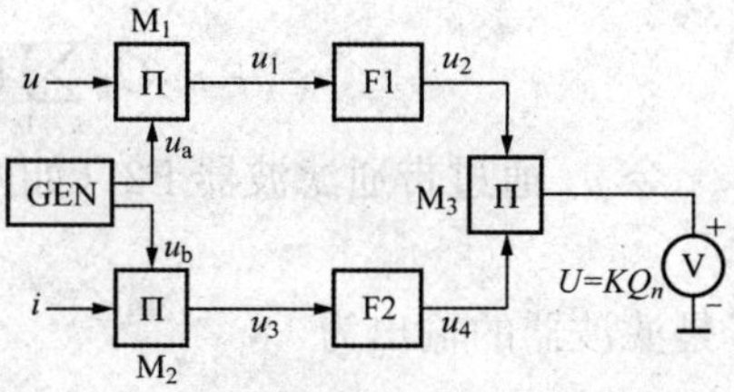

图4-32 测量谐波无功功率的原理框图

设$u = \sum_{n=1}^{N} \sqrt{2} U_n \sin(n\omega_1 t + \alpha_n)$，并令$u$与$u_a$相乘，以改变信号频率，且$u_a = \sqrt{2} U_a \sin(h\omega_1 + \omega_f)t$，$h=1$，2，…，$N$。

于是有

$$u_1 = m_2 u u_a = m_1 U_a \sum_{n=1}^{N} U_n \sin[(h\omega_1 + \omega_f - n\omega_1)t + \alpha_n]$$
$$+ m_1 U_a \sum_{n=1}^{N} U_n \sin[(h\omega_1 + \omega_f + n\omega_1)t - \alpha_n] \tag{4-91}$$

式中：m_1为常数。

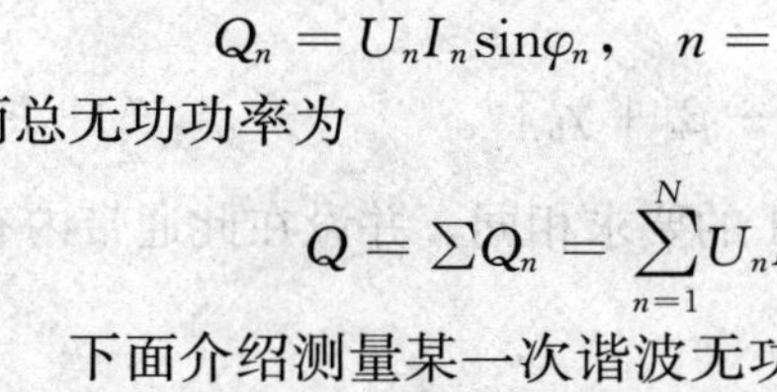

若使此信号通过一个带通滤波器F1，此带通滤波器的幅频特性如图4-33所示。如拟由式（4-91）中只取出频率为ω_f但幅值仅反映某一谐波U_n的信号，则必须有$n=h$，而且对任意的n，$h=0$，1，…，N有

$$h\omega_1 + \omega_f - n\omega_1 \neq -\omega_f$$

图4-33 带通滤波器的幅频特性

这意味着不允许$\omega_f\left[\omega_f = (n-h)\frac{\omega_1}{2} = \gamma\frac{\omega_1}{2}, \gamma = 0, 1, \cdots, N\right]$处于带通滤波器的通带内，即要求通频带$B < \frac{\omega_1}{2}$。

通带的中心频率 ω_c 可取

$$\omega_c = \gamma\frac{\omega_1}{2} + \frac{\omega_1}{4}$$

若滤波器通带的传递函数为

$$K_1(\mathrm{j}\omega)n = k_1\mathrm{e}^{-\mathrm{j}\theta_1(\omega)}$$

假定 k_1 是常数，则滤波器 F1 的输出为

$$u_2 = k_1 m_1 U_a U_n \sin[\omega_f t + \alpha_n - \theta_1(\omega_f)] \tag{4 - 92}$$

同理，对于电流通道（如图 4 - 32 所示），有

$$i = \sum_{n=1}^{N}\sqrt{2}I_n\sin(n\omega_1 t - \beta_n)$$

式中：α_n 为负荷相角，$\alpha_n - \beta_n = \varphi_n$。

将上式乘以 u_b，u_b 与 u_a 同频，但差一相角 γ_b，即

$$u_b = \sqrt{2}U_b\sin[(h\omega_1 + \omega_f)t + \gamma_b]$$

于是得

$$\begin{aligned} u_3 = m_2 i u_b &= m_2 U_b \sum_{n=1}^{N} I_n \sin[(h\omega_1 + \omega_f - n\omega_1)t + \beta_n + \gamma_b] \\ &+ m_2 U_b \sum_{n=1}^{N} I_n \sin[(h\omega_1 + \omega_f + n\omega_1)t - \beta_n + \gamma_b] \end{aligned} \tag{4 - 93}$$

令 u_3 通过带通滤波器 F2（如图 4 - 32 所示），它与 F1 的要求相同，并设在此通带内有

$$K_2(\mathrm{j}\omega) = k_2\mathrm{e}^{-\mathrm{j}\theta_2(\omega)}$$

于是滤波器的输出为

$$u_4 \approx k_2 m_2 U_b I_n \sin[\omega_f + \beta_n + \gamma_b - \theta_2(\omega_f)] \tag{4 - 94}$$

u_2 与 u_4 相乘取平均值，即为用磁电系电表所测得的电压

$$\begin{aligned} U = m_3 u_2 u_4 &= \frac{1}{T}\int_0^T m_3 u_2 u_4 t \\ &= \frac{1}{2}k_1 k_2 m_1 m_2 m_3 U_a U_b U_n I_n \cos[\alpha_n - \beta_n - \gamma_b - \theta_1(\omega_f) + \theta_2(\omega_f)] \end{aligned} \tag{4 - 95}$$

对于 $\gamma_b = \frac{\pi}{2}$，$\theta_1(\omega_f) = \theta_2(\omega_f)$，有

$$U = kU_n I_n \sin\varphi_n = kQ_n$$

显然，不论采用什么措施，只需将电流（电压）在保持幅值不变条件下移相$\frac{\pi}{2}$，再乘以有关电压（电流），即可得到 Q_n 值。实际上，这一方法早已广泛采用，不过对单频正弦波并不难做到，但对含多次谐波的情况，虽然移相$\frac{\pi}{2}$并不难，可是要保持谐波的幅值比例不变却难做到。

在谐波分析仪将畸变电压和电流分解出高次谐波后，就可以用软件程序计算出各次谐波的无功功率以及总无功功率。

构成测总无功功率的专用仪表，关键在于组成一个对某一信号（电压或电流）的所有谐波都移相$\frac{\pi}{2}$，但各谐波的幅值不变或相对比例不变的网络。

图 4 - 34 是按上述原理组成的总无功功率表的简化框图。图中，电压 u 和电流 i 分别经网络 $U(\mathrm{j}\omega)$ 和 $I(\mathrm{j}\omega)$ 转换为 U_a 和 U_b 再加到乘法器上。这两个网络都是全通网络，因此各次谐波间的比值不变，但通过两网络后在 $\omega_1 \sim N\omega_1$ 的频率范围内，同次电压电流谐波间的相角差都近似增加（或减少）$\frac{\pi}{2}$，这样就满足了测无功功率的要求。

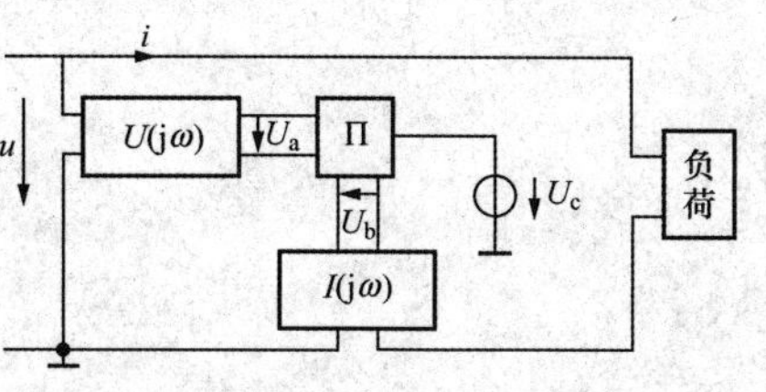

图 4 - 34　总无功功率表的简化框图

如无功功率采用时域定义，则有

$$\left.\begin{aligned} Q_t &= UI_q \\ I_q &= \sqrt{\frac{1}{T}\int_T i_q^2 \mathrm{d}t} \\ i_q &= i - i_p \\ i_p &= \frac{P}{U^2}u(t) \end{aligned}\right\} \tag{4-96}$$

为了按此定义测量 Q_t，可组成如图 4 - 35 所示的电路。由图可知，乘法器 M1 的输出与 $u(t)$ 有关，写作 $Gu(t)$，且从 M1 的输入来看，G 应满足

$$G = mA_u\bar{e} \tag{4-97}$$

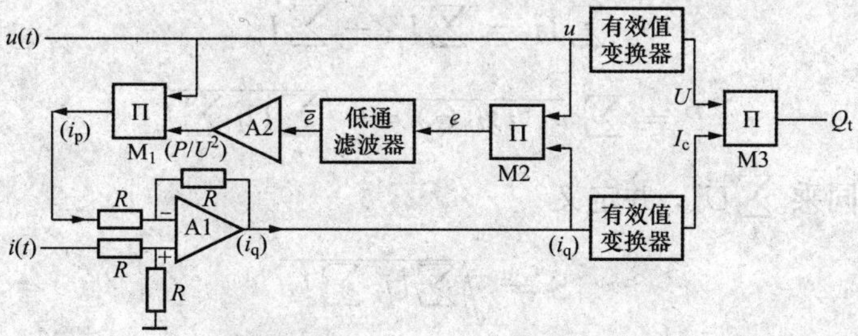

图 4 - 35　测单相 Q_t 的线路框图

式中：m 是乘法器 M1 的系数，A_u 是放大器 A2 的增益，$\bar{e}$ 是乘法器 M2 的输出直流分量。

式（4 - 97）中，如 $A_u \to \infty$，则 $\bar{e} = Gm/A_u \to 0$。从框图线路的另一方面来看，有

$$\bar{e} = \overline{mu(t)[i(t) - Gu(t)]} = \overline{m[u(t)i(t) - Gu^2(t)]} = m(P - Gu^2) \tag{4-98}$$

所以

$$G = \frac{P}{U^2}$$

$$Gu(t) = \frac{P}{U^2}u(t) = i_p$$

肯定 M1 的输出是 i_p 后，不难证明，A1 的输出就是 i_q。将 $u(t)$ 和 $i_q(t)$ 分别经有效值变换器后再相乘，所得的输出就是 $Q_t = UI_q$。

图 4 - 35 的电路可推广用于三相，现分析如下。

设相电压为 $u_k(t)$，相电流为 $i_k(t)$，其中 k=a、b、c，分别表示 a、b、c 三相。相电压表示对中性线的电压或对人为中性点的电压。相电流按下式分解为有功及无功分量，即

$$i_{pk}(t)=Gu_k(t) \tag{4-99}$$

$$i_{qk}(t)=i_k-i_{pk}(t) \tag{4-100}$$

其中

$$G=\frac{P}{\sum\limits_k u_k^2} \tag{4-101}$$

对于三相仍按以前的考虑可写出如下公式

$$\sum_k \overline{u_k(t)i_k(t)}=\sum_k \overline{u_k(t)i_{pk}(t)}+\sum_k u_k(t)i_{qk}(t) \tag{4-102}$$

$$P=\frac{P}{\sum\limits_k u_k^2}\sum_k \overline{u_k^2(t)}+\sum_k \overline{u_k(t)i_{qk}(t)} \tag{4-103}$$

或

$$P=P+\sum_k \overline{u_k(t)i_{qk}(t)} \tag{4-104}$$

式（4-104）表明，虽然有功功率还是由有功电流分量与电压相乘得到，但各相的无功电流分量却并不与各自的有功电流分量正交。但按式（4-104）仍有

$$\sum \overline{u_k(t)i_{qk}(t)}=0 \tag{4-105}$$

这说明虽然各相电压乘以各相电流无功分量的平均值不为零，但三相的总和却为零。据此可得

$$\sum_k I_k^2=\sum_k I_{pk}^2+\sum_k I_{pk}^2 \tag{4-106}$$

$$P=\sum_k \overline{u_k(t)i_k(t)}=\sqrt{\sum_k U_k^2\sum_k I_k^2} \tag{4-107}$$

式（4-106）两边同乘 $\sum\limits_k U_k^2$，并定义

$$S=\sqrt{\sum_k U_k^2\sum_k I_k^2} \tag{4-108}$$

$$Q_t=\sqrt{\sum_k U_k^2\sum_k I_{qk}^2} \tag{4-109}$$

就可以得到与单相系统类似的公式，即

$$S^2=P^2+Q_t^2 \tag{4-110}$$

图 4-36 给出三相无功电流变换器测量 B 相无功电流分量 $i_{qb}(t)$ 的电路框图。其他两相情况类似。由此电路可见，乘法器 M1 的输入为 $u_b(t)$ 及放大器 A2 的输出（假定为一未知量 G）。于是 M1 的输出为 Gu_b，而 $G=mA_u\bar{e}_2$（符号意义同前）。由图 4-36 不难证明

$$\begin{aligned}\bar{e}_2&=\sum_k \bar{e}_k=\sum_k m\,u_k(t)[i_k(t)-Gu_k(t)]\\&=m[\sum_k \overline{u_k(t)i_k(t)}-G\sum_k \overline{u_k^2(t)}]\\&=m[P-G\sum_k U_k^2]\end{aligned}$$

如 $A_u\to\infty$，则 $\bar{e}_2\to 0$，所以有

$$G=\frac{P}{\sum\limits_k U_k^2}$$

如此，M1 的输出 $Gu_{\mathrm{b}}=\frac{P}{\sum_{k}U_{k}^{2}}u_{\mathrm{b}}$ 就是 $i_{\mathrm{pb}}(t)$，而 A1 的输出 $i_{\mathrm{b}}(t)-i_{\mathrm{pb}}(t)$ 就是 $i_{\mathrm{qb}}(t)$。

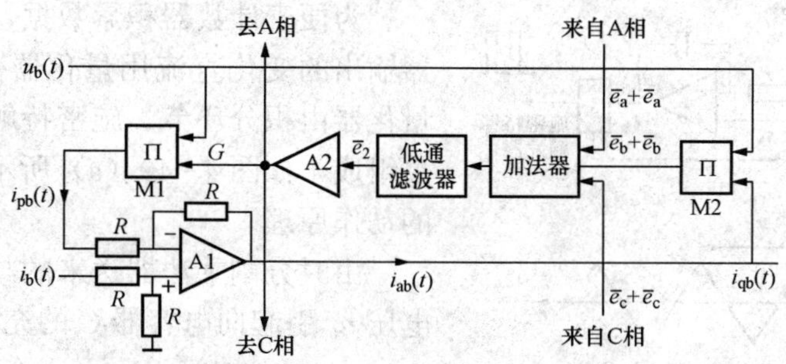

图4-36　三相无功电流变换器测量B相无功电流分量的电路框图

从上述的无功电流变换器只能得到各相电流的无功分量 $i_{qk}(t)$，为测量无功功率还需应用无功功率变换器。图 4-37 所示为无功功率变换器的原理结构图。此变换器还包括两个均方根值（有效值）变换器和一个乘法器。在此电路中将相电压 $u_k(t)$ 变为有效值 U_k，将相电流的无功分量变为有效值 I_{qk}，两者的乘积 $U_kI_{qk}=Q_k$，即为该相的无功功率。为求三相的总无功功率，可按式（4-109）的关系直接安排测量电路，或测得各相无功功率后再进行数据处理。

五、电能的测量

将功率对时间积分即得该段时间内的能量，利用时分割原理乘法器所组成的电子式电能测量仪器，其准确度可达 0.05%，频率范围达 2～3kHz。单相电子式电能表的框图如图 4-38所示。

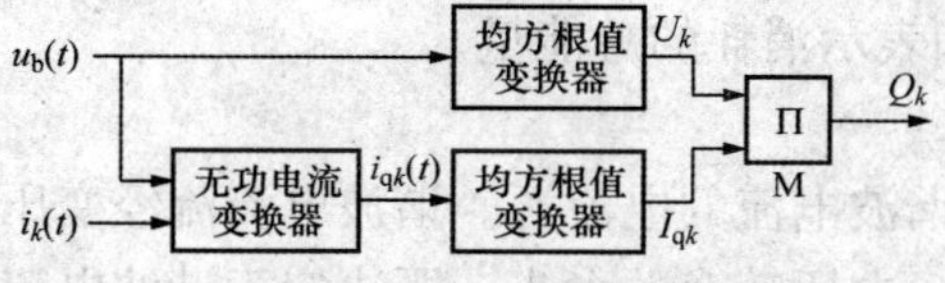

图 4-37　无功功率变换器的原理结构框图

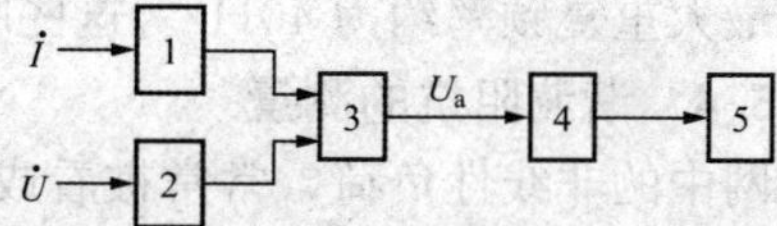

图 4-38　单相电子式电能表的框图

1—电流输入电路；2—电压输入电路；3—时分割式乘法器；4—量化器；5—计数器

图 4-39（a）、（b）分别给出了电流和电压的输入电路。电流电路带有误差补偿功能与过载保护。

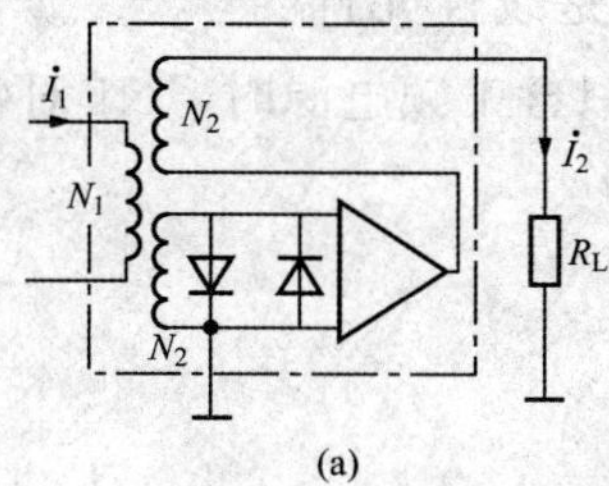

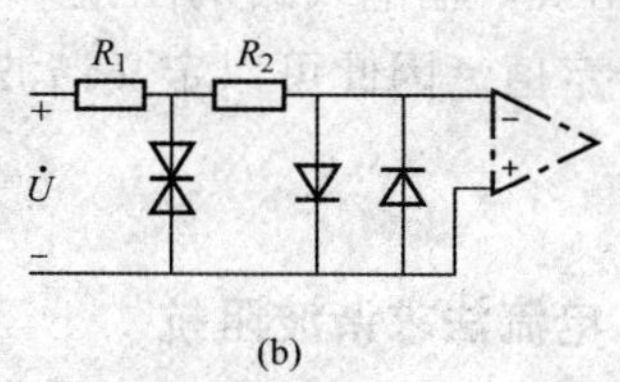

图 4-39　电流和电压输入电路

（a）电流电路；（b）电压电路

时分割乘法器的输出为变化的直流电压，它代表瞬时功率，经积分后就得到能量。时分割乘法器的原理参见图 4-40。

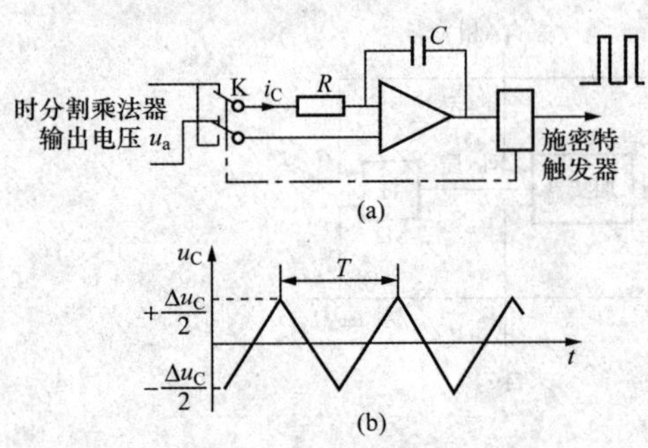

图 4-40 时分割乘法器的原理

(a) 量化器的电路；(b) 电容 C 的电压变化

为便于计数器积累数据，需将时分割式乘法器输出的变化直流用量化器变换为一系列脉冲。量化器由积分环节、施密特触发器及其控制的开关组成，如图 4-40（a）所示。下面介绍量化器的动作原理。

由时分割乘法器送来的与瞬时功率成比例的电压 u_a 引起向电容器 C 的充电电流 i_C 为

$$i_C = u_a/R \tag{4-111}$$

当电容器 C 的电压 u_C 因电荷的积累达到某一数值后，施密特触发器动作使充电电流 i_C 的极性倒反，于是电容器 C 放电，直到施密特触发器再次动作为止（发生在数值相等但极性相反的槛限值处）。此过程周而复始，且在 u_C 达到上槛限值时输出一脉冲。u_C 的变化曲线如图 4-40（b）所示。由图 4-40（b）可见，电容器充放电一周期 T，i_C 与电容器电压变化（Δu_C）的关系为

$$\Delta u_C C = i_C \frac{T}{2} \tag{4-112}$$

将式（4-111）代入式（4-112）即得

$$\Delta u_C 2RC = u_a T \tag{4-113}$$

式中：$u_a T$ 相当于在时间 T 内所做的功，即所消耗的电能；$\Delta u_C 2RC$ 是常数。

于是量化器以 T 为间隔不断连续发出脉冲串，每一脉冲相当于一固定量的电能。输出脉冲的最大重复频率约为 40Hz。这些脉冲之和表示消耗的总能量。

4.5.4 谐波阻抗的测量

电网中的非线性负荷，常常被看成是产生谐波电流的电流源。谐波电流流经变压器、输电线路，引起谐波电压，使电网电压波形畸变。电压畸变的大小，既决定于谐波电流，又和整个系统呈现的阻抗值有关。设谐波源与电力系统连接示意图如图 4-41 所示。图中方框 N2 代表非线性负荷，方框 N1 代表除掉这个负荷以外的整个电路。对于基波（工频）来讲，N2 是负荷。而对于谐波来讲，N2 的作用如同一个电源，N1 反而成为这个谐波电源的负荷。当 N1 中的阻抗元件都是线性元件（如变压器的漏阻抗，输电线路的阻抗），而且 N1 只含工频电源时，N1 对各个高次谐波呈现的阻抗是一个定值。因此可以定义谐波阻抗 Z_n 为

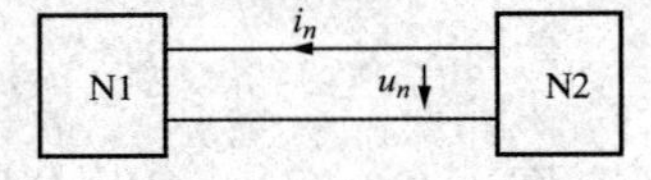

图 4-41 谐波源与电力系统连接示意图

$$Z_n = \frac{U_n}{I_n} \tag{4-114}$$

一、用注入电流法求谐波阻抗

对图 4-42 所示的系统，从 A 点看进去的等值谐波阻抗为 Z_n，当从 A 点向系统注入一个谐波电流 I_n 时，在 A 点将产生一个谐波电压 U_n，且

$$U_n = I_n Z_n \tag{4-115}$$

因此，只要测量到注入的谐波电流 I_n 及其产生的谐波电压 U_n，就可以求出系统从 A 点看进去的等值谐波阻抗 Z_n，即

$$Z_n = \frac{U_n}{I_n}$$

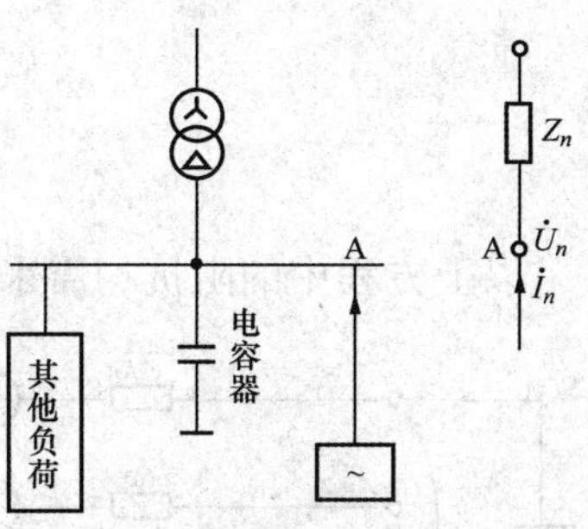

图 4-42 用注入电流法测量等值谐波阻抗的系统图

由于系统中一般都存在着频率为基波频率整数倍的固有谐波信号。若将这样一些频率（即 $n\times50$Hz，$n=1$，2，3，…）的谐波电流信号注入系统，要得到正确的谐波阻抗值，就要求这些电流信号的值必须很大才能抑制系统中固有谐波信号的干扰，因此就需要一个功率很大的电流注入装置。系统中两个相邻谐波频率间的中间频率$\left(\text{即}\frac{2n+1}{2}\times50\text{Hz}，n=0，1，2，\cdots\right)$的谐波信号一般都很小，选择这样一些频率的谐波电流注入系统，在较小的注入电流的情况下，就能获得较高信噪比，这样就可以采用一个小功率的信号发生器给系统注入谐波电流信号，测出系统在这些频率下的谐波阻抗，然后再采用插值法求出频率为基波频率整数倍的谐波阻抗。

（一）测量方法及原理

设有一 10kV 供电系统，等值电路如图 4-43 所示。通常 10kV 供电系统是对称的，因此可以从两相线间注入一个单相谐波电流来测量三相系统的一相等值谐波阻抗。

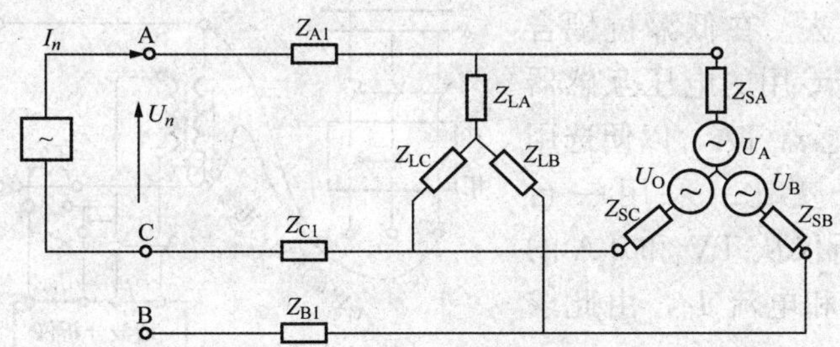

图 4-43 某 10kV 供电系统的等值电路

Z_{A1}、Z_{B1}、Z_{C1}—线路阻抗；Z_{LA}、Z_{LB}、Z_{LC}—负荷阻抗；Z_{SA}、Z_{SB}、Z_{SC}—电源系统阻抗

由图 4-43 可见，根据测到的 I_n 和 U_n，可以求出包括负载在内的系统谐波阻抗 Z_n，即

$$Z_n = \frac{U_n}{I_n} = [Z_{A1} + (Z_{LA} /\!/ Z_{SA})] + [(Z_{LC} /\!/ Z_{SC}) + Z_{C1}]$$

若用 Z_A、Z_B、Z_C 表示各相等值谐波阻抗（如图 4-44 所示），并假定系统是对称的，则

$$Z_A = Z_B = Z_C = Z_n/2 \tag{4-116}$$

当需要考虑系统的不对称性时，可依次测出 A、B 相之间的阻抗 Z_{AB}；B、C 相之间的阻抗 Z_{BC}；C、A 相之间的阻抗 Z_{CA}。再根据关系式

$$Z_{AB} = Z_A + Z_B$$
$$Z_{BC} = Z_B + Z_C$$
$$Z_{CA} = Z_C + Z_A$$

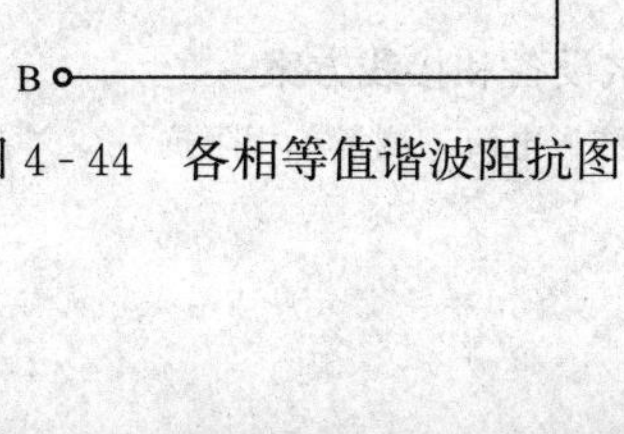

图 4-44 各相等值谐波阻抗图

联立求解，可得

$$\left.\begin{aligned} Z_A &= (Z_{AB} + Z_{CA} - Z_{BC})/2 \\ Z_B &= (Z_{AB} + Z_{BC} - Z_{CA})/2 \\ Z_C &= (Z_{BC} + Z_{CA} - Z_{AB})/2 \end{aligned}\right\} \quad (4-117)$$

以上方程中的阻抗均需采用复数阻抗。

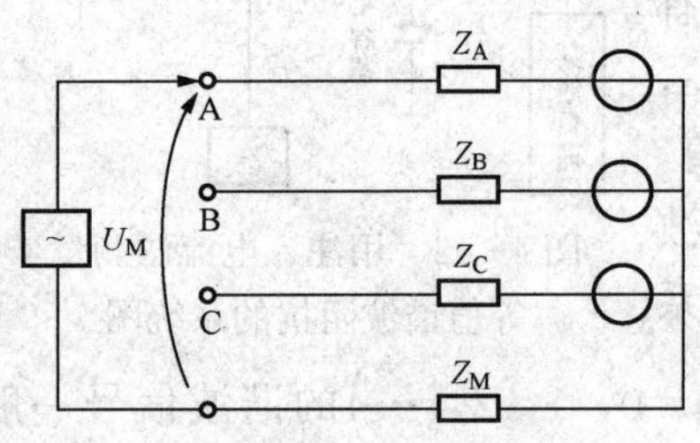

图 4-45　380/220V 的三相四线低压配电系统

对于 380/220V 的三相四线低压配电系统，除了可以在相间注入电流来测量系统的一相等值阻抗 Z_A、Z_B、Z_C 外，还需要从相线和中性线间注入电流来测出系统的单相谐波阻抗。如图 4-45 所示，从 A 相线和中性线间注入电流 I_n，测出电压 U_n，则

$$Z_{An} = Z_A + Z_n = U_n/I_n$$

其中，Z_n 的大小不仅与中性线路本身有关，而且与配电变压器的接线方式有关。Yyn 接线变压器的 Z_n 将比 Dyn 接线变压器的 Z_n 大得多。

（二）测试设备和接线方案

10kV 系统谐波阻抗测试设备和接线方案如图 4-46 所示。谐波电流发生器通过低压断路器 QF 接到低漏抗耦合变压器 T 的低压侧，低漏抗耦合变压器的高压侧经过专用高压测试电缆引到 10kV 高压开关柜，再通过开关合到 10kV 母线上去。在低漏抗耦合变压器的高压侧接有专用的电压互感器 TV 和专用的电流互感器 TA，以便选用合适的电流、电压变比。采用一台 NOWA-1 型谐波分析仪从 TV 和 TA 的二次侧测量电压 U_n 和电流 I_n，由此求得谐波阻抗 Z_n

$$Z_n = U_n/I_n$$

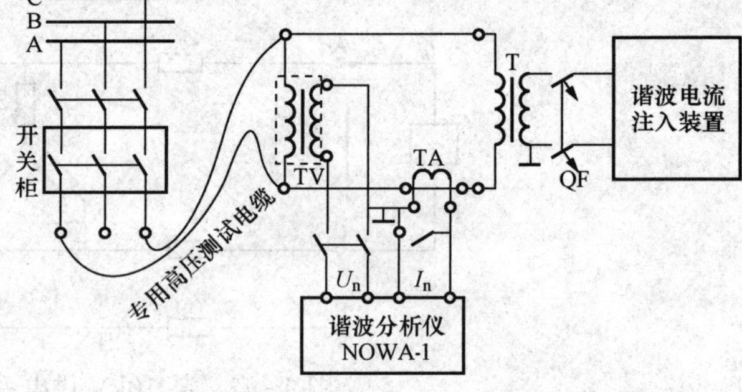

图 4-46　10kV 系统谐波阻抗测试设备和接线方案

试验时，TV、TA 的二次侧，低漏抗耦合变压器的低压侧和高压测试电缆的外皮必须可靠接地，以确保操作安全。

测试 380/220V 三相四线低压配电系统谐波阻抗用的测试设备和接线方案如图 4-47 所示。

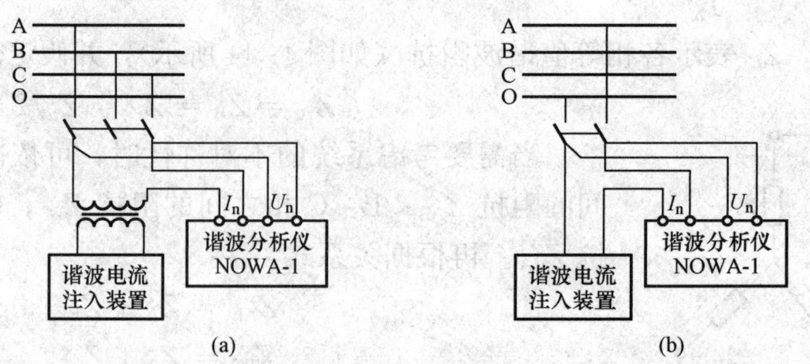

图 4-47　380/220V 三相四线低压配电系统谐波阻抗测试设备和接线方案

(a) 从两线间注入电流，测量一相等值阻抗；(b) 从相线和中性线间注入电流，测量单相阻抗

测量时，NOWA-1 型谐波分析仪可直接接入电路中进行测量。当从相线和中性线间注入电流时，谐波电流注入装置可以直接接到 220V 电源上去。当从 380V 电压的两相线间注入谐波电流时，由于谐波电流注入装置只能承受 230V 以下的电压，因此还需要经过一个小容量的 380/220V 的低漏抗耦合变压器耦合到系统上去。

二、利用负荷的畸变电流求谐波阻抗

（一）利用频率响应估计原理求谐波阻抗

对一个线性系统，设其冲激响应为 $z(t)$，则 $z(t)$ 的傅里叶变换 $Z(f)$ 就是这一线性系统的频率响应。下面用大写字母代表随机过程。设 $I(t)$ 是系统的输入，假定其是均值为零的平稳随机过程，噪声 $N(t)$ 也是均值为零的平稳随机过程，且 $N(t)$ 与 $I(t)$ 不相关，则输出 $V(t)$ 也是均值为零的平稳随机过程，且有

$$V(t) = \int_0^{\infty} z(v)I(t-v)\mathrm{d}v + N(t) \tag{4-118}$$

令 $G_{ii}(f)$ 代表输入 $I(t)$ 的自协方差函数的傅里叶变换，即功率谱，功率谱是实数；令 $G_{iv}(f)$ 代表输入 $I(t)$ 和输出 $V(t)$ 间的互协方差函数的傅里叶变换，即互谱，一般为复数。根据式（4-118），由随机信号分析理论可知

$$G_{iv}(f) = Z(f)G_{ii}(f) \tag{4-119}$$

由于电网中的负荷变动、断路器操作等是随机的，故可以假定电网中的电压、电流都是平稳随机过程。将式（4-118）中的输入 $I(t)$ 解释为电流，输出 $V(t)$ 解释为电压，则 $Z(f)$就是所需的（谐波）阻抗。因此，记录下电压、电流值，按照随机过程理论，求出功率谱和互谱的估计值，就可以按式（4-119）求得阻抗 $Z(f)$ 的估计值。若 f 等于所需谐波阻抗频率，则此时的 $Z(f)$ 就是待求的谐波阻抗。

（二）用谐波序分量测谐波阻抗

该方法可以考虑三相电压、电流的不平衡情况。这一方案的第一步就是按照式（4-120）测出零序电压、电流和平衡电压、电流的瞬时值。此时假定正序阻抗 Z_1 等于负序阻抗 Z_2。令 $\dot{U}_1$、$\dot{U}_2$、$\dot{U}_0$ 分别代表正序、负序、零序谐波电压相量，谐波电流的标记类似，于是有

$$Z_1 = Z_2 = \frac{\dot{U}_1}{\dot{I}_1} = \frac{\dot{U}_2}{\dot{I}_2} = \frac{\dot{U}_1 + \dot{U}_2}{\dot{I}_1 + \dot{I}_2}$$

$$\dot{U}_{12} = \dot{U}_1 + \dot{U}_2$$

$$\dot{I}_{12} = \dot{I}_1 + \dot{I}_2$$

式中：$\dot{U}_{12}$ 和 $\dot{I}_{12}$ 分别为平衡电压和平衡电流。

按照对称分量理论，以 A 相电压为基准的各序电压是

$$\left.\begin{aligned} &\dot{U}_0 = (\dot{U}_A + \dot{U}_B + \dot{U}_C)/3 \\ &\dot{U}_{12} = \dot{U}_1 + \dot{U}_2 = \dot{U}_A - \dot{U}_0 = (2\dot{U}_A - \dot{U}_B - \dot{U}_C)/3 \end{aligned}\right\} \tag{4-120}$$

式中：$\dot{U}_A$、$\dot{U}_B$、$\dot{U}_C$ 为三相电压相量。

计算电流的零序分量 $\dot{I}_0$、平衡电流 $\dot{I}_{12}$ 的公式与式（4-120）类似。

测量谐波电压序分量的框图如图 4-48 所示。按照图 4-48，首先用带阻滤波器去掉三相电压中的 50Hz 分量，然后通过下一环节 B，分离出电压的零序分量 $u_0(t)$ 和平衡电压

$u_{12}(t)$。显然，这时得到的 $u_0(t)$ 和 $u_{12}(t)$ 含有除 50Hz 以外的各个谐波分量。将电压和电流通过带通滤波器，挑选出所需频率，例如 f_1，再经过阻抗测量环节，就得到了该频率 f_1 下的谐波阻抗。用谐波序分量测谐波阻抗的框图如图 4-49 所示。

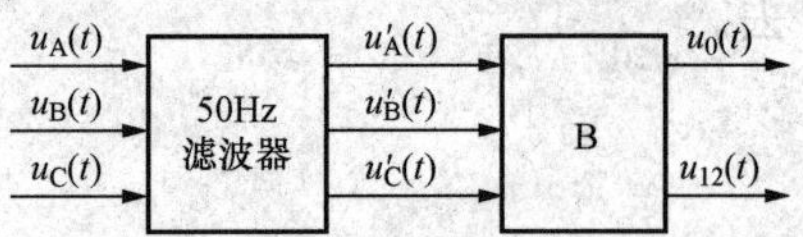

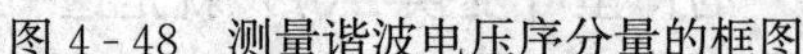

图 4-48　测量谐波电压序分量的框图

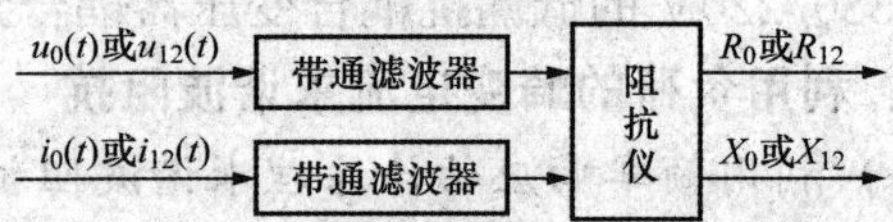

图 4-49　用谐波序分量测谐波阻抗的框图

4.5.5　对电压互感器与电流互感器的要求

一、电压互感器

为准确测量和记录在畸变波形下的电压值，在电压互感器将高电压转换为适合于测量以及记录仪器可接受的数值时，需保证一定的准确度，并且要保持原来的波形。图 4-50 所示为电压互感器的电路模型。图中，$\dot{U}_1$ 为一次侧电压，$\dot{U}_b$ 为负载电压，也是互感器的二次侧输出电压；N_1、N_2 分别是一次侧与二次侧匝数；Z_σ 是一次侧、二次侧等效漏阻抗之和与一次侧、二次侧间漏电容 C_σ 所形成的总等效串联阻抗（折算到二次侧）；Z_e 为励磁阻抗；C_1、C_2 分别是一次侧、二次侧对地电容；Z_b 是负载阻抗；$\dot{U}_\sigma$ 是阻抗 Z_σ 上的电压。

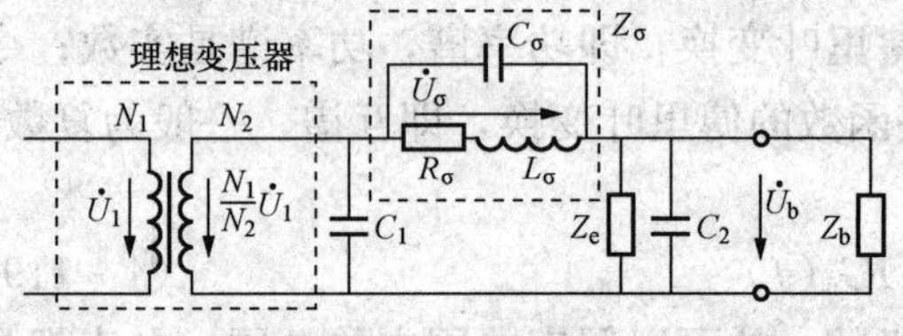

图 4-50　电压互感器电路模型

由图 4-50 得

$$\dot{U}_2 = \frac{N_2}{N_1}\dot{U}_1 - \dot{U}_\sigma \tag{4-121}$$

如采用比例校正系数 RCF 表示电压互感器的性质，则

$$RCF = \frac{(N_2/N_1)U_1}{U_b} = \left|\frac{\dot{U}_\sigma + \dot{U}_b}{\dot{U}_b}\right|$$

或

$$RCF = \left|1 + Z_\sigma\left(\frac{1}{Z_b} + \frac{1}{Z_e} + \frac{1}{Z_{C2}}\right)\right| \tag{4-122}$$

式中：Z_{C2} 表示 C_2 的阻抗。

可见，要使电压互感器的误差很小，即 RCF 极接近于 1，就应使 Z_b、Z_e、Z_{C2} 尽量大，而 Z_σ 尽量小。增大负载阻抗 Z_b 的方法是使电压互感器工作在欠额定负载条件下，加大 Z_e 的方法是使磁路工作在较低的磁通密度区域（对电力变压器的情况而言），而减小 Z_σ 的措施是降低绕组电阻和减小绕组漏抗。

式（4-122）的物理意义可以这样来说明：$\frac{1}{Z_b}$、$\frac{1}{Z_e}$、$\frac{1}{Z_{C2}}$ 分别表示流过负载阻抗 Z_b、励磁阻抗 Z_e 及电容 C_2 中的电流，而 Z_σ 乘以这些电流之和表示负载两端电压互感器理想电压的百分率。

可见，当谐波最高次数在 20～40 次以下时，完全有可能制造出频率特性较好的电压互感器。例如美国生产的中级电压为 4800V 的 PT48 型和 7200V 的 PT72 型的电压互感器在谐波最高次数为 20～40 次以下时，有较好的频率特性。

对用于实验室中的电压互感器可采用补偿措施来改善电压互感器的性能。在这方面可采用负阻抗变换器（NIC）来减小误差。图 4-51所示为结合 NIC 的电压互感器等值电路。

电容式电压互感器基本上是一个调谐到 50Hz 或 60Hz 的装置，一般只能使用在以 50Hz 或 60Hz 为中心的有限频率范围内，而谐波频率远超出这一范围，因此电容式电压互感器不适用于测量含谐波的电压。

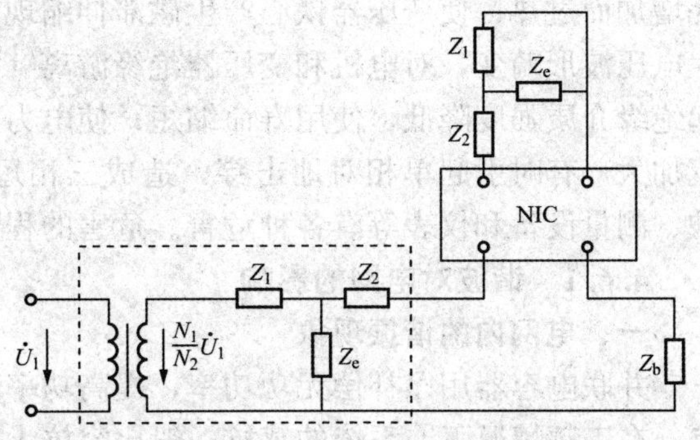

图 4-51　结合 NIC 的电压互感器等值电路

二、电流互感器

一般地，电流互感器的频率特性较好，能比较准确地反映畸变波形的实际情况。有文献给出了如图 4-52 所示的等值电路，据此可写出电流互感器的比例校正系数（RCF）为

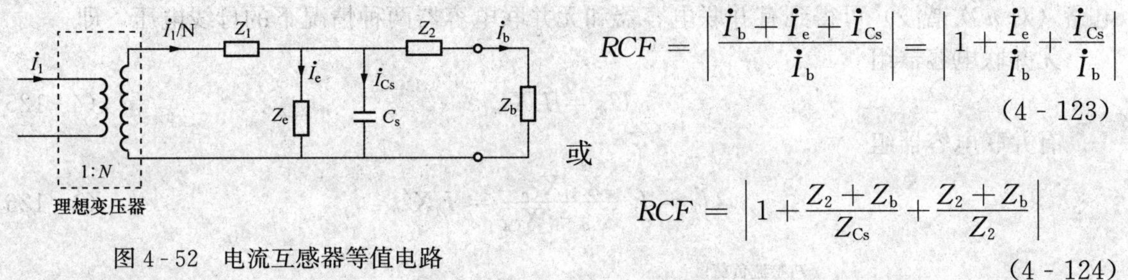

图 4-52　电流互感器等值电路

$$RCF = \left| \frac{\dot{I}_b + \dot{I}_e + \dot{I}_{Cs}}{\dot{I}_b} \right| = \left| 1 + \frac{\dot{I}_e}{\dot{I}_b} + \frac{\dot{I}_{Cs}}{\dot{I}_b} \right| \tag{4-123}$$

或

$$RCF = \left| 1 + \frac{Z_2 + Z_b}{Z_{Cs}} + \frac{Z_2 + Z_b}{Z_2} \right| \tag{4-124}$$

注意

电流互感器的一次侧等效阻抗 Z_1 并不出现在公式中，因为对于以电流源 I_1 供电的电路，它不起作用。为使电流互感器的误差较小，应令 RCF 接近于 1，这要求 Z_{Cs}、Z_e 越大越好，而 Z_2 越小越好。

准确级较高的电流互感器，一般多采用镯环铁心结构，并使用磁性能较好的材料制造（如冷轧硅钢片、玻莫合金等），而且在设计上工作磁通密度选得较低，使在正常使用情况下，远离磁饱和区域，这样有利于使 Z_e 增大或 Z_2 减小。

频率增高会使 Z_e 加大，即 $\dot{I}_e$ 减小，同时 Z_{Cs} 降低，$\dot{I}_{Cs}$ 增大。实际上，只要 C_s 限制在 10^{-9}F 数量级以内，对于电网中畸变波的频率范围来说，Z_{Cs} 值是很高的，也就是 $\dot{I}_{Cs}$ 在电流互感器的二次侧电流中所占的份额很小。因此在上述频率范围内，即使 $\dot{I}_{Cs}$ 本身有较大变化，但对总体来讲其影响也不大。

4.6　谐波对电网的影响和危害

谐波会对电力系统或并联的负载产生种种危害。例如，使各种设备出现故障，如使电机负载加重，产生振荡转矩，转速周期性变化；加重集肤效应，使电机和变压器铜损耗、铁损耗增加而过热；使变压器铁心产生磁滞伸缩现象，噪声增加，甚至达到不能容许的程度；产生电压波形畸变，对电机和变压器绝缘游离（局部放电）过程的产生和发展有很大影响，引起绝缘介质强度降低，使用寿命缩短；使电力电缆容量减小，损失增加，老化加剧，泄漏电流加大，有时引起单相对地击穿，造成三相短路；对通信设备、自动和远动装置、继电保护、测量设备和仪表等有各种危害。危害的程度决定于谐波量的大小、现场条件等因素。

4.6.1 谐波对电网的影响

一、电网内的谐振现象

并联电容器用以补偿无功功率，提高功率因数和系统电压，与调相机相比具有一定的优点。在工频情况下，系统的感抗一般比容抗小得多，因而不会发生谐振，但当系统含有高次谐波时，并联电容器组投入后，会产生使系统原有谐波放大的现象。由于大型调压电容器组采用分组投切的运行方式，其容抗在较大范围内变化，当系统的谐波感抗与电容器的谐波容抗相等时，就会发生谐振。谐振的产生对电力系统和电容器本身都是不利的。

图 4-53 所示为电网内有、无并联电容器组的比较。由图 4-53（b）、（c）所示的等值电路（对 n 次谐波）可得到有并联电容器和无并联电容器两种情况下的母线电压，即

无并联电容器组

$$U_n = I_n X_{sn} \tag{4-125}$$

有并联电容器组

$$U'_n = I_n \frac{X_{sn} X_{Cn}}{X_{sn} - X_{Cn}} = I_n X'_{sn} \tag{4-126}$$

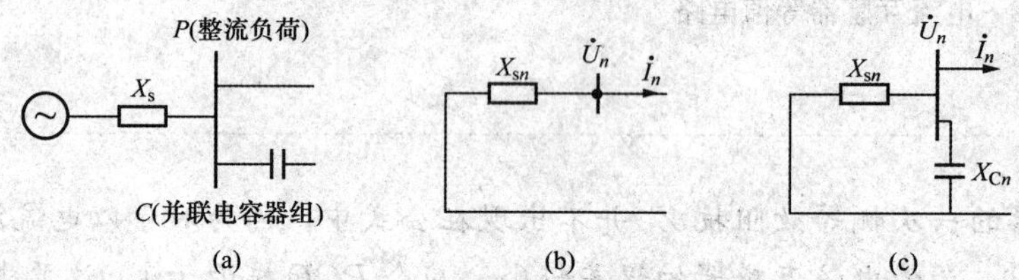

图 4-53 电网内有、无并联电容器组的比较

(a) 系统示意图；(b) 无并联电容器组的等值电路；(c) 有并联电容器组的等值电路

因为 $X'_{sn} > X_{sn}$，所以 $U'_n > U_n$。这就是并联电容器的放大作用。

若 $X_{sn} = X_{Cn}$，则 $X_{sn} - X_{Cn} = 0$，$U'_{(n)} \to \infty$，这时并联补偿电容器容抗与系统感抗匹配，会发生 n 次并联谐振，造成电容器组过电压和过电流。此时，电源的短路容量为

$$S_C = \frac{U^2}{X_s} \tag{4-127}$$

电容器容量为

$$Q_C = \frac{U^2}{X_C} \tag{4-128}$$

当基波频率为 f_1 时，则谐振周波数 f_r 为

$$f_r = \frac{1}{2\pi}\sqrt{\frac{1}{LC}} = \frac{1}{2\pi}\sqrt{\omega^2 \frac{1}{\omega L}\frac{1}{\omega C}} = \frac{\omega}{2\pi}\sqrt{\frac{X_C}{X_s}} = f_1\sqrt{\frac{X_C}{X_s}} \tag{4-129}$$

将式（4-127）和式（4-128）代入式（4-129），得

$$f_r = f_1\sqrt{\frac{S_C}{Q_C}} \tag{4-130}$$

二、谐波影响潮流计算的有效性

当电力系统中出现大的非线性负载或为数众多的分散的非线性负载时，用常规的潮流算法分析潮流不可能得到正确结论。在潮流计算中，计及与不计及谐波所得结果可能有相当大的差别，有时竟相差20%。非线性负载的功率因数就是一个很明显的例子。在联合电力系统中，谐波的影响更加难以预测，常规的潮流计算可能变得无用。

三、增加网络损耗

高次谐波使网损增加也是不能忽视的。设高次谐波电流含有率为K_1，且

$$K_1 = \sqrt{\sum_{n=2}^{\infty} I_n^2}\Big/ I_1 \times 100\% \tag{4-131}$$

设线路电阻为R，则无谐波电流时线路损耗为I_1^2R，而有谐波电流时，线路损耗为

$$I^2R = (I_1^2 + \sum_{n=2}^{\infty} I_n^2)R = I_1^2R(1+K_1^2)$$

所以，线路损耗增加率为

$$\alpha = \frac{I^2R - I_1^2R}{I_1^2R} = K_1^2 \tag{4-132}$$

因此，如果高次谐波含有率为30%，那么线路损耗就会增加9%。从经济运行的角度，高次谐波使网损增加的问题也应引起足够的重视。

4.6.2 谐波对高压设备的影响

一、谐波对同步发电机的影响

谐波对发电机的主要影响是引起附加损耗，此外还产生机械振动、噪声和谐波过电压。发电机谐波附加损耗的谐波电阻R_n近似地是基波损耗工频电阻R_1的$\sqrt{n}$倍，即

$$R_n \approx \sqrt{n}R_1 \tag{4-133}$$

流入星形接法的电机定子绕组中的谐波电流所产生的旋转磁场，在转子绕组中感应出谐波电流。对隐极电机来说，这些电流在转子的槽楔、齿和嵌套于转子端部的套箍上流动；而对凸极机来说，则主要在极靴中流动。集肤效应使得上述电流只在转子各部件的表层流动，因而转子上容易受到谐波电流损害的部位就是阻尼绕组、槽楔、齿和套箍的嵌接面。

定子绕组中的谐波电流同样也有集肤效应。在定子的双层绕组中，沿槽高的上层线棒的谐波电流附加损耗可达下层线棒的6倍之多。隐极发电机定子的一些零部件，如端压板、槽楔、端盖和其紧固螺栓，由于集中了很大的谐波涡流和漏磁，从而严重发热，甚至成为运行的限制条件。

谐波电流引起的电机附加损耗和发热，可以折算成等值的基波负序电流来考虑。大量试验结果表明，有阻尼绕组和无阻尼绕组汽轮发电机所允许的负序电流分别为额定电流的15%～20%和8%～16%。当转子无阻尼绕组并且采用铜或铝楔条时，允许负序电流值应取上述范围的下限。大型直接冷却式汽轮发电机的允许负序电流值为额定电流的5%～6%。对于短时出现的负序电流，则按照下式计算

$$\int I_{1(2)}^2 \leqslant A \tag{4-134}$$

式中：$I_{1(2)}$ 为基波负序电流的标幺值；A 取值为 5～20，电机越大，A 值越小。

当发电机中谐波电流的频率接近定子零部件的固有振动频率时，可能引起发电机的强烈机械振动。

二、谐波对变压器的影响

正常情况下变压器励磁电流中含有谐波，但该谐波电流一般不大于变压器额定电流的1%，其作用是使变压器铁心中磁通趋于正弦波形，所以并不引起变压器本身的铁损耗和发热增大。变压器刚通电时，励磁涌流中的谐波电流能达到或超过变压器的额定电流，但历时很短（以秒计），正常情况下不会构成对该变压器本身的危害。但在谐振条件下（这时变压器外电路的谐波阻抗呈容性），这种谐波电流能够危害变压器自身。对于全星形接法的变压器，正常时每相绕组电压的 3 次谐波含量可能达到相当大的数值，若绕组中性点接地，且该侧电网中分布电容较大或装有中性点接地的并联电容器组时，可能构成接近于 3 次谐波谐振的条件，因而使 $\dot{U}_3$ 和励磁电流中的 $\dot{I}_3$ 增大，附加损耗大增，严重影响变压器的可靠性。因此有许多国家规定不得采用全星形接法的三相变压器。在我国，有不少电网中都采用了全星形接法的变压器，对它们的谐波问题需要给予重视。

当直流电流、低频电流或地磁感应电流流入变压器绕组时，变压器发生严重磁饱和，使励磁电流和其中的谐波电流大增，可以危害设备本身和电网的安全运行。

谐波电流使铜损耗和杂散磁通损耗增大，在变压器绕组和线电容之间引起绝缘应力，有可能产生谐振（谐波频率时），导致变压器发热增大。

谐波电流引起变压器涡流损耗增加与谐波频率的平方成正比，导体的总涡流损耗为

$$W_{\mathrm{t}} = W\sum_{n=1}^{\infty}\left(\frac{nI_n}{I_{\mathrm{N}}}\right)^2 \tag{4-135}$$

式中：W_{t} 为总的涡流损耗；W 为额定基波电流的涡流损耗；I_n 为谐波电流；I_{N} 为额定基波电流；n 为谐波次数。

谐波电流除引起变压器绕组附加损耗外，也引起外壳、外层硅钢片和某些紧固件发热，并且有可能引起局部的严重过热。另外，谐波能使变压器噪声增大。

三、谐波对电缆和输电线路的影响

（一）谐波对电缆的影响

由于电缆分布电容对谐波电流有放大作用，因此在电网低谷负荷时，电网电压上升而使谐波电压也升高，电缆更容易出现故障。谐波引起电缆损坏的主要原因是浸渍绝缘的局部放电，介损和温升的增大。电缆的额定电压等级越高，谐波引起的上述危害也越大。

（二）谐波对输电线路的影响

超高压长距离输电线路，常采用单相自动重合闸来提高电力系统暂态稳定性。有些330kV 及以上电压等级输电线路接有并联电抗器，中性点还加装有接地电抗器并按照线路工频参数调谐，用以加速潜供电流的熄灭，从而缩短单相重合闸的重合时间。较大的高次谐波电流（数十安培或更大）能显著地延缓潜供电流的熄灭，导致单相重合闸失败，或不能获得较短的自动重合闸时间。

四、谐波对电网电气设备的影响

（一）谐波对大型换流装置的影响

大型换流装置的容量若达到所接电网的短路容量的$\frac{1}{3}$～$\frac{1}{2}$及以上时，或虽未达到此值而

电网参数的配合导致较低次（2～9 次）谐波谐振时，交流电网的电压畸变可能引起常规控制角的触发脉冲间隔不等，并通过正反馈放大系统的电压畸变，使整流器工作不稳定，而对逆变器则可能发生连续的换相失败而无法工作。

（二）谐波对消弧线圈的影响

消弧线圈是按照所接局部电网的工频参数来调谐的，因而对谐波实际上不起作用。若电网的谐波较大，则会延迟或阻碍消弧线圈的灭弧作用。

4.6.3 谐波对低压用电设备的影响

谐波电流的流入会导致整个设备过热，并降低绝缘寿命，而在加热过程中又影响整个设备。下面描述一些低压用电设备受谐波的影响。

一、电阻电感负荷

相当大的一部分系统负荷的阻抗特征为无源电阻或电阻电感网络，包括白炽灯和电阻型加热装置。白炽灯是这组负荷装置中的一种，对热效应的增大十分灵敏。灯泡寿命为

$$L=\frac{1}{U^n}=\frac{1}{[U_1^2(1+THD^2)]^{n/2}} \tag{4-136}$$

式中：L 为灯泡寿命的标幺值（以基本的额定寿命为基准值）；U_1 为基波电压的标幺值；U 为均方根电压标幺值（以基本的额定电压为基准值）；n 的代表值为 13。

值得注意的是，畸变系数大会显著缩短灯泡寿命，而改变基波电压相对来说比改变畸变系数更有意义。

二、弧光灯

各种类型的弧光灯都具有电阻随电流增大而减小的非线性电阻特性。这种灯具有一种安全的工作范围，需要镇流器把灯的工作点置于安全范围，以使各种灯在整个特性范围内适应所有的线电压状况。

在弧光灯正常工作期间，镇流器起串联限流元件的作用。采用电感式镇流器时，用畸变系数可粗略地描述电压畸变的影响，畸变系数准确就不会造成灯工作点的大移位。但必须注意，采用电容镇流器时，谐波频率升高，镇流器的电抗降低。因为灯泡本身是一种高度非线性装置，迄今还不清楚电压畸变对镇流器灯会有什么影响。

三、熔丝

熔丝中的谐波电流产生的过热，会造成装置的时间电流特性曲线移位，在低值故障期间特别要注意。

四、电动机

谐波对电动机的主要影响是引起附加损耗，其次是产生机械振动、噪声和谐波过电压。

谐波对电动机可引起附加损耗，从而产生附加温升。反映谐波附加损耗的谐波电阻 R_n 和反映基波损耗的工频电阻 R_1 之比大于 1，且

$$R_n/R_1\approx\sqrt{n}$$

实际的比值可能比$\sqrt{n}$小，也可能较大。

当电动机的基波电流或谐波电流增大时，齿部磁饱和增大，使得基波短路电阻 R_{1k} 和电抗 X_{1k}、谐波电阻 R_n 和电抗 X_n 都下降。

一般认为，三相感应电动机的 n 次谐波电流计算式为

$$I_n = \frac{U_n}{nf_1}L_{1n} \tag{4-137}$$

式中：I_n 为 n 次谐波相电流的均方根有效值；U_n 为 n 次谐波电压的均方根有效值；f_1 为基波电源频率；L_{1n} 为定子和转子的有效泄漏电感之和。

由于集肤效应的存在，当 n 增大时，有效电感趋向于减少。某些试验表明，在额定负荷下，当存在较大谐波电流时，电动机的漏抗会降低 15%～20%，而且励磁阻抗也要降低。如果内部线棒的电感可忽略不计，最小值 L_1 就等于定子和转子的外泄漏电感。所以，近似认为式（4－137）成立。

式（4－137）结果略大于真实值，即留有余地，因为谐波电流引起的电动机损耗受大量参数的影响。例如，电压畸变造成的附加铁心损耗小得可忽略不计，谐波分量可分为定子绕组损耗、转子绕组损耗和杂散损耗。它们都是 I^2R 型的损耗，有效电阻受频率的影响。

五、电压表

模拟式交流电压表、电流表除电动系（包括铁磁电动系）、电磁系外，还有有效值变换器式。变换器式电压表由半导体二极管、电阻、电容网络与磁电系表头所组成。不同于简单的整流式交流电压表，变换器式电压表按分段线性化原理来逼近平方律形式的伏安特性曲线，因而这种电压表的测量基本量是有效值（或近似有效值）的平方，但表盘上按有效值刻度，可直接读出电压有效值。

研究各种仪表在畸变电压波形下的反应，一般由频率特性着手，即观察各种仪表在同一有效值但频率不同的正弦波形下仪表的指示变化。

频率特性与畸变波形的反应有联系，但又有所不同。畸变波形下电压表的误差与其频率特性之间的关系表达式为

$$r = \pm\frac{U_1^2r_1 + U_2^2r_2 + U_3^2r_3 + \cdots + U_n^2r_n}{U^2}\times 100\% \tag{4-138}$$

式中：r 为畸变波形下仪表的相对误差；U 为畸变波形电压的总有效值；U_1，…，U_n 分别为各次谐波电压分量的有效值；r_1，…，r_n 分别为各次谐波频率下的频率误差（相对误差），取自频率特性。

六、电流表

电流表的频率特性要比同系电压表的频率特性好得多。这是因为电压表两端所加的是电压源，其内部感抗随频率而变，因此对表的指示有较大影响；电流表两端所加的是电流源，内电感不影响通过表的电流，表的指示基本不随频率而改变。

可见，对于电压表、电流表来讲，如果电压波形畸变较小（即含谐波量较少），电流波形即使畸变系数较大时，用于监督电网运行情况，其读数仍有意义。

七、功率表

有功功率表有较好的频率特性，作为监测使用时一般能满足准确级要求。一些精密电动系功率表在工频以上的限定频率范围内能满足该系电表的准确级要求。由于利用时分割乘法器原理的新型电子式功率表具有较好的频率特性，因此在畸变波形下仍能保证足够的准确度。新型电子式功率表中既有适用于单相电路的，也有适用于三相电路的。

至于无功功率的测量，对于单相电路，在正弦波的条件下，一般仍是利用电动系机构，但是加于测量机构的电气量要么是取滞后于待测电压 90°的电压 $\dot{U}' = -\mathrm{j}\dot{U}$ ［如图 4－54（a）

所示]，要么取领先于待测电流 90°的电流 $\dot{I}'=\mathrm{j}\dot{I}$ [如图 4-54（b）所示]。

由图 4-54 可知

$$\dot{U}'\dot{I}=U'I\cos\varphi=UI\sin\varphi=Q$$

或

$$\dot{U}\dot{I}'=UI'\cos\varphi=UI\sin\varphi=Q$$

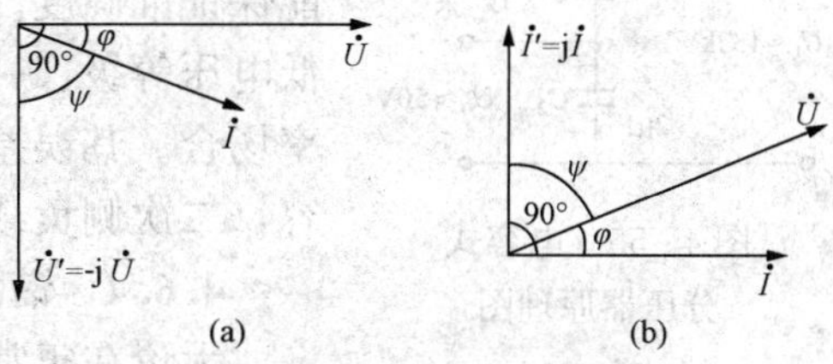

图 4-54　无功功率的测量

(a) 取滞后于有关电压 90°的电压；(b) 取领先于有关电流 90°的电压

对于三相无功功率的测量，如电路对称，不难在电路中找到与 $\dot{U}$ 垂直的 $\dot{U}'$ 或与 $\dot{I}$ 垂直的 $\dot{I}'$。可是，对于不对称的三相电路，即使波形是正弦的，三相无功功率表的读数也毫无意义。如果波形畸变，则不但三相无功功率表读数没有意义，单相无功功率表的读数也不代表任何内容。总之，电网的无功功率测量要作为特殊问题处理。

八、电话线路

通常音频通道的工作频率范围约为 200～3500Hz，而供电系统的许多谐波就在这个频率范围内。谐波会对邻近的电话线路产生静电感应和电磁感应，由于电力线路和电话线路的功率水平差别很大，因此供电系统中的谐波将引起可以察觉，有时甚至是不能容许的电话杂音。

九、整流装置及其负荷

晶闸管整流装置应用广泛，大到直流输电用的整流和逆变装置，小到电视机、电池充电器、UPS 装置等。一方面，这些装置按一定规律开闭不同电路，因而将产生特征和非特征谐波电流并注入系统，所以它是一种谐波源；另一方面，外部畸变可影响换流器和换流器负荷的运行。由谐波引起系统误差造成触发角位移和由于 $\mathrm{d}i/\mathrm{d}t$，$\mathrm{d}u/\mathrm{d}t$ 过高或过热效应引起的晶闸管故障都会给换流装置带来影响。某些受控制的整流器的控制逻辑往往因畸变电压而导致运行误差。

对于整流负荷，电压畸变已不适合用来衡量畸变对这些负荷的影响，常用电压偏差系数来描述施加于整流负荷的畸变。但因电压偏差系数受谐波振幅和谐波相角的影响，从而使电压偏差效应复杂化。

十、对信息机的影响

随着各种电子计算机的广泛使用，尤其是数字可控程的仪器越来越多，对供电系统提出了新的概念和供电要求。若是供电电压存在高次谐波，则会对信息机数据的传输、处理带来严重的影响，特别是运算速度快的计算机会产生误动作，使正常的工作程序遭到破坏，直到损伤信息机的半导体器件。

十一、电流互感器和电压互感器

电流互感器的误差决定于励磁电流与自身损耗（铁损耗），频率越高，励磁电流越小，特别是近年来采用高质量铁磁材料铁心，使励磁电流更小。况且，一些数据表明，在 2500Hz 以下，铁损耗也很小。因此可以认为，电流互感器一般不至于在它本身准确级所带来的误差以外，再增加显著的附加误差。

至于电压互感器，在 110kV 及以上系统中，出于经济上的考虑，多采用电容式电压互感器。但由于电容式互感器的频率使用范围很窄，因此不适用于谐波含量较大的场合。此

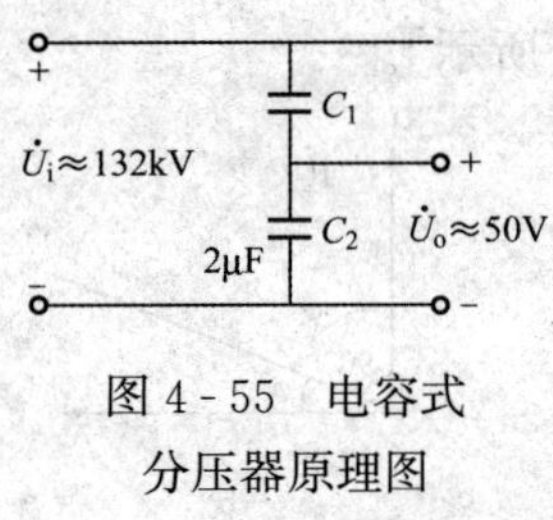

图 4-55 电容式分压器原理图

时，可采用电容分压器，但要求测量机构要有很高的输入阻抗才能保证准确度。电容分压器的原理可用图 4-55 表示。对于中、低电压等级，一般都采用电磁感应式电压互感器，适用于较高频率场合。其误差主要由一、二次侧的漏阻抗，一、二次侧间的电容，二次侧负载所引起。

4.6.4 谐波对继电保护的影响

无论在正常负荷状态还是在暂态过程中，系统谐波从各方面影响继电器，可能导致继电器误动作。谐波对各种型式的继电器和装置均有不同程度的影响，分别叙述如下。

一、谐波对电磁型继电器的影响

常规的电磁型电流继电器的电磁动作转矩为

$$M = FL_p = K_1\Phi^2 L_p = K_1 \frac{I^2W^2}{R_m^2}L_p = K_2 I^2 L_p = K_3 I^2 \tag{4-139}$$

式中：L_p 为动片与支点的力臂长度；F 为电磁力；Φ 为磁通；I 为通入线圈的电流有效值；W 为线圈匝数；R_m 为磁通 Φ 所经过磁路的磁阻。

可见，电磁动作转矩与线圈电流有效值的平方成正比。实验也证明，该型继电器线圈无论通入基波还是 2～7 次单频率的谐波，只要有效值相同，继电器即动作。因而，按基波整定的电磁型继电器，在谐波的作用下有可能误动作。

电磁型电压继电器与电流继电器相比，线圈匝数多，电阻大，可近似认为阻抗是 $R+j\omega L$。因此，当含有谐波的电压加于线圈两端时，由于线圈阻抗增大造成通过线圈的电流减小，使得常用的低压动作继电器容易误动。

但是，由于电磁型继电器动作速度慢，定值容许误差较大，在谐波含量小于 10%时，可认为谐波对其影响不是很大。

二、谐波对感应型继电器的影响

感应型继电器有圆盘式、圆筒式，还有反应单一量的电流继电器、反应两个量的方向继电器、阻抗继电器等。无论哪种感应继电器，其工作基本原理都是转动部分的圆盘（或圆筒）在一个磁通的作用下感应电流（即涡流），而在另一磁通的作用下产生转矩。例如，四极圆筒感应继电器的转矩可写为

$$M = K_4\left(i_2\frac{di_1}{dt} - i_1\frac{di_2}{dt}\right) \tag{4-140}$$

式中：M 为转矩；i_1、i_2 分别为两线圈中的电流；K_4 为常数。

当两个线圈中的电流均是基波时，例如

$$i_1 = \sqrt{2}I_1\sin(\omega t + \varphi_1)$$
$$i_2 = \sqrt{2}I_2\sin(\omega t + \varphi_2)$$

则

$$M = \omega K_4 I_1 I_2 \sin(\varphi_2 - \varphi_1)$$

式中：φ_1、φ_2 分别为 i_1、i_2 的相角。

由此可见，转矩 M 仅与两线圈电流和相角有关，不随时间变化。

当两个线圈电流含有谐波时，例如

$$i_1=\sqrt{2}I_1\left(\sin\omega t+\frac{1}{3}\sin3\omega t+\frac{1}{5}\sin5\omega t\right)$$

$$i_2=\sqrt{2}I_2\left[\sin(\omega t+\varphi_1)+\frac{1}{3}\sin(3\omega t+\varphi_3)+\frac{1}{5}\sin(5\omega t+\varphi_5)\right]$$

代入式（4-140）可得

$$\begin{aligned}M=\omega K_4I_1I_2\Big[&\sin\varphi_1+\frac{1}{3^2}\sin\varphi_3+\frac{1}{5^2}\sin\varphi_5+\sin(\varphi_1-2\omega t)\\&+\sin(\varphi_1-4\omega t)+\frac{1}{15}\sin(2\omega t+\varphi_1)+\frac{1}{3}\sin(2\omega t+\varphi_3)\\&+\frac{4}{15}\sin(2\omega t+\varphi_5)+\frac{1}{5}\sin(\varphi_5-2\omega t)+\frac{1}{5}\sin(4\omega t+\varphi_5)\Big]\end{aligned}\tag{4-141}$$

式（4-141）中，第一项是基波转矩，第二、三项是分别由3次谐波和5次谐波产生的转矩，其余各项表明了谐波与基波、不同次谐波之间作用引起的随时间变化的脉动转矩。谐波的作用使继电器偏向动作还是不动作，完全由各相同次数谐波间的相角决定。对两线圈均为奇次谐波的电流而言，脉动转矩以2倍和4倍角频率变化，其平均值为零。脉动转矩会造成接点系统在恒定转矩作用下动作过程中来回摆动。

根据上述分析，感应型继电器受谐波影响导致误动作还是拒动，要视谐波电流大小和谐波与基波间的相角而定。由于感应型继电器动作速度慢，灵敏度较差，通常认为谐波对其影响不是该型继电器的突出矛盾。

三、谐波对整流型继电器的影响

整流型和晶闸管型继电器保护装置中都广泛应用了整流型继电器。整流型继电器有反应单一量和反应两个或多个量之分。在反应一个量的继电器中又可分为反应平均值的、反应瞬时值的、反应增量、突变量的等多种类型。

反应平均值的继电器是将交流电流经电抗互感器变成单相电压。例如负序电流继电器就是一种反应平均值的继电器，在三相系统中，将其中一相一次侧接电流互感器，在其二次负载电阻上得到电压；另两相一次侧则接电抗互感器，其二次电压与一次侧接电流互感器那一相的负载电阻电压按反应负序分量连接，得到单相电压；然后经全波整流得到脉动电压。

总而言之，谐波对整流型继电器的影响虽根据其构成原理不同而异，但谐波的影响已成为设计整流型继电器必须考虑的因素。

四、谐波对静态继电器的影响

晶体管型静态继电保护装置从研制到成批推广应用，抗干扰性能（包括谐波的影响）始终是研究的重要课题。

按绝对值比较原理构成的晶体管型静态继电器受谐波影响情况与整流型继电器相似。

实际上，整套晶体管继电保护装置是由电压互感器、电流互感器、电阻、电容、半导体元器件构成的各种回路的组合。上述元件对各次谐波所呈现的阻抗不同，往往使比较器上谐波含量比一次系统谐波含量大得多。因此，不同装置承受谐波的能力差异很大，其关键在于回路设计和制造质量。

4.6.5　谐波对远动自动装置的影响

自动装置受谐波影响的实例也不少。目前广泛采用的晶体管ZZQ—3A型自动准周期装置，受谐波的影响就很大。

ZZQ—3A 型自动准周期装置导前时间偏差引起的合闸误差角容许值为 3.6°，而受谐波影响引起的合闸误差角最大可达 17.8°。对该装置施加谐波可发现其规律是谐波分量越大，导前时间误差越大；谐波与基波相角差为零时导前时间误差较小，而相角差为 180°或 270°时测量的导前时间离散值较大，有时甚至拒发合闸脉冲；在 5 次和 7 次谐波含量达 30%时，调频回路在一个滑差周期内发出数次调频脉冲，甚至既发减速又发加速脉冲；当谐波分量较大时，电压差闭锁环节动作值变大且不稳定。产生上述情况的原因是由于同期装置内的变压器对各次谐波畸变不同，其二次电压波形比一次电压波形畸变更大；合闸部分的相敏环节是按正弦设计的，当输入电压的波形畸变较大时，电压波形在一个工频周期内过零点增多且不规则，将引起相敏环节输出脉冲混乱，使导前时间误差增大，甚至拒发合闸脉冲；在调频部分，频差方向测量环节的方波形成电路受谐波影响会导致方波变碎，使双稳触发器工作规律混乱，乱发调频脉冲；电压差闭锁环节属于全波整流回路受谐波影响会导致整流后的脉动较大，使闭锁电压差增大。实际对 ZZQ—3A 型自动准同期装置的谐波试验结果表明，按导前时间误差考虑应将谐波含量控制在 5%以下。

自动装置种类很多，谐波对其的影响需结合具体电路进行分析。对于远动装置，如果其载波系统所产生的谐波与载波相结合时，可能会发生错误的操作。

4.6.6 谐波对通信线路的干扰

谐波对于通信线路的干扰影响可分为静电感应影响、电磁干扰影响两种。对于对称运行的输电线路可以仅考虑高次谐波电压的静电感应影响，对于不对称运行的输电线路应考虑谐波电压的静电感应影响和谐波电流的电磁干扰影响。

在电话回路内感应的杂音电动势取静电感应与电磁感应电压的均方根值，即

$$U_c = \sqrt{U_s^2 + U_M^2} \tag{4-142}$$

式中：U_c 为杂音电动势；U_s 为静电感应电压；U_M 为电磁感应电压。

国际电信电话咨询委员会（CCITT）推荐的允许杂音电压值为

$$U_c \leqslant 0.5\text{mV} \tag{4-143}$$

日本电气协会整流器专门委员会从防止干扰影响的方面考虑，提出各高次谐波电流的允许值（见表 4-11）与等值干扰电流 I_{eq} 的允许值。等值干扰电流的表达式为

$$I_{eq} = \sqrt{\sum_{n=1}^{\infty}(S_{fn}I_n)^2} \leqslant 3.8(\text{A}) \tag{4-144}$$

$$S_{fn}I_n \leqslant 1.9(\text{A})$$

式中：$S_{fn}I_n$ 为各次等值干扰谐波电流的限值；I_n 为 n 次谐波电流；S_{fn} 为杂音评价系数。

表 4-11　　高次谐波电流允许值

高次谐波次数 n	5	7	11	13	17	19	23	25
高次谐波电流允许值（A）	10.6	5.0	2.6	2.2	1.8	1.7	1.8	1.9

以 800Hz 为基准换算所得的杂音评价系数如图 4-56 所示。根据 I_n 的不同谐波频率可由图中查出对应的 S_{fn} 值，然后再计算出所求的谐波电流允许值。例如：5 次谐波频率为 250Hz，由图 4-56 查出其 S_{fn} 值为 0.179，则

$$I_n = \frac{1.9}{0.179} = 10.6(\text{A})$$

减小高次谐波对通信线路的杂音干扰影响大致有以下几种方法。

（1）增加整流相数。这样可以降低等值谐波干扰电流的数值，降低杂音电压水平。

（2）减少通信线路的地中返回电流。三相电力线路与通信线路均采用燃架换位。将通信线路上的谐波感应电压与电流分量减至最低程度。

（3）减小电力线路与通信线路平行接近距离，增加通信线路屏蔽效果。

（4）在产生谐波的用户与电力系统连接点加装适当的滤波装置。但要考虑防止产生谐振现象。

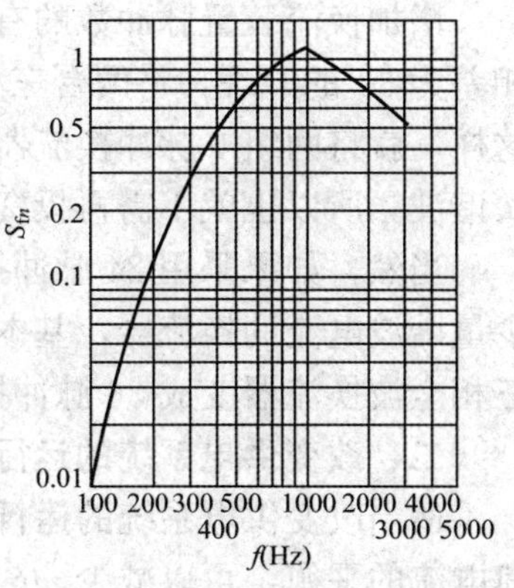

图 4-56　杂音评价系数

4.7　电力系统谐波的抑制

为保证供电质量，防止谐波对电网及电力设备的危害，除对发、供、用电系统加强管理外，还必须采取必要的措施来抑制谐波。抑制谐波的措施应该从两方面来考虑：一是产生谐波的非线性负荷；二是受危害的电力设备和装置。这两方面应相互配合，统一协调，作为一个整体来研究，采用技术经济最合理的方案来抑制和消除谐波。

4.7.1　减少谐波源的谐波含量

一、增加晶闸管变换装置脉冲数

对整流、换流设备增加晶闸管变换装置脉冲数是降低谐波最基本的一种方法，其输出波形如图 4-57 所示。

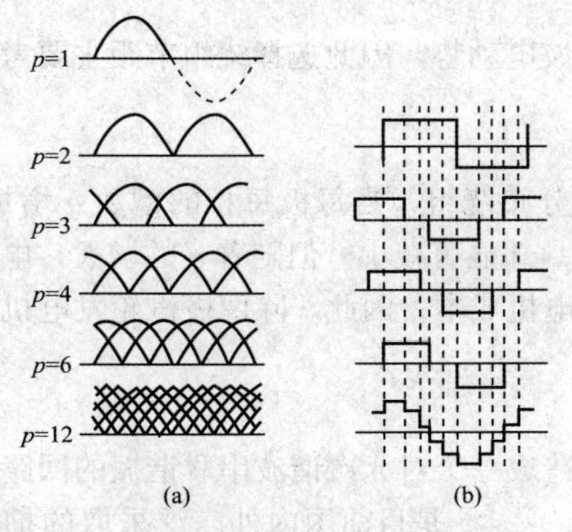

图 4-57　增加晶闸管变换装置脉冲数的输出波形

（a）输出为直流时；（b）输出为交流时

在正常的情况下，换流装置产生的谐波电流次数为

$$n = mp \pm 1 \quad (4-145)$$

式中：m 为从 1 开始的任意正整数；p 为换流装置的脉冲数。

各次谐波电流有效值为

$$I_n = K_n I_1 \quad (4-146)$$

式中：I_1 为基波电流有效值；K_n 为因重叠角影响的谐波系数。

一般情况下 $K_n \leqslant \dfrac{1}{n}$，所以

$$I_n \leqslant \frac{I_1}{n} \quad (4-147)$$

由式（4-145）、式（4-146）和图 4-57 可知，整流、换流装置的脉冲数越多，则谐波电流的次数越高，即不产生较低次谐波（例如 $p=12$ 时，只产生 11 次和 13 次以上谐波电流）；同时，由于谐波电流值与谐波次数成反比，所以次数越高，谐波电流值也就越小。可见，增加换流装置脉冲数，即可消除较低次谐波，减少其产生的谐波电流。

增加换流装置脉冲数的有效方法是利用两台绕组接法不同（Yy 和 Yd）的变压器二次侧相差为 30°的原理，将两台三相 6 脉冲全波换流器分别接入上述两台不同接线方式的变压器。这样，就将两组 6 脉冲换流器，变成了 12 脉冲换流器。由于 12 脉冲换流器不产生 5 次和 7 次谐波，所以也就不需再投资装 5 次和 7 次滤波器。

当然，如果采用 24 脉冲换流器，产生的谐波电流就更少。现在有些国家正在研制产生少量谐波电流的换流器，基本原理就是在不过分增加换流变压器技术复杂程度的前提下，把三相全波换流器变成 36 脉冲换流器。

二、改变供电系统的运行方式

适当改变供电系统的运行方式可达到抑制谐波影响的目的。例如，尽可能地保持三相负荷电流的平衡，可以减少 $mp\pm1$ 次以外的非理论高次谐波电流；运行中尽量减少变压器空载，改善电网电压质量，坚决避免运行电压过高；在系统参数可能造成谐波共振时（实测），采用倒换系统错开共振点的办法或改变无功补偿容量；在存在较大容量的谐波源负荷的情况下，可采用提高供电电压等级或采用专线供电，如专用一台主变压器对该条线路供电等。

三、减少发电机产生的谐波

为了尽可能地减少发电机电动势中的谐波含量，电机设计中采取了多种措施。

下面首先介绍削弱因磁极磁场分布引起的谐波电动势的几种方法。

(1) 改善磁极的极靴外形（对凸极机）或励磁绕组的分布范围（对隐极机），使磁极磁场的分布尽可能接近正弦波形。

(2) 采用 Y 接法方式消除线电动势中的 3 的倍数次谐波。△接线虽也可达到此目的，但 3 次谐波环流要引起附加损耗，使电机效率降低、温升增加，所以一般不采用。

(3) 采用短距绕组削弱高次谐波电动势。一般来说，节距 y 缩短 n 次谐波的一个极距 $\left(即缩短\frac{1}{n}\tau，\tau 为极距\right)$，就能消除 n 次谐波电动势，与此同时基波电动势也稍有减少。由于采用 Y 接线已消除了线电动势中的 3 的倍数次谐波电动势，因此选择绕组节距主要考虑同时削弱 5、7 次谐波电动势，通常采用 $y\approx\frac{5}{6}\tau$。

(4) 采用分布绕组削弱高次谐波电动势。采用分布绕组，当每极每相的槽数 q 增加时，基波的分布系数 k_q 减小不多，而谐波的分布系数 k_{qn} 却显著减小。但随着 q 的增大，电机槽数增加，引起冲剪工时和绝缘材料的增加，提高了电机成本。因此，除两极汽轮发电机采用 $q=6\sim12$ 以外，一般交流机均在 2～6 范围内。

4.7.2 在电容器回路串接电抗器

在电容器回路串接电抗器组成滤波器形式，即造成一个对 n 次谐波串联谐振的回路，这是目前国内外广泛采取的抑制谐波影响的做法，如图 4-58 所示。

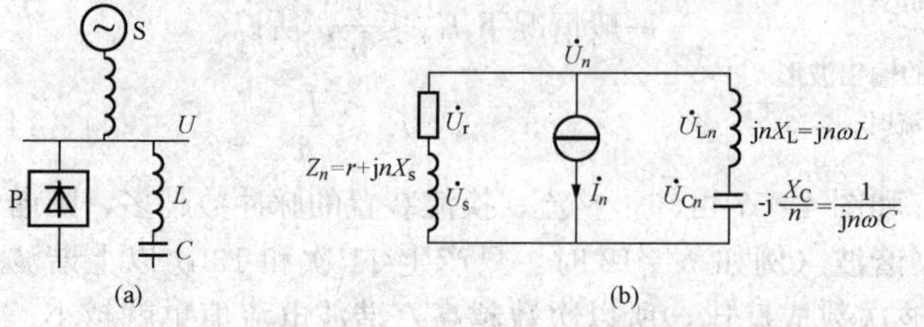

图 4-58 在电容器组回路串接电抗器组成滤波器形式
(a) 简单系统；(b) n 次谐波等值电路

图 4-58 中，供给母线的电压为

$$U_n=I_n\frac{Z_n\mathrm{j}(X_{Ln}-X_{Cn})}{Z_n+\mathrm{j}(X_{Ln}-X_{Cn})}\tag{4-148}$$

若 $X_{Ln}=X_{Cn}$，则 $U_n=0$，即

母线 n 次谐波电压被完全抑制。由此就可以很容易地确定串接电抗器的电抗值。

因为串联谐振时 $X_{Ln}=X_{Cn}$，即

$$nX_{L1}=\frac{X_{C1}}{n}$$

故

$$X_{L1}=X_{C1}\frac{1}{n^2} \tag{4-149}$$

即串联电抗器基波值是基波容抗的$\frac{1}{n^2}$。当 $n=3$ 时，$\frac{1}{n^2}=\frac{1}{9}=0.11$；当 $n=5$ 时，$\frac{1}{n^2}=\frac{1}{25}=0.04$。但实际采用的是 3 次谐波滤波器串接 13%电抗器，5 次谐波滤波器串 6%电抗器。不采用 11%和 4%的计算值而采用稍大一点的值，是为了使电容器回路阻抗呈感性和避免完全谐振时电容器过电流。

电容器回路串接电抗器后，电容器两端的电压相应升高（如图 4-59 所示），其表达式为

$$U_{C1}=U_1\frac{X_{C1}}{X_{C1}-X_{L1}} \tag{4-150}$$

如串 6%电抗器时，有

$$U_{C1}=U_1\frac{X_{C1}}{X_{C1}-X_{L1}}=U_1\frac{1}{1-0.06}\approx 1.06U_1$$

或表示为

$$\frac{U_{C1}}{U_1}\approx 1.06$$

即电容器上电压升高约 6%。此时要注意防止电容器长期过电压运行。

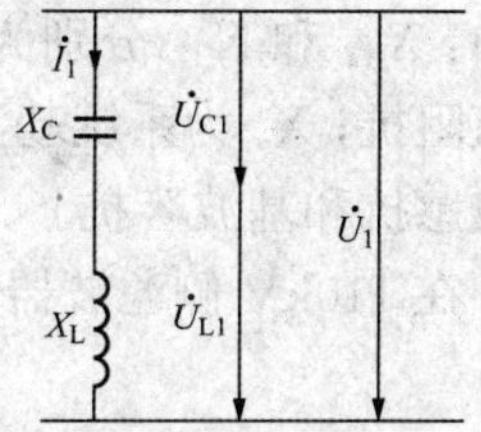

图 4-59 滤波器电压分布图

电容器所串接的电抗器，要求具有较好的线性伏安特性，其功率损失不应超过通过电抗器功率（I^2X_{L1}）的 0.4%。此外，在正常运行时，电抗器两端所承受的工作电压很低。仍以串 6%电抗器为例，由图 4-59 可知，其工作电压为

$$U_{L1}=U_1\frac{X_{L1}}{X_{C1}-X_{L1}}=U_1\frac{0.06}{1-0.06}\approx 0.06U_1$$

但是在合闸瞬间，电抗器不仅要承受全部母线电压，而且要承受由合闸涌流与电感值相乘所得的电压。因此，电抗器的主要绝缘必须与所接母线的额定电压等级相适应，其匝间绝缘应比同电压等级下的电力变压器等设备有所加强。

电容器回路串接电抗器不仅抑制了供电母线的谐波电压水平，同时也限制了电容器的合闸涌流。例如，串 6%电抗器便可以将涌流限制在 5 倍稳态电流以下。但是，在谐波不大的情况下，如果只注重把涌流降到所希望的倍数上，那么所选择的电抗器的数值通常要小得多。例如接入 0.5%～1%的小电抗器，这个为限制合闸涌流而串接的小电抗器对抑制谐波同样也具有效果，其主要是抑制 7 次以上的谐波。不过串接 1%小电抗器易发生 7 次谐波谐振，因此在谐波较大的情况下，不宜串接 1%小电抗器，必要时则应进行谐波的计算。

4.7.3 安装交流滤波器

在谐波源处就近安装滤波器，是在谐波源设备已经确定的情况下防止谐波电流注入电网的有效措施。靠近谐波源吸收谐波电流，是安装滤波器的基本原则。因为，谐波电流进入高

压电网后再采取措施，无论在技术上还是经济上都是不合理的。

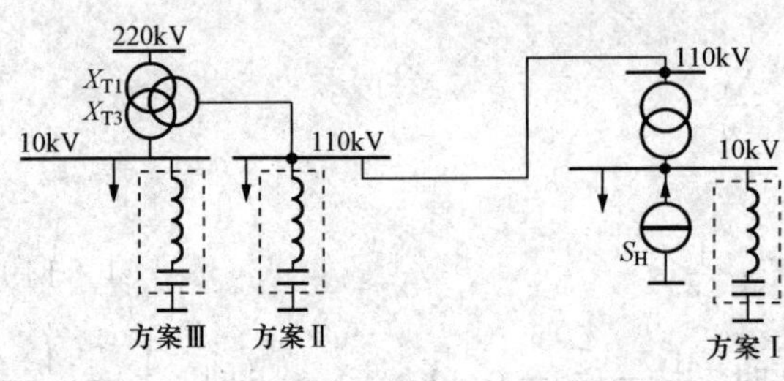

图 4-60　滤波器安装方案

例如，若谐波源 S_H 由 220kV 区域变电站的 110kV 母线送电至 110kV 变电站，再降压为 10kV 供电，则安装滤波器的地点有如下可供选择的方案（如图 4-60 所示）。

第Ⅰ方案：110kV 变电站 10kV 母线；

第Ⅱ方案：220kV 区域变电站 110kV 母线；

第Ⅲ方案：220kV 区域变电站 10kV 母线。

下面对这三种方案进行比较。第Ⅰ方案，谐波器和谐波源 S_H 之间没有阻抗联系，直接吸收谐波源 S_H 产生的谐波电流，最为有效。第Ⅱ方案，需要 110kV 的滤波装置和开关等控制设备，不仅技术要求高，而且要增加造价。至于第Ⅲ方案，在技术上更加不合理，原因是由于 I_n 为恒定谐波电流，所以可不计变压器 110kV 侧阻抗的影响，谐波等值电路如图 4-61 所示。

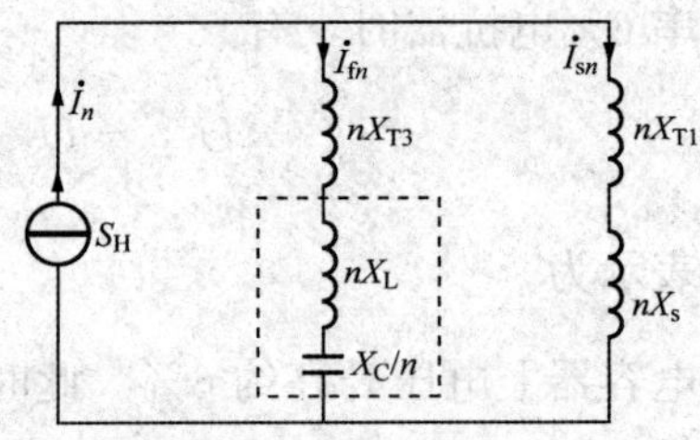

图 4-61　谐波等值电路

图 4-61 中经变压器 220kV 侧注入电网的谐波电流 $\dot{I}_{sn}$ 和经变压器 110kV 侧进入滤波器的谐波电流 $\dot{I}_{cn}$ 的关系为

$$\frac{I_{sn}}{I_{cn}}=\frac{nX_{T3}+(nX_L-X_C/n)}{nX_{T1}+nX_s} \tag{4-151}$$

式中：X_{T1} 和 X_{T3} 分别为变压器 220kV 和 10kV 侧的基波等值阻抗；X_s 为系统基波电抗；X_L 和 X_C 分别为滤波器的基波感抗和基波容抗。

在 110kV 侧滤波器不能做成失谐度很小（即品质因数 q 值较高），所以

$$nX_L>\frac{X_C}{n}$$

即

$$nX_L-\frac{X_C}{n}>0$$

因为系统阻抗 X_s 很小，而变压器阻抗 $X_{T3}>X_{T1}$，所以

$$\frac{I_{sn}}{I_{cn}}\approx\frac{nX_{T3}}{nX_{T1}}$$

一般地，变压器阻抗为

$$X_{T3}\approx\frac{1}{2}X_{T1}$$

所以

$$\frac{I_{sn}}{I_{cn}}\approx\frac{1}{2}$$

即

$$I_{sn}\approx\frac{1}{2}I_{cn}$$

也就是说，在这种情况下，由于滤波器支路存在变压器阻抗 X_{T3}，因此流入系统的谐波电流仍然很大。可见，滤波器安装地点选择不当，就不能起到应有的滤波作用。这就证明，只有在谐波源处就近安装滤波器（即谐波源与滤波器之间没有阻抗联系）才是最有效的。

4.7.4　采用有源滤波器

交流滤波器的实质是组成一个对某次谐波为低阻抗的谐振回路，来吸收负荷所产生的高次谐波电流，因此，这是一种无源滤波器。目前，许多国家正在研制和应用利用时域补偿原理的有源滤波器，这种滤波器的优点是能做到适时补偿且不增加电网的容性元件，但造价较高。设置有源滤波器是近年来采用的一种较为先进的抑制谐波的方法。它是由具有自换向能力的半导体元件（GTO）和直流电流源组成，通过 GTO 的导通和采用脉宽调制（Pulse Width Modulation，PWM）控制方式，调制出和负荷产生的谐波电流大小相等、极性相反的输出电流，与谐波电流相抵消从而达到滤波效果。其补偿原理和基本电路分别如图4-62和图 4-63 所示。图 4-62（b）中 i_1 为基波电流，i_n 为高次谐波电流。

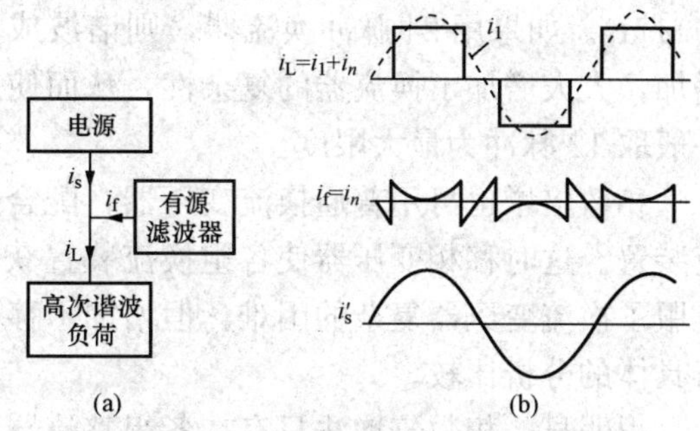

图 4-62　有源滤波器的滤波原理

（a）原理应用图；（b）补偿电流波形

i_s—系统电流；i_f—补偿电流；i_L—负荷电流；i_1—基波电流；i_n—高次谐波电流

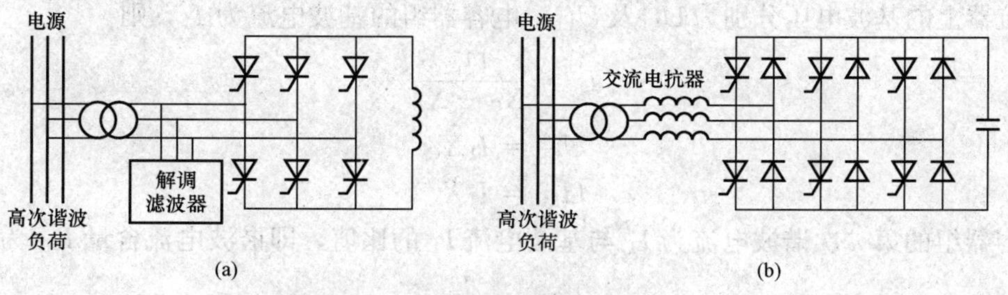

图 4-63　有源滤波器的基本回路

（a）电流型；（b）电压型

4.7.5　其他方法

（1）加大供电系统容量。供电系统容量越大，系统等值短路阻抗就越小，母线谐波电压水平就越低。因此提高系统容量是抑制谐波影响和危害的重要措施之一。

（2）选择合理的供电电压。由于高压电网的短路容量大，有承担较大谐波的能力。因此大容量的谐波设备，可以由更高一级电压电网供电。另一方面，随着电器产品制造技术水平的提高，已能制造出高电压大容量的滤波装置。因此，是选用大容量滤波器，还是用更高一级电压供电，应在进行详细的技术、经济论证后，再行确定。

（3）选择系统与变压器的连接方式，以便把 3 的倍数次谐波的产生减至最小。

4.7.6　采用相数倍增法清除谐波

电力系统中接入的非线性器件，有许多往往正是利用这些器件的非线性来达到技术上的某种目的，因此不能用降低甚至消除非线性来消除谐波。但是，高次谐波都是一些正弦交流量，其大小和方向与相位有关，因此总可以设法让次数相同、相位相反的谐波相互抵消。分析推导证明，对于两个三相系统，如果它们的相位相差30°时，可以消除5、7、17、19、29、31次谐波；相差15°的4组三相系统，还可以消除11、13、35、37次等谐波。因此用两个整流桥组成的换流器分别接在有相位移30°的三相电路上，组成12脉冲的换流器可以消除5、7、17、19、29、31次谐波。这样总的谐波量就由6脉冲换流器时的$0.246I_1$降到$0.117I_1$。如果用24脉冲换流器，则谐波成分降为$0.053I_1$，这就是相数倍增法。脉冲数的增加，大大增加了换流器的复杂性，从而使加工难度和成本大大增加。所以，这种相数倍增一般取12脉冲为最大限度。

相数倍增也可用普通换流变压器，配合适当的移相变压器组成12、18、24、36等相换流装置。这时移相变压器使各组换流装置获得30°、20°、15°、10°的相位移。这种方式虽然克服了换流变压器复杂的困难，但增加了移相变压器的费用，这在经济性方面是否合理应进行具体的分析比较。

很明显，相数倍增法只有在各组整流器的负载完全一致时才能有效消除谐波。

4.7.7 谐波对并联电容器的影响

一、谐波过负荷

电力系统中存在的谐波电压和电流对电气设备产生了各种影响。但是可以说，受到影响最大的还是并联电容器，主要表现是过负荷。

电容器组通常是由电容器和电抗器串联组成。设电容器基波电抗为X_C，电抗器基波电抗为X_L，则电容器组的总容抗为X_C-X_L。若电容器组接入电网处的基波电压为U_1，电容器和电抗器上的基波电压分别为U_{C1}及U_{L1}，电容器组的基波电流为I_1，则

$$I_1=\frac{U_1}{X_C-X_L}$$

$$U_{C1}=I_1X_C$$

$$U_{L1}=I_1X_L$$

流入电容器组的第n次谐波电流为I_n与基波电流I_1的比值，即谐波电流含量D_{in}为

$$D_{in}=\frac{I_n}{I_1} \tag{4-152}$$

则电容器组的电流I_C为

$$I_C=\sqrt{I_1^2+\sum_{n=2}^{\infty}I_n^2}=I_1\sqrt{1+\sum_{n=2}^{\infty}D_{in}^2} \tag{4-153}$$

电容器上的n次谐波电压U_{Cn}和总电压U_C为

$$U_{Cn}=I_nX_{Cn}=\frac{1}{n}I_nX_C=\frac{1}{n}D_{in}I_1X_C=\frac{1}{n}D_{in}U_{C1} \tag{4-154}$$

$$U_C=\sqrt{U_{C1}^2+\sum_{n=2}^{\infty}U_{Cn}^2}=U_{C1}\sqrt{1+\sum_{n=2}^{\infty}\left(\frac{1}{n}D_{in}\right)^2} \tag{4-155}$$

电抗器上的n次谐波电压U_{Ln}和总电压U_L为

$$U_{Ln}=I_nX_{Ln}=nI_nX_L=nD_{in}U_{L1} \tag{4-156}$$

$$U_L=\sqrt{U_{L1}^2+\sum_{n=2}^{\infty}U_{Ln}^2}=U_{L1}\sqrt{1+\sum_{n=2}^{\infty}(nD_{in})^2} \tag{4-157}$$

由式（4-154）可知

$$\frac{U_{Cn}}{U_{C1}} = \frac{1}{n} D_{in} \tag{4-158}$$

由式（4-156）可知

$$\frac{U_{Ln}}{U_{L1}} = n D_{in} \tag{4-159}$$

虽然通过电抗器和电容器的基波电流和谐波电流都相同，但在电抗器和电容器上的基波电压和谐波电压是不相同的，其谐波电压与基波电压的比值也不相同，前者与谐波次数成正比，后者与谐波次数成反比，二者均与谐波电流含量 D_{in} 成正比。

过高的电压或电压峰值将会损坏电容器、电抗器和电力系统中的其他电气设备。因此，在电容器和电抗器的电压和电流计算中还应计算其峰值电压和峰值电流。可能出现的最大峰值电压和峰值电流为其基波和各次谐波有效值算术和的$\sqrt{2}$倍。如电容器组的峰值电压和峰值电流分别为 U_m 及 I_m，电容器的峰值电压为 U_{mC}，电抗器的峰值电压为 U_{mL}，则

$$U_m = \sqrt{2}\left(U_1 + \sum_{n=2}^{\infty} U_n\right) \tag{4-160}$$

$$I_m = \sqrt{2}\left(I_1 + \sum_{n=2}^{\infty} I_n\right) = \sqrt{2} I_1 \left(1 + \sum_{n=2}^{\infty} D_{in}\right) \tag{4-161}$$

$$U_{mC} = \sqrt{2}\left(U_{C1} + \sum_{n=2}^{\infty} U_{Cn}\right) = \sqrt{2} U_{C1} \left(1 + \sum_{n=2}^{\infty} \frac{1}{n} D_{in}\right) \tag{4-162}$$

$$U_{mL} = \sqrt{2}\left(U_{L1} + \sum_{n=2}^{\infty} U_{Ln}\right) = \sqrt{2} U_{L1} \left(1 + \sum_{n=2}^{\infty} n D_{in}\right) \tag{4-163}$$

在电力系统的谐波电流中，一般 5、7、11、13 次谐波含量较大，其他较小。变电站电容器中的谐波电流由于谐振原因，通常是邻近 n_0（发生谐振的谐波次数）处的谐波电流较大。也就是说，只有 1 个或 2 个谐波次数的谐波电流含量较大。电容器在未串联电抗器时，n_0 值一般为 5～7。因此，5 次或 7 次谐波电流含量较大。串联电容器后，电容器的谐波电流以 $n \leqslant n_0'$（串联电抗器后发生谐振的谐波次数）的各次谐波电流较大，$n_0 < n_0'$。

电容器的谐波电流的谐波次数较低时，其谐波电压较高，有可能产生较高的谐波过电压而损坏电容器。如电容器谐波电流含量最大值为 D_{im}，且 $D_{i3} = D_{i5} = D_{im}$时，电容器处于谐波电压最高的工况。此时，电容器峰值电流为

$$I_m = \sqrt{2}\left(I_1 + \sum_{n=2}^{\infty} I_n\right) = \sqrt{2} I_1 (1 + D_{i3} + D_{i5}) = \sqrt{2} I_1 (1 + 2D_{im})$$

峰值电压为

$$U_{mC} = \sqrt{2} U_{C1} \left(1 + \sum_{n=2}^{\infty} \frac{1}{n} D_{in}\right) = \sqrt{2} U_{C1} \left(1 + \frac{1}{3} D_{i3} + \frac{1}{5} D_{i5}\right)$$

$$= \sqrt{2} U_{C1} \left(1 + \frac{8}{15} D_{im}\right) \approx \sqrt{2} U_{C1} \left(1 + \frac{1}{2} D_{im}\right)$$

电抗器的峰值电压为

$$U_{mL} = \sqrt{2} U_{L1} \left(1 + \sum_{n=2}^{\infty} n D_{in}\right) = \sqrt{2} U_{L1} (1 + 3D_{i3} + 5D_{i5}) = \sqrt{2} U_{C1} (1 + 8D_{im})$$

同样，也可求得对应此时电容器、电抗器电压、电流的可能最大值，即

$$I = I_1 \sqrt{1 + D_{i3}^2 + D_{i5}^2} = I_1 \sqrt{1 + 2D_{im}^2}$$

$$U_{\mathrm{C}}=U_{\mathrm{C1}}\sqrt{1+\left(\frac{1}{3}D_{\mathrm{i3}}\right)^{2}+\left(\frac{1}{5}D_{\mathrm{i5}}\right)^{2}}=U_{\mathrm{C1}}\sqrt{1+\frac{34}{225}D_{\mathrm{im}}^{2}}$$

$$U_{\mathrm{L}}=U_{\mathrm{L1}}\sqrt{1+(3D_{\mathrm{i3}})^{2}+(5D_{\mathrm{i5}})^{2}}=U_{\mathrm{L1}}\sqrt{1+34D_{\mathrm{im}}^{2}}$$

此时电容器的实际容量为

$$\begin{aligned}Q'_{\mathrm{C}}&=I_1^2X_{\mathrm{C}}+\sum_2^{\infty}I_n^2\frac{X_{\mathrm{C}}}{n}=I_1^2X_{\mathrm{C}}\left[1+\sum_2^{\infty}\left(\frac{I_n}{I_1}\right)^2\frac{1}{n}\right]\\&=I_1^2X_{\mathrm{C}}\left(1+\sum_2^{\infty}D_{\mathrm{i}n}^2\frac{1}{n}\right)=Q_{\mathrm{C}}\left(1+\sum_2^{\infty}D_{\mathrm{i}n}^2\frac{1}{n}\right)\end{aligned}\tag{4-164}$$

可见，和无谐波电流时相比，电容器的容量相应增大了 $Q_{\mathrm{C}}\sum_2^{\infty}D_{\mathrm{i}n}^2\frac{1}{n}$ 的数值。电抗器的实际容量为

$$\begin{aligned}Q'_{\mathrm{L}}&=I_1^2X_{\mathrm{L}}+\sum_2^{\infty}I_n^2nX_{\mathrm{L}}=I_1^2X_{\mathrm{L}}\left[1+\sum_2^{\infty}\left(\frac{I_n}{I_1}\right)^2n\right]\\&=I_1^2X_{\mathrm{L}}(1+\sum_2^{\infty}D_{\mathrm{i}n}^2n)=Q_{\mathrm{L}}(1+\sum_2^{\infty}D_{\mathrm{i}n}^2n)\end{aligned}\tag{4-165}$$

串联电抗器过负荷较多时，由于铁心的磁饱和，电抗值会下降，使电容器回路阻抗仍呈容性。在系统和电容器回路之间便有可能产生高次谐波的串联共振现象。

串接电抗器后，电容器回路所允许的高次谐波过负荷由串联电抗器所限制。例如日本工业标准（JIS）规定电抗器高次谐波过负荷的允许值为

$$\text{连续允许合成电流}=\sqrt{1+\sum_2^{\infty}D_{\mathrm{i}n}^2}\leqslant 1.2$$

$$\text{连续允许高次谐波合成电流}=\sqrt{\sum_2^{\infty}\left(\frac{n}{5}D_{\mathrm{i}n}\right)^2}\leqslant 0.35$$

规定电容器高次谐波过负荷的允许值为

$$\text{连续允许合成电流}=\sqrt{1+\sum_2^{\infty}D_{\mathrm{i}n}^2}\leqslant 1.34$$

二、电容器的附加损失和介质老化

电容器的有功损失主要是介质损失，可表示为

$$P=Q'_{\mathrm{C}}\tan\delta=\tan\delta\,Q'_{\mathrm{C}}=\tan\delta\,Q_{\mathrm{C}}\left[1+\sum_2^{\infty}\left(\frac{U_{\mathrm{C}n}}{U_{\mathrm{C1}}}\right)^2n\right]$$

因为 $Q_{\mathrm{C}}=\omega CU_{\mathrm{C1}}^2$，所以有

$$P=U_{\mathrm{C1}}^2\omega C\tan\delta+\omega C\tan\delta\sum_2^{\infty}nU_{\mathrm{C}n}^2\tag{4-166}$$

可见，一方面当电容器组的端电压为非正弦时，在电容器介质中产生附加的有功损耗为 $\omega C\tan\delta\sum_{n=2}^{\infty}nU_{\mathrm{C}n}^2$，这就产生额外发热，使电容器运行温度升高。另一方面，当电压波形畸变时，电容器介质老化加剧。因为使电容器介质老化的理化过程，在频率较高的电场下显著加快。电容器介质老化过程的发展可用介质损失角的变化来估价。损失角随时间变化的关系取决于电容器的介质材料、环境温度、谐波电压的稳定等因素。一般来说电容器使用两年后，介质损耗就会增加到 2 倍。

4.7.8 电力电容器组和电抗器的谐波过载能力

一、电力电容器的谐波过载能力

电力电容器的谐波过载能力由电容器的耐热和耐电压水平决定。电容器在制造时已留有一定的过载能力，并已由厂家按此要求作产品检验。例如电容器的型式试验中规定有温升试验，试验环境温度为其铭牌最高环境温度加5℃（户内）或10℃（户外），工频试验电压为

$$U = 1.2U_{NC}\sqrt{\frac{1.1C_{NC}}{C_C}}$$

式中：U_{NC} 和 C_{NC} 分别为电容器的额定电压和额定电容量；C_C 为被测试电容器的电容量。温升试验时间为48h。该试验是一个等值试验，是按照电容器电容量为1.1倍额定电容量，电压为1.2倍额定电压的条件进行的，相当于电容器在1.1倍 U_{NC} 和1.3倍 I_{NC} 的工况。这时内部电容元件的最高温度不能超过允许的最高温度。

尽管电容器有一定的过载能力，但还应尽可能不让其在过高的电压和电流下运行。因为电容器和其他电气设备一样，绝缘寿命随运行电压和温度的升高而降低。温度升高8～10℃使用寿命约减少一半；电压升高10%，使用寿命约减少一半。

国际电工委员会（IEC）对电容器过载能力的规定为：在电压有效值不超过1.1倍额定值时可连续运行，电流有效值不超过1.3倍额定值时可连续运行。我国电容器标准GB 3983—1989《并联电容器》对电容器工频稳态过电压的规定见表4-12。对电容器工频加谐波的过电压的规定为以不使电流超过稳态过电流的规定值为宜；对电容器过电流的规定为，电容器应能在有效值为1.3 I_{NC} 的稳态过电流（由基波加谐波过电压造成）下运行；对电容量有最大正偏差的电容器，过电流值达1.43 I_{NC}。就标准而言，我国电容器标准对电容器过载能力的规定比IEC标准高。

表4-12　　电容器工频稳态过电压

工频过电压	最大持续时间	备　注
1.10 U_{NC}	长期	指长期过电压的最高值不得超过1.10 U_{NC}
1.15 U_{NC}	每24h中30min	指系统电压的调整和波动
1.20 U_{NC}	5min	指轻负荷时的电压升高
1.30 U_{NC}	1min	指轻负荷时的电压升高

按照IEC标准和GB 3983—1983，电容器的工作电流 I_C、电压 U_C 应满足

$$I_C \leqslant 1.3I_{NC} \tag{4-167}$$

$$U_C \leqslant 1.1U_{NC} \tag{4-168}$$

IEC标准和GB 3983—1983对局部放电的规定为：对电容器加2.15倍额定电压1s，然后将电压降至1.2倍额定电压并保持10min，再将电压升高到1.5倍额定电压并保持10min，在以后10min期间局部放电无明显增加。对该试验可以理解为，能保证局部放电熄灭的电压只有1.2倍额定电压；或电容器电压峰值超过1.2 $\sqrt{2}$倍额定电压时，电容器在局部放电后，电弧不能自行熄灭，电容器将损坏。

但只按照式（4-167）和式（4-168）两个条件不足以判断电容器的谐波过载能力，还有必要对电容器所允许的峰值电压作出规定。

美国IEEE对电容器过载能力的规定有4个条件，即除式（4-167）和式（4-168）外，

还有

$$U_{MC} \leqslant 1.2\sqrt{2}U_{NC} \tag{4-169}$$

$$Q_{MC} \leqslant 1.3Q_{NC} \tag{4-170}$$

我国建议电容器厂应提供电容器局部放电最低熄灭电压 U_{min} 与额定电压 U_{NC} 的比值 m，即

$$m = \frac{U_{min}}{U_{NC}} \tag{4-171}$$

式（4-171）用于计算电容器的允许谐波含量。

按局部放电熄灭的条件，即可推算得电容器峰值电压的限值，即

$$U_{MC} = \sqrt{2}U_{C1}\left[1 + \sum_{n=2}^{\infty}\left(\frac{1}{n}D_{in}\right)\right] \leqslant m\sqrt{2}U_{NC} \tag{4-172}$$

二、电抗器的谐波过载能力

电抗器的谐波过载能力同样由其耐热和耐电压水平决定。目前我国尚无关于电抗器的专用标准，工作中可参照变压器的标准考虑，但在确定电抗器的技术条件时要充分注意到其工况的特点。例如电抗器的温升标准，虽然工作电流不大于其额定电流的 1.3 倍，但为与电容器最大允许电流保持一致，温升试验时的电流仍应为 1.3 倍额定电流。电抗器的最大工作电流可能达到 1.2 倍额定电流，比 1.3 倍要低一些。但因为是长期工作电流，不像变压器的负载电流那样时高时低，平均负载率只有 50%甚至更低，因此电抗器的允许温升应比变压器的温升规定得低一些才合理，否则电抗器的绝缘会过早损坏。如变压器额定电流下油面温升和线圈温升分别为 55℃、65℃（环境温度为 40℃），电抗器在 1.3 倍额定电流下的线圈温升及油面温升的规定应适当降低。电抗器的噪声和动、热稳定电流也可参照变压器标准考虑。

由于电抗器含有较大的谐波电流，而其谐波电抗与谐波次数成正比，因此，电抗器的谐波电压很高，接近甚至超过电抗器的基波电压。从而电抗器的匝间绝缘电压不能只按基波电压或基波峰值电压确定，应按照可能出现的尖顶波形的峰值电压确定。

对于铁心电抗器来说还存在铁心饱和的问题。为保证电抗器电抗值在工作电流范围内为常数，在最大峰值电流时其铁心磁密应保证在磁化曲线的直线部分。

电抗器与电容器是电容器组的两个部分。串联电抗器和串联电容器都具有一定的过载能力，只要谐波电流不超过设备的允许值，电抗器和电容器就能安全可靠地运行。

4.7.9　电容器对系统谐波阻抗的影响

在没有电容设备并不考虑输电线路的对地电容时，电力系统的谐波阻抗为

$$Z_{sn} = R_{sn} + jX_{sn} = R_{sn} + jnX_s = |Z_{sn}|e^{j\theta_{sn}} \tag{4-173}$$

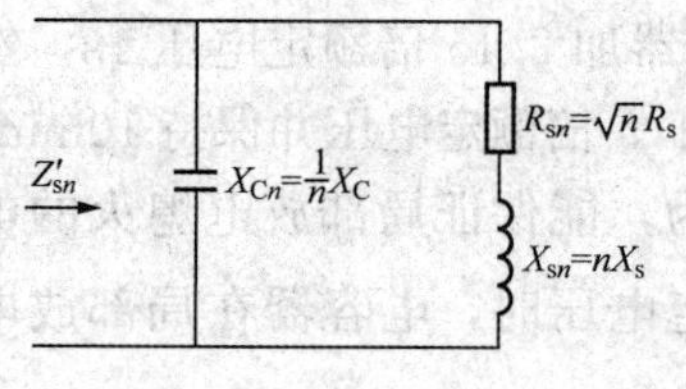

图 4-64　等值谐波阻抗电路图

实际电力系统的阻抗不是简单的 RL 电路，而是一个很复杂的 RLC 组合电路。如以式（4-173）计算谐波阻抗，则它与实际值将会有很大差别。现以满足式（4-173）的电感元件的系统谐波阻抗 Z_{sn} 与谐波容抗 X_{Cn} 并联的系统等值谐波阻抗 Z'_{sn} 来分析，电路如图 4-64 所示。

设电容器的基波容抗为 X_C，n 次谐波容抗为 X_{Cn}，则

$$X_{Cn} = \frac{1}{n}X_C$$

若 $Z'_{sn}=R'_{sn}+\mathrm{j}X'_{sn}$，则

$$Z'_{sn}=\frac{-\mathrm{j}X_{Cn}Z_{sn}}{R_{sn}+\mathrm{j}(X_{sn}-X_{Cn})}=|Z'_{sn}|\mathrm{e}^{\mathrm{j}\theta'_{sn}} \tag{4-174}$$

所以并联电容器将改变系统谐波阻抗的频率特性，可使系统等效谐波阻抗呈容性，甚至对某次谐波来说，并联电容器可能与系统发生并联谐振，这时等效谐波阻抗达到最大值。

4.7.10　并联电容器对谐波电流的放大作用

接入供电系统中的并联电容器除受高次谐波的影响外，如果错误地投入了并联电容器，在电力系统中还会产生更大的高次谐波畸变。这不仅给系统和其他设备造成危害，而且并联电容器本身也将在较大的高次谐波过电流下过早地损坏。这是由于电容器投入阻抗为感性的电力系统时，形成在 k 次谐波频率下的谐波放大作用和共振现象所造成的。现讨论电流放大现象，图 4-65 是并联电容器对谐波电流的放大作用示意图。

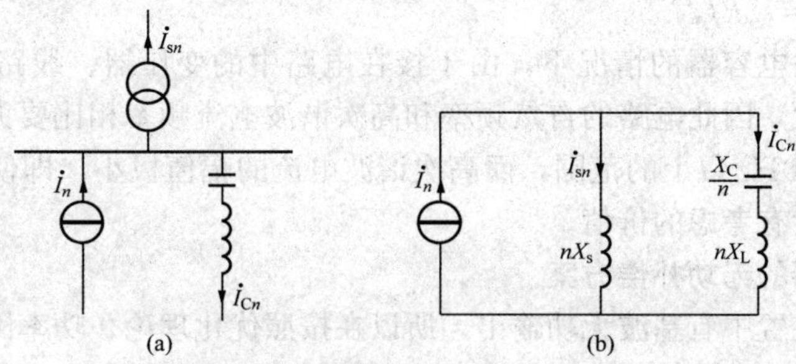

图 4-65　并联电容器对谐波电流的放大作用示意图

(a) 简单系统；(b) 电流分布

由图 4-65 (b) 可以得出，谐波电流的分流算式为

$$\dot{I}_{Cn}=\frac{R_{sn}+\mathrm{j}X_{sn}}{R_{sn}+\mathrm{j}X_{sn}-\mathrm{j}X_{Cn}}\dot{I}_n=\frac{R+\mathrm{j}nX_s}{R+\mathrm{j}\left(nX_s-\frac{1}{n}X_C\right)}\dot{I}_n \tag{4-175}$$

$$\dot{I}_{sn}=\frac{-\mathrm{j}X_{Cn}}{R_{sn}+\mathrm{j}X_{sn}-\mathrm{j}X_{Cn}}\dot{I}_n=\frac{-\mathrm{j}\frac{1}{n}X_C}{R+\mathrm{j}\left(nX_s-\frac{1}{n}X_C\right)}\dot{I}_n \tag{4-176}$$

由式 (4-175) 和式 (4-176) 可以看出，进入电容器回路的谐波电流 I_{Cn} 和流入系统的谐波电流 I_{sn} 均大于谐波电流 I_n，这就是电容器对谐波的放大现象。较大的 I_{Cn} 使电容器过负荷。最为严重的情况是 $nX_s=\frac{1}{n}X_C$ 时，系统等值阻抗 nX_s 和电容器组回路容抗 $\frac{1}{n}X_C$ 构成谐振条件电路即发生了电流谐振。此时

$$\dot{I}_{Cn}=\frac{R+\mathrm{j}nX_s}{R}\dot{I}_n=(1+\mathrm{j}q_n)\dot{I}_n \tag{4-177}$$

$$\dot{I}_{sn}=\frac{-\mathrm{j}\frac{1}{n}X_C}{R}\dot{I}_n=-\mathrm{j}q_n\dot{I}_n \tag{4-178}$$

$$q_n=\frac{nX_s}{R}=\frac{X_C}{nR}$$

式中：q_n 为电路的品质因数，为电场能量和磁场能量与有功功率的比值，称为电路的品质因数。

此时，即使很小的高次谐波电流也会被大为放大（放大 q_n 倍），所以长期在低次谐波共振条件下运行对电容器是相当不利的。

由谐波谐振条件，可得谐波共振的次数为

$$n=\frac{f_0}{f}=\sqrt{\frac{X_C}{X_n}}=\sqrt{\frac{P_k}{P_C}} \tag{4-179}$$

$$P_k=\frac{U^2}{X_k}$$

$$P_C=\frac{U^2}{X_C}$$

式中：P_k 为供电母线短路容量；P_C 为接入的并联电容器组容量；f_0 为电路的自然频率；f 为电路的基波频率，$\omega=2\pi f$。

在没有接入并联电容器的情况下，由于接在电路中的变压器、线路等设备的电容量很小，而感抗相对很大，因此电路的自然频率和高次谐波电流频率相比要大得多。谐波共振现象往往在频率为 1000Hz 以上的范围，而高次谐波电流的幅值极小，即使被大大地增幅，共振所造成的影响也没有考虑的价值。

4.7.11 电容器的无功补偿方案

因为交流滤波装置中有基波无功输出，所以在按照优化理论、功率因数要求或其他原则确定该母线应具有的无功补偿能力以后，母线上安装并联电容器可以有三种方案。

方案 1：该母线的无功补偿量全部安装等量的并联电容器。

方案 2：根据滤波要求设计滤波装置，如该滤波装置输出的基波无功小于补偿容量，不足部分加装普通的并联电容器组。

方案 3：加大滤波器设计容量，使滤波器组总的基波无功输出满足无功补偿的要求，而不装普通的并联电容器组。

一般来说，方案 1 最简单，投资也最省，但谐波对电容器有较大危害，电容器对谐波电流有放大作用，必须合理地配置电容器和电抗器，避免电气参数匹配发生谐振。有时为控制电容器对谐波电流的放大作用，保证电容器、电抗器和整个电网的安全运行，采用方案 1 也不一定能满足谐波运行标准的要求。方案 2 比较简单，运行灵活，投资可能少些，也有一定的滤波效益。方案 3 滤波效果较好，如果设计周密安全，也能做到运行灵活。究竟采用哪种方案，可以针对具体工程情况，通过技术经济比较后确定，但一般情况由于谐波的存在应尽量避免采用方案 1，而倾向于在后两种方案中进行比较讨论。

4.8 交流无源滤波装置

采用交流滤波装置就近吸收谐波源产生的谐波电流，是抑制谐波污染的一种有效措施。目前广泛采用的无源型交流滤波装置由电力电容器、电抗器（常用空心的）和电阻器适当组合而成，运行中和谐波源并联，除起滤波作用外还兼顾无功补偿的需要。由于其结构简单、运行可靠、维护方便，因此得到了广泛的应用。

4.8.1 滤波装置接线方式和滤波方案

一、滤波装置的结构及接线方式

滤波装置一般由一组或数组单调谐滤波器组成，有时再加一组高通滤波器。滤波器的接线方式如图4-66所示。单调谐滤波器利用RLC电路串联谐振原理构成，如图4-66（a）所示。在具体工程中接线可以灵活多样，如可以将电抗器接到母线和电容器之间，电容器（或电容器—电抗器组）可以采用星形或三角形接线等；但推荐采用图4-66（a）所示的接线，即将滤波电抗器和电阻器均接于电容器的低压侧，整个滤波器采用星形接法，其主要优点如下。

（1）一相中任何一个电容器击穿时，短路电流较小。

（2）电抗器不承受短路电流冲击，且只需采用“半绝缘”，因为在系统单相接地时，电抗器对地电压仅为相电压。

（3）便于分相调谐。

在有些工程中采用的双调谐滤波器，如图4-66（b）所示。在谐振频率附近实际上它相当于两个并联的单调谐滤波器，同时吸收两种频率的谐波。与两个单调谐滤波器相比，其基波损耗较小，只有一个电抗器承受全部冲击电压。

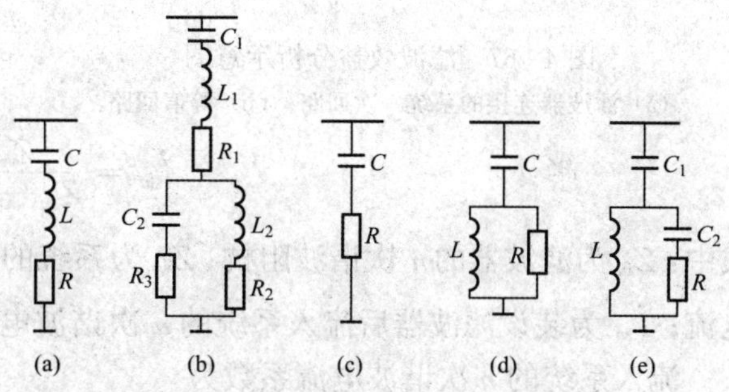

图4-66 滤波器的接线方式

（a）单调谐滤波器；（b）有些工程中采用的双调谐滤波器；（c）一阶减幅型高通滤波器；（d）二阶减幅型高通滤波器；（e）三阶减幅型高通滤波器

高通滤波器有一阶减幅型、二阶减幅型和三阶减幅型，分别如图4-66（c）、（d）、（e）所示。一阶减幅型由于基波功率损耗太大，一般不采用；二阶减幅型的基波损耗较小，且阻抗频率特性较好，结构也简单，故工程上用得最多；三阶减幅型的基波损耗最小，但阻抗频率特性不如二阶减幅型，用得也不太多。高通滤波器能在高于某个频率之后很宽的频带范围内呈低阻抗特性，用以吸收若干较高次的谐波。

二、滤波装置方案的确定

确定滤波装置的方案主要包括，确定用几组单调谐滤波器，选取高通滤波器的截止频率，用什么方式满足无功补偿的要求。

单调谐滤波器应根据谐波源大小，所产生的主要特征谐波电流来考虑。对于整流性谐波源，一般只设奇次滤波器，如六相整流负荷可以设5、7、11次等单调谐滤波器。如要滤除更高次的谐波，可以设一组高通滤波器（如果主要目的是吸收13次谐波，则截止频率可以选为12次）。对于非特征的3次谐波是否要设滤波器，应根据3次谐波电流的大小，以及是否可能发生3次谐波谐振（即3次谐波电压过高）来决定。其中，是否可能发生3次谐波应待滤波装置参数初步选定后才能确定。电弧炉负荷由于产生连续次数的特征谐波，一般需要从二次单调谐滤波器开始装设单调谐滤波器。

使滤波装置满足无功补偿要求，可以有两种处理办法。

（1）根据滤波要求设计滤波装置，如其无功容量小于补偿容量，不足部分加装普通的并联电容器组。

（2）加大滤波器容量，使其总的无功容量满足补偿要求。

一般来说，第一种办法比较简单，运行灵活，投资可能小些；第二种办法滤波效果较好，如果设计周密，也能做到运行灵活。究竟采用哪种办法，需要针对具体工程，作技术、经济比较后确定。

4.8.2 滤波器的滤波效益

安装滤波器的主要目的，在于消除或减少流入系统的谐波电流，同时可以提供一定量的无功功率，以改善功率因数。图 4-67 所示为滤波效益分析示意图。

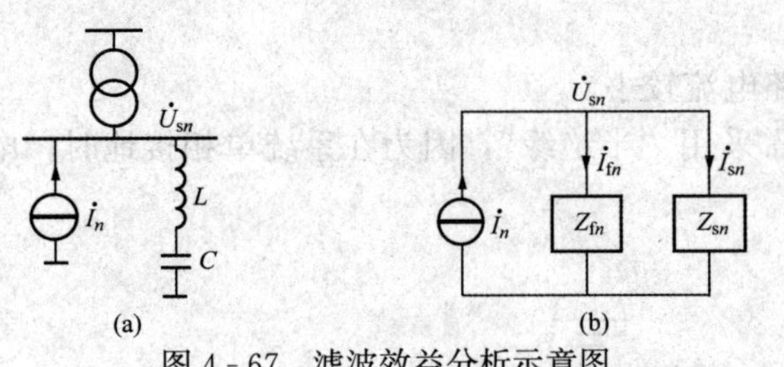

图 4-67 滤波效益分析示意图

（a）滤波器连接的系统一次回路；（b）等值回路

由图 4-67（b）可知，系统母线 n 次谐波电压为

$$\dot{U}_{sn}=\frac{Z_{fn}Z_{sn}}{Z_{fn}+Z_{sn}}\dot{I}_n \tag{4-180}$$

流入系统的 n 次谐波电流为

$$\dot{I}_{sn}=\frac{Z_{fn}}{Z_{fn}+Z_{sn}}\dot{I}_n \tag{4-181}$$

流入滤波器的 n 次谐波电流为

$$\dot{I}_{fn}=\frac{Z_{sn}}{Z_{fn}+Z_{sn}}\dot{I}_n \tag{4-182}$$

式中：Z_{fn} 为滤波器的 n 次谐波阻抗；Z_{sn} 为系统的 n 次谐波阻抗；$\dot{I}_n$ 为谐波源产生的 n 次谐波电流；$\dot{I}_{sn}$ 为装设滤波器后流入系统的 n 次谐波电流；$\dot{I}_{fn}$ 为流入滤波器的 n 次谐波电流。

流入系统的 n 次谐波电流系数为

$$K_{sn}=\frac{I_{sn}}{I_n}=\left|\frac{Z_{fn}}{Z_{sn}+Z_{fn}}\right| \tag{4-183}$$

流入滤波器的 n 次谐波电流系数为

$$K_{fn}=\frac{I_{fn}}{I_n}=\left|\frac{\dot{Z}_{sn}}{\dot{Z}_{sn}+\dot{Z}_{fn}}\right| \tag{4-184}$$

系统母线上的 n 次谐波电压值为

$$|\dot{U}_{sn}|=\left|\frac{Z_{fn}Z_{sn}}{Z_{fn}+Z_{sn}}\right|I_n=K_{sn}|Z_{sn}|I_n \tag{4-185}$$

由式（4-183）和式（4-185）可知，K_{sn} 值越小，则流入系统的 n 次谐波电流就越小，n 次谐波电流引起的系统谐波电压也越小。也即 K_{sn} 值越小，滤波器的滤波效益越好。因为式（4-183）中 $Z_{sn}+Z_{fn}$ 是复数和，所以 K_{sn} 的大小，在 Z_{sn} 已定的情况下，不仅取决于 Z_{fn} 的大小，也取决于 Z_{fn} 的阻抗角。

式（4-184）中，K_{fn} 的大小不能反映流入系统的 n 次谐波电流大小，只能反映流入滤波器的 n 次谐波电流的大小，因为 $\dot{I}_n=\dot{I}_{fn}+\dot{I}_{sn}$ 是相量和。

实际上设置的滤波器要吸收全部的谐波电流（$K_{sn}=0$）是不可能的，只能减少流入系统的 n 次谐波电流量，其减少的程度与滤波器参数（即电容量 C、电感 L 及电阻 R）的选择和系统谐波阻抗 Z_{sn} 有密切关系。如果参数选择不当，不仅达不到应有的滤波效益，而且还可能使流入系统的谐波电流放大，甚至会发生滤波器与系统、滤波器支路间的谐振，不仅 K_{fn} 大于 1，而且 K_{sn} 也会大于 1。

4.8.3　单调谐滤波器

一、单调谐滤波器的阻抗

图 4-66（a）所示单调谐滤波器是调谐到某一谐波频率的一个串联的电感、电容、电阻电路。其阻抗为

$$Z_{\mathrm{f}} = R_{\mathrm{fn}} + \mathrm{j}\left(\omega L - \frac{1}{\omega C}\right) \tag{4-186}$$

如果在调谐频率下使单调谐滤波器的阻抗为一个纯电阻 R_{fn}，则调谐频率为

$$\omega_n = n\omega_1 = \frac{1}{\sqrt{LC}} \tag{4-187}$$

式中：ω_1 为工频角速度，$\omega_1 = 2\pi f_1 = 100\pi$；$f_1$ 为工频，我国为 50Hz。

在角速度为 $\omega_n = n\omega_1$ 时，电感线圈或电容的电抗值为

$$X_n = \omega_n L = \frac{1}{\omega_n C} = \sqrt{\frac{L}{C}} \tag{4-188}$$

这样，单调谐滤波器能有效地吸收 n 次谐波电流。但由于系统频率存在一定的偏差，会使滤波器失谐。若系统频率偏差 δ_ω 为

$$\delta_\omega = \frac{\omega - \omega_1}{\omega_1} \tag{4-189}$$

则滤波器的 n 次谐波阻抗为

$$\begin{aligned} Z_{\mathrm{fn}} &= R_{\mathrm{fn}} + \mathrm{j}\left[\omega_n(1+\delta_\omega)L - \frac{1}{\omega_n(1+\delta_\omega)C}\right] = R_{\mathrm{fn}} + \mathrm{j}\omega_n L\delta_\omega \frac{2+\delta_\omega}{1+\delta_\omega} \\ &= R_{\mathrm{fn}} + \mathrm{j}\frac{1}{\omega_n C}\delta_\omega \frac{2+\delta_\omega}{1+\delta_\omega} \end{aligned} \tag{4-190}$$

当 $\delta_\omega \ll 1$ 时，可以近似表示为

$$Z_{\mathrm{fn}} = R_{\mathrm{fn}} + \mathrm{j}2\omega_n L\delta_\omega = R_{\mathrm{fn}} + \mathrm{j}\frac{2\delta_\omega}{\omega_n C} \tag{4-191}$$

单调谐滤波器的 n 次谐波电阻 R_{fn} 是由电抗器电阻、外加电阻、电容器的介质损耗以及接线电阻等组成，其中主要为电抗器电阻和外加电阻。

二、等效频率偏差

单调谐滤波器除系统频率变化时要失谐外，电容和电感值的变化也要使其失谐程度加大，其中电容器的电容变化最厉害。其原因一方面是由于绝缘老化、由于周围温度及自身发热引起电容量的变化，这部分数值相对较小；另一方面，具有内外熔丝保护的电容器，当部分内外熔丝因故障熔断或无内熔丝的电容器内部元件部分短路，而继电保护尚不能将滤波器退出电网或发出故障信号时，所引起的电容变化较大，这部分变化量与继电保护的整定值有关。当频率、电容、电感同时变化时，单调谐滤波器的 n 次谐波阻抗为

$$\begin{aligned} Z_{\mathrm{fn}} &= R_{\mathrm{fn}} + \mathrm{j}\left[\omega_n(1+\delta_\omega)L\left(1+\frac{\Delta L}{L}\right) - \frac{1}{\omega_n(1+\delta_\omega)C\left(1+\frac{\Delta C}{C}\right)}\right] \\ &= R_{\mathrm{fn}} + \mathrm{j}\omega_n L\left(2\delta_\omega + \frac{\Delta L}{L} + \frac{\Delta C}{C}\right) = R_{\mathrm{fn}} + \mathrm{j}\frac{1}{\omega_n C}\left(2\delta_\omega + \frac{\Delta L}{L} + \frac{\Delta C}{C}\right) \end{aligned} \tag{4-192}$$

由此可知，电容或电感值变化 2%，其失谐后果与系统频率变化 1%相同。

滤波器内电容、电感值的变化及系统频率偏差引起滤波器的失谐，通常用等效频率偏差

来表示，即

$$\delta_{e}=\delta_{\omega}+\frac{1}{2}\left(\frac{\Delta L}{L}+\frac{\Delta C}{C}\right) \tag{4-193}$$

在调试时，由于测量表计有误差，不带电测量与带电测量也存在误差。若计及测量误差 β_{C}（电容测量误差）和 β_{L}（电感测量误差），则等效频率偏差为

$$\delta_{e}=\delta_{\omega}+\frac{1}{2}\left(\frac{\Delta L}{L}+\frac{\Delta C}{C}+\beta_{C}+\beta_{L}\right) \tag{4-194}$$

以上计算中，考虑电抗器的电感值在一定范围内可无级调节。电抗器电抗量的调节范围通常结合电容器的额定电容量的误差等因素来选择。如果电抗器为固定抽头调节电感量，则式（4-194）中还应增加电抗器本身误差 β_{LP}，则有

$$\delta_{e}=\delta_{\omega}+\frac{1}{2}\left(\frac{\Delta L}{L}+\frac{\Delta C}{C}+\beta_{C}+\beta_{L}+\beta_{LP}\right) \tag{4-195}$$

滤波器的阻抗可写为

$$Z_{fn}=R_{fn}+\mathrm{j}2\omega_{n}L\delta_{e}=R_{fn}+\mathrm{j}\frac{2\delta_{e}}{\omega_{n}C} \tag{4-196}$$

式（4-195）中，当 δ_{ω}、$\frac{\Delta L}{L}$、$\frac{\Delta C}{C}$、β_{C}、β_{LP}均为负最大值时，等效频率偏差为负最大等效频率偏差 $\delta_{e.\max}^{(-)}$；当 δ_{ω}、$\frac{\Delta L}{L}$、$\frac{\Delta C}{C}$、β_{C}、β_{LP}均为正最大值时，等效频率偏差为正最大等效频率偏差 $\delta_{e.\max}^{(+)}$。

δ_{e} 值在单调谐滤波器中是一个十分重要的参数。当 $\delta_{e}>0$ 时，Z_{fn} 呈感性；$\delta_{e}<0$ 时，Z_{fn} 呈容性。

三、单调谐滤波器的品质因数

n 次单调谐滤波器的品质因数 q_{n} 是衡量滤波效果的一个重要参数，定义为谐振时的感抗和电阻之比，即

$$q_{n}=\frac{nX_{L}}{R}=\frac{X_{C}}{nR} \tag{4-197}$$

式中：X_{L} 为单调谐滤波器的基波感抗；X_{C} 为单调谐滤波器的基波容抗，R 为 n 次谐波单调谐滤波器的电阻。

故

$$THD_{n}=\frac{U_{sn}}{U_{1}}=\frac{I_{fn}R(1+\mathrm{j}2\delta_{e}q_{n})}{U_{1}}$$

式中：THD_{n} 为 n 次谐波电压的畸变率；U_{1} 为系统基波电压；U_{sn} 为系统母线 n 次谐波电压；I_{fn} 为流入滤波器的 n 次谐波电流；δ_{e} 为等值频率偏差。

在不考虑系统阻抗影响，认为滤波器没有失谐时，n 次谐波电压的畸变率为

$$THD_{n}=\frac{I_{n}R}{U_{1}} \tag{4-198}$$

滤波支路每相输出的基波无功功率近似为

$$Q_{n}=\frac{U_{1}^{2}}{X_{C}-X_{L}}=\frac{n^{2}}{n^{2}-1}\frac{U_{1}^{2}}{X_{C}}=\frac{n^{2}}{n^{2}-1}\frac{U_{1}}{X_{C}}\frac{I_{n}R}{DFU_{n}}=\frac{n^{2}}{n^{2}-1}\frac{U_{1}}{q_{n}}\frac{I_{n}}{DFU_{n}} \tag{4-199}$$

从式（4-199）可知，滤波器所需的电容量随品质因数的增大而减少。此外，滤波效益

系数 K_{sn} 也受等值频率偏差 δ_e 和品质因数 q_n 的影响。因为

$$Z_{fn}=R_{fn}+j2\delta_e q_n R_{fn} \tag{4-200}$$

由式（4-200）可知，当 $\delta_e>0$ 时，Z_{fn} 呈感性；当 $\delta_e<0$ 时，Z_{fn} 呈容性；当 $\delta_e=0$ 时，Z_{fn} 为纯电阻。所以有

$$K_{sn}=\left|\frac{Z_{fn}}{Z_{fn}+Z_{sn}}\right|=\sqrt{\frac{R_{fn}^2+(2\delta_e q_n R_{fn})^2}{(R_{sn}+R_{fn})^2+(X_{sn}+2\delta_e q_n R_{fn})^2}} \tag{4-201}$$

在调谐时（$\delta_e=0$ 时），滤波器的滤波效益随 q_n 的增大而增大；但当失谐时，在相同的等值频率偏差 δ_e 的情况下，q_n 越大，滤波器阻抗就越大，滤波效益就变差。所以，品质因数 q_n 要控制在一定范围内。

四、单调谐滤波器的等效频率偏差与滤波效益的关系

单调谐滤波器的品质因数为

$$q_n=\frac{1}{\omega_n C R_{fn}}=\frac{\omega_n L}{R_{fn}}=\frac{\sqrt{\frac{L}{C}}}{R_{fn}} \tag{4-202}$$

其中有

$$\omega_n L=\frac{1}{\omega_n C}$$

有的滤波器设计采用 $q_n=\frac{1}{2\delta_{e.max}}$，其中 $\delta_{e.max}=\max[\delta_{e.max}^{(+)},|\delta_{e.max}^{(-)}|]$，目的是使滤波器的阻抗$Z_{fn}$ 在$\pm\delta_{e.max}$范围内的变化小于$\sqrt{2}$，即在等效频率偏差$\pm\delta_{e.max}$范围内，Z_{fn}的最小值与最大值之比为$\frac{1}{\sqrt{2}}=0.707$。通常称$-\delta_{e.max}\sim+\delta_{e.max}$的频率变化范围为通频带。图4-68为单调谐滤波器阻抗 Z_{fn}与等效频率偏差 δ_e 的关系曲线。图中，曲线 A、B 的 R_{fn} 相同；曲线 B 和 C 的电抗 X_{n0} 相同，$X_{n0}=\frac{1}{\omega_n C}=\omega_n L$，有同一条渐近线 D（对应于 $R_{fn}=0$）。渐近线 D 的方程式为 $Z_{fn}=\pm X_{n0}|\delta_e|$。图4-68中，曲线 A、B、C、D 的参数见表4-13。

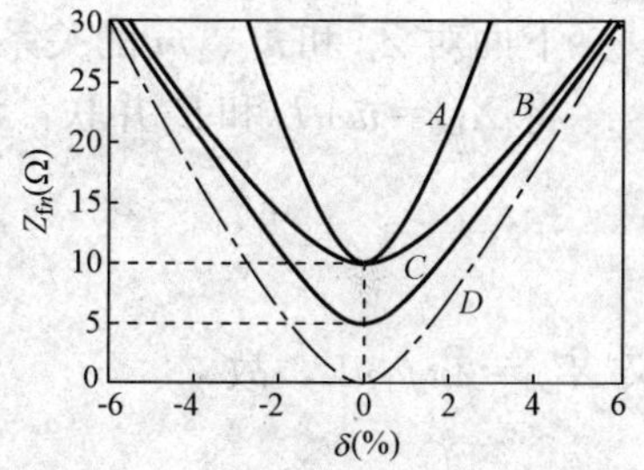

图4-68 单调谐滤波器的阻抗 Z_{fn}与等效频率偏差 δ_e 的关系曲线

表4-13 曲线 A、B、C、D 的参数

曲线	R_{fn}（Ω）	$X_{n0}=\frac{1}{\omega_n C}$（Ω）	q_n	通频带（%）
A	10	500	50	2%
B	10	250	25	4%
C	5	250	50	2%
D	0	250		

在系统阻抗已定的情况下，由于滤波器的滤波效益并不取决于滤波器阻抗 Z_{fn} 的大小，尽管在等效频率偏差范围内的滤波器阻抗 Z_{fn} 变化不大，并不意味滤波器的滤波效益变化不大。这是因为

$$K_{sn}=\left|\frac{R_{fn}+\mathrm{j}\dfrac{2\delta_e}{\omega_n C}}{R_{fn}+R_{sn}+\mathrm{j}\left(X_{sn}+\dfrac{2\delta_e}{\omega_n C}\right)}\right| \tag{4-203}$$

式中：$R_{sn}+\mathrm{j}X_{sn}$ 为系统 n 次谐波的综合阻抗，应计及除 n 次单调谐滤波器本身支路外的其他滤波支路阻抗。

4.8.4 高通滤波器

常用的高通滤波器的一次接线及等值电路如图 4-69 所示。由于电感 L 与电阻 R 并联，因此有一个较低的阻抗频率范围。当频率低于某一频率 f_0 时，由于容抗增加使滤波器阻抗明显增加，低次谐波电流难以通过。当频率高于 f_0 时，由于容抗不大，总的阻抗也变化不大，形成通频带。$n_0=f_0/f_1$ 称为截止谐波次数，f_0 就称为截止频率，且

$$f_0=\frac{1}{2\pi CR} \tag{4-204}$$

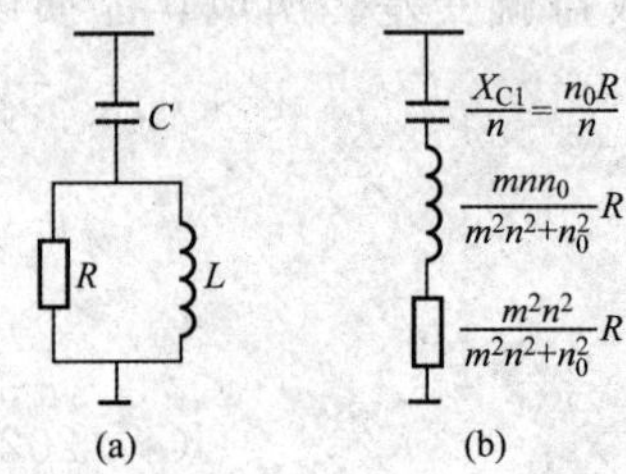

图 4-69 高通滤波器
(a) 高通滤波器的一次接线；
(b) 高通滤波器的等值电路

引入参数 $m=\dfrac{L}{R^2C}$，可得图 4-69（b）。

一、高通滤波器的阻抗和等值电路

高通滤波器的阻抗 Z_n 的表达式为

$$Z_n=\frac{1}{\mathrm{j}n\omega_1 C}+\left(\frac{1}{R}+\frac{1}{\mathrm{j}n\omega_1 L}\right)^{-1} \tag{4-205}$$

下面对 Z_n 和 n_0、m 的关系进行推导。

将 $X_{Ln}=n\omega_1 L$ 和 R 并联，设其阻抗为 Z'_n，则

$$Z'_n=\frac{X_{Ln}}{\dfrac{R}{X_{Ln}}+\dfrac{X_{Ln}}{R}}+\mathrm{j}\frac{R}{\dfrac{R}{X_{Ln}}+\dfrac{X_{Ln}}{R}} \tag{4-206}$$

又 $X_{Ln}=2\pi f_1 nL$，故

$$X_{Ln}=\frac{nm}{n_0}R \tag{4-207}$$

同理可得

$$X_{Cn}=\frac{n_0}{n}R \tag{4-208}$$

将以上关系代入式（4-205）和式（4-206）中，得

$$Z_n=\frac{m^2n^2R}{m^2n^2+n_0^2}\left\{1+\mathrm{j}\left[\frac{n_0}{mn}-\frac{(m^2n^2+n_0^2)n_0}{m^2n^3}\right]\right\} \tag{4-209}$$

$$|Z_n|=R\sqrt{\left(\frac{m^2n^2}{m^2n^2+n_0^2}\right)^2+\left(\frac{mnn_0}{m^2n^2+n_0^2}-\frac{n_0}{n}\right)^2} \tag{4-210}$$

根据式（4-209），即可得高通滤波器的串联等值电路如图 4-69（b）所示。

二、高通滤波器的品质因数

单调谐滤波器的品质因数为谐振时感抗与电阻的比值，高通滤波器的品质因数利用等值串联公式（4-206）用同样方法求取，即

$$q_n=\frac{R}{X_{Ln}}=\frac{R}{nX_L}=\frac{n_0}{mn} \tag{4-211}$$

可见，品质因数和 n 有关。为了确定起见，和单调谐滤波器一样，规定当 n 满足 $X_{Ln}=X_{Cn}$ 时，q_n 值为高通滤波器的品质因数 q_h，因此 $q_h=R/\sqrt{L/C}$。设此时 $n=n_h$，由式（4-207）和式（4-208）得

$$n_h=\frac{n_0}{\sqrt{m}}$$

代入式（4-211）得

$$q_h=\frac{1}{\sqrt{m}} \tag{4-212}$$

由式（4-211）可见，高通滤波器 q_h 表达式中电阻处在分子上，和单调谐滤波器正好相反，这是因为在高通滤波器中，电阻与电感并联，电阻越大调谐越尖锐。但无论是单调谐滤波器还是高通滤波器中，q 值都是标志调谐锐度的指标。

三、高通滤波器的阻抗频率特性

设高通滤波器发生电压谐振的频率为 n_u，由式（4-209）可知

$$\frac{n_0}{mn_u}=\frac{(m^2n_u^2+n_0^2)n_0}{m^2n_u^3}$$

由此得

$$n_u=\frac{n_0}{\sqrt{m-m^2}} \tag{4-213}$$

由式（4-213）可知，当 $m=1$ 时，$n_u=\infty$；$m>1$ 时，n_u 为虚数，均不能发生电压谐振。只有当 $m<1$ 时，才可能产生电压谐振，此时阻抗为

$$Z_u=\frac{m^2n_u^2R}{m^2n_u^2+n_0^2}=mR \tag{4-214}$$

这和一般 RLC 串联电路谐振时 $Z_u=Z_{min}=R$ 不同，此时，$Z_u>Z_{min}=R$，这是由于 n 变化时等值串联电路公式［即式（4-209）］中实部和虚部均变化所致。以下着重分析产生 Z_{min} 的条件。

由式（4-210）很容易求得阻抗为最小值 Z_{min} 时的 n 值。设为 n_m，由 $\frac{d|Z_n|}{dn}=0$ 得

$$n_m=n_0\sqrt{\frac{m+\sqrt{1+2m}}{m(1+2m-m^2)}} \tag{4-215}$$

以上分析说明，高通滤波器在无限大至 f_0 的频率范围内，它的阻抗是与它的电阻同数量级的，式（4-215）表明了 n_m 与 n_0、m 的相互关系。n_0 总是小于 n_m 的，而 n_m 应根据要滤除的主要谐波次数选择。n_0 应该比已有的最高次单调谐滤波器次数至少大 1，以免高通滤波器过多地分流单调谐滤波器的谐波。高通滤波器一般不宜使其截止频率选得过低，以免有功损耗增加太大。当然，如选定了 n_0、n_m，由式（4-213）即可决定 m 值。由于 m 值将影响滤波器的阻抗频率特性（如图 4-70 所示），从而影响流入滤波器的电流，影响滤波器的容量，因此将 n_m 或 n_0 作适当变动，有可能选取较好的方案。

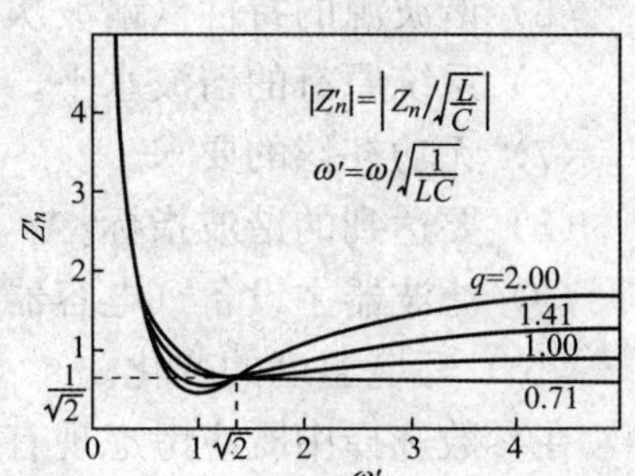

图 4-70 高通滤波器阻抗频率特性

由图 4 - 70 可以看出，高通滤波器阻抗对频率变化并不是很敏感的，因而对设备误差要求并不很高，工程上一般容易做到。

四、高通滤波器损耗

高通滤波器的主要损耗由电阻产生。当 n 次谐波电流 I_n 通过高通滤波器时，电阻中分流电流 I_{Rn} 不难利用式（4 - 207）得到，即

$$I_{Rn}=\frac{nm}{\sqrt{n_0^2+n^2m^2}}I_n \tag{4-216}$$

由式（4 - 204）可得电阻中的功率损耗为

$$P_{Rn}=\sum RI_{Rn}^2=\sum I_{Rn}^2\frac{1}{n_0\omega_1 C}$$

所以

$$P_{Rn}=\sum\frac{n^2m^2I_n^2}{n_0(n_0^2+n^2m^2)}\frac{1}{\omega_1 C} \tag{4-217}$$

由式（4 - 217）可见，m 值将影响损耗。m 值越小（q_h 值越大），则损耗越小，但阻抗频率特性在通频带内变化较大（如图 4 - 70 所示），影响对高次谐波滤波的效果，对于一定 I_n 值，n_0 取低了将使 P_{Rn} 大大增加，因此 n_0 值宜靠近要滤除的主要谐波次数；增大 C 值，有利于降低 P_{Rn} 值。

必须指出，式（4 - 217）中，令 $n=1$，即为基波损耗。基波损耗当然随 C 值增加而加大（因为 I_1 和 C 成正比），但和单调谐滤波器不同，高通滤波器电阻中工频损耗往往不占主要，因为工频电流大部分被电感所分流$\left(\frac{X_{L1}}{R}=\frac{m}{n_0}\ll 1\right)$，因此工程中宜加大高通滤波器容量。

4.8.5　滤波装置参数选择的条件

滤波装置设计的基本任务是在确定的系统和谐波源下，以最少的投资使母线电压畸变率和注入系统的各次谐波电流符合规定指标，满足无功补偿容量的要求，并保证装置安全可靠和经济运行。因此，在进行滤波装置参数选择之前，必须掌握以下资料。

（1）系统主接线及设备（主变压器、电缆、限流电抗器等）参数。

（2）电网运行参数（电压、频率的变化、电压不对称度等）。

（3）系统的谐波阻抗特性。

（4）负荷特性（负荷的性质、大小、谐波阻抗等）。

（5）谐波源的特性（谐波次数、谐波量和波动性能）。

（6）系统原有的谐波水平。

（7）无功补偿的要求。

（8）要达到的谐波指标。

（9）滤波器主设备（电容器和电抗器）的参数误差和过载能力（即校验指标）。

（10）环境温度的变化。

在参数选择中既应考虑现有系统情况，也应兼顾未来的发展。系统的谐波阻抗原则上应该用实测值或用可靠的计算值，但根据具体情况可以作如下近似处理。

（1）当母线上由短路容量换算所得到的基波电抗 X_{s1} 中，主变压器的电抗（有时包括限流电抗器的电抗）占绝对优势时，可以认为谐波电抗为 nX_{s1}（n 为谐波次数）。系统等值谐波电阻 R_{sn} 一般很小，有时可忽略。这种处理方法，一般用于 6～10kV 中小型滤波器参数的

初步选择中。

（2）当母线短路容量较大时，X_{sn}和nX_{s1}由于网络电容影响，相差较大，且R_{sn}也不能忽略。英国中央发电局（CEGB）研究指出，系统谐波阻抗大体上符合以下规律。

1）系统谐波阻抗轨迹是一个圆，它的圆心坐标为（R，0），R值和网络规模及结构有关。例如CEGB在某132kV滤波装置设计中，R取为55Ω，而对于400kV系统，R取为500Ω。

2）系统谐波阻抗角在轻负荷时绝对值不大于+85°，在重负荷时不大于+75°。

由此可以作出系统谐波阻抗的轨迹，如图4-71所示。该图说明，系统谐波阻抗Z_{sn}包括在两条割线与圆周的范围之内，谐波阻抗角为$\varphi_s=\arctan\dfrac{X_{sn}}{R_{sn}}$。当然，实际系统的谐波阻抗在复平面上呈现比较复杂的图形，但在工程范围内（单调谐滤波器一般不超过13次），用在大中型滤波器参数的初步选择中，可以对谐波阻抗作上述近似处理。

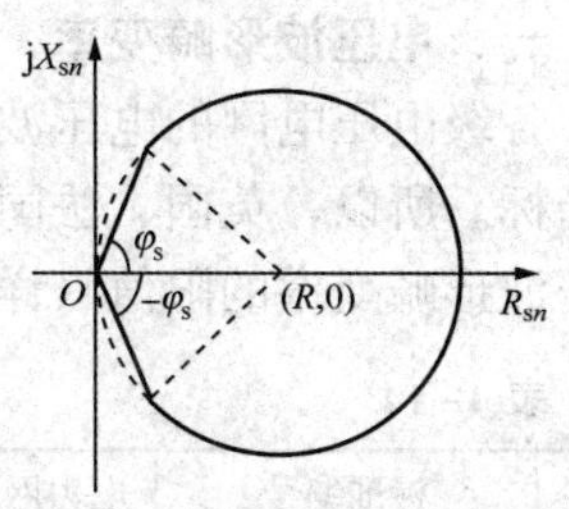

图4-71　系统谐波阻抗的轨迹

系统的原有谐波水平包括谐波电压和注入系统的谐波电流，应由实测或通过谐波计算取得。如果现有谐波来源于系统，则在确定滤波器参数时可将系统等值为一个谐波恒压源。为了简化起见，恒压源的总谐波电压畸变率可取有关标准值。例如，现有谐波主要是由用户原有谐波电流源产生，则在滤波器参数计算时，新老谐波电流源应一起考虑。对于整流型谐波源，除了特征谐波外，应根据谐波源本身特点及电网三相电压不对称情况，适当考虑非特征谐波，特别要注意3次谐波。

除了谐波源以外，一般负荷可按其性质用等值的谐波阻抗X_{Dn}、R_{Dn}代替负荷阻抗，包括滤波器装置在内的典型等值计算电路可以用图4-72来表示。

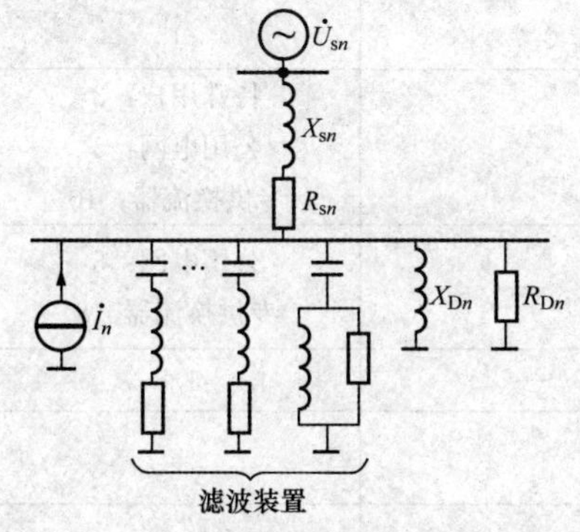

图4-72　典型的等值计算电路

投入滤波装置后，母线的谐波电压含量、总畸变率和注入系统的谐波电流应满足确定的指标。GB/T 14549—1993《电能质量　公用电网谐波》中所规定的数值是极限值，具体指标还应根据用户设备特点加以确定。

滤波装置的主要设备（如电容器及电抗器），由于制造和测量上不可避免的误差及系统频率、环境温度等的变化，都会造成滤波器失谐，这些可能出现的误差是参数选择的主要依据之一，必须预先确定。滤波装置的参数选择涉及技术指标（谐波电压、谐波电流、无功补偿容量）、安全指标（电容器的过电流、过电压和容量平衡）、经济指标（投资、损耗），因此，往往需要经过许多个方案比较后才能确定。

4.9　电力系统谐波的标准及其管理

为保证电力系统的安全、经济运行、用户设备和人身的安全，对谐波污染造成的危害影响加以限制是迫切需要的。一方面，国家有关部门有必要对电力系统谐波畸变允许值和谐波源注入供电点的谐波电流值做出规定，对谐波源和供电点电压或电流的谐波含量或畸变值进行监测，对新接入的谐波源负荷进行必要的验算和管理。另一方面，电力用户为了保证自身设备的安全运行和正常运行，也应把自己用电设备产生的谐波畸变保持在规定限度内。

除了要求现有的谐波源用户采取措施外，新接入系统的大谐波源负荷必须经供电部门进行验算，确定其允许值和是否需要采取措施。供电部门在确定新接入用户的谐波含量和畸变允许值时，除考虑系统中原有的谐波含量外，还应留有适当裕度，为今后接入系统的新用户考虑。

4.9.1 国外的谐波标准

下面简要地介绍几个国家的电力系统谐波标准（或规定）对谐波电压、电流的规定。

一、电压波形畸变率

各级电压电网的电压波形畸变率允许值，是保证电能质量和限制电力系统谐波的重要技术指标。所以，英国、法国等国制定的标准都对电压波形畸变率做了限制。这些国家规定的电压波形畸变率的限值（详见表 4-14）如下。

表 4-14 各国限制电力系统谐波的标准

国名	标准编号	电力网电压（kV）	谐波次数 n	各次谐波电压含量（%）	电压波形畸变率（%）
英国	ERG5/3 1976	0.415	奇次 3～19	4	5
			偶次 2～18	2	
		6.6 或 11	奇次 3～19	3	4
			偶次 2～18	1.75	
		33 或 66	奇次 3～19	2	3
			偶次 2～18	1	
		132	奇次 3～19	1	1.5
			偶次 2～18	0.5	
瑞典	SEF 1974	0.25/0.43	2～25	3	4
		3.3～24		2.5	3
		36～72		1.5	2
		≥84		0.7	1
美国	ANSI/IEEE Std. 519—1981	0.46	—	—	特殊用户：3 公用电网：5 专供换流器：10
		2.4～6.9	—	—	公用电网：5 专供换流器：8
		≥115	—	—	1.5
澳大利亚	AS2279—1979	配电 33 以下	奇次	4	5
			偶次	2	
		输电 22～66	奇次	2	3
			偶次	1	
		≥110	奇次	1	1.5
			偶次	0.5	
芬兰	—	≤1		4	5
		3～20		3	4
		30～45		2	3
		≥110		1	1.5
法国	—		奇次 3～∞	0.6	1.6
			偶次 2～∞	1	

续表

国名	标准编号	电力网电压（kV）	谐波次数 n	各次谐波电压含量（%）	电压波形畸变率（%）
德国	DIN EN—57160	≤22	5	3	—
		22～66	5	2	—
		66～132	5	1	—
新西兰	—	输电≤66	奇次	4	5
			偶次	2	
		输电≥66	3	2.3	—
			5	1.4	
			7	1.0	
			9	0.8	
			11	0.7	
			13	0.6	
			15	0.5	
			17～21	0.4	
			23～49	0.3	
			2	1.2	—
			4	0.6	
			6	0.4	
			8～10	0.3	
			12～15	0.2	
俄罗斯	Bes L 1966/116	≤1	奇次	6	5
			偶次	3	（最大10）
		6～20	奇次	5	4
			偶次	2.5	（最大8）
		35	奇次	4	3
			偶次	2	（最大6）
		≥110	奇次	2	2
			偶次	1	（最大4）
日本	电气协同研究会 1987	6.6	3～39（奇次）	1～4	5
		22～77	3～39（奇次）	0.5～2.5	3
瑞士	ASE 3600	低压	奇次	0.3～5	—
			偶次	0.25～1.25	
		中压（≤36）	奇次	0.24～4	—
			偶次	0.20～1.0	
加拿大	CNHS（Rec. 1986）	≤12	—	—	7
		12～44	—	—	6
		≥115	—	—	4

低压电网（≤1kV）：4%～5%；

高压电网（84～132kV）：1%～1.6%；

中压电网（3.3～66kV）：1.5%～5%。

各国规定的限制各级电网电压波形畸变率是非常接近的。其中，美国标准除规定公用电网的电压波形畸变率外，还对特殊用户和专供换流装置的供电网的电压波形畸变率做了规定。

二、各次谐波电压含量

英国、法国等国除规定了电压波形畸变率的限值外，还对各次谐波电压含量做了规定。德国等一些国家根据电网的谐波情况，着重对5次和7次谐波加以限制。

三、谐波电流的限制

谐波电压是谐波源注入电网的谐波电流在电网阻抗上产生的电压降。在电网连接点的谐波电压，可能是一个谐波源的谐波电流造成的，也可能是多个谐波源的谐波电流造成的。所以要控制电网的谐波电压，就必须限制每个谐波源注入电网的谐波电流。因此，英国、芬兰、新西兰等国规定了单个换流装置注入电网的谐波电流的允许值。

四、换流器容量的限制

许多国家都以不同的方式规定了允许接入各级电压电网的换流器的最大容量。为在实际工作中使用方便，英国将允许注入电网的谐波电流换算成允许接入电网的换流器的最大容量。法国、澳大利亚、芬兰等国则规定了允许接入各级电压电网的换流器容量的计算方法。

4.9.2 国内公用电网谐波管理的标准

为了加强我国公用电网谐波的管理，需要制定出我国公用电网谐波管理的国家标准。1984年原水利电力部颁发了《电力系统谐波管理暂行规定》，编号为SD 126—1984。经过近十年的执行和努力，我国电网在谐波管理上前进了一大步，1993年7月31日由国家技术监督局出面颁布了关于谐波方面的国家标准，即中华人民共和国国家标准GB/T 14549—1993《电能质量　公用电网谐波》，并于1994年3月1日实施。

一、GB/T 14549—1993的主题内容与适用范围

（1）本标准规定了公用电网谐波的允许值及其测试方法。

（2）本标准适用于交流额定频率为50Hz，标准电压110kV及以下的公用电网。

（3）标准电压为220kV的公用电网可参照110kV执行。

（4）本标准不适用于暂态现象和短时间谐波。

二、GB/T 14549—1993的谐波电压限值

公用电网谐波电压（相电压）限值见表4-15。

表4-15　GB/T 14549—1993谐波电压限值

电网标称电压（kV）	电压总谐波畸变率（%）	各次谐波电压含有率（%）	
		奇次	偶次
0.38	5.0	4.0	2.0
6	4.0	3.2	1.6
10	4.0	3.2	1.6
35	3.0	2.4	1.2
66	3.0	2.4	1.2
110	2.0	1.6	0.8

三、GB/T 14549—1993 的谐波电流限值

公共连接点的全部用户向该点注入的谐波电流分量（均方根值）不应超过表 4-16 中规定的允许值。

表 4-16　GB/T 14549—1993 注入公共连接点的谐波电流允许值

标准电压（kV）	基准短路容量（MVA）	谐波次数及谐波电流允许值（A）											
		2	3	4	5	6	7	8	9	10	11	12	13
0.38	10	78	62	39	62	26	14	19	21	16	28	13	24
6	100	43	34	21	34	14	24	11	11	8.5	16	7.1	13
10	100	26	20	13	20	8.5	15	6.4	6.8	5.1	9.3	4.3	7.9
35	250	15	12	7.7	12	5.1	8.8	3.8	4.1	3.1	5.6	2.6	4.7
66	500	16	13	8.1	13	5.4	9.3	4.1	4.3	3.3	5.9	2.7	5.0
110	750	12	9.6	6.0	9.6	4.0	6.8	3.0	3.2	2.4	4.3	2.0	3.7
标准电压（kV）	基准短路容量（MVA）	谐波次数及谐波电流允许值（A）											
		14	15	16	17	18	19	20	21	22	23	24	25
0.38	10	11	12	9.7	18	8.6	16	7.8	8.9	7.1	14	6.5	12
6	100	6.1	6.8	5.3	10	4.7	9.0	4.3	4.9	3.9	7.4	3.6	6.8
10	100	3.7	4.1	3.2	6.0	2.8	5.4	2.6	2.9	2.3	4.5	2.1	4.1
35	250	2.2	2.5	1.9	3.6	1.7	3.2	1.5	1.8	1.4	2.7	1.3	2.5
66	500	2.3	2.6	2.0	3.8	1.8	3.4	1.6	1.9	1.5	2.8	1.4	2.6
110	750	1.7	1.9	1.5	2.8	1.3	2.5	1.2	1.4	1.1	2.1	1.0	1.9

注　220kV 基准短路容量取 2000MVA。

当公共连接点处的最小短路容量不同于基准短路容量时，表 4-16 中的谐波电流允许值应经过一定的换算。换算公式为

$$I_h = I_{GB}(S_r/S_b) \tag{4-218}$$

式中：I_h 为公共连接点的各次谐波电流允许值，A；I_{GB} 为基准短路容量下的公共连接点各次谐波电流允许值，A；S_r 为实际短路容量，MVA；S_b 为基准短路容量，MVA。

公共连接点的允许电流计算式可表示为

$$I_{hi} = I_h(I_i/I_t)^{1/\alpha} \tag{4-219}$$

式中：I_{hi}为经折算后的各次谐波电流允许值，A；I_i 为各个用电设备的月平均电流，A；I_t 为公共连接点的月平均总电流值，A；α 为相位叠加系数，取值见表 4-17。

表 4-17　相位叠加系数 α

谐波次数	3	5	7	11	13	9，>13，偶次
α	1.1	1.2	1.4	1.8	1.9	2.0

4.9.3 家用和低压电器的谐波限制标准

各式各样的家用电器和低压用电设备虽然单个容量不大，但由于数量众多且散布于各处，电力部门又难以管理，产生的谐波既对低压配电网产生了不容忽视的影响，这种影响又可以从低压系统馈入高压电网。为防止这类电气设备产生的谐波电流对电机、电容器、电子仪表和各种控制装置等电子设备的干扰，许多国家和一些国际性的标准化机构相继制定、颁发了限制带有电子控制器件的家用电器和低压电器产生谐波的标准。

英国和欧洲电工标准委员会共同制定的《装有电子器件的家用及低压电器对供电网干扰的限制》（英国标准 BS5406 和欧洲标准 EN50006），限制谐波的要点如下。

（1）禁止使用 200W 以上采用相位控制的电热设备。

（2）将装有半导体器件的家用和低压电器接入特定参数的测试网络，并供给额定电压，在测试网络端点所产生的谐波电压（相电压有效值），不应大于表 4 - 18 所列允许值。

表 4 - 18　　家用和低压电器谐波电压允许值

奇次谐波 n	最大谐波电压含量（%）	偶次谐波 n		最大谐波电压含量（%）
3	0.85	对称控制	2～40	0.20
5	0.65			
7	0.60			
9	0.40	不对称控制	2	0.30
11	0.40			
13	0.30			
15～39	0.25		4～40	0.20

（3）测试网络必须满足以下要求。

1）电源电压和频率稳定在额定值的±2%以内。

2）在 50Hz 时，电源的内阻抗与测量用分流电阻之和不得超过测试网络规定的阻抗值。在 50Hz 时，测试网络阻抗如下。

中性线回路阻抗 $Z_{s0}=(0.4+j0.25)\Omega$；

每相回路阻抗 $Z_s=0.6Z_{s0}$，即 $Z_s=(0.24+j0.15)\Omega$；

测量用分流器电阻 $R_m\leqslant 0.1\Omega$（无电感）。

3）在空载和相当于被测电器为额定功率的电阻性负载时，电源电压的谐波含量不得超过下列限值。

3 次谐波：0.9%；

5 次谐波：0.4%；

7 次谐波：0.3%；

9 次谐波：0.2%；

11～40 次谐波：0.1%。

4.9.4 对谐波的管理

为保证供电系统中谐波含量及电压波形畸变率在规定值以内，需对电网的谐波情况、已接入和新接入系统的谐波源负荷进行管理、计算、测量。由于谐波计算一般是在电网的某种给定运行方式下并假设系统中没有其他非线性元件的条件下进行的，计算条件与电网的实际情况有一些差距，因此，对电网的谐波及有关参数进行实际测量是非常必要的。

一、谐波管理工作的主要内容

(1) 谐波情况的普查。测量电网中的谐波电压、电流和谐波潮流及其方向，以查明谐波源，为采取措施以控制电网谐波含量提供依据。

(2) 谐波监测点的设置。在电网中谐波源或其他谐波畸变严重的连接点上设置谐波警报器或谐波电流、电压表，监视该点谐波变化情况，以便及时采取限制措施。

(3) 新谐波源负荷接入电网时的检测。在谐波源负荷接入电网前后，均应进行谐波测量，以便为研究谐波源接入电网需要采取的措施提供依据，检查谐波源接入电网后其谐波含量是否超过允许值。

(4) 谐波事故分析。在电网或电气设备出现异常或故障时，要进行谐波检测分析，如属谐波（特别要注意谐振和放大）造成的故障，则应采取措施，予以消除。

二、非线性用电设备接入电网的审定

审定谐波源接入电网，是为了检查谐波源注入电网的谐波电流及其在系统中产生的谐波电压是否符合限制谐波标准的规定。如果不满足规定的要求，则应采取必要的措施。

审定谐波源接入电网，一般可按以下步骤进行。

(1) 查明谐波源和系统的参数。

1) 谐波源参数：设备的型式、台数、容量、额定电压、额定电流、接线方式、控制方式、控制角或各次谐波电流的发生量，以及电源变压器的台数、容量、额定电压和接线方式等。

2) 系统参数：谐波源与系统连接点的额定电压、短路容量、谐波电压和谐波阻抗等。

(2) 谐波计算。谐波计算的目的是估计谐波源接入电网的影响，以及允许谐波源接入电网时需要采取的措施。具体来说，就是根据谐波源注入电网的谐波电流和接入点以前的系统谐波阻抗，计算谐波电流在系统中产生的谐波电压。在电网电压含有谐波的情况下，还应计算新接入的谐波源在系统中新增加的谐波电压，以及新谐波源加入后的合成电压波形畸变值。

对复杂系统或有多个谐波源的情况下，可用谐波潮流计算方法计算电力系统各连接点的电压波形畸变值。对简单的配电网络，可由简易计算方法计算。

另外，在进行谐波计算时，特别要注意校验是否会产生谐波放大和谐振。

(3) 核对是否符合限制谐波标准的规定。如果谐波源注入电网的各次谐波电流和系统电压波形畸变率均符合标准的规定值，则允许该谐波源接入电网。

(4) 采取限制谐波的措施。如果谐波源注入电网的谐波电流或系统的电压波形畸变率超过标准的规定值，应研究限制谐波的措施，把谐波电流和谐波电压限制在标准规定的范围内，才能将该谐波源接入电网。

(5) 谐波实测。检测新的谐波源接入电网后，注入的谐波电流和在电网中造成的谐波电压是否符合限制谐波标准的规定。审定谐波源设备接入电网的工作程序如图4-73所示。

4.9.5 电力系统谐波的监测

谐波理论计算是假定系统处于某种运行情况且没有其他非线性元件等条件下进行的，但在实际电网中，非线性元件是存在的。例如，变压器在额定电压运行时可视为线性元件；而在电压升高时，则变成非线性元件。同时，系统运行情况随时变化，也影响计算结果的准确

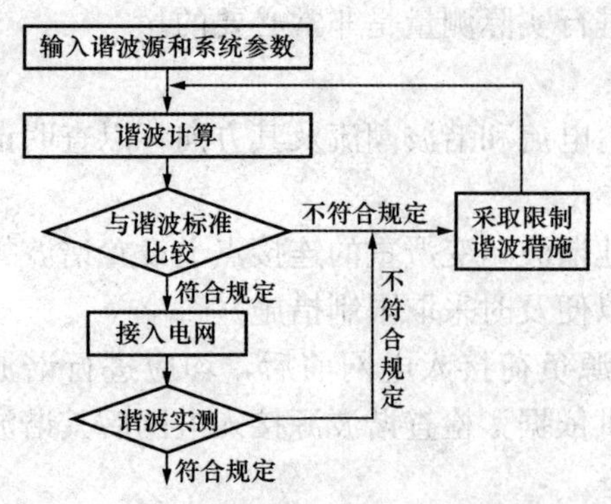

图 4-73 审定谐波源接入电网的工作程序

性。所以，谐波计算实际上仅是预测谐波源注入电网的谐波电流，估计把电网谐波控制在允许范围内需要采取的措施。采取这些措施的实际效果，还需要经谐波测量加以验证。

一、谐波监测的基本要求

(1) 谐波普查。测量电网各点的谐波电流、电压和潮流以查明谐波源，为采取措施、控制谐波分量提供依据。

(2) 设置谐波监测点。在谐波源或其他谐波干扰严重的电网节点设置谐波监测点，监测谐波变化的情况，以便及时采取措施，保护电网免受干扰。

(3) 谐波源接入电网的检测。在谐波源接入电网前后，应进行谐波测量，以检查谐波源接入电网后所产生的干扰。

(4) 谐波事故分析。电网或电气设备出现异常故障，有时需要进行谐波的检测和分析。如属于谐波干扰（特别要注意谐振和谐波放大）造成的故障，则应采取措施，予以消除。

二、对谐波测量仪器的基本要求

谐波测量仪器中，用于现场对谐波进行经常监视而不用作定量分析的仪器，如谐波电流表、电压表、功率方向计和谐波报警器等，只要能满足定性分析的需要即可，其功能、测量精度等都不宜要求过高。

谐波分析仪是目前进行谐波定量分析的主要设备。从总趋势看，在测量精度、范围、功能等方面都应有较高的要求。现有的谐波分析仪的基本性能如下。

(1) 测量电压电流波形畸变率。

(2) 测量各次谐波电流（或电压）相对于基波电流（或电压）的相位和含量。

(3) 测量范围为 2～25 次或 2～39 次谐波。

(4) 能连续对各次谐波进行 3s（或 5s、10s）平均有效值的测量，也可以任意选择 7.5、15、30、60min 时间间隔自动测量。

(5) 具有一定的灵敏度和准确度，并且有一定的抗电磁场干扰能力。

三、谐波的实测和数据处理

随着谐波源运行情况的改变，其产生的谐波电流也在改变，同时电网的参数（如谐波阻抗）也在随时变化，所以由谐波分析仪测得的谐波电流或谐波电压都有一定的随机性和分散性。如何合理地取用这些数据来作为限制谐波的依据是个值得研究的问题。在英国，认为谐波分析仪测得的数据也有可能出现几率很小的最高值，应将这种最高值摒去。

根据我国电网的实际情况，对谐波的监测有以下建议。

(1) 谐波电压（或电流）测量应选择在电网正常供电时可能出现的最小运行方式，且应在谐波源工作周期中产生的谐波量大的时段内进行，如电弧炼钢炉应在熔化期测量。

当测量点附近安装有电容器组时，应在电容器组的各种运行方式下进行测量。

(2) 测量的谐波次数一般为 2～19 次，根据谐波源的特点或测试分析结果，可以适当变动谐波次数测量范围。

(3) 对于负荷变化快的谐波源（如炼钢电弧炉、晶闸管变流设备的轧机、电力机车等），测量的间隔时间不大于2min；测量次数应满足数理统计的要求，一般不少于30次。

对于负荷变化慢的谐波源（如化工整流器、直流输电换流站等），测量间隔和持续时间不做规定。

(4) 谐波测量的数据应取测量时段内，各相实测值的95%概率值中最大的一相值，作为判断谐波是否超过允许值的依据。

但对负荷变化慢的谐波源，可选5个接近的实测值，取其算术平均值。

为了实用方便，实测值的95%概率值可按下述方法近似选取：将实测值按由大到小次序排列，舍弃前面5%的大值，取剩余实测值中的最大值。

四、测量系统谐波阻抗的要求

无论进行谐波电压计算或对系统谐振和谐波放大进行分析，都需要确切地知道在各种运行方式下的谐波阻抗。目前，计算系统谐波阻抗最简单的方法是用简化网络的基波阻抗求得第 n 次谐波阻抗；或者假定变压器高压侧为无穷大电源，根据变压器的基波阻抗，计算第 n 次谐波阻抗。可见，采用计算方法求得的谐波阻抗是十分粗略的。

由于从谐波源看电网，系统的变化是有限的，系统阻抗也在一定范围内变化。因此建议进行谐波计算或选择滤波器参数时，取用实测的系统阻抗。目前已逐步具备测量系统谐波阻抗值的条件。

测量系统谐波阻抗，应选择在最大和最小运行方式下分别进行。例如，测量附近有容性元件存在的系统，为防止谐振或谐波放大，则应在系统最大和最小运行方式之间选取若干个运行方式进行测量。

第5章　电压波动和闪变

5.1　电压波动和闪变的基本概念

5.1.1　电压波动

电压波动（Voltage Fluctuation）是指一系列电压变动或连续的电压偏差。电压波动值为电压均方根值的两个极值 U_{max} 和 U_{min} 之差 ΔU，常以 ΔU 占额定电压 U_N 的百分比表示其相对百分值，即

$$\Delta V=\frac{\Delta U}{U_N}\times 100\%=\frac{U_{max}-U_{min}}{U_N}\times 100\% \tag{5-1}$$

如果电压波动的变化率低于每秒0.2%，应视为电压偏差处理。电压偏差是指在一定时间内，随电网负荷的变化，实际电压和电网标称电压的偏离程度，不属于电压波动的范围。

电压波动波形为以电压均方根值或峰值的包络线作为时间函数的波形。分析时抽象地将工频电压看作载波，将波动电压 v 看作调幅波。

图5-1所示为波动电压 v 对工频电压峰值的调制波形图。图5-1（a）中，u 为电网频率50Hz的瞬时值电压，v 为8Hz的正弦调幅波，用它对50Hz工频载波电压的峰值进行幅度调制得到 u。图5-1（b）中，纵轴为工频载波电压峰值的平均电平线；v_m 为正弦调幅波的幅值或峰值；ΔU 为 v 的峰谷差值，即p－p值；v_m、ΔU 均以额定值 U_N 的百分数表示，通常以 ΔU 的大小作为电压波动的量度。

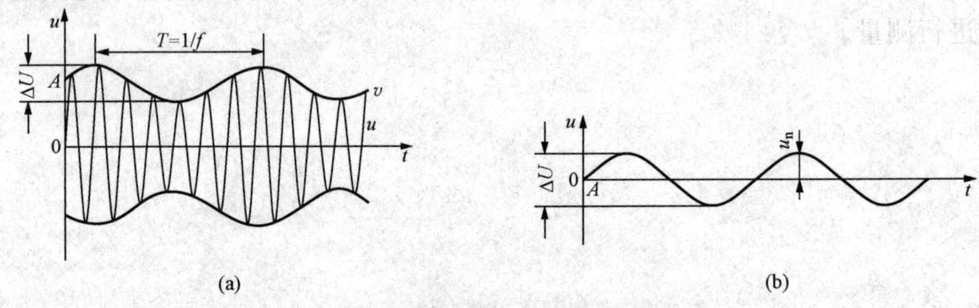

图5-1　波动电压 v 对工频电压峰值的调制

（a）电网电压 $u(t)$；（b）调幅电压 $v(t)$

5.1.2　闪变

闪变一词来源于人对电压波动导致的白炽灯照度变化的主观视感。电弧炉、轧钢机等大功率装置的运行会引起电网电压的波动。而电压波动常会导致许多电气设备不能正常工作。通常，白炽灯对电压波动的敏感程度要远大于日光灯、电视机及其他电气设备，白炽灯曾是各类建筑物的主要照明光源，若电压波动的大小不足以使白炽灯闪烁，则肯定不会使日光灯、电视机等设备工作异常，因此通常选用白炽灯的工况来判断电压波动值是否能够被接受。闪变一词是闪烁的广义描述，它可理解为人对白炽灯明暗变化的感觉，包括电压波动对电工设备的影响危害。但不能以电压波动来代替闪变，因为闪变仅仅是人对照度波动的主观

视感。

决定闪变的主要因素包括以下几个。

(1) 供电电压波动的幅值、频度和波形。

(2) 照明装置。闪变对白炽灯的照度影响最大，而且与白炽灯的额定功率和额定电压等有关。

(3) 人对闪变的主观视感。由于人们视感的差异，需对观察者的闪变视感作采样调查。又因为决定闪变的因素较复杂，而各国照明供电的额定电压又不尽相同。经过国际电热协会（UIE）和国际电工委员会（IEC）多年的协调，闪变的国际电工标准已基本统一。

以下简单介绍与闪变有关的几个术语。

(1) 闪变觉察率 F。为评价人眼对闪变的反应程度，IEC 推荐采用不同波形、频度、幅值的调幅波以工频电压作为载波向工频 230V、60W 的白炽灯供电，对观察者抽样（>500 人）的观察结果进行统计分析，得闪变觉察率 F（%）的统计公式为

$$F=\frac{C+D}{A+B+C+D}\times 100\% \tag{5-2}$$

式中：A 为没有觉察的人数；B 为略有觉察的人数；C 为有明显觉察的人数；D 为不能忍受的人数。

(2) 瞬时闪变视感度 $S(t)$。人对电压波动引起照度波动的主观视觉反应称为瞬时闪变视感度 $S(t)$（Instantaneous Flicker Sensation Level）。通常以闪变觉察率 F（%）为 50%作为瞬时闪变视感度的衡量单位，称为觉察单位（Unit of Perceptibility）。与 $S=1$ 觉察单位相对应的电压波动值 ΔV（%）见表 5-1，它是研究闪变的实验依据。

对照度波动影响最大的是周期性或近似周期性的电压波动。由表 5-1 可知，作用最为显著的是 8.8Hz 调幅波的正弦波动电压，它作用于 230V，60W 的白炽灯，在 $S=1$ 觉察单位的电压波动值为 0.25%。

表 5-1　$S=1$ 觉察单位的电压波动

频率 f (Hz)	频度 r (min^{-1})	电压波动 ΔV（%）		波形因素 $R(f)$	视感度系数 $K(f)$
		正弦波	矩形波		
0.5	60	2.340	0.514	4.55	0.107
1.0	120	1.432	0.471	3.04	0.175
1.5	180	1.080	0.432	2.50	0.231
2.0	240	0.882	0.401	2.20	0.283
2.5	300	0.754	0.374	2.01	0.332
3.0	360	0.654	0.355	1.84	0.382
3.5	420	0.568	0.345	1.65	0.440
4.0	480	0.500	0.333	1.50	0.500
4.5	540	0.445	0.316	1.41	0.561
5.0	600	0.398	0.293	1.39	0.628
5.5	660	0.360	0.269	1.34	0.694
6.0	720	0.328	0.249	1.32	0.762

续表

频率 f(Hz)	频度 $r(\mathrm{min}^{-1})$	电压波动 ΔV(%)		波形因素 $R(f)$	视感度系数 $K(f)$
		正弦波	矩形波		
6.5	780	0.300	0.231	1.30	0.833
7.0	840	0.280	0.217	1.29	0.893
7.5	900	0.266	0.207	1.29	0.940
8.0	960	0.256	0.201	1.27	0.977
8.8	1056	0.250	0.199	1.26	1.000
9.5	1146	0.254	0.200	1.27	0.984
10.0	1200	0.262	0.205	1.27	0.962
10.5	1260	0.270	0.213	1.27	0.926
11.0	1300	0.282	0.223	1.26	0.887
11.5	1360	0.296	0.234	1.26	0.845
12.0	1440	0.312	0.246	1.27	0.801
13.0	1560	0.348	0.275	1.27	0.718
14.0	1680	0.388	0.308	1.26	0.644
15.0	1800	0.462	0.344	1.26	0.579
16.0	1920	0.480	0.380	1.26	0.521
17.0	2040	0.530	0.421	1.26	0.472
18.0	2160	0.584	0.461	1.27	0.428
19.0	2280	0.640	0.506	1.26	0.391
20.0	2400	0.700	0.552	1.27	0.357
21.0	2520	0.760	0.603	1.26	0.329
22.0	2640	0.824	0.657	1.25	0.303
23.0	2760	0.890	0.713	1.25	0.281
24.0	2880	0.962	0.767	1.25	0.260
25.0	3000	1.042	—	—	0.240

（3）视感度系数 $K(f)$。人脑神经对照度变化需要有最低的记忆时间，普通人觉察不到高于某一频率的照度波动。根据统计，人的眼和脑对白炽灯照度波动的视感，对于 230V、60W 白炽灯的闪变觉察频率范围约为 1～25Hz，闪变敏感的频率范围约为 6～12Hz，正弦调幅波在 8.8Hz 的照度波动最为敏感。人对照度波动的最大觉察范围不会超过 0.05～35Hz，这两个频率限值均称为截止频率。截止频率的上限值又称为停闪频率。

闪变是经过灯—眼—脑环节反映人对照度波动的主观视感。这里引入视感度系数$K(f)$，可以更为本质地描述灯—眼—脑环节的频率特性。

IEC 推荐的视感度系数表达式为

$$K(f)=\frac{S=1\text{觉察单位的8.8Hz正弦波电压波动}}{S=1\text{觉察单位的频率为}f\text{的正弦波电压波动}} \tag{5-3}$$

由表5-1中的数据，按照式（5-3）计算，可得表5-1所列的视感度系数 $K(f)$。图5-2所示为 $S=1$ 觉察单位时的视感度系数 $K(f)$ 的频率特性。

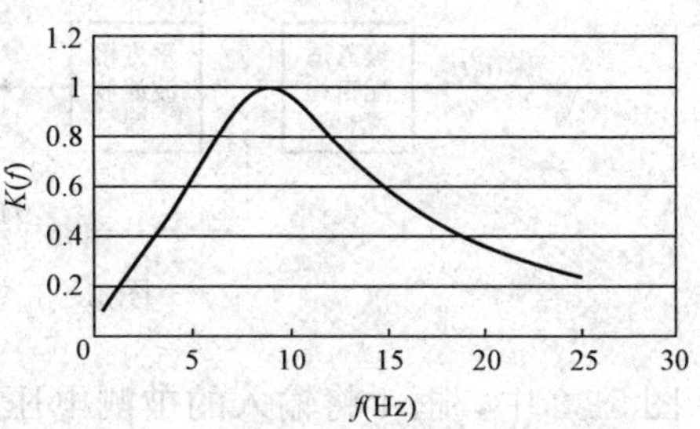

图5-2 $S=1$ 觉察单位时视感度系数 $K(f)$ 的频率特性

（4）短时间闪变值 P_{st}（Short Term Severity）。因为电弧炉引起的电压波动和闪变最为严重，IEC主要针对电弧炉负荷制定闪变标准。对于电弧炉等随机变化负荷的电压波动，不仅要监测其最大电压波动，还要在足够长时间（至少取10min）内观察电压波动的统计特征。对于电弧炉等负荷，其电压波动10min的累积概率函数CPF（Cumulative Probability Function）曲线，常用5个规定值（Gauge Points）[或称百分值（Percentiles）] 计算短时间闪变的统计值 P_{st}。UIE专家组拟定的 P_{st} 计算公式为

$$P_{st}=\sqrt{K_{0.1}P_{0.1}+K_1P_1+K_3P_3+K_{10}P_{10}+K_{50}P_{50}} \tag{5-4}$$

式中：5个规定值 $P_{0.1}$、P_1、P_3、P_{10}、P_{50} 分别为10min内，瞬时闪变视感度 $S(t)$ 超过0.1%、1%、3%、10%、50%时间的觉察单位值。$K_{0.1}=0.0314$、$K_1=0.0525$、$K_3=0.0657$、$K_{10}=0.28$、$K_{50}=0.08$，将各系数代入式（5-4）得到

$$P_{st}=\sqrt{0.0314P_{0.1}+0.0525P_1+0.0657P_3+0.28P_{10}+0.08P_{50}} \tag{5-5}$$

式（5-5）中，每项前面的常数为规定的加权系数，是根据典型的电弧炉工况CPF曲线推导出的。

因此短时间闪变值是反映规定时段（10min内）闪变强度的一个综合统计量。对于采用230V、60W的白炽灯照明，当 $P_{st}<0.7$ 时，一般觉察不出闪变；当 $P_{st}>1.3$ 时，则闪变使人感到不舒服。所以IEC推荐 $P_{st}=1$ 作为低压供电的闪变限值，称为单位闪变（Unit Flicker）。而高压网和中压网一般不直接连接照明设备，但还是公认需要给出闪变的规划值（Planning Level），用于规划电网中所有负荷对供电系统的综合冲击。IEC规定中压网 $P_{st}=0.9$，高压网 $P_{st}=0.8$。

（5）长时间闪变值 P_{lt}（Long Term Severity）。P_{lt} 是由测量时间段（规定为2h）内短时间闪变值推算出的，表达式为

$$P_{lt}=\sqrt[3]{\frac{1}{n}\sum_{j=1}^{n}(P_{stj})^3} \tag{5-6}$$

式中：n 为 P_{lt} 测量时间段内所包含的 P_{st} 个数（$n=12$）。

P_{st} 和 P_{lt} 均可以由闪变仪直接测量输出。

5.1.3 灯—眼—脑模型

闪变是由电网电压波动引起的灯光闪烁对人眼视觉产生刺激的响应，不仅和电压波动大小有关，而且和波动的频率（即对工频电压的幅度调制频率）、照明灯具的性能及人的视感因素有关。因此，要获得闪变值，就必须在取得电压波动信号的基础上，根据人眼视感度曲线进行相应的处理。IEC依据1982年UIE的推荐，给出了检测电压闪变的设计规范。电压

闪变的检测可以由图 5-3 所示 IEC 推荐的闪变仪的灯—眼—脑环节的模拟来完成。

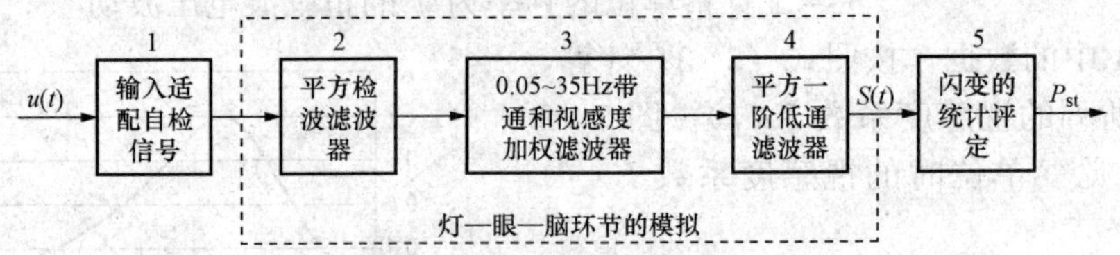

图 5-3　IEC 推荐的闪变仪框图

图 5-3 中，框 1 将输入的被测电压转换成适合仪器采样的电压值，并能产生自检用的标准调制波；框 2～框 4 为对灯—眼—脑环节的模拟。

框 2 起模拟灯的作用，用平方检波滤波器从工频电压波动中解调出反映电压波动的调幅波。闪变仪要求对 2 倍工频（100Hz 或 120Hz）的衰减须在 90dB 的数量级，这个衰减作用要由平方检波滤波器和模拟人眼频率选择特性的加权滤波器完成。六阶巴特沃斯（Butterworth）低通滤波器（又称最平坦低通滤波器）的截止频率为 35Hz。另外，由截止频率为 0. 05Hz 的一阶高通滤波器能较容易地抑制直流分量。

框 3 模拟人眼的频率选择特性。IEC/UIE 推荐用传递函数 $K(s)$ 逼近觉察率为 50％的视感度曲线。$K(s)$ 以乘积形式表述，乘积的前一项对应二阶带通滤波，再乘以含有一个零点和两个极点的后一项所对应的补偿环节，即

$$K(s)=\frac{K\omega_1 s}{s^2+2\lambda s+\omega_1^2}\times\frac{1+\frac{s}{\omega_2}}{\left(1+\frac{s}{\omega_3}\right)\left(1+\frac{s}{\omega_4}\right)} \tag{5-7}$$

式中：$K=1.748\,02$，$\lambda=2\pi\times4.059\,81$，$\omega_1=2\pi\times9.154\,94$，$\omega_2=2\pi\times2.279\,79$，$\omega_3=2\pi\times1.225\,35$，$\omega_4=2\pi\times21.9$。

框 4 模拟人脑神经系统对视觉信号的反应和记忆效应，为反映光照度暂态变化的能见度，增加平方和积分两个滤波功能。闪变信号的平方，模拟非线性的眼—脑觉察过程；闪变信号的平滑平均，模拟人脑的记忆效应，其积分功能由一阶 RC 低通滤波器来实现，其传递函数的时间常数为 300ms。

框 5 为闪变的统计分析，即根据框 4 输出的 $S(t)$ 进行在线统计分析或将其输出录波做离线统计分析求得并输出短时闪变值 P_{st}。其通常求解过程为：将输出 $S(t)$ 恒速采样（采样频率不小于 50Hz 且要远大于 35Hz），得到一段时间（至少 10min）内 $S(t)$ 的离散值，然后利用 5 个规定值计算

$$P_{st}=\sqrt{0.0314P_{0.1}+0.0525P_1+0.0657P_3+0.28P_{10}+0.08P_{50}}$$

5.1.4　电压波动和闪变的危害

由于一般的用电设备对电压波动敏感度远低于白炽灯，通常选择人对白炽灯照度波动的主观视感（即闪变），作为衡量电压波动危害程度的评价指标。电压波动的危害主要表现在以下几方面。

（1）照明灯光闪烁引起人的视觉不适和疲劳，进而影响视力。试验测得，当电源电压变化 1％时，稳态时白炽灯可见光变化为 3.2％～3.8％（因灯泡种类不同而有所变化）；各种荧光灯可见光输出的变化范围为 0.8％～1.8％。

(2) 电视机画面亮度变化，图像垂直和水平摆动，从而刺激人们的眼睛和大脑。

(3) 电动机转速不均匀，不仅危害电机电器正常运行及寿命，而且影响产品质量。

(4) 电子仪器、电子计算机、自动控制设备等工作不正常。

(5) 影响对电压波动较敏感的工艺或实验结果，如实验时示波器波形跳动，大功率稳流管的电流不稳定，导致实验无法进行。

5.2　电压波动和闪变的标准

GB/T 12326—2008《电能质量　电压波动和闪变》规定了电压波动和闪变的限值、计算和评估方法。

一、电压波动和闪变的限值

(1) 任何一个波动负荷用户在电力系统公共连接点（PCC）产生的电压波动，其限值 d 与变动频度 r 和电压等级有关，见表 5-2。

表 5-2　电压波动限值

r	LV、MV	HV	r	LV、MV	HV
$r \leqslant 1$	4	3	$10 < r \leqslant 100$	2	1.5
$1 < r \leqslant 10$	3*	2.5*	$100 < r \leqslant 1000$	1.25	1

注　对于随机性不规则的电压波动，如电弧炉负荷引起的电压波动表中标有“*”的值为其限值。

需要说明，少数情况下，变动频度 r（每日小于 1 次）和电压波动限值 d 还可以放宽，但不在本标准中规定。

参照 GB/T 156—2007《标准电压》，本标准中系统标称电压 U_N 等级划分标准如下。

低压（LV）：$U_N \leqslant 1\text{kV}$；

中压（MV）：$1\text{kV} < U_N \leqslant 35\text{kV}$；

高压（HV）：$35\text{kV} < U_N \leqslant 220\text{kV}$。

(2) 电力系统公共连接点（PCC），在系统正常运行的较小方式下，以一周（168h）为测量周期，所有长时间闪变值 P_{lt} 都应满足表 5-3 的闪变限值要求。

表 5-3　各级电压下的闪变限值

P_{lt}	
≤110kV	>110kV
1	0.8

二、对于冲击性负荷的限值

对于每个冲击性负荷（以下简称用户），电压变动的限值仍应符合表 5-2 的规定，这意味着不考虑电压变动的叠加效应。但高压的限值要严于中、低压，这说明适当考虑了高压对中、低压的一些传递影响。但 GB/T 12326—2008《电能质量　电压波动和闪变》规定，对每个用户的闪变限值，要根据用户负荷大小、其协议用电容量占总供电容量的比例以及电力系统公共连接点的状况，分别按三级作不同的规定和处理。

第一级规定：满足本级规定，可以不经闪变核算允许接入电网。

（1）对于 LV 和 MV 用户，第一级限值见表 5-4。

表 5-4 **LV 和 MV 用户第一级限值**

r（次/min）	$k=(\Delta S/S_{sc})_{max}$（%）
$r<10$	0.4
$10\leqslant r\leqslant 200$	0.2
$200<r$	0.1

注 表中 ΔS 为波动负荷视在功率的变动；S_{sc} 为 PCC 的短路容量。

中低压用户，应满足

$$(\Delta S/S_{sc})_{max}\leqslant\begin{cases}0.1\%, & r>200\text{min}^{-1}\\0.2\%, & 10\leqslant r\leqslant 200\text{min}^{-1}\\0.4\%, & r<10\text{min}^{-1}\end{cases}$$

式中：ΔS 为用户的视在功率的变动值；S_{sc} 为公共连接点的短路容量。

（2）对于 HV 用户，满足 $(\Delta S/S_{sc})_{max}<0.1\%$。

（3）满足 $P_{lt}<0.25$ 的单个波动负荷用户。

（4）符合 GB 17625.2—2007 和 GB/Z 17625.3—2000 的低压用电设备。

第二级规定：波动负荷单独引起的长时间闪变值须小于该负荷用户的闪变限值。每个用户按其协议用电容量占总供电容量比例，且考虑上一级电网对下一级电网闪变的传递系数（推荐值 0.8）求出该用户的闪变限值。

第三级规定：不满足第二级规定的单个波动负荷用户，经过治理后仍超过其闪变限值，可根据 PCC 点实际闪变状况和电网的发展预测适当放宽限值，但 PCC 点的闪变值必须符合表 5-3 的规定。

三、电压变动的计算以及闪变的叠加和传递

GB/T 12326—2008《电能质量 电压波动和闪变》中给出了单相和三相冲击负荷引起的电压变动实用计算公式，同一母线上多个波动负荷引起的闪变叠加计算公式，电网中闪变传递的简化分析方法，高压系统中供电容量的计算公式。

四、闪变的评估

不同类型的电压波动，P_{st} 有不同的评估方法，见表 5-5。

表 5-5 **P_{st} 的评估方法**

电压波动类型	P_{st} 评估方法
各种类型电压波动（在线评估）	直接测量
电压均方根值曲线已确定的所有电压波动	仿真法、直接测量
周期性等间隔电压波动	利用 $P_{st}=1$ 曲线
电压变动间隔时间大于 1s 的	闪变时间分析法、仿真法、直接测量

GB/T 12326—2008 中简要介绍了 P_{st} 各种评估方法，给出了相应的评估公式。对于闪变使用的仪器，按 IEC 6100—4—15《闪变仪—功能和设计规范》在标准附录 A 中作了介绍。最后，GB/T 12326—2008 中还给出一些典型的实例，其中包括对工业轧机、绞车和电弧炉等负荷引起的闪变的分析计算。

五、我国新旧标准以及与国际标准的比较

我国国家技术监督局于 1990 年发布 GB 12326—1990《电能质量 电压允许波动和闪变》。该标准的实施对于控制电网的电压波动和闪变起了非常重要的作用，促进了电压波动和闪变治理工程的研发工作。在贯彻这个标准中电力行业各部门积累了相当多的经验，同时也发现该标准中存在一些问题——缺乏对干扰源指标的预测计算以及分配方法。另外，该标准中闪变指标是基于日本的 10Hz 等效闪变值（ΔV_{10}）制定的。日本的照明电压为 100V，而我国照明电压为 220V，接近于欧洲国家的电压，而欧洲国家都采用国际上普遍承认的 IEC 标准。IEC 标准中闪变值的计算基于欧洲 230V，50Hz 电压，用短时间闪变值 P_{st} 和长时间闪变值 P_{lt} 来衡量电压闪变，其科学性、准确性和使用的广泛性都优于 ΔV_{10}。因此，国家技术监督局在参考 IEC 61000—3—7 等标准的基础上对原有标准 GB 12326—1990 作了修改，将标准中引用的日本 ΔV_{10} 改为 IEC 的短时间闪变值 P_{st} 和长时间闪变值 P_{lt}。即为 2000 年 12 月起实施的标准 GB 12326—2000《电能质量 电压波动和闪变》。

GB 12326—2000《电能质量 电压波动和闪变》在执行过程中遇到了一些问题，包括：

（1）闪变限值过严。限于通用的动态补偿技术（如 SVC）调节响应性能，其闪变改善率约为 50%，因此实际配电网中有些冲击性较大的电弧炉负荷在治理后能达标的不多。

（2）电压波动的测量方法不明确，又加上 95%概率大值取值的规定，使得电压波动在测量、合格判断上缺乏可操作性（特别是对于快速不规则的电压波动）。

（3）标准包含内容较繁杂，不够简洁、明确。

我国于 2008 年颁布了 GB/T 12326—2008《电能质量 电压波动和闪变》，针对原有标准进行了修订。

（1）对闪变的限值进行了调整。以长时间闪变值作为闪变的限值，较原闪变限值有一定程度的放宽。对单个波动负荷引起的闪变，根据实际情况仍分三级处理，但有一定简化，并对超标用户提出明确的治理要求。

（2）对电压波动限值的判据进行了调整。对于电压变动频度较低或规则的周期性电压波动，仍采用现行限值作为其判据；对于随机性不规则的电压波动，规定了电压变动的最大值作为判据，并调整了原限值。这样增强了电压波动测量和判断是否合格的可操作性。

（3）对闪变的测量持续时间、取值方法进行了调整。电力系统公共连接点的闪变采用一个星期（168h）量，单个波动负荷引起的闪变采用一天（24h）测量，都取最大值为合格判据。

（4）对闪变的估算方法进行了简化，删除了原标准中不常用的正弦波、三角波电压波动 $P_{st}=1$ 曲线分析法以及难于执行的仿真法和闪变时间分析法。

（5）简化了原标准附录 C 涉及的闪变分析实例和评估方法，用较简洁的方式给出了各种电弧炉闪变评估系数。

（6）电压波动和闪变的限值的适用范围扩展到超高压（EHV）系统，但不考虑 EHV 对下一电压等级的闪变传递。闪变的传递系数统一修改为推荐值 0.8。

（7）增加了闪变合格率的统计方法，以便于闪变状况的评估。

5.3 电压波动和闪变的测量

已提出的测量电压闪变的技术有以下几种。

(1) 快速傅里叶变换（FFT）技术。

(2) FFT prune 技术。

(3) 卡尔曼滤波器技术。

(4) 最小绝对值（LAV）状态估计。

(5) Teager 能量算子技术（TEO）。

(6) 小波变换技术。

(7) 遗传算法技术（GA）。

上述每一种技术在确定电压闪变幅值和频率时各有其优缺点。我国的电力专家及学者通过引进日本的 ΔV_{10} 闪变仪及国内仿制的 ΔV_{10} 闪变仪对国内的电压闪变情况进行了大量测量和研究，根据我国的情况并参考国外成果，制定了有关电压波动和闪变的标准，并在标准中规定了应使用的专门测量仪器。

5.3.1 电压波动的检测方法

电弧炉、轧钢机等大功率装置的运行会引起电网电压的波动。其波动可看成是由正弦的工频电压作为载波信号，被一频率在几分之一 Hz 到二十几 Hz 的低频信号进行幅度调制的结果，因此电网电压 $u(t)$ 可表示为

$$u(t)=A[1+\hat{u}(t)]\cos\omega_0 t \tag{5-8}$$

式中：ω_0 为工频载波电压的角频率；A 为工频载波电压的幅值；$\hat{u}(t)$ 为 $u(t)$ 的包络波相对于其本身假想零线的电压瞬时值的相对大小（相对于 A）。

在对 $u(t)$ 的闪变测量中，需要对 $u(t)$ 的调制信号 $\hat{u}(t)$ 进行检波，即从 $u(t)$ 中提取 $\hat{u}(t)$ 来。

目前国内外电压波动的检测方法有四种，即平方检测、整流检测、有效值检测、小波分解和同步检波对电压闪变信号的检测。以下对前三种检测方法进行简要介绍。

一、平方检测方法

对于式（5-8）表示的电网电压中的调制信号 $\hat{u}(t)$，假设在某一时间段 T 内，$\hat{u}(t)$ 呈周期性变化，则可把 $u(t)$ 在 T 内展开为傅里叶级数，即

$$\hat{u}(t)=\sum_{n=1}^{N/2}m_n\cos(n\Omega_0 t+\theta_n) \tag{5-9}$$

式中：m_n 为调制系数；N 为 T 内所包含电压 $u(t)$ 的工频周期个数，$N=T\omega_0/2\pi$；$\Omega_0=\omega_0/N$。

式（5-9）的求和下限 $n=1$，是为了合适地选择包络波的假想零线，可使 $\hat{u}(t)$ 的直流分量为零。设 $\hat{u}(t)$ 为频带受限信号，其上限频率 $\Omega_m\leqslant\omega_0/2$，则式（5-9）的求和上限为 $N/2$。将式（5-9）代入式（5-8）得

$$u(t)=A\left[1+\sum_{n=1}^{N/2}m_n\cos(n\Omega_0 t+\theta_n)\right]\cos\omega_0 t \tag{5-10}$$

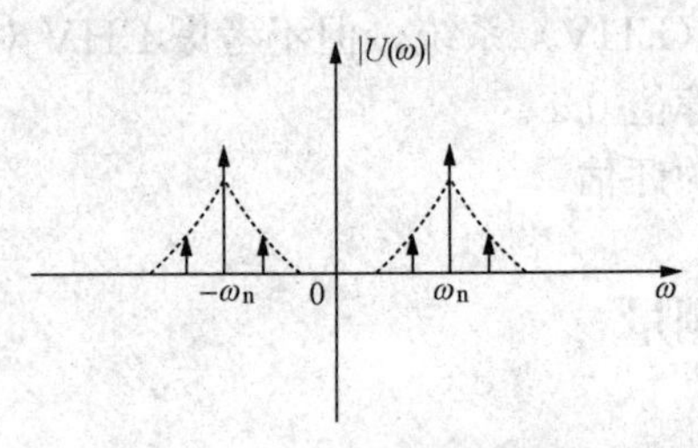

图 5-4 $u(\omega)$ 的幅度谱

对 $u(t)$ 作傅里叶变换后得 $U(\omega)$，其频谱示于图 5-4。其中包络线下的部分为 $\hat{u}(t)$ 的频谱，与 $\cos\omega_0 t$ 相乘的结果，使它在 ω 轴上左右各平移了 ω_0。因为假设调制频率的上限 $\Omega_m\leqslant\omega_0/2$，所以 $\hat{u}(t)$ 的谱线集中在 $|\omega|<\omega_0\pm$

$\omega_0/2$ 的范围内。显然直接通过低通滤波的方法很难提取出信号 $\hat{u}(t)$。

由式（5-8）得

$$u^2(t) = \frac{A^2}{2}[1 + 2\hat{u}(t) + \hat{u}^2(t)](1 + \cos^2\omega_0 t) \tag{5-11}$$

设 $u^2(t)$ 和 $\frac{A^2}{2}[1+2\hat{u}(t)+\hat{u}^2(t)]$ 的傅里叶变换分别为 $F(\omega)$、$F_1(\omega)$，则

$$F(\omega) = F_1(\omega) + \frac{1}{2}[F_1(\omega + 2\omega_0) + F_1(\omega - 2\omega_0)] \tag{5-12}$$

$F(\omega)$ 的频谱示于图 5-5，实际上它是频谱 $U(\omega)$ 自身卷积的结果。用滤波器滤去 $F(\omega)$ 中 $\omega=0$ 及 $|\omega|>\omega_0$ 的部分，即可提取出调制信号 $\hat{u}(t)$ 来。

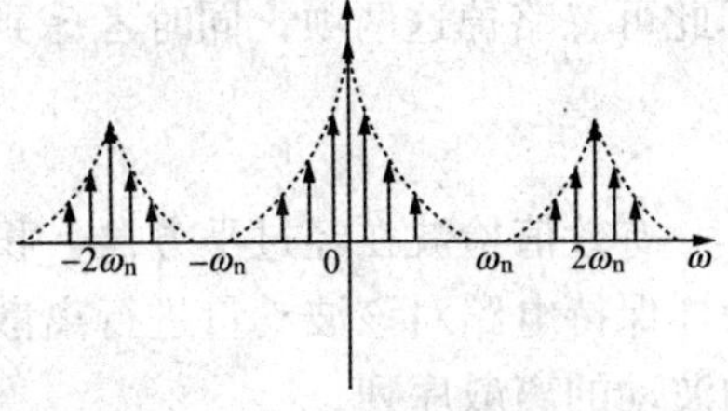

图 5-5　$F(\omega)$ 的频谱

以上分析为平方检波的原理。平方检波的步骤，即首先对采样信号取平方，然后用截止频率很低（1Hz 以下）的高通滤波器滤去直流分量，再应用截止频率为 ω_0 的低通滤波器滤去高频成分，得到 $\hat{u}(t)$。

二、整流检波方法

对式（5-10）表示的信号 $u(t)$，因为 $m_n \leqslant 1$，所以 $u(t)$ 的波动部分 $\hat{u}(t)$ 不会影响 $u(t)$ 的正负及过零点。电压 $u(t)$ 经过整流后的信号 $g(t)$，可以看成是 $u(t)$ 与一幅值为±1、频率为工频的矩形波信号 $p(t)$ 相乘的结果，即

$$g(t) = u(t)p(t) \tag{5-13}$$

由傅里叶级数表可得

$$p(t) = \frac{4}{\pi}\left(\cos\omega t - \frac{1}{3}\cos 3\omega t + \frac{1}{5}\cos 5\omega t - \cdots\right) \tag{5-14}$$

设 $u(t)$ 和 $p(t)$ 的傅里叶变换分别为 $U(\omega)$、$P(\omega)$，$U_1(\omega)$ 为 $A[1+\hat{u}(t)]$ 的傅里叶变换，则 $U_1(\omega)$ 在 ω 轴上左右各平移了 ω_0，求平均值，即

$$U(\omega) = [U_1(\omega + \omega_0) + U_1(\omega - \omega_0)]/2 \tag{5-15}$$

$$P(\omega) = \sum_{n=0} \frac{4}{n}\sin(n\pi/2)\delta(\omega - n\omega_0) \tag{5-16}$$

由卷积定理得 $g(t)$ 的傅里叶变换

$$G(\omega) = \frac{1}{2\pi}U(\omega)P(\omega)$$

故

$$G(\omega) = \frac{2}{\pi}\left[U_1(\omega) + \sum_{n=0}\frac{(-1)^{n+1}}{4n^2 - 1}U_1(\omega + 2n\omega_0)\right] \tag{5-17}$$

滤去频谱 $G(\omega)$ 中 $\omega=0$ 及 $|\omega|>\omega_0$ 的频谱，即可从 $u(t)$ 中提取出调制信号 $\hat{u}(t)$ 来。

从原理分析可以得到整流检波的实现步骤，即首先对采样信号取绝对值，然后滤去直流分量和频率高于工频的分量，就得到 $\hat{u}(t)$ 的采样。

三、有效值检波方法

对于电压 $u(t)$，取任一周期 $(\tau,\ \tau+T)$，并将此周期后的信号看成是该周期的周期性延拓，由此可计算电压 $u(t)$ 的有效值 $K(\tau) = \sqrt{\frac{1}{T}\int_T^{\tau+T} u^2(t)\mathrm{d}t}$。将 $u^2(t)$ 中减去参考电压 $U_0=$

$A^2/2$，积分得

$$K^2(\tau)=\frac{1}{T}\int_T^{\tau+T}[u^2(t)-A^2/2]\mathrm{d}t \tag{5-18}$$

将式（5-8）代入式（5-18）得

$$K^2(\tau)=\frac{1}{T}\int_T^{\tau+T}\frac{A^2}{2}[2\hat{u}(t)+2\hat{u}(t)\cos2\omega_0 t+\hat{u}^2(t)(1+\cos2\omega_0 t)+\cos2\omega_0 t]\mathrm{d}t \tag{5-19}$$

式（5-19）中，考虑到 $\hat{u}(t)\cos2\omega_0 t$ 和 $\cos2\omega_0 t$ 项的频谱在 $|\omega-2\omega_0|<\Omega_m$ 的范围内，因此可忽略掉这两项，同时考虑到 $m_n \ll 1$，因此也可忽略 $\hat{u}^2(t)$ 项，得到

$$K^2(\tau)\approx\frac{A^2}{T}\int_T^{\tau+T}\hat{u}(t)\mathrm{d}t \tag{5-20}$$

有效值检波在经过平方器、积分器后，得到一个周期内电网电压有效值的波动量。经过采样保持电路对该波动量进行离散化（即每一周期采样一点），可得到一个反映电压有效值的波动的离散序列。

由以上有效值检波方法的原理，可以得到其数字方式实现步骤，即首先计算采样信号每周波有效值（这里有效值计算考虑闪变信号采样频率），得到有效值采样序列，做平均滤波，滤去直流分量，得到的信号就是与调制信号 $\hat{u}(t)$ 相关的信号。这里，相关的含义是，此信号不是 $\hat{u}(t)$ 本身，而是 $\hat{u}(t)$ 在一个工频周期内的平均值变化序列。

四、上述三种方法的评价

由以上分析可知，上述三种方法均可检测出调幅波。对于有效值检波方法，去除直流分量和 2 倍工频分量，可得到调幅波，在经过积分器时要减去参考电压 $U_0=A^2/2$，但其中不会完全没有直流分量，所以仍需隔直和滤波。对于平方检波和整流检波的方法，电网电压 $u(t)$ 经过平方器或整流器后，再通过滤波器除去直流分量和 2 倍工频分量，可以提取出调制波 $\hat{u}(t)$。如果 $\hat{u}(t)$ 的频率上限为 $\Omega_m>\omega_0/2$，则采用平方检波方法后的频谱将发生混叠现象，整流检波却不会。但同时又考虑到三点：$\omega>\omega_0/2$ 的电压波动对人的视觉影响极小；白炽灯的照度与电压平方成正比；平方检波与整流检波相比较，它的直流分量、2 倍工频分量与调幅波之比均小 1 倍。

5.3.2 IEC 闪变检测方法

IEC 依据 UIE 1982 年推荐，于 1986 年给出了闪变仪的功能和实际规范，1992 年 UIE 又作出详细的论述。下面介绍 IEC 闪变检测的数字化实现方法。

一、平方检波滤波器环节设计

此处选择采样频率 $f_s=400\text{Hz}$。设计截止频率为 35Hz 的低通六阶巴特沃斯滤波器，结果为

$$H(z)=\frac{\sum_{k=0}^{6}b_k z^{-k}}{1+\sum_{k=1}^{6}a_k z^{-k}} \tag{5-21}$$

式（5-21）中，$a_1=-3.8807$，$a_2=6.5355$，$a_3=-6.0495$，$a_4=3.2276$，$a_5=-0.9374$，$a_6=0.1155$；$b_0=0.0002$，$b_1=0.0010$，$b_2=0.0026$，$b_3=0.0034$，$b_4=0.0026$，$b_5=0.0010$，$b_6=0.0002$。

然后，设计一阶 0.05Hz 高通滤波器来滤除直流分量。此处仍采用巴特沃斯滤波器，其结果为

$$H(z)=\frac{0.9996(1-z^{-1})}{1-0.9992z^{-1}} \tag{5-22}$$

但通过仿真发现，一阶高通滤波的结果需要很长时间才能收敛，5s 后调幅波仍然不能收敛到最终结果，这是由于原始信号经过平方后产生了较大的直流分量而造成的。这不利于以后的统计分析，也势必增加计算量和计算时间。因此，必须在高通滤波前先快速地滤出直流分量。这里采用平均滤波的方法，即先对整个信号取平均值，在信号中减去该平均值，这样便可去除绝大部分的直流分量；然后再进行高通滤波，这样可使整个环节的收敛速度大幅度提高。

二、模拟人眼的频率特性环节设计

将 $K(s)$ 由频域转化为 z 域，实际上是将模拟滤波器转换成数字滤波器。滤波器的 A/D（模/数）转换方法众多，常用的有冲激不变法、阶跃不变法、微分映射法、双线性变换法，其中双线性变换法使 s 平面与 z 平面单值一一对应，具有变换操作简单和不存在混叠等特点。为此，此处利用双线性变换方法进行转换，公式为

$$s=\frac{2}{T}\times\frac{1-z^{-1}}{1+z^{-1}} \tag{5-23}$$

式中：T 为采样周期。

式（5-22）变换后，可得

$$H(z)=\frac{\sum_{k=0}^{4}b_k z^{-k}}{1+\sum_{k=1}^{4}a_k z^{-k}} \tag{5-24}$$

式中：$a_1=-3.548\ 754$，$a_2=4.714\ 548$，$a_3=-2.776\ 010$，$a_4=0.610\ 325$，$b_0=0.009\ 351$，$b_1=0.000\ 329$，$b_2=-0.018\ 373$，$b_3=-0.000\ 329$，$b_4=0.009\ 022$。

利用双线性方法设计的滤波器在关键频段实现了良好的转换。数字式人眼环节在 100Hz 处衰减为 65dB，在模拟人眼环节中 100Hz 处衰减为 38dB。

三、模拟人脑神经对视觉反映和记忆效应环节设计

IEC 规定的 RC 滤波器时间常数为 300ms，所以模拟的传递函数可表述为

$$G(s)=\frac{K}{0.3s+1} \tag{5-25}$$

利用双线性变换变成 z 域表达式，有

$$H(z)=\frac{0.00415K(1+z^{-1})}{1-0.99170z^{-1}} \tag{5-26}$$

式中：K 为增益系数。

由于 IEC 的闪变结果为归算至 8.8Hz 的闪变值，故这里利用 IEC 给出的使瞬时闪变视感度 $S=1$ 的 8.8Hz 的电压波动值来决定 K 的取值。既有当 $f=8.8$Hz，$\Delta V=0.25\%$时，取 $K=63.7864$，则有 $S=1$，最终有

$$H(z)=\frac{0.26471(1+z^{-1})}{1-0.99170z^{-1}} \tag{5-27}$$

由上述环节可得 $S(t)$ 的变化曲线，然后利用 $S(t)$ 便可得到短时闪变严重度 P_{st} 值。

IEC通过大量的实验得到使 $S=1$ 时各频率电压波动以及数字式闪变仪检测值，见表5-6。可见，数字式实现方法效果良好。

表5-6 对应IEC使 $S=1$ 时各频率电压波动及数字式闪变仪检测值

频率 f（Hz）	$S=1$ 时各频率电压波动 ΔV（%）		数字式闪变仪瞬时视感度 S（p.u.）的检测值	
	正弦波	矩形波	正弦波	矩形波
5.0	0.398	0.293	0.991	0.955
7.0	0.280	0.217	0.995	0.988
8.8	0.250	0.199	1.000	1.035
10.0	0.262	0.205	1.010	1.002
12.0	0.312	0.246	0.987	1.004
14.0	0.388	0.308	0.975	1.004
16.0	0.480	0.380	0.972	1.008
18.0	0.584	0.461	0.973	1.035
20.0	0.700	0.552	0.979	0.995

5.4 电压波动和闪变的产生和抑制

5.4.1 电压波动与闪变的产生

一、电压波动的产生

电压波动是由于用户负荷的剧烈变化所引起的。下面详细介绍几种电压波动产生的实例。

（一）大型电动机起动时引起的电压波动

一些工厂中广泛采用笼型感应电动机和异步起动的同步电动机，它们的起动电流可达到额定电流的4～6倍（3000r/min的感应电动机可能达到其额定电流的9～11倍）。一方面，起动和电网恢复电压时的自起动电流流经网路及变压器，在各个元件上引起附加的电压损失，使该供电系统和母线都产生快速、短时的电压波动。另一方面，起动电流不仅数值很大，且有很低的滞后功率因数，将造成更大的电压波动。波动必然要波及该系统其他用户的正常工作，特别是对要起动的电动机，当电压降得比额定电压低得较多时，电动机转矩急剧减小，长时间达不到其额定转速，从而使绕组过热。这种情况对有较多自起动电动机的车间更为不利，例如使化工、石油、轻工业等行业的生产车间中连续生产的电机减速，甚至强迫其停止运行，直至全厂停工。这种情况对于容量较小的电力系统的影响尤其严重。工业企业中，当重型设备的容量增大和某些生产过程功率变化非常剧烈时，电压波动值大，波及面广。例如作为轧钢机的同步电动机，单台容量国外已达到20 000kW以上，工作时有功功率的冲击值达到额定容量的120%～300%，起动电流是额定电流的7倍，而且1min之内功率变化范围为14～20倍。

（二）带冲击负载的电动机引起的电压波动

有些机械由于生产工艺的需要，其电动机负载是冲击性的，如冲床、压力机和轧钢机等，其特点是负荷在工作过程中作剧增和剧减变化，并周期性地交替变更。这些机械一般采用了带飞轮的电力拖动系统。飞轮的储能和释能，拉平了电动机轴上的负载，降低了电动机的能量损耗。但由于机械惯性较大，冲击电流依然存在，故伴随负荷周期性变化不可避免地产生电压波动。同时，利用大型可控整流装置供给剧烈变化的冲击性负荷也是产生电压波动或闪变的一个重要因素。不像具有较大惯量的机械变流机组，也不像具有快速调节励磁装置的同步电动机，可控整流装置毫无阻尼和惯性，在极短的驱动和制动工作循环内，从电网吸收和向电网送出大量的无功功率，引起剧烈的电压波动或闪变。

（三）反复短时工作制负载引起的电压波动

这类负载的特点是：负载作周期性交替增减变化，但交替的周期不为定值，其交替的幅值也不为定值，如吊运工件的吊车、手工焊接用的交直流电焊机等。大型电焊设备也会造成电压波动或闪变，但较之电弧炉影响面较小，一般来说，它只对1000V以下的低压配电网有较明显影响。例如接触焊机的冲击负荷电流约为额定值的2倍，在电极接触时能达到额定值的3倍以上。目前，厂矿为了节约用电，交直流电焊机均装设了自动断电装置。因此，在节约用电的同时，电动机的起动电流和焊接变压器的涌流却加剧了所在电网的电压波动。

（四）大型电弧炼钢炉运行时造成大的电压波动和闪变

电弧炉在熔炼期间频繁切断，甚至在一次熔炼过程可能达到10次以上。熔炼期间升降电极、调整炉体、检查炉况等工艺环节，需要的电流很小，而炉料崩落则可在电极尖端形成短路。不同工艺环节所需电流的变化，导致了电压波动或闪变。

（五）供电系统短路电流引起的电压波动

厂矿中高、低压配电线路及电气设备发生短路故障时，若继电保护装置或断路器失灵，可能使故障持续存在，也可能造成越级跳闸。这样可能会损坏配电装置，造成大面积的停电，延长整个电网的电压波动时间并扩大波动范围。

二、电压闪变的产生

引起电压闪变的原因有很多，主要可以分为三类：一是电源引起电力系统电压闪变；二是负载的切换、电动机的起动引起电压闪变；三是冲击性负荷投入电网运行引起的电压闪变。下面就各种闪变源进行详细阐述。

（一）电源引起的电压闪变

电源引起的电压闪变主要是指风力发电机发电时产生的闪变。风力发电机组的出力（输出功率）随风速变化而改变，随机性很大，造成功率的连续波动和暂态扰动，从而使电网产生电压波动和闪变。内蒙古电力科学研究院和内蒙古风力发电总公司的研究结果表明，闪变的大小与风电场及网络连接点的阻抗 X/R 值有很大的关系，配电网络 X/R 值一般在0.5～10之间，当 $X/R=1.75$ 时，闪变最小。对于定速定桨距风机，在高风速状态下比低风速状态下产生的闪变大得多。定速变桨距风机在接近额定风速时产生的闪变最大，若风速超过额定风速，则闪变会明显减弱，而且比定桨距风机产生的闪变要弱得多。变速风机产生的闪变要比定速风机弱，变速定桨距风机产生的闪变很小。

（二）电动机起动引起的电压闪变

在实际工作中，许多用户的电动机根据工序的要求不断起停，在电动机起动时，高浪涌电流和低功率因数共同作用引起闪变。电扇、泵、压缩机、空调、冰箱、电梯等属于这种负载。另外，功率因数校正电容器的投切也引起电压闪变。根据电动机引起的闪变干扰限制，电动机起动引起的电压变动越大，就要求其单位时间内起动的次数越少。

（三）冲击性负荷的投入引起的电压闪变

冲击性负荷的种类很多，如电弧炉、轧钢机、矿山绞车、电力机车等，这类负荷的功率都很大，达几万千瓦甚至几十万千瓦。这些负荷运行时，电网电压不稳定，产生快速或缓慢的波动，而且，由于这些冲击性负荷的特性又各有差异，产生的闪变情况也不相同。

由各种电压闪变源的特点可知，电压闪变现象分为两类，即周期性闪变和非周期性闪变。前者主要是由周期性电压波动引起的，如往复式压缩机、点焊机、电弧炉等；后者往往与随机性电压波动有关，如风力发电机的运行、大型电动机的起动；有些负荷既可以引起周期性的闪变也可以引起非周期性的闪变，如电弧炉、电焊机等。因此，电压波动和闪变信号是一种随机的、动态的信号，也就是说，是一种非平稳信号。

5.4.2 电压波动的抑制

一、抑制电压波动的措施综述

（1）合理地选择变压器的分接头以保证用电设备的电压水平。条件许可的情况下，在新建变电站或用户新增配电变压器时，应尽可能采用有载调压变压器。

（2）设置电容器进行人工补偿。电容器补偿分为并联补偿和串联补偿两种。并联电容补偿主要是为了改变网络中无功功率分配，从而抑制电压的波动，提高用户的功率因数，改善电压的质量。串联补偿主要是为了改变线路参数，从而减少线路电压损失、提高线路末端电压并减少电能损耗。

（3）线路出口加装限流电抗器。在发电厂 10kV 电缆出线和大容量变电站线路出口加装限流电抗器，以增加线路的短路阻抗，限制线路故障时的短路电流，减小电压的波及范围，提高变电站的 35kV 母线遭短路时的电压。

（4）采用电抗值最小的高低压配电线路方案。通常架空线路的电抗约为 0.4Ω/km，电缆线路的电抗约为 0.08Ω/km。可见，在同样长度的架空线路和电缆线路上因负载波动引起电压波动是相差悬殊的。因此，条件许可时，应尽量优先采用电缆线路供电。

（5）配电变压器并列运行。变压器并列运行是减少变压器阻抗的唯一方法。

（6）大型感应电动机带电容器补偿，目的主要为了对大型感应电动机进行个别补偿。在线路结构上使电动机和电容器同时投入运行，电动机较大的滞后起动电流和电容器较大的超前冲击电流的抵消作用，使电动机从一开始就有良好的功率因数，并且在整个负荷范围内保持良好的功率因数，对电力系统电压波动起到了很好的稳定作用。

（7）采用电力稳压器稳压。随着电力电子技术的进一步发展，目前国产的各种类型电力稳压器质量都较可靠。电力稳压器主要用于低压供配电系统，能在配电网络供电电压波动或负载发生变化时自动保持输出电压的稳定，确保用电设备的正常运行。

二、国内外抑制电压波动的装置

（一）高压 TSC 无功补偿装置

对于轧机、碎石机、锯木机和电阻焊机等波动性负荷，为了减少无功功率冲击引起的电压波动，国内外普遍应用了晶闸管投切电容器（TSC）无功补偿装置。因为 TSC 具有快速响应性、可频繁动作性和分相补偿能力，故可有效地抑制这些负荷所引起的电压波动问题，起到改善电能质量的作用。

在 TSC 的生产制造上，国外知名的电气厂商如 ABB、GE、SIEMENS 等都有技术较为成熟的系列化产品。例如，ABB 生产的 SVC 装置中的高压 TSC 采用了单相晶闸管开关阀

（LV VA 24/2580），其额定电压为36kV，单个晶闸管耐压为6kV，最大持续通流水平为3500A，阀对地绝缘水平为200kV。

大容量高压TSC无功补偿装置，在20世纪80年代后期已在国外电力系统中得到了商业化运行。安装于美国德克萨斯州Eddy County变电站内的TCR/TSC静止补偿装置，使用了1个高压TSC单元，其工作额定电压为8.5kV，投切电容器容量为76MVA，于1992年4月投运。

目前，我国中高压输配电网中，无功和电压的实时、动态补偿以及自动调节技术还相对落后，也缺乏有效解决中高压配电网中电能质量问题的技术手段，因此高压TSC装置具有很大的推广应用价值。

（二）高阻抗电弧炉

在各类波动性负荷中，以电弧炉电压波动的影响最大。电弧炉是生产钢的一种重要设备，也是供电系统中重大的波动性负荷。

自从电弧炉诞生那天起，人们便开始研究用什么办法能获得最大的电弧功率。众所周知，电弧功率决定了它的生产率，而电弧功率又正比于电压和电极电流。过去，一直是依靠加大电极电流来提高电弧功率的，但是，由此产生的弊端是必须配置巨大截面的二次载流导体和开发价格昂贵的、特制的超大直径硅电极来满足传输大电流的要求。在这种冶炼操作模式中，由于采用短电弧冶炼，使得电极同炉料频繁接触，经常产生短路，对供电电网的冲击非常严重，造成电网电压波动和闪变，并产生大量高次谐波。如果将电弧炉主电路由低阻抗改造成高阻抗，即在主电路串联一只电抗器，则能使电弧燃烧稳定、电极电流减少、电压波动降低、谐波发生量减少、提高二次电压，可使电弧功率加大，电效率提高，并依靠泡沫渣完全包围覆盖电弧，从而提高了炉衬寿命。这种在电弧炉主电路串有大电抗器的，并有较高二次电压的电弧炉被称为高阻抗电弧炉。

附加电抗器的高阻抗电弧炉概念在十几年前被首次提出，现已在电弧炉操作实践中被炼钢厂普遍接受，并迅速推广，收到明显的经济效益。因此，高电弧电压、长电弧冶炼、低电极电流的操作模式是已有的超高功率电弧炉进一步发展和提高的必由之路。高阻抗电弧炉运行在较高的功率因数（0.82以上）下，且不产生电压闪变。这是因为电极和炉料之间保持较长距离，使电弧长度变化百分数小，二次电流和一次电压变化率也小，因此电压闪变就减少了。由于以上理由，高阻抗电弧炉不用装设静止式无功功率动态补偿装置（SVC装置）。根据德马格公司和丹澳利公司资料介绍，他们生产的高阻抗电弧炉在世界各地运行，全部不配装SVC装置。意大利丹澳利公司（DANIELI）对高阻抗电弧炉和普通电弧炉的无功功率波动范围进行了对比：高阻抗电弧炉电极电流变化为30kA时，引起无功功率变化为50Mvar，有功功率变化为7MW；条件完全相同的普通电弧炉当电极电流同样变化30kA时，其无功功率波动值竟达到60Mvar以上，有功功率变化为13MW。可见，在同样条件下，高阻电弧炉的无功功率、有功功率波动均有所减小，因而电压波动也减小了。美国联合碳化物公司也将普通电弧炉和高阻抗电弧炉进行了比较：在炉料熔化期，普通电弧炉在最高挡位运行，有功功率20～50MW；而有串联电抗器的高阻抗电弧炉，在功率因数合适的情况下，能够得到较小的电极电流，在最高电压挡位运行时，有功功率为62～70MW，波动明显减小。可见，高阻电弧炉有功功率高，电弧连续性好，对电网冲击小，因而，抑制了电压波动。德国曼内斯曼·德马格公司于1999年将1台60t（40MVA）超高功率电弧炉改造成高阻抗超高功率电弧炉，大幅度抑制了电压波动和闪变。

高阻抗电弧炉可大幅度降低电压波动和闪变，其技术经济指标可与直流电弧炉相媲美，再加上它具有结构简单、可靠等优点，因此，无疑是传统交流电弧炉发展的必然趋势。

（三）电压波动动态监测系统

据资料显示，1990 年亚运会和 2001 年大运会均出现过因供电质量问题引起的事故。例如亚运会期间，主会场工人体育馆在开幕式前几分钟由于建国门地区 10kV 配电网故障，致使工人体育馆失去了备用电源；网球中心举行项目开幕式在全场起立奏国歌时，由于东郊某站 10kV 馈出电缆故障，电压波动致使网球中心电压跌降，造成照明失电十余分钟（照明灯一般为摘灯，需冷起动），使场内照明黑了一半。2001 年大运会期间，光彩体育馆、清华大学游泳馆、清华大学综合体育馆等场馆均发生过因系统电压波动致使场馆瞬时断电而影响正常比赛的情况。

对特殊区域新能源的配置、网络结构要进行统一规划，制定设备入区标准，确定不达标设备的治理方案，从源头上对影响电能质量的因素进行严格控制；对特殊区域还要集中监测，建立一个相对独立的电气环境，将该地区置于严密的监测之下。对于出现故障的设备，及时发现，随时处理。对电网的一些重要的用电设备、特殊区域内电能质量治理装置、区域内薄弱点的重点监控、掌握控制规律，确保准确、合理的治理。国内在电压波动动态监测系统方面还取得了一些预期成果：初步建立电能质量实验和仿真平台，编制数学建模、设备性能分析、计算智能应用等模块，完善电能质量评估管理与决策支持软件系统；将模糊神经计算智能技术应用于评估中的扰动分类、定位和原因识别等重点内容上，初步完成自动的、实用先进的计算智能评估系统；完成一套适合暂态电压波动的动态监测系统。

三、主要补偿装置的分析比较

大部分用于改善和提高电能质量的补偿装置都具有抑制电压波动与闪变的功能，如静止无功补偿器（SVC）、有源滤波器（APF）、动态电压恢复器（DVR）、统一电能质量统一控制器（UPFC）等。下面分析比较这些装置在抑制电压波动与闪变方面的作用。

（一）静止无功补偿器

电压闪变是电压波动的一种特殊反映，闪变的严重程度与负荷变化引起的电压变动相关，电压变动量通常的计算为

$$\Delta U=[(\Delta P\times R+\Delta Q\times X)/U_{N}^{2}]\times 100\% \tag{5-28}$$

式中：ΔP 与 ΔQ 分别为评价母线上电力负荷有功与无功变化量；R、X 为从电源到被评价母线段供电系统等值电阻和电抗；U_N 为被评价母线额定电压。

在 10kV 以上系统中，由于 R 远小于 X，故有

$$\Delta U\approx[\Delta Q\times X/U_{N}^{2}]\times 100\%=(\Delta Q/S_{k})\times 100\% \tag{5-29}$$

式中：S_k 为评价母线上的三相系统短路容量。

式（5-29）表明，在高压或中压配电网中，电压波动主要与无功负荷的变化量和电网的短路容量有关。在电网短路容量一定的情况下，电压闪变主要是由于无功负荷的剧烈变动所致，因此对于电压闪变的抑制，最常用方法是安装静止无功补偿装置，目前这方面技术已相当成熟。但是，由于某些类型的 SVC 本身还产生低次谐波电流，需与无源滤波器并联使用，实际运行时有可能由于系统谐波谐振使某些谐波严重放大。因此，在进行补偿时，要求采用具有短的响应时间，并且能够直接补偿负荷的无功冲击电流和谐波电流的补偿器。

(二) 有源电力滤波器

要抑制电压闪变，必须在负荷电流急剧波动的情况下，跟随负荷变化实时补偿无功电流。有源电力滤波器与普通SVC相比，有以下优点：响应时间快，对电压波动、闪变补偿率高，可减少补偿容量；没有谐波放大作用和谐振问题，运行稳定；控制强，能实现控制电压波动、闪变，稳定电压作用；同时也能有效地滤除高次谐波，补偿功率因数。日本和美国，已普遍使用有源电力滤波器来抑制电弧炉等引起的电压闪变。

(三) 动态电压恢复器

由式（5-28）可知，在中、低压配电网中，由于R与X相差不大，有功功率的快速波动同样会导致电压闪变，这就要求补偿装置在抑制电压波动与闪变时除了进行无功功率补偿，使供电线路无功功率波动减小外，还得提供瞬时有功功率补偿。因而传统的无功补偿方法不能有效地改善这类电能质量问题，只有带储能单元的补偿装置才能满足要求。

动态电压恢复器（DVR）的基本结构如图5-6所示。DVR接法是将1台由3个单相电压源变流器构成的三相变流器串联接入电网与需补偿的负荷之间。逆变器采用3个单相结构，目的是为了更灵活地对三相电压和电流进行控制，并提供对系统电压不对称情况的补偿。该装置的核心部分为同步电压源逆变器，当线路侧电压发生突变时，DVR通过对直流侧电源的逆变产生交流电压，再通过变压器与原电网电压相串联，来补偿系统电压的跌落或抵消系统电压的浪涌。由于DVR通过自身的储能单元，能够在毫秒级的时间内向系统注入等于正常电压与故障电压之差的电压，因此可用于克服系统电压波动对用户的影响，是解决电压波动、不对称、谐波等动态电压质量问题的有效工具。

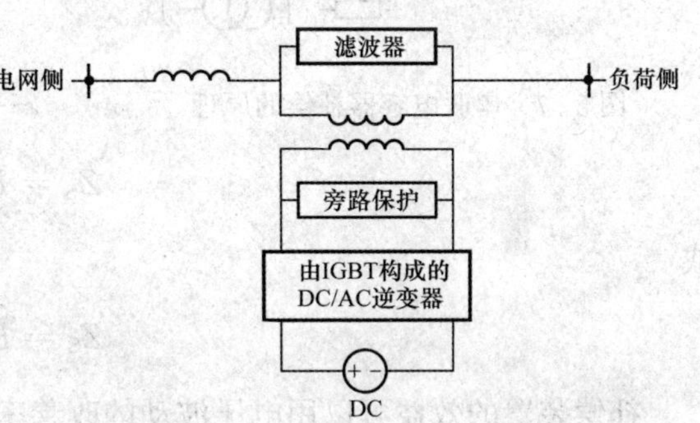

图5-6　动态电压恢复器装置的基本结构

由图5-6可以看出，DVR起到将系统与负荷隔离的作用，是面向负荷的补偿装置。DVR仅对特定负荷加以补偿，所以其容量仅取决于负荷的补偿容量和要求的补偿范围。目前大部分DVR的直流侧采用电容来提供直流电压，因此只能提供有限的能量，若要求DVR长时间提供电压补偿，则必须让其输出的电压和电流垂直，这样DVR就不提供有功而只进行无功交换，可以满足长期工作的要求了。

(四) 统一电能质量控制器（UPFC）及其他补偿装置

统一电能质量控制器（UPFC）结合了串、并联补偿装置的特点，具有对电压、电流质量问题统一补偿的功能，属于综合的补偿装置。如有的文献提出的含有储能单元的串、并联组合的用户电力综合补偿装置，除了应用于配电系统的谐波补偿外，还可以解决瞬时供电中断和电压波动等动态电压质量问题，提高供电的可靠性。

另外，除了前面所介绍的补偿装置外，灵活交流输电系统（FACTS）也能抑制电压波动和闪变。FACTS系统通过控制电力系统的基本参数来灵活控制系统潮流，使输送容量更接近线路的热稳极限，能提高输电系统输送容量。目前主要的FACTS有静止无功补偿器（STATCOM)、晶闸管投切电容器（TSSC)、可控串联补偿电容器（TCSC）等。在10kV以上系统中，通过FACTS改变线路电抗能减小电压波动，特别是并联补偿装置（如

STATCOM）可通过与系统进行无功功率交换来维持线路电压恒定，因此是抑制系统电压波动、闪变和提高系统稳定性特别是电压稳定性的有效工具。

四、适用于大型负荷波动的主要补偿方式

（一）串联补偿方式

（1）串联电容器。串联电容器补偿的原理如图 5 - 7 所示，串联电容器主要为了抵消系统感抗，从而减小波动负荷 F 造成的供电母线 A 上电压波动。实际应用中，往往给电容器并联一个阻尼电阻 R_d 来限制低频（低于工频）振荡。图中，系统等值阻抗为

$$Z_S = R_S + jX_S - \frac{jR_dX_C}{R_d - jX_C}$$

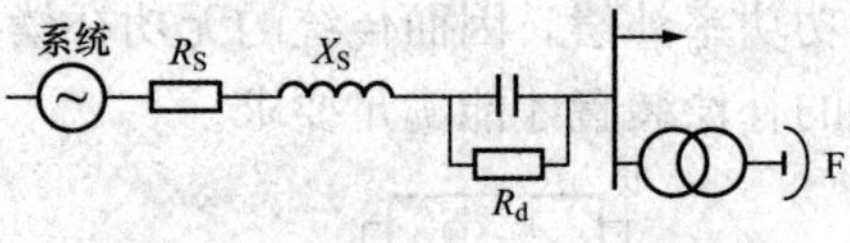

令 $q=\dfrac{R_d}{X_C}$，则

$$Z_S = R_S + \frac{R_d}{1+q^2} + jX_S - X_C\left(\frac{q^2}{1+q^2}\right)$$

图 5 - 7　串联电容器补偿的原理

一般 q 大于 1，且 $X_S = X_C$，故

$$Z_S = R_S + \frac{R_d}{q^2}$$

或

$$Z_S = R_S + \frac{X_S}{q}$$

补偿装置的效益可以用电压波动的改善率 K（即没有和有补偿装置时的电压波动之比）来表示，在串联电容补偿时有

$$K = \frac{Z_S}{R_S + X_S/q} \tag{5-30}$$

电容串补装置比较简单，如果设计得当，它不仅能够补偿电压波动，还能够补偿三相不平衡。由于在电网频率下容抗与系统感抗是调谐的，当系统阻抗变化时需要相应调整串联电容量。此外串联电容有效地降低了系统阻抗，从而增大了母线短路容量。对电弧炉类的剧变负荷，由于存在工频以外的频率成分，据估计改善率最大约为 50%，可见串联电容器对于高次谐波引起的波形畸变改善不大。英国对一台电弧炉供电用了电容串补装置，结果表明对电压闪变改善的效果不明显；日本也有几个实用装置。限于这种补偿方式灵活性差，因而未得到广泛应用。

（2）串联互感电抗器。为了解决某部分负荷受同一供电母线上冲击负荷的干扰，可以采用串联互感电抗器（或称电压传感器）补偿方式，如图 5 - 8 所示。

将图 5 - 8 中电抗器 L 的中间抽头接电源，其两端分接一般负荷（B）和变动负荷（F），这种接法能获得等效的负感性电抗，如图 5 - 9 所示。

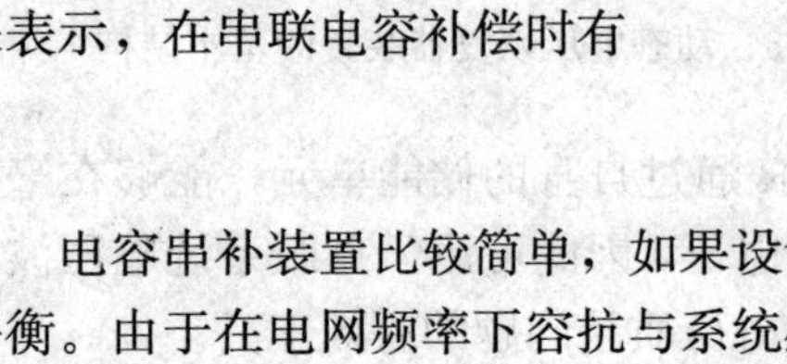

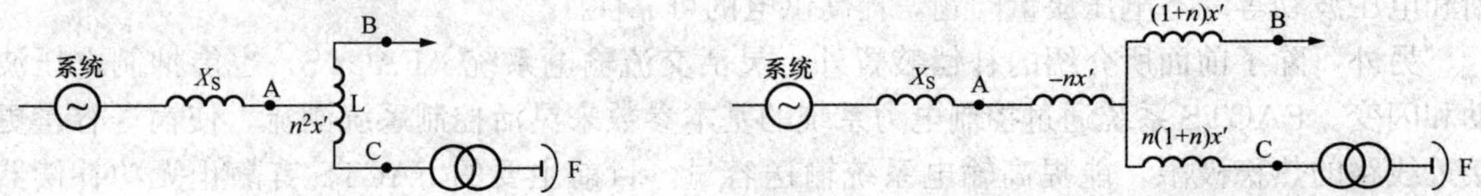

图 5 - 8　串联互感电抗器电路实例 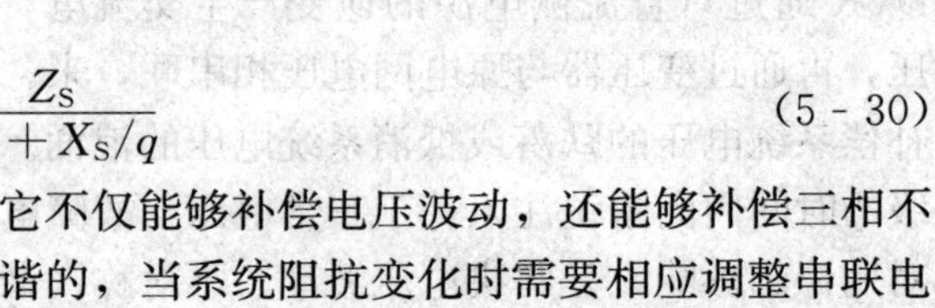　　图 5 - 9　获得等效互感性电抗的等效电路

如互感电抗器的变比 n 选择合适，可以使电压波动和闪变得到较好的补偿，同时能改善波形畸变。当系统等值电抗 X_S 变化时，可以调整电抗器抽头来适应。实际上也可以用三绕组变压器代替串联电抗器，达到同样目的。英国曾用这种装置获得较好的电压波改善率。由于这种装置改善的电压波动受益负荷有限，灵活性较差，因此也未得到广泛的应用。

（二）并联补偿方式

（1）同步调相机。同步调相机具有平滑调相的优点，目前还在一些电网和大型钢厂中使用。对于电弧炉这类快速冲击负荷，调相机励磁调节的时间常数太大，可以视为恒定励磁（即内部感应电动势恒定），同步调相机端电压相应于负荷波动而变动，自动地起无功功率补偿作用。因此同步调相机的暂态阻抗越低，则补偿效果越好，但相应的造价也就越高。为了提高同步调相机补偿效果，如图5-10所示，在调相机和电源之间一般串入缓冲电抗器 X_{BR}，但 X_{BR} 过大会导致调相机失步。

大体上应满足

$$X_S + X_{BR} \leqslant \frac{1}{2} X_f \tag{5-31}$$

根据经验，同步调相机最大闪变改善率约为50%。由于造价高、运行维护不便、损耗大等原因，自20世纪70年代以来同步调相机已逐渐被静止无功补偿装置所取代。

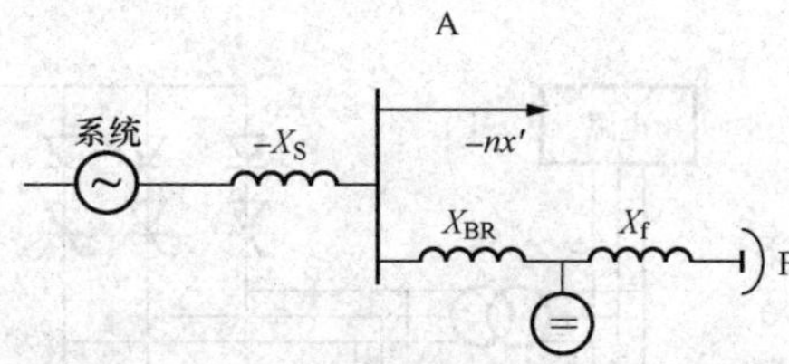

图5-10　提高同步调相机补偿效果的原理

（2）静止无功补偿装置（SVC）。快速变化的负荷除了引起供电电压的波动和闪变外，有的还产生谐波，造成电网三相电压不平衡（如炼钢炉电弧、电气化铁道的机车）等，严重地影响电能质量。从20世纪70年代发展起来的静止无功补偿装置（又称动态无功补偿装置）可以综合全面地解决此问题。SVC由快速可变的电抗和电容元件组合而成（两者均变或其中一个元件可变），目前技术上较成熟。SVC应用得较多的四种基本型式分别为SR（自饱和电抗器型）、TCR（晶闸管控制电抗器型）、TCT（晶闸管控制高漏抗变压器型）、TSC（晶闸管投切电容器型）。

为了抑制电压波动和闪变，静补装置应能快速提供所需的无功功率。装置的动态响应时间将决定补偿效果，特别是闪变指标。除SR装置外，TCR、TCT和TSC装置的动态响应时间和控制器的性能关系很大，这点应特别注意。

英国GEC公司1982年针对南非两台11t电弧炉（每台电炉变压器为10kV、6.5MVA）采用一套14.3MVA的SR装置（并联电容器为24.6Mvar），使60kV公共连接点最大电压波动由2.2%降低到0.87%，电压不平衡度（即负序电压百分含量）由1.39%降低到0.35%。

需指出，除了综合改善电能质量这一直接效果外，SVC在电力系统中已成为控制无功和电压、提高输电稳定性、限制系统过电压、增加系统阻尼的重要技术措施。

SVC的应用还可以给干扰源用户带来多方面的技术经济效益。例如炼钢电弧炉采用SVC后还可以提高功率因数，降低损耗，缩短钢的熔炼时间，降低单位电耗，提高钢产量等。这些方面的效益使用户一般两三年就能收回装置的投资。

（3）静止无功电源（SVG）。随着大功率高速半导体器件的发展，静止无功电源正在逐步走向实用化。SVG的原理是根据时域分析，将负荷的电流 i 分解为有功电流 i_p 和无功电

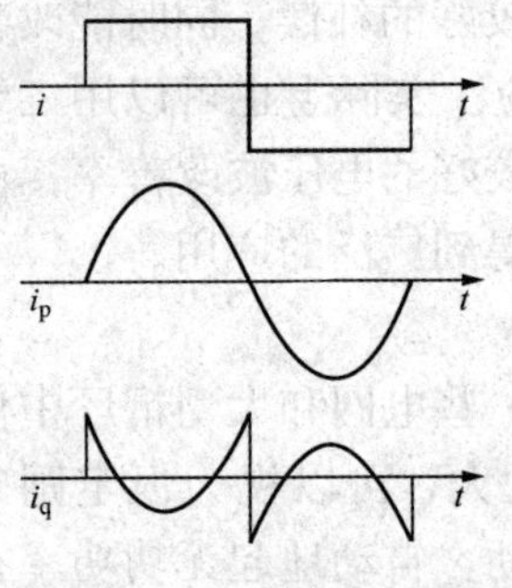

图 5-11　SVG 的原理图

流 i_q，即 $i=i_p+i_q$。由 SVG 提供无功电流 i_q 注入系统，可使系统的电源只向负荷提供与电压波形一致的有功电流 i_p，SVG 的原理图如图 5-11 所示。

常见的 SVG 可分为电流型和电压型两大类。电流型的 SVG 主电路如图 5-12 所示。在电桥的直流侧由电抗器 L 保持稳定的直流电流，根据检测的电流和电压信号由控制电路给出 i_q 的整定值，在电桥上交流侧用脉宽调制（PWM）的方法，向系统输出无功电流 i_q 的目标值。对于图 5-11 中的无功电流 i_q 的波形，其用脉宽调制方法产生的电流波形如图 5-13 所示。图中，将每周期分成 N 个等间隔 T。在每个定值间隔 T 内，电桥向外输出电流的瞬时值由脉冲宽度 Δt 所决定，最后经过滤除波形脉动的滤波器，便可向系统输出无功电流 i_q 的目标值。

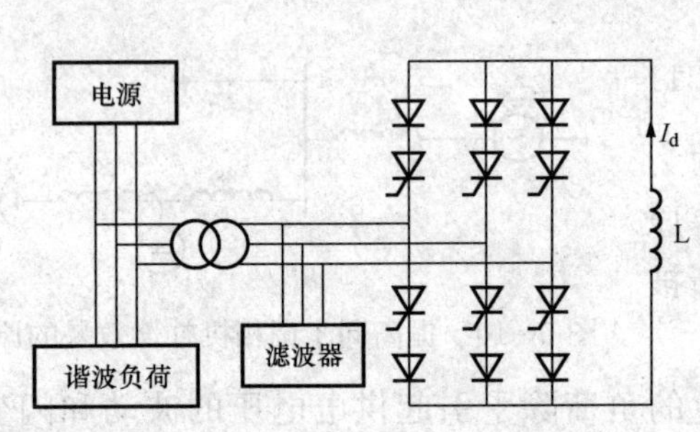

图 5-12　电流型 SVG 主电路

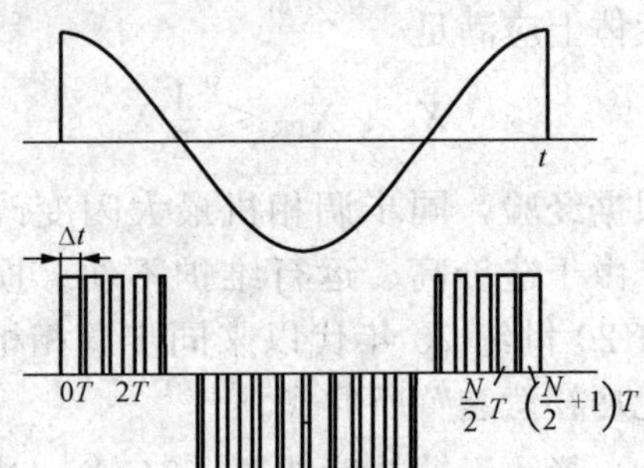

图 5-13　脉冲调制输出电流的波形

对于电弧炉等随机变化的负荷，采用数字滤波技术根据预测来进行实时补偿，可以抑制电压波动、闪变和谐波。在这种情况下可采用电压型 SVG 装置，其主电路如图 5-14 所示。

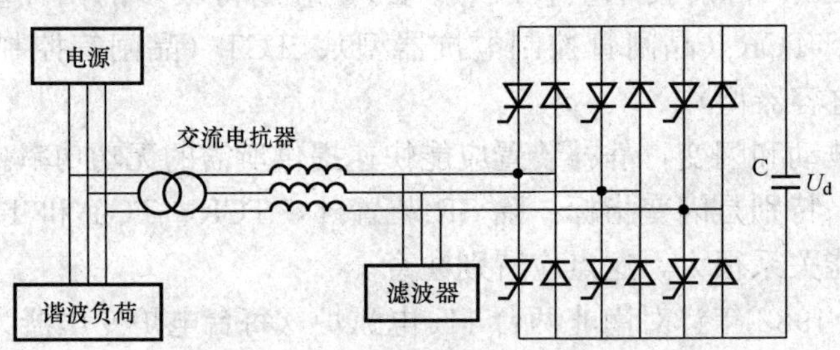

图 5-14　电压型 SVG 的主电路

在电桥的直流侧由电容器 C 保持稳定的直流电压 U_d；在交流侧用脉宽调制电压 U_d，使其输出的电压通过交流电抗器来均衡电网电压的波动。

第6章 电力系统三相不平衡

6.1 三相不平衡的概念及计算

理想的三相交流电力系统中，三相电压应有同样的幅值，且相位角互差 $2\pi/3$。这样的系统叫做三相平衡（或对称）系统。但是在实际中，由于种种因素，电力系统并不是完全平衡的。引起不平衡的因素主要有事故性的和正常性的两大类。事故性不平衡是由于三相系统中某一相（或两相）出现故障所致，例如一相或两相断线，或者单相接地故障等。这种状况是系统运行所不允许的，一定要在短期内切除故障使系统恢复正常。正常性不平衡是由于系统三相元件或负荷不对称引起的。作为电能质量指标之一的"三相电压不平衡度"，是针对正常不平衡运行工况而定的。本章主要论述三相不平衡的基本概念和国家标准；介绍对称分量法，并在此基础上推导了不平衡度的准确算式，对不平衡度的准确算式和几个近似算式作了比较；最后介绍三相不平衡功率。

6.1.1 三相不平衡的概念及表达式

一、对称分量法及电气元件的各序参数

在研究不对称的三相电路中，广泛使用对称分量法。对称分量法是将电路不对称部分化为电压、电流不对称的边界条件，其余的电路仍视为对称的线性电路。而任何一组不对称的三相相量（如电压、电流等）$\dot{A}$、$\dot{B}$、$\dot{C}$ 都可以分解成相序各不相同的三组对称的三相相量，即零序分量（$\dot{A}_0$、$\dot{B}_0$、$\dot{C}_0$），正序分量（$\dot{A}_1$、$\dot{B}_1$、$\dot{C}_1$），负序分量（$\dot{A}_2$、$\dot{B}_2$、$\dot{C}_2$）。各序量的三相关系为

零序 $\dot{A}_0,\quad \dot{B}_0=\dot{A}_0,\quad \dot{C}_0=\dot{A}_0$

正序 $\dot{A}_1,\quad \dot{B}_1=\alpha^2\dot{A}_1,\quad \dot{C}_1=\alpha\dot{A}_1$

负序 $\dot{A}_2,\quad \dot{B}_2=\alpha\dot{A}_2,\quad \dot{C}_2=\alpha^2\dot{A}_2$

相量 $\dot{A}$、$\dot{B}$、$\dot{C}$ 及其分量之间的关系为

$$\left.\begin{aligned}\dot{A}&=\dot{A}_0+\dot{A}_1+\dot{A}_2\\ \dot{B}&=\dot{A}_0+\alpha^2\dot{A}_1+\alpha\dot{A}_2\\ \dot{C}&=\dot{A}_0+\alpha\dot{A}_1+\alpha^2\dot{A}_2\end{aligned}\right\}\tag{6-1}$$

由式（6-1）可以解出 $\dot{A}_0$、$\dot{A}_1$、$\dot{A}_2$ 的表达式

$$\left.\begin{aligned}\dot{A}_0&=\frac{1}{3}(\dot{A}+\dot{B}+\dot{C})\\ \dot{A}_1&=\frac{1}{3}(\dot{A}+\alpha\dot{B}+\alpha^2\dot{C})\\ \dot{A}_2&=\frac{1}{3}(\dot{A}+\alpha^2\dot{B}+\alpha\dot{C})\end{aligned}\right\}\tag{6-2}$$

电力系统由于某种故障或元件参数、负荷不对称，就会引起三相电压不平衡，计算这种不对称系统中的电压和电流需用等效电路。在等效电路中所有元件都应表示为复数阻抗。但

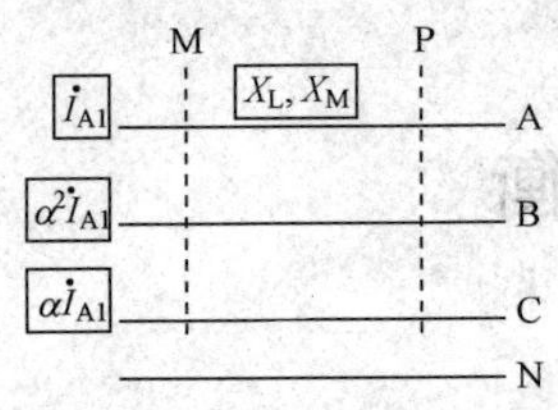

图 6 - 1 三相电路等效原理图

对不同的相序，同一元件有时并不相同。因此必须分别对各相序进行计算，然后再用叠加原理将各序所求得的值相加，即可求得所需的电压或电流。

对静止元件的相序电抗，下面以忽略电阻的三相电路为例讨论。如图 6 - 1 所示，线路中流过的电流决定于相应的外加电压和电抗值。

设流过的正序电流分量 $\dot{I}_{A1}$，$\dot{I}_{B1}=\alpha^2\dot{I}_{A1}$，$\dot{I}_{C1}=\alpha\dot{I}_{A1}$，则在 M、P 两点之间 A 相导线上产生的正序电压降为

$$\dot{U}_{A1}=j\dot{I}_{A1}X_L+j\alpha^2\dot{I}_{A1}X_M+j\alpha\dot{I}_{A1}X_M=j\dot{I}_{A1}(X_L-X_M) \tag{6-3}$$

由式（6 - 3）可知正序电抗为

$$X_1=X_L-X_M \tag{6-4}$$

式中：X_L、X_M 分别为 M、P 两点之间线路的每相回路自感抗和两相回路之间的互感抗。

同样的方法可以求出负序电抗数值与正序电抗数值相等，即

$$X_2=X_1=X_L-X_M$$

如果在上述线路中通入零序电流 $\dot{I}_{A0}$，则 M、P 之间 A 相导线上产生的零序电压降为

$$\dot{U}_{A0}=j\dot{I}_{A0}X_L+j\dot{I}_{A0}X_M+j\dot{I}_{A0}X_M=j\dot{I}_{A0}(X_L+2X_M) \tag{6-5}$$

由式（6 - 5）可知，零序电抗为

$$X_0=X_L+2X_M \tag{6-6}$$

从式（6 - 4）和式（6 - 6）可以看出，输电线路的正序电抗（或负序电抗）与零序电抗是不相同的。事实上，根据类似的方法可以说明，所有不包括旋转电机的静止三相磁耦合电路，负序电抗都等于正序电抗，如对变压器、架空输电线路、电缆等均有 $X_2=X_1$。

对于同步电机，负序电流所产生的旋转磁场和正序电流所产生的旋转磁场的旋转方向是相反的。由于同步电机转子纵轴和横轴磁场的分布不同，这两个旋转磁场所遇到的磁阻不同，因此其负序电抗与正序电抗一般不相等。在近似估计时可认为 $X_2=1.22X'_d$（X'_d 为发电机的次暂态电抗）。通常，同步电机的零序电抗，具有很大的变动范围，即 $X_0=(0.15\sim0.6)X'_d$。感应电动机的负序电抗 X_2 可以近似认为等于其短路电抗 X_k。X_k 在电动机额定情况运行下，X_k 的标幺值随着电动机的形式和功率的不同，一般在 0.2～0.35 范围内变化。电力负荷中主要是感应电动机，因此实用上综合负荷在额定情况下负序电抗的标幺值为 $X_2=0.35$。由于电动机的中性点一般不接地，综合负荷的零序电抗可以不考虑。

变压器的零序电抗与本身的结构和绕组的接线方式有关，这方面内容将在后面讨论。

二、三相不平衡度

三相电量的不平衡度通常用负序分量比正序分量的百分数表示。已知三相电量，用对称分量法计算，即可得出相应结果。当三相电量中不含零序分量时，可求出三相不平衡度的更为简洁的算式。

假定与不平衡三相电压 $\dot{A}$、$\dot{B}$、$\dot{C}$ 对应的线电压相量为 $\dot{K}$、$\dot{L}$、$\dot{M}$，则

$$\dot{K}=\dot{A}-\dot{B} \tag{6-7}$$

$$\dot{L}=\dot{B}-\dot{C} \tag{6-8}$$

$$\dot{M}=\dot{C}-\dot{A} \tag{6-9}$$

若以 $\dot{B}+\dot{K}=\dot{A}$ 和 $\dot{B}-\dot{L}=\dot{C}$ 代入式（6-2），可得

$$3\dot{A}_1=\dot{K}-\alpha^2\dot{L} \tag{6-10}$$

$$3\dot{A}_2=\dot{K}-\alpha\dot{L} \tag{6-11}$$

以上两式也可用图形表示，如图6-2所示。由此可见，为用图解法求得 $3\dot{A}_1$ 和 $3\dot{A}_2$，只需在位形图上以 BC 长为边画两个等边三角形 PBC 和 QCB 即可。此时

$$\overrightarrow{QA}=\dot{K}-\alpha^2\dot{L}=3\dot{A}_1 \tag{6-12}$$

$$\overrightarrow{PA}=\dot{K}-\alpha\dot{L}=3\dot{A}_2 \tag{6-13}$$

从图6-2中可以看出，假如线电压相量不变，则不论相电压如何变化，线电压的正序和负序分量仍是不变的。线电压三相平衡时，相电压的负序分量也等于零（A 点与 P 点重合）。线电压组成的三角形不会有零序分量，所以与某线电压系统对应的所有相电压系统仅有零序分量之差。

下面采用解析几何的方法推导三相不平衡度。以图6-3中 BC 边为横坐标，以 BC 边的垂直平分线为纵坐标，则三相电量构成的三角形各点的坐标分别为 $A(G,H)$，$B(L/2,0)$，$C(-L/2,0)$，$P\left(0,\dfrac{\sqrt{3}}{2}L\right)$，$Q\left(0,-\dfrac{\sqrt{3}}{2}L\right)$，$R(G,0)$。

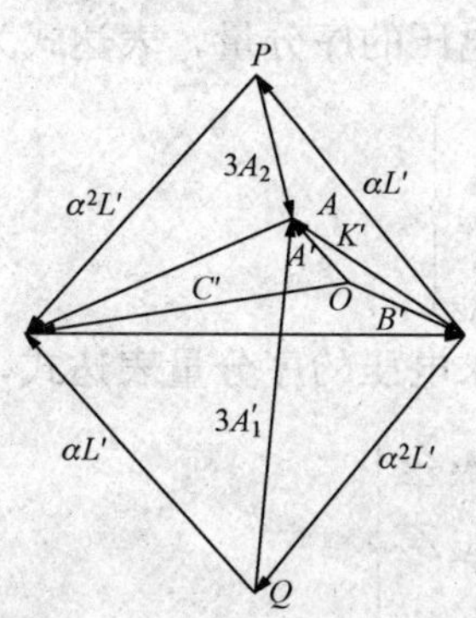

图6-2　不平衡三相电压的位形图

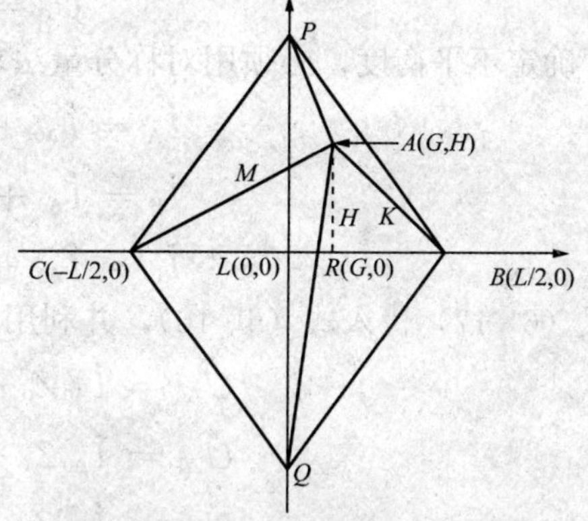

图6-3　不平衡三相电压坐标图

可推导出三相不平衡度的准确算式为

$$\varepsilon_{\mathrm{v}}=\frac{A_2}{A_1}=\sqrt{\frac{1-\sqrt{3-6\beta}}{1-\sqrt{3+6\beta}}}\times 100\% \tag{6-14}$$

其中

$$\beta=\frac{K^4+L^4+M^4}{(K^2+L^2+M^2)^2}$$

$$M^2=H^2+\left(\frac{L}{2}+G\right)^2$$

$$K^2=H^2+\left(\frac{L}{2}-G\right)^2$$

与此类似，三相电流不平衡度 ε_{I}，也可用其相应的公式计算。

6.1.2 三相不平衡的计算

电力系统中三相电压不平衡主要是由负荷不平衡、系统三相阻抗不对称、消弧线圈的不正确调谐所引起的。本节仅涉及负序分量引起的不平衡问题，这种不平衡主要是由不对称负荷引起的。

一、不平衡电路的简单计算

在任意一个对称的三相电路上，加以一组不对称的电压，对于线性电路可应用叠加原理，分别从正序电压、负序电压、零序电压算出对应的电流，即

$$\left.\begin{aligned}\dot{I}_{A1}&=\frac{\dot{U}_{A1}}{Z_1}\\ \dot{I}_{A2}&=\frac{\dot{U}_{A2}}{Z_2}\\ \dot{I}_{A0}&=\frac{\dot{U}_{A0}}{Z_0}\end{aligned}\right\}\tag{6-15}$$

式中：Z_1、Z_2、Z_0 分别为电路的正序、负序、零序阻抗。

当三相电路不对称时，即 $Z_A \neq Z_B \neq Z_C$，电压和电流之间存在下列关系，即

$$\left.\begin{aligned}\dot{U}_A&=\dot{I}_A Z_A\\ \dot{U}_B&=\dot{I}_B Z_B\\ \dot{U}_C&=\dot{I}_C Z_C\end{aligned}\right\}\tag{6-16}$$

为了确定不平衡度，必须用对称分量法求出电流和电压的序分量，表达式为

$$\left.\begin{aligned}\dot{I}_A&=\dot{I}_{A0}+\dot{I}_{A1}+\dot{I}_{A2}\\ \dot{I}_B&=\dot{I}_{A0}+\alpha^2\dot{I}_{A1}+\alpha\dot{I}_{A2}\\ \dot{I}_C&=\dot{I}_{A0}+\alpha\dot{I}_{A1}+\alpha^2\dot{I}_{A2}\end{aligned}\right\}\tag{6-17}$$

将式（6-17）代入式（6-16），并利用式（6-2）求电压的序分量表达式，则有

$$\left.\begin{aligned}\dot{U}_{A0}&=\dot{I}_{A0}Z_0+\dot{I}_{A1}Z_2+\dot{I}_{A2}Z_1\\ \dot{U}_{A1}&=\dot{I}_{A0}Z_1+\dot{I}_{A1}Z_0+\dot{I}_{A2}Z_2\\ \dot{U}_{A2}&=\dot{I}_{A0}Z_2+\dot{I}_{A1}Z_1+\dot{I}_{A2}Z_0\end{aligned}\right\}\tag{6-18}$$

其中

$$\left.\begin{aligned}Z_0&=\frac{1}{3}(Z_A+Z_B+Z_C)\\ Z_1&=\frac{1}{3}(Z_A+\alpha Z_B+\alpha^2 Z_C)\\ Z_2&=\frac{1}{3}(Z_A+\alpha^2 Z_B+\alpha Z_C)\end{aligned}\right\}\tag{6-19}$$

由式（6-18）求得电流的对称分量表达式为

$$\left.\begin{aligned}\dot{I}_{A0}&=\frac{\Delta_0}{\Delta}\\ \dot{I}_{A1}&=\frac{\Delta_1}{\Delta}\\ \dot{I}_{A2}&=\frac{\Delta_2}{\Delta}\end{aligned}\right\}\tag{6-20}$$

$$\Delta=\begin{pmatrix}Z_0 & Z_2 & Z_1\\ Z_1 & Z_0 & Z_2\\ Z_2 & Z_1 & Z_0\end{pmatrix}=Z_0{}^3+Z_1{}^3+Z_2{}^3-3Z_0Z_1Z_2 \tag{6-21}$$

式中：Δ 为方程式的行列式，Δ_0、Δ_1、Δ_2 则是在 Δ 中分别将其第一列、第二列、第三列用 $\dot{U}_{A0}$、$\dot{U}_{A1}$、$\dot{U}_{A2}$来代替而得出的三个行列式。

二、全相运行的计算

电力系统各元件的数学模型如下。

（一）三相输电线

以集中参数表示的三相输电线等值电路，Z_{AA}、Z_{BB}、Z_{CC}为三相输电线的阻抗，X_{ab}、X_{bc}、X_{ca}为三相输电线的互阻抗，B_{ab}、B_{bc}、B_{ca}为三相输电线对地电纳。每条输电线的自阻抗便可写成一个 3×3 阶的矩阵，即

$$Z_{ij}=\begin{pmatrix}Z_{aa} & jX_{ab} & jX_{ca}\\ jX_{ab} & Z_{bb} & jX_{bc}\\ jX_{ca} & jX_{bc} & Z_{cc}\end{pmatrix} \tag{6-22}$$

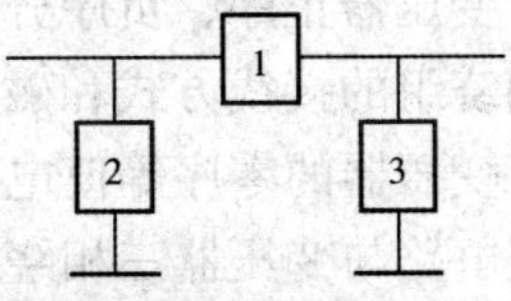

1
2
3

图 6-4　三相输电线路集中参数Ⅱ型等值电路示意图

为便于分析计算，通常采用图 6-4 所示三相输电线路集中参数Ⅱ型等值电路。

其中

$$Y_{ij}=[Z_{ij}]^{-1} \tag{6-23}$$

$$Y_{i0}=Y_{j0}=\begin{bmatrix}j\frac{1}{2}(B_{a0}+B_{bc}+B_{ca}) & -j\frac{1}{2}B_{ab} & -j\frac{1}{2}B_{ca}\\ -j\frac{1}{2}B_{ab} & j\frac{1}{2}(B_{a0}+B_{ab}+B_{bc}) & -j\frac{1}{2}B_{bc}\\ -j\frac{1}{2}B_{ca} & -j\frac{1}{2}B_{bc} & j\frac{1}{2}(B_{c0}+B_{bc}+B_{ca})\end{bmatrix} \tag{6-24}$$

三相输电线两端的电压、电流分别为

$$U_{i,abc}=[U_{i,a}\quad U_{i,b}\quad U_{i,c}]^T$$
$$U_{j,abc}=[U_{j,a}\quad U_{j,b}\quad U_{j,c}]^T$$
$$I_{i,abc}=[I_{i,a}\quad I_{i,b}\quad I_{i,c}]^T$$
$$I_{j,abc}=[I_{j,a}\quad I_{j,b}\quad I_{j,c}]^T$$

根据电路理论可得

$$\begin{bmatrix}\dot{I}_{i,abc}\\ \dot{I}_{j,abc}\end{bmatrix}=Y_L\begin{bmatrix}\dot{U}_{i,abc}\\ \dot{U}_{j,abc}\end{bmatrix} \tag{6-25}$$

式中：Y_L 为输电线支路三相导纳矩阵。

$$Y_L=\begin{pmatrix}Y_{ij}+Y_{i0} & -Y_{ij}\\ -Y_{ij} & Y_{ij}+Y_{j0}\end{pmatrix} \tag{6-26}$$

（二）并联电容器和并联电抗器

并联电容器的接线有采用星形，也有采用三角形接线。对于星形接线，可直接利用等值容抗 X_C 求出其导纳 $B_C=\frac{1}{X_C}$，对应三相导纳矩阵为

$$Y_{C0}=\begin{pmatrix}B_C & 0 & 0\\ 0 & B_C & 0\\ 0 & 0 & B_C\end{pmatrix} \tag{6-27}$$

且有

$$I_{C0,abc}=Y_{C0}U_{C,abc} \tag{6-28}$$

对于三角形接线，则要先将其变换成星形接线，求出等值容抗 X_C，进而求出其导纳 $B_C=\frac{1}{X_C}$，将 B_C 代入式（6-27），即可求出相应的 Y_{C0} 和 $I_{C0,abc}$。并联电抗器的等值电路和电容器类似。

（三）三相变压器

变压器正序、负序分量有相同的等值电路。但对零序分量，情况就不同了。因为变压器三相绕组的接线方式和磁路结构对零序电流或零序磁通有不同的反应。

变压器的零序等值电路与外电路的连接方式，决定了零序电流的流通路径，所以其零序等值电路与变压器三相绕组的连接方式及中性点是否接地有关。可以从以下三个方面来讨论变压器零序等值电路与外电路的连接情况。

当外电路向变压器某侧三相绕组加零序电压时，如果能在该侧绕组产生零序电流，则等值电路中该侧绕组与外电路接通；如果不能产生零序电流，则从电路等值的观点，可以认为变压器该侧绕组与外电路断开。根据这个原则可知，只有中性点接地的星形接法绕组才能与外电路接通。

当变压器绕组具有零序电动势（由另一侧绕组的零序电流产生的）时，如果它能将零序电动势施加到外电路上去并能提供零序电流的通路，则等值电路中该侧绕组端点与外电路接通，否则与外电路断开。据此，也只有中性点接地的星形接法绕组才能与外电路接通。至于能否在外电路产生零序电流，则应由外电路的元件是否提供零序电流的通路而定。

在三角形接法的绕组中，绕组的零序电动势虽然不能作用到外电路中去，但能在三相绕组中形成零序环流。此时零序电动势将被零序电流在绕组上的电压降所平衡，绕组两端电压为零。这种情况与变压器绕组短接是等效的。因此，在等值电路中该侧绕组端点接零序等值中性点，等值中性点与地同电位时则接地。

三、非全相运行的计算

对非全相运行，假定断相前电路参数三相对称且为线性系统。根据叠加原理，非全相运行时的电压和电流，也可以看成是断相前运行的正常分量与断相引起的增量的叠加。正常分量是对称的，通常在潮流计算中求出。因此，只要再计算出断相引起的增量，将其与正常分量叠加，即可求得非全相运行时的电压和电流。

断相运行，可以用对称分量法进行计算，其基本步骤是：①根据电力系统的接线和参数作出各序网络；②根据非全相运行的类型所决定的断相处的边界条件，建立复合序网，计算出断相处的各序对称分量电流和电压的增量；③求出断相处的各序对称分量电流和电压的增量在对应网络中的分布，并把同一支路电流（或同一节点电压）的各序对称分量的增量及正常分量叠加，即得该支路的实际电流（或者实际电压）。

对断相处而言，电流的正常分量就是断相前流过该处的对称负荷电流，断相处电压的正常分量则为零（导线的电压降可以忽略）。因此，断相处的电流将含有均不为零的正常分量和增量两部分，而断口间的电压则仅有增量。

简单的非全相运行方式是系统中仅有一处出现断相，断相处以外的电路各相阻抗仍然对称。在这种情况下，各序网络均可简化成以断相处的断口为端口的二端网络，序网络的内阻抗和电动势就是从断口向系统看去所得的，对应序的组合阻抗和等效电动势，其端口的电压则是断相处断口间的对应序电压，如图 6-5 所示。

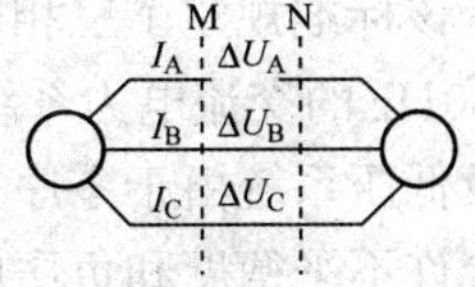

图 6-5　单相断相示意图

由图 6-6 所示的单相断开三序网络图可得以下电压平衡方程式

$$\left.\begin{aligned}\Delta\dot{U}_{A1} &= \dot{E}_{A\Sigma} - \dot{I}_{A1}Z_{1\Sigma}\\ \Delta\dot{U}_{A2} &= -\dot{I}_{A2}Z_{2\Sigma}\\ \Delta\dot{U}_{A0} &= -\dot{I}_{A0}Z_{0\Sigma}\end{aligned}\right\}\tag{6-29}$$

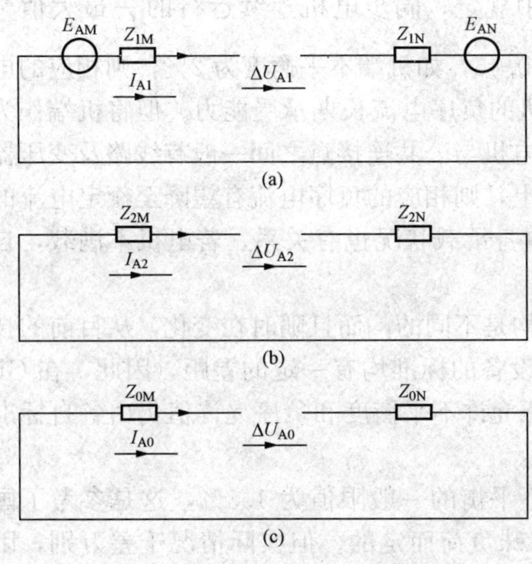

图 6-6　单相断开的三序网络图

式中：$\dot{E}_{A\Sigma}$ 为断口 M、N 两侧电源的等效电动势，$\dot{E}_{A\Sigma}=\dot{E}_{AM}-\dot{E}_{AN}$；$\Delta\dot{U}_{A1}$、$\Delta\dot{U}_{A2}$、$\Delta\dot{U}_{A0}$ 分别为断口 MN 区段的正序、负序和零序电压分量；$\dot{I}_{A1}$、$\dot{I}_{A2}$、$\dot{I}_{A0}$ 分别为流进断口的正序、负序和零序电流分量；$Z_{1\Sigma}$、$Z_{2\Sigma}$、$Z_{0\Sigma}$ 从断口 M、N 两侧向系统看去所得的正序、负序和零序阻抗。

电力系统正常运行时，流过 MN 的电流是对称的电流 $\dot{I}_L$，故式（6-29）中有

$$\dot{I}_{A1}=\dot{I}_{LA1}=\dot{I}_{LA}$$

$$\dot{I}_{A2}=\dot{I}_{LA2}=0$$

$$\dot{I}_{A0}=\dot{I}_{LA0}=0$$

又因为

$$\Delta\dot{U}_A=\Delta\dot{U}_B=\Delta\dot{U}_C=0$$

所以

$$\Delta\dot{U}_{A1}=\Delta\dot{U}_{A2}=\Delta\dot{U}_{A0}=0$$

因此，正常运行时从 M、N 两端向系统看去所得的等效电动势，不计及断相后断相处电源电动势大小和相位的变化，则断相后正序网络中的等效电动势与正常运行时的等效电动势相等，即

$$\dot{E}_{A\Sigma}=\dot{I}_{LA}Z_{1\Sigma}$$

6.2　三相不平衡的国家标准

GB/T 15543—2008《电能质量　三相电压不平衡》是国家质量监督检验检疫总局、国家标准化管理委员会发布的电能质量系列标准之一。

一、GB/T 15543—2008 的内容和适用范围

该标准规定了三相电压不平衡的限值、计算、测量和取值方法。该标准适用于标称频率为 50Hz 的交流电力系统正常运行方式下，由于负序基波分量引起的公共连接点的电压不平衡及低压系统由于零序基波分量而引起的公共连接点的电压不平衡。电气设备额定工况的电压允许不平衡度和负序电流允许值仍由各自标准规定，例如旋转电机按 GB 755—2008《旋转电机　定额和性能》要求规定。瞬时和暂时的不平衡问题不适用于该标准。

二、电压不平衡度的允许值

GB/T 15543—2008 规定，电力系统公共连接点正常电压不平衡度允许值为 2%，短时不得超过 4%。这是基于对重要用电设备（旋转电机）标准、电网电压不平衡度的实况调研、国外同类标准及电磁兼容标准进行全面分析后选取的。

GB 755—2008《旋转电机　定额和性能》中规定，同步电机连续运行的$\frac{I_2}{I_N}$最大值为 0.08～0.10，而旋转电机的负序阻抗约为 0.14～0.45，如机端不平衡度为 2%，则相应的电流不平衡度为 0.044～0.14，即有可能超过该电机的负序电流长期承受能力。但将机端作为公共连接点只有极少量的直配供电网。实际旋转电机与公共连接点之间一般有线路及变压器的阻抗。只要这些元件的折合阻抗能达到 0.1 以上，则相应的负序电流有望降至额定电流的 8%以下。当然，旋转电机负序承受能力和电机本身承载状况也有关系。若电机不满载，自然可以负担更多的负序电流。

实际上，供电的电能质量在电网各个连接点均是不同的，而且随时在变化，从目前的技术水平出发所制定的电能质量标准，一般和电气设备的标准均有一定的差距，因此，在 GB 755—2008 中特别指出，电气设备额定工况的电压允许不平衡度和负序允许值仍由各自标准规定。

GB/T 15543—2008 规定了对每个用户电压不平衡的一般限值为 1.3%，这是参考了国外相关规定，并考虑到不平衡负荷电网中少数特殊负荷而定的。但实际情况千差万别，因此，标准还规定，根据连接点的负荷状况和邻近发电机、继电保护、自动装置安全运行要求，不平衡限值可作适当变动。

虽然对电力用户规定了电压不平衡度的限值，但由于背景电压中也存有不平衡，因此负序发生量监测宜采用电流监测。GB/T 15543—2008 规定，“电压不平衡度允许值一般可根据连接点的正常最小短路容量换算为相应的负序电流值，作为分析或测算依据”，即由电压不平衡度换算为负序电流值。标准中特别指出，“邻近大型旋转电机的用户，其负序电流值换算时应考虑旋转电机的负序阻抗”。

三、测量和取值的问题

不平衡度的测量比较容易实现。由于 GB/T 15543—2008 仅考虑负序引起的不平衡，如取三相线电压，利用式（6-14）通过代数运算很快就能得到 ε_U，在没有零序电流的场合，取三相电流，利用同样公式可得 ε_I。如所取的量中有零序分量时（例如三相相电压，有零序回路的三相电流），一般就利用对称分量法，求出负序分量。这种分析涉及相量运算，但也不困难。关于测量仪器将在下一节作全面介绍。标准规定，ε_U 测量的绝对误差为 0.2%，ε_I 的测量误差为 1%。标准内容是在考虑测量结果不会明显引起不良后果的前提下，给仪器的结构、型式的选择以尽可能大的灵活性。显然，用“绝对误差”来规定测量的精度，在三相

比较平衡时，其测量结果相对误差会较大，但这不会造成严重后果。同时，这样的误差要求一般应能达到。

关于取值方法，GB/T 15543—2008 中规定："对于电力系统的公共连接点，供电电压负序不平衡度测量值的 10min 方均根值的 95%概率大值应不大于 2%，所有测量值中的最大值不大于 4%。对日波动不平衡负荷，供电电压负序不平衡度测量值的 1min 方均根值的 95%概率大值应不大于 2%，所有测量值中的最大值不大于 4%。对于日波动不平衡负荷也可以时间取值：日累计大于 2%的时间不超过 72min，且每 30min 中大于 2%的时间不超过 5min。"

需要注意的是：①为了实用方便，实测值的 95%概率值可将实测值按由大到小次序排列，舍弃前面 5%的大值取剩余实测值中的最大值；②以时间取值时，如果 1min 方均根值超过 2%，按超标 1min 进行时间累计；③所有测量值是指以国标要求得到的所有测量结果。

为了减少偶然性波动的影响，和谐波国标规定类似，GB/T 15543—2008 中规定了每次测量一般按 3s 方均根取值。对于离散采样的测量仪器推荐按式（6 - 30）计算，即

$$\varepsilon = \sqrt{\frac{1}{m}\sum_{k=1}^{m}\varepsilon_k^2} \tag{6 - 30}$$

式中：ε_k 为 3s 内第 k 次测得的不平衡度；m 为 3s 内均匀间隔取值次数（$m \geqslant 6$）。

对于特殊情况，也可由供用电双方另行商定每次测量的取值方法。

6.3　三相不平衡的危害及改善措施

6.3.1　三相不平衡的危害

三相电压或电流不平衡会对电力系统及其用户造成一系列的危害，主要有以下几个方面。

（1）引起旋转电机的附加发热和振动，危及其安全运行和正常出力。

（2）引起以负序分量为起动元件的多种保护发生误动作（特别是电网中存在谐波时），会严重威胁着电网安全运行。

（3）电压不平衡使发电机容量利用率下降。由于不平衡时最大相电流不能超过额定值，在极端情况下，只带单相负荷时设备利用率不能超过额定值。

（4）变压器的三相负荷不平衡，不仅使负荷较大的一相绕组过热导致其寿命缩短，而且还会由于磁路不平衡造成附加损耗。

（5）对于通信系统，电力三相不平衡会增大对其干扰，影响正常通信质量。

对上述问题，下面将分别作较详细的论述。

一、不对称运行对电机的影响

（一）转子的附加损耗及发热

由于在不对称运行时负序电流在气隙中产生逆转的旋转磁场，给转子带来了额外的损耗。这些损耗包括在励磁绕组里感应 100Hz 电流所引起的附加损耗以及在转子表面由于感应的涡流所产生的附加表面损耗。如果同步电机具有阻尼绕组，在阻尼绕组中也会引起损耗。

（二）附加力矩及振动

在不对称负荷时，由负序气隙旋转磁场与转子励磁磁动势及由正序气隙旋转磁场与定子负序磁动势所产生的100Hz的交变电磁力矩，将同时作用在转子转轴以及定子机座上，引起100Hz的振动。不对称运行除了对发电机本身造成附加发热和振动外，其定子电流中将出现一系列的高次谐波。因为定子的负序电流所产生的负序旋转磁场，在转子绕组里感应$2f$的附加电流。但转子绕组是一个单相绕组，$2f$附加电流产生的$2f$脉转磁场，可以分为对转子以2倍同步速正反转的两个旋转磁场。正转分量对定子以3倍同步速旋转，因此在定子绕组里感应出了$3f$的电动势。又由于定子的不对称运行，定子电流将出现$3f$的负序电流，在转子绕组里感应$4f$的电流。同理，以4倍转速相对转子正转的磁场，在定子绕组里感应出$5f$的电动势。依次类推，定子将出现一系列的奇次谐波的电流，而转子将出现一系列的偶次谐波的电流。其中，高次谐波电流，幅值较小，一般可以略去。

二、继电保护和自动装置的误起动

电力系统的发展，大容量和长距离重负荷线路的出现，对继电保护装置和自动装置提出了越来越高的要求。一般反应全电流、全电压动作的继电保护装置和自动装置很难同时满足灵敏度和选择性的要求。目前，只反应在故障方式下出现的相序电流、电压分量的继电保护装置，在110kV及以上电压等级的电力系统中已得到了广泛的应用。这类装置的起动元件，一般用对称分量滤过器，这是一种能从三相全电流或全电压中分出相应的正序负序和零序分量的装置。

负序电压滤过器的输出端通常与负序电压继电器相连接，作为不对称短路保护的起动元件。因此负序电压滤过器的输入端均与系统的线电压（经电压互感器）相连接，因为线电压中不含零序分量。在系统发生不对称短路故障时，其输出电压很大，能使负序电压继电器可靠起动。如果在电力系统中存在较大的不平衡负荷，特别是一些动态的非线性的不平衡负荷，则将在其近区电网中出现较高的负序和谐波（电压和电流）水平。这样，在负序和谐波的共同作用下，就会造成以负序滤过器为起动元件的继电保护装置和自动装置误动作（即非故障起动）。

负序电流除了引起负序起动元件误动作外，还会降低负序起动元件反应于电网故障的灵敏度。主要原因是干扰性负序电流的相角可以和电网短路引起的负序电流的相角相反，从而减小输入起动元件的负序电流。相关测试指出，增量型负序起动元件会因负序干扰的存在使响应暂态的灵敏度降低，危及在真实故障时动作的可靠性。所谓增量型，是指负序滤过器输出电压经过整流后，在送到被驱动的极化继电器之前首先经过增量电容器，以隔离稳态直流量，故这种起动元件仅反应于由暂态过程产生的交流量。

三、对通信系统及计算机系统的干扰

电力线路对通信系统的干扰，主要通过静电耦合、电磁耦合、地电流传导和电磁波辐射等几种方式。这些干扰不但影响传输信号的质量和通信的清晰度，严重的情况下还会由于谐波和基波的综合作用引起电话响铃，甚至威胁通信设备和人身安全。在有多个中性点接地的电网中，若电力线供电给有较大不平衡负荷的地区，则对通信的干扰将明显增加。

通常我国低压采用三相四线制TN-C系统供电。这种系统的主要特点是采用载流的工作中性线N与保护地线PE共用一条导线。由于三相不平衡在中性线上必然要出现不平衡电流，同时还有由波形畸变等因素引起的三次谐波电流。因此，在不平衡较严重时，中性线过负荷发热不仅会增加损耗、降低效率，而且还会引起零电位漂移，产生可以影响计算机系统的电噪声干扰。如果该干扰超过允许极限范围，将会导致计算机无法正常运行，轻则降低信息质量，引起逻辑功能错乱、计算错误、控制失灵、测试结果失真；重则使元件受损伤。

6.3.2　改善三相不平衡的措施

由不对称负荷引起的电网三相电压不平衡可以采用下列措施加以改善。

（1）将不对称负荷分散接到不同的供电点，以减小集中连接造成的不平衡度超标问题。

（2）使不对称负荷合理分配到各相，尽量使其平衡化。

（3）将不对称负荷接到更高电压级上供电，以使连接点的短路容量足够大。

（4）采用三相平衡化装置。

一、三相平衡化的基本原理

将不平衡三相系统变换成平衡的三相系统时，在变换设备中应该设有能够暂时储积电磁能量的电感线圈和电容器元件。最简单的例子为图 6-7（a）所示的单相电阻负荷 R 组成的不平衡三相系统。在图 6-7（a）基础上分别适配电抗为$\sqrt{3}R$ 的电感和电抗为$\sqrt{3}R$ 的电容，如图 6-7（b）所示，即可构成平衡的三相系统。该平衡的三相系统的相量图如图 6-8 所示。

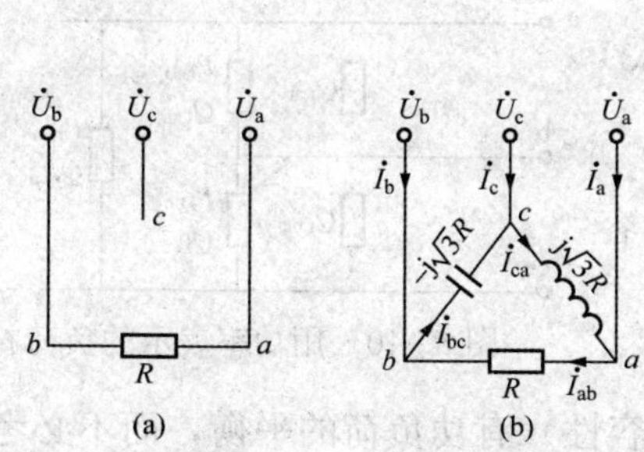

图 6-7　三相平衡化电路

（a）单相电阻负荷；（b）平衡化三相系统

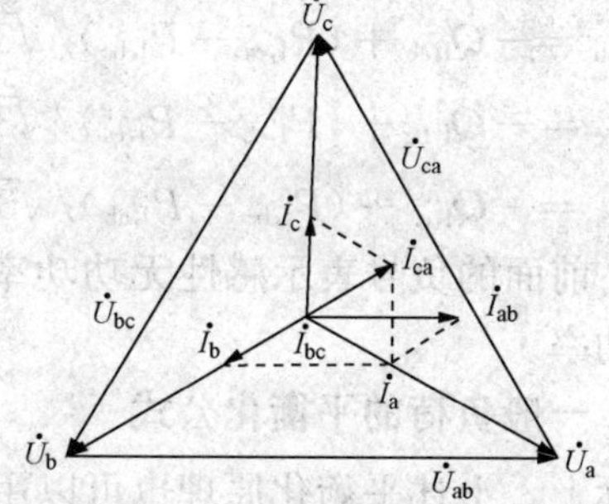

图 6-8　平衡化三相系统的相量图

由此可见，采用平衡化电路可将不平衡的三相系统变换成平衡的三相系统。

二、理想补偿导纳网络

假定电源电压是平衡的，电源负荷用图 6-9（a）所示三角形连接的等值网络来表示。图中，复数导纳 $Y_{l,ab}$、$Y_{l,bc}$、$Y_{l,ca}$互不相等。设

$$\left.\begin{aligned}Y_{l,ab} &= G_{l,ab} + jB_{l,ab}\\ Y_{l,bc} &= G_{l,bc} + jB_{l,bc}\\ Y_{l,ca} &= G_{l,ca} + jB_{l,ca}\end{aligned}\right\} \tag{6-31}$$

首先从功率因数校正入手，在每一负荷导纳上并联一个等于负荷电纳负值的补偿电纳，使得负荷导纳变成纯电导，即令 $B_{r,ab}=-B_{l,ab}$，$B_{r,bc}=-B_{l,bc}$，$B_{r,ca}=-B_{l,ca}$，如图 6-9（b）所示。这样，三相功率因数为 1，但仍然是不平衡的，各相负荷分别为纯电导 $G_{l,ab}$、$G_{l,bc}$、$G_{l,ca}$。如图 6-7 和图 6-8 所示，为了平衡 $G_{l,ab}$，在 b 相和 c 相之间连接电容性电纳 $B_{r,bc}=\dfrac{G_{l,ab}}{\sqrt{3}}$，同时在 c 相和 a 相间接入电感性电纳 $B_{r,ca}=\dfrac{G_{l,ab}}{\sqrt{3}}$。

同理，在 bc 相之间和 ca 相之间的纯电导 $G_{l,bc}$，$G_{l,ca}$可以依次用相同的办法来加以平衡。

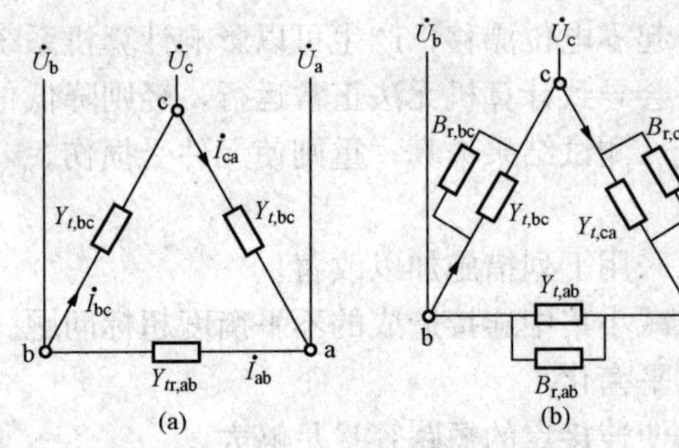

图 6-9 三相不平衡负荷的补偿

(a) 原图；(b) 并联补偿电纳

和功率因数校正电纳相结合，则图 6-9（a）所示三角形中每一支路都有三个并联补偿电纳，即

$$\left.\begin{aligned}B_{r,ab}&=-B_{l,ab}+(G_{l,ca}-G_{l,bc})/\sqrt{3}\\B_{r,bc}&=-B_{l,bc}+(G_{l,ab}-G_{l,ca})/\sqrt{3}\\B_{r,ca}&=-B_{l,ca}+(G_{l,bc}-G_{l,ab})/\sqrt{3}\end{aligned}\right\}\tag{6-32}$$

这些电纳相加在一起，便得到三相三角形接法的理想补偿网络，如图 6-9（b）所示。

因此，将一个理想补偿网络与负荷相关联就可以把任何不平衡的三相负荷变换成一个平衡的三相有功负荷，且不会改变电源和负荷间的有功功率交换。

三、用功率表示的负荷补偿

实际上，负荷常用有功功率和无功功率来表示，如图 6-10 所示。则每相的补偿无功可由式（6-32）每项乘 U^2 得到，即

$$\left.\begin{aligned}Q_{r,ab}&=-Q_{l,ab}+(P_{l,ca}-P_{l,bc})/\sqrt{3}\\Q_{r,bc}&=-Q_{l,bc}+(P_{l,ab}-P_{l,ca})/\sqrt{3}\\Q_{r,ca}&=-Q_{l,ca}+(P_{l,bc}-P_{l,ab})/\sqrt{3}\end{aligned}\right\}\tag{6-33}$$

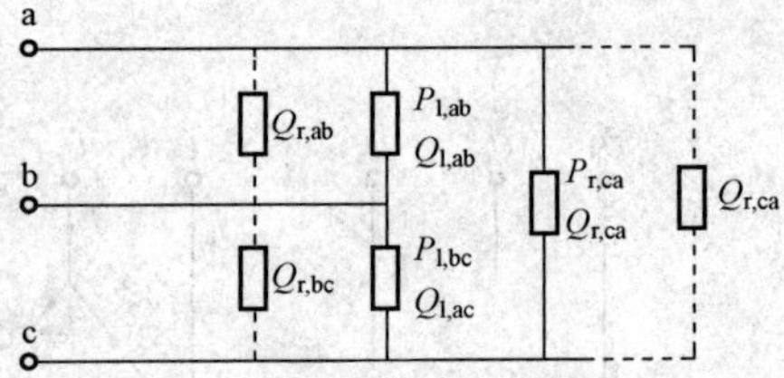

图 6-10 用功率表示的负荷补偿

式中：P 前面的负号表示感性无功功率；正号表示容性无功功率。

四、一般负荷的平衡化公式

实际上，上述平衡化原理也可以用于感性（或容性）有功负荷的平衡，而不必考虑功率因数。因为感性（或容性）负荷可以分成有功和无功分量两部分。对于有功分量，就用上述平衡化原理，而无功分量的平衡只需在其他两相接上相同的无功负荷即可。例如，设图 6-10 中外相是接一电流为 I，功率因数为 $\cos\varphi$ 的负荷，如欲在其他两相中加上感性或容性无功，使其平衡化，则在 bc 和 ca 相应产生的电流分别为

$$\left.\begin{aligned}I_C&=I\sin\varphi-I\cos\varphi/\sqrt{3}\\I_L&=I\sin\varphi+I\cos\varphi/\sqrt{3}\end{aligned}\right\}\tag{6-34}$$

式（6-34）等号右边第一项为平衡电流的无功分量所需的；第二项为平衡有功分量之用。将式（6-34）两边乘以 U，则变为功率表达式。

同理可以导出三相均为一般负荷时的平衡化补偿公式。

显然，对于一般感性有功负荷的平衡化补偿，由于需要在其他两相中加进相同的感性无功功率，则三相系统的功率因数会变得较低。不过利用上述方法也不难推导出达到预定功率因数水平的平衡化补偿公式。

五、平衡化装置

由于负荷一般是变化的，因此平衡装置应可分级或连续调节。对于单相负荷，最简单的分级可调节的平衡装置的原理图如图 6-11 所示。图中所列的两个方案的区别只是电抗器调节方式不同（分组投切或变换抽头）。这种平衡装置的缺点是容量较大（超过负荷的功率），

而且调节范围和精度均有限。

若三相负荷不平衡，且功率因数较低，则可以用三相不同容量的电容器组作为平衡装置，其原理如图 6-12 所示。这种平衡装置的总容量由无功功率补偿条件来确定。电容器的三相容量分配使负序电流得到补偿。一般情况下，用两相容性元件接到不同的线电压上来实现。电容器组的容量和接到哪两相之间取决于负序等值电流 $I_{2\Sigma}$ 的相角 $\varphi_{2\Sigma}$。电容器组的总容量（设在额定电压下运行）为

$$Q_{\Sigma}=\sqrt{3}U_nI_{2\Sigma}\sin(\varphi_{2\Sigma}+\varepsilon) \tag{6-35}$$

式中：U_n 为 n 次谐波电压；相角 ε 值在Ⅰ、Ⅱ、Ⅲ区分别等于 0、$-\frac{\pi}{3}$、$\frac{\pi}{3}$。

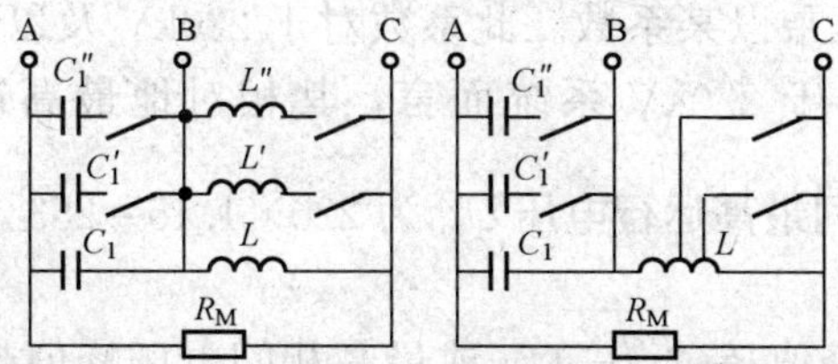

图 6-11　分级可调节平衡装置的原理图

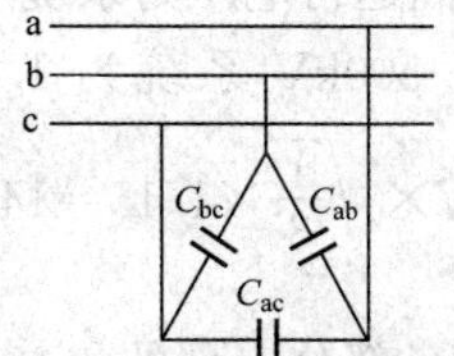

图 6-12　利用电容器组接成的平衡装置原理图

各相容量和 Q_{Σ} 之比在Ⅰ、Ⅱ、Ⅲ区中分别为

Ⅰ　$\frac{Q_{CA}}{Q_{\Sigma}}=\frac{1.15}{\sqrt{3}-\tan\varphi_{2\Sigma}}$；　$\frac{Q_{BC}}{Q_{\Sigma}}=\frac{1.15}{\sqrt{3}-\tan\varphi_{2\Sigma}}$

Ⅱ　$\frac{Q_{AB}}{Q_{\Sigma}}=0.5-0.29\cot\varphi_{2\Sigma}$；　$\frac{Q_{AC}}{Q_{\Sigma}}=0.5+0.29\cot\varphi_{2\Sigma}$

Ⅲ　$\frac{Q_{AB}}{Q_{\Sigma}}=\frac{1}{2+\sqrt{3}\cot\varphi_{2\Sigma}}$；　$\frac{Q_{BC}}{Q_{\Sigma}}=1-\frac{1}{2+\sqrt{3}\cot\varphi_{2\Sigma}}$

平衡系统三相电压也可以引入附加电动势来实现。在系统电压和负荷之间加入负序的附加电动势，使其合成后的负序对称分量互补，则在负荷上的电压就平衡了。

负序附加电动势可以由串联调节变压器或可以按相调节变比的变压器来产生。图 6-13 表示具有按相调节变比的变压器的原理接线以及电压相量图。设电源电压是平衡的，则二次相电压 $\dot{U}_a$、$\dot{U}_b$、$\dot{U}_c$ 之间相位差$\frac{2\pi}{3}$，且和每相的变比无关。若减小一相的变比，如图 6-13（b）所示，相电压 $\dot{U}_a$ 增加到 $\dot{U}'_a$。这样线电压 $\dot{U}'_{ab}$、$\dot{U}'_{bc}$、$\dot{U}'_{ab}$就不平衡，即出现负序分量。反之，若电源电压不平衡$\left(\text{但相位差为}\frac{2\pi}{3}\right)$，通过调节变比，可以使其输出电压平衡。

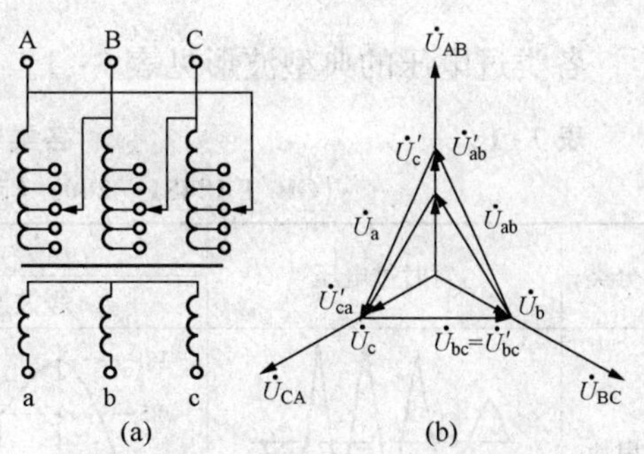

图 6-13　具有按相调节变比的变压器的原理接线及电压相量图

（a）原理接线图；（b）电压相量图

第7章 暂时过电压和瞬态过电压

7.1 暂时过电压和瞬态过电压的概念

7.1.1 电力系统过电压的定义和分类

一、定义

电力系统中的过电压是相对于系统最高运行电压 U_m 而言的。

系统的最高运行电压为系统中的额定电压乘以某系数。此系数对于220kV及以下的系统为1.15；330～500kV系统为1.1。例如，对于220kV系统而言，其相对地最高运行电压 $\left(\frac{U_m}{\sqrt{3}}\right)$ 为 $220\text{kV}\times\sqrt{\frac{1}{3}}\times1.15=146$（kV）；相间最高运行电压 U_m 为 $220\times1.15=253$（kV）。

系统中某一部分出现的最高相对地电压峰值超过 $\sqrt{\frac{2}{3}}U_m$ 或最高相间电压峰值超过 $\sqrt{2}U_m$ 的任何波形电压，称为相对地过电压或相间过电压。

二、分类

（一）按过电压的波形特征分类

交流电力系统中的电气设备，在运行中除了作用有持续工频电压（其值不超过系统最高运行电压 U_m、持续时间等于设计的运行寿命）之外，还受到过电压的作用。按照作用于设备和线路绝缘上的过电压的幅值、波形及持续时间，电力系统过电压可分类如下。

电力系统过电压
- 暂时过电压
  - 工频过电压
  - 谐振过电压
- 瞬态过电压
  - 操作（缓波前）过电压
  - 雷电（快波前）过电压

各类过电压的典型波形见表7-1。

表7-1　各类过电压的典型的波形
（GB/T 18481—2001《电能质量　暂时过电压和瞬态过电压》）

分类	暂时过电压	瞬态过电压		
		缓波前	快波前	陡波前
电压波形	1/f；T_d	1.0；0.5；T_1；T_2	1.0；0.9；0.5；0.3；T_1；T_2	$1/f_1$；$1/f_2$；T_1；T_d
范围	$10\text{Hz}<f<500\text{Hz}$ $0.03\text{s}<T_d<3600\text{s}$	$20\mu s<T_1<5000\mu s$ $T_2<20\text{ms}$	$0.1\mu s<T_1<20\mu s$ $T_2<300\mu s$	$3\text{ns}<T_1<100\text{ns}$ $0.3\text{MHz}<f_1<100\text{MHz}$ $30\text{kHz}<f_2<300\text{kHz}$ $T_d\leqslant3\text{ms}$

注　陡坡前的标准试验波形及耐受试验在考虑中，本标准中暂不涉及。

电力系统过电压问题主要是造成系统中的电力设备和线路绝缘击穿或损伤，而这种破坏效应除了取决于作用在绝缘上的过电压的幅值，还很大程度上与过电压的波形和持续时间有关。人们把各类过电压归类为表 7-1 中所列的四种典型波形，并通过合理的防护措施把它们减小到某一数值，便于设计电力设备和线路的人员进行绝缘水平（耐受各种波形电压的能力）方面的考虑，并在出厂前用规定数值的标准波形的耐受电压对设备绝缘水平进行考验，以保证设备在系统运行中有足够的安全性。

表 7-1 中，左边三种波形的过电压已有相应的标准波形电压，用于对设备的绝缘进行耐压试验。其中，暂时过电压采用标准短时工频耐受电压，缓波前过电压采用 250μs/2500μs 的操作冲击耐受电压，快波前过电压采用 1.2μs/50μs 雷电冲击耐受电压。

（二）按照过电压产生的根源不同分类

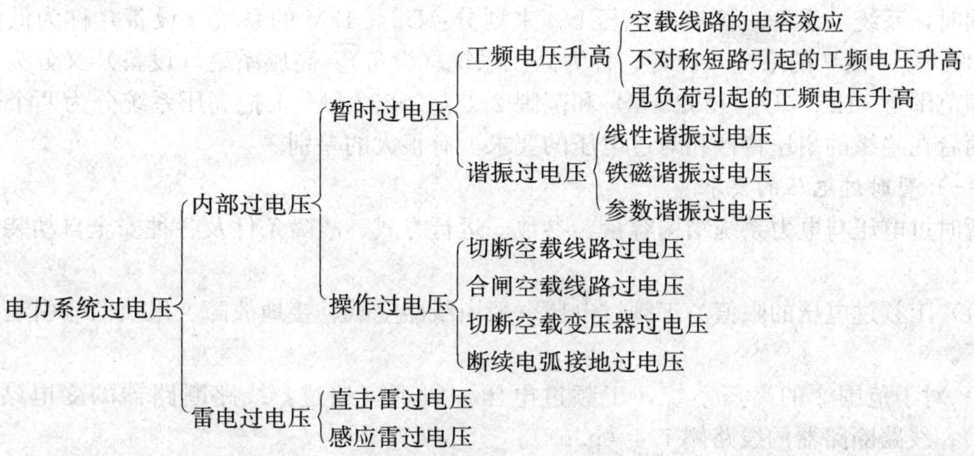

由于这种分类方法与产生过电压的根源相联系，因此它便于电力系统的设计和运行人员从机理上认识过电压本质并采取针对性的防护措施。

7.1.2　电力系统过电压与绝缘配合

一、绝缘配合的目标和方法

不加任何限制措施的过电压是设备绝缘在技术上、经济上都无法接受的，但要采取过电压保护措施又会增加投资和维护费用，电力系统绝缘配合的目标就是妥善处理过电压—保护措施—设备和线路绝缘水平之间的关系，使电力系统在总的投资、运行、事故损失费用上优化，同时要使绝缘故障率处于运行上能够接受的范围。

绝缘配合是一个优化过程，其做法是在考虑所采用的过电压保护措施后，根据可能作用的过电压、设备的绝缘特性及可能影响绝缘特性的因素，最终达到合理地确定设备绝缘水平的过程。

绝缘配合方法有以下两种。

（1）惯用法。此法以避雷器的保护特性作为绝缘配合的基础。因为电力系统中的所有设备均接受避雷器的保护，所以只要将避雷器的保护水平乘上一综合考虑各种影响因素和必要裕度的系数，就是绝缘应有的耐压水平。

（2）统计法。考虑到电力系统过电压幅值和绝缘的电气强度都是随机变量，在已知过电压幅值和绝缘闪络电压统计特性的条件下，用计算方法对不同方案进行比较，求得绝缘故障率达标的方案和相应的合理的绝缘水平。

电力系统诱发事故的重要因素是绝缘闪络。而要降低绝缘故障率必须兼顾两点：一是把各类过电压的幅值限制到规定的数值，二是选择的电气设备有合适的绝缘水平。

二、作用于电气设备上的过电压限值和要求

暂时过电压和操作过电压均应采用标幺值表示。

对于工频过电压有

$$1.0(\text{p. u.}) = \frac{U_m}{\sqrt{3}}$$

对于谐振过电压和操作过电压有

$$1.0(\text{p. u.}) = \frac{\sqrt{2}U_m}{\sqrt{3}}$$

同时，系统（设备）按最高电压 U_m 来划分：$U_m \leqslant 1\text{kV}$ 的系统（设备）称为低压系统（设备）；$U_m > 1\text{kV}$ 的系统（设备）称为高压系统（设备）。高压系统（设备）又分为两个范围，即范围 1（$1\text{kV} < U_m \leqslant 252\ \text{kV}$）和范围 2（$U_m > 252\ \text{kV}$）。把高压系统分为两个范围是因为两者在绝缘的耐压特性和对过电压的要求上有很大的差别。

（一）暂时过电压的要求

暂时过电压与电力系统结构容量、参数、运行方式、故障条件及各种安全自动装置的特性有关。

（1）工频过电压的限值。工频过电压一般由线路空载、接地故障、甩负荷等引起。其限值如下。

1）对于范围 2 的高压系统，工频过电压一般不宜超过：线路断路器的变电站侧 1.3（p. u.）；线路断路器的线路侧 1.4（p. u.）。

2）对于范围 1 中的 110kV 及 220kV 系统，工频过电压不超过 1.3（p. u.）。

3）3～10kV 和 35～66kV 系统，工频过电压分别不超过 $1.1\sqrt{3}$（p. u.）和 $\sqrt{3}$（p. u.）。

（2）谐振过电压的要求。谐振过电压包括线性谐振、非线性（铁磁）谐振和参数谐振，一般因操作或故障后系统元件的参数出现不当组合而产生的。对这类过电压是以预防为主，预防方法主要是避免出现满足谐振过电压的条件，或用保护装置限制其幅值和持续时间。

（二）瞬态过电压的要求

（1）操作过电压的限值。引起操作过电压的主要原因有线路切、合与重合、故障与切除故障、开断容性电流、开断较小或中等的感性电流，以及负荷突变。

操作过电压受诸多随机因素的影响，其限值指的是最大操作过电压（等于或大于该值的概率为 1‰）。

1）线路合闸和重合闸过电压的限值如下。

范围 2：空载线路合闸、单相重合闸和成功的三相重合闸（如运行中使用时），在线路上产生的相对地统计过电压，对 330kV 和 500kV 系统分别不大于 2.2（p. u.）和 2.0（p. u.）。

范围 1：线路合闸和重合闸过电压不超过 3.0（p. u.）。

2）空载线路分闸过电压的限值如下。

范围 2：线路断路器在电源对地电压为 1.3（p. u.）条件下开断空载线路不发生重击穿，

即不应产生过电压。

范围 1：110kV 和 220kV 开断空载线路过电压不超过 3.0（p.u.）。

66kV 及以下非低电阻接地系统空载线路过电压不超过 4.0（p.u.）；低电阻接地系统不超过 3.2（p.u.）。

3）非对称故障分闸和振荡解列过电压限值如下。

范围 2：对于 330kV 和 500kV 系统分别不大于 2.2（p.u.）和 2.0（p.u.）。

范围 1：不超过 3.0（p.u.）。

4）3～66kV 系统用断路器开断并联电容补偿装置时电容器高压端对地不超过 4.0（p.u.）；电容器极间过电压不超过 $2.15\sqrt{2}U_{NC}$，U_{NC}为电容器的额定电压。

5）用断路器开断具有冷轧硅钢片的变压器时，过电压不超过 2.0（p.u.）；开断具有热轧硅钢片铁心的 110kV 及 220kV 变压器时，过电压不超过 3.0（p.u.），开断 66kV 及以下变压器不超过 4.0（p.u.）；合闸空载变压器和并联电抗器补偿装置产生的操作过电压不超过 2.0（p.u.）。

6）高压感应电动机合闸过电压一般不超过 2.0（p.u.），空载分闸过电压不超过 2.5（p.u.）。

7）大于 1kV 且小于或等于 66kV 系统单相间隙性电弧接地过电压的限值，随系统中性点的接地方式不同而异。不接地时为 3.5（p.u.）；消弧线圈接地时为 3.2（p.u.）；电阻接地时为 2.5（p.u.）。

（2）雷电过电压及其影响因素。作用于输配电线路的雷电过电压有雷直击于导线，雷击于塔顶或避雷线后反击导线而产生的过电压，雷击于线路及其附近的地面（包括塔顶）由于电磁场的激烈变化产生的感应过电压几种。作用于发电厂、变电站电气设备上的雷电过电压，在大多数情况下是沿线路而来的雷电波。

1）雷击对地放电时架空线路上的雷电过电压。在距架空线 $S>65$m 处，线路上产生的感应过电压最大值为

$$U_i = 25\frac{Ih_c}{S} \tag{7-1}$$

式中：U_i 为雷击大地时感应过电压最大值，kV；I 为雷电流幅值（一般不超过 100），kA；h_c 为导线平均高度，m；S 为雷击点离线路的距离，m。

线路上的感应过电压为随机变量，其最大值可达 300～400kV，一般仅对 35kV 及以下线路的绝缘有威胁。

2）雷击架空线路导线产生的直击雷过电压为

$$U_s \approx 100I \tag{7-2}$$

式中：U_s 为雷击点的过电压最大值，kV。

3）雷击架空线路避雷线、杆顶形成的作用于线路绝缘的雷电反击过电压大小，与雷电流的参数（幅值、陡度）、杆塔形式、高度和接地电阻等有关。

4）上述 2）、3）两项过电压将沿导线传播而进入变电站。

为监测系统运行中出现的工频过电压、谐振过电压、操作过电压和雷电过电压，宜安装过电压波形或幅值的自动记录装置，用以收集实测结果。这些实测结果是运行和设计可供参考的珍贵资料。

三、高压电气设备的绝缘水平

（一）范围 1 的设备的绝缘水平

范围 1 设备的绝缘水平，首先考虑的是雷电冲击作用电压，即以避雷器的保护水平为基础来确定设备的绝缘水平，对输电线路则保证具有一定的耐雷水平。这样，设备在通常情况下已能耐受内部过电压的作用。此时，与每一设备最高电压相对应，给出了设备绝缘水平的两个耐受电压分别为额定雷电冲击耐受电压和额定短时工频耐受电压。具体数值见表 7-2。

表 7-2 电压范围 1（1kV<U_m≤252kV）设备的标准绝缘水平 单位：kV

<table>
<tr><th rowspan="2">系统标称电压
（有效值）</th><th rowspan="2">设备最高电压
（有效值）</th><th colspan="2">额定雷电冲击耐受电压（峰值）</th><th rowspan="2">额定短时工频耐受电压
（有效值）</th></tr>
<tr><th>系列 1</th><th>系列 2</th></tr>
<tr><td>3</td><td>3.6</td><td>20</td><td>40</td><td>18</td></tr>
<tr><td>6</td><td>7.2</td><td>40</td><td>60</td><td>25</td></tr>
<tr><td>10</td><td>12</td><td>60</td><td>75
95</td><td>30/42③；35</td></tr>
<tr><td>15</td><td>17.5</td><td>75</td><td>95
105</td><td>40；45</td></tr>
<tr><td>20</td><td>24</td><td>95</td><td>125</td><td>50；55</td></tr>
<tr><td>35</td><td>40.5</td><td>185/200①</td><td>80/95③；85</td><td></td></tr>
<tr><td>66</td><td>72.5</td><td>325</td><td>140</td><td></td></tr>
<tr><td>110</td><td>126</td><td colspan="2">450/480①</td><td>185；200</td></tr>
<tr><td rowspan="4">220</td><td rowspan="4">252</td><td colspan="2">(750)②</td><td>(325)②</td></tr>
<tr><td colspan="2">850</td><td>360</td></tr>
<tr><td colspan="2">950</td><td>395</td></tr>
<tr><td colspan="2">(1050)②</td><td>(460)②</td></tr>
</table>

注 系统标称电压 3～15kV 所对应设备的系列 I 的绝缘水平，在我国仅用于中性点小电阻接地系统（单相接地故障掉闸时间≤10s）。

① 该栏斜线下之数据仅用于变压器类设备的内绝缘。

② 220kV 设备，括号内的数据不推荐使用。

③ 为设备外绝缘在干燥状态下的耐受电压。

（二）范围 2 的设备的绝缘水平

范围 2 设备的绝缘水平，既要考虑操作冲击电压，又要考虑雷电冲击作用电压。此时，与每一设备最高电压相对应，给出了设备绝缘水平的两个耐受电压，即额定雷电冲击耐受电压和额定操作冲击耐受电压。具体数值见表 7-3。

表 7-3　电压范围 2（U_m>252kV）设备的标准绝缘水平　单位：kV

系统标称电压（有效值）	设备最高电压（有效值）	额定操作冲击耐受电压（峰值）					额定雷电冲击耐受电压（峰值）	额定短时工频耐受电压（有效值）	
1	2	3	4	5	6②	7②	8	9④	10③
330	363	850	1300	1.50	950	850（+295）①	1050		（460）
		950	1425	1.50			1175		（510）
500	550	1050	1675	1.60	1175	1050（+450）①	1425		（630）
		1175	1800	1.50			1550		（680）
							1675		（740）

① 栏 7 括号中数值是加在同一极对应相端子上的反极性工频电压的峰值。

② 纵绝缘的操作冲击耐受电压选取栏 6 或栏 7 之数值，决定于设备的工作条件，在有关设备标准中规定。

③ 栏 10 括号内之短时工频耐受电压值，仅供参考。

④ 开关设备纵绝缘的额定雷电冲击耐受电压由两个分量组成，一为相对地的额定雷电冲击耐受电压；另一为反极性工频电压，其幅值为（0.7～1.0）$\sqrt{\frac{2}{3}}U_m$。

7.2　工频过电压的机理与限制

7.2.1　空载线路的电容效应与限制方法

工频过电压从产生机理可归属于电容效应和三相阻抗不对称。

一、电感—电容效应

工频电源激励的 LC 回路如图 7-1（a）所示。

当 $\omega L<\frac{1}{\omega C}$，或者说 $\omega_0=(LC)^{-\frac{1}{2}}>\omega$ 时，电路呈容性，其相量关系如图 7-1（b）所示，此时将有

$$U_C=\frac{E}{1-\left(\frac{\omega}{\omega_0}\right)^2}>E \tag{7-3}$$

$$I=\frac{E}{\frac{1}{\omega C}-\omega L}>\frac{E}{\frac{1}{\omega C}} \tag{7-4}$$

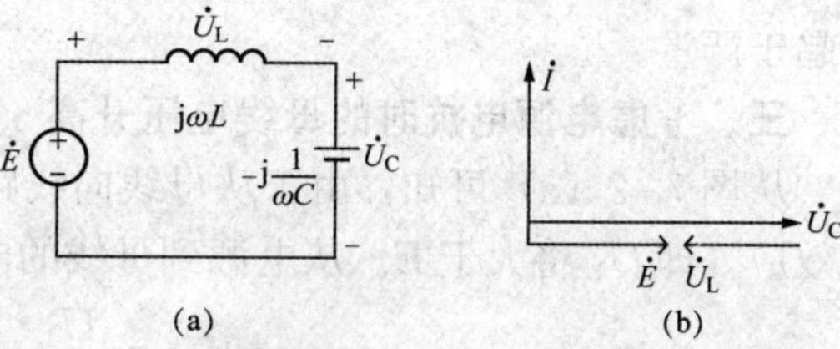

图 7-1　工频电源激励的 LC 回路及其相量关系
（a）工频电源激励的 LC 回路；（b）相量关系

即电感的接入使回路总阻抗减小、电流增加，从而使电容上的电压超过电源电动势，这种现象称为电感—电容效应，简称电容效应。

二、空载线路的电容效应

空载线路的电容效应示意图如图 7-2 所示。图中，1-2 为线路，其表征参数为波阻抗 z、波速度 v 和线路长度 l；0 为电源；1 为母线端；2 为空载线路的末端；由末端计距 x［如图 7-2（b）所示］；$\dot{E}$ 和 jX_s 是从首端看进去的电源等效电动势和等效阻抗。

令线路相位系数 $\alpha=\frac{\omega}{v}$，其中 ω 为工频电压角频率，v 为线路波速度。对架空线来说，α

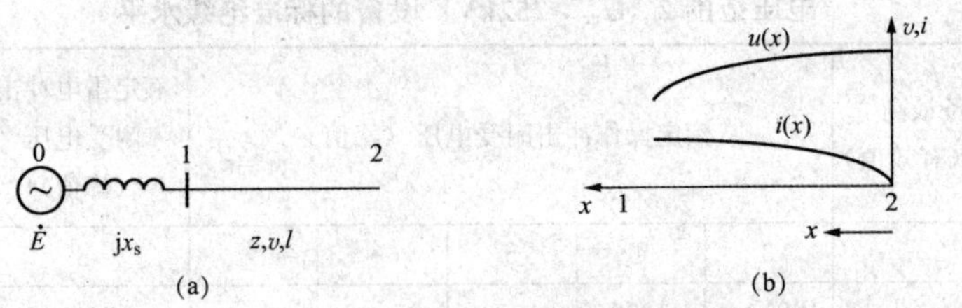

图 7-2　空载线路的电容效应示意图

(a) 空载线路的接线；(b) 由末端计距时电压和电流有效值关系曲线

1—母线端；2—空载线路的末端

为 0.06°/km，电缆的波速度小，α 为架空线的两倍左右。空载线路存在着累积的电容效应，自首端到末端电压逐步上升，电流逐步减小。当不计线路损耗时，长线上任一点的电压、电流与末端电压的关系为

$$\dot{U}(x) = \dot{U}_2 \cos\alpha x \tag{7-5}$$

$$\dot{I}(x) = \mathrm{j}\frac{\dot{U}_2}{z}\sin\alpha x \tag{7-6}$$

由式（7-5）和式（7-6）可得末端对首端的电压升高倍数，以电压传递系数表示为

$$K_{12} = \frac{U_2}{U_1} = \frac{1}{\cos\alpha l} \tag{7-7}$$

同时可得，线路首端的输入阻抗

$$Z_{\mathrm{il0}} = \frac{\dot{U}_1}{\dot{I}_1} = -\mathrm{j}z\cot\alpha l \tag{7-8}$$

当 $l<1500$km，Z_{il0} 呈容性，应该注意到，当架空线路与电缆线路串联时，后者的大电容相当于把架空线路大为延长，存在着架空线与电缆间的电感—电容效应，使线路的电压升高趋于严重。

三、考虑电源电抗时的母线电压升高

从图 7-2（a）可知，由于从母线向线路看去的等值阻抗 Z_{il0} 为一容抗，jx_s 与 Z_{il0} 存在电容效应，即 U_1 将大于 E。从电源到母线的电压传递系数为

$$K_{01} = \frac{U_1}{E} = \frac{\cos\alpha l}{\cos\alpha l - \frac{x_s}{z}\sin\alpha l} \tag{7-9}$$

令 $\varphi=\arctan\left(\frac{X_s}{Z}\right)$，那么从电源到线路末端的电压传递系数为

$$K_{02} = K_{01}K_{12} = \frac{U_2}{E} = \frac{\cos\varphi}{\cos(\alpha l+\varphi)} \tag{7-10}$$

由式（7-10）可见，电源电抗使母线电压因容升现象而升高，而首端到末端的电压传递系数是不变的，因此，末端电压将会因首端电压的增加而成比例地增高。电源容量越小，上述情况越严重。在估计工频电压升高时应以最小运行方式为依据。

四、并联电抗器的降压作用

在超高压远距离输电线路中，为了限制工频电压升高，大多采用并联电抗器。超高压线路的充电功率较大，通过适当地选择并联电抗器的数量、容量及安装位置，可降低线路的充

电功率，并有效地将工频电压升高的数值限制在容许的范围之内。

下面以线路末端接有电抗器为例说明并联电抗器的作用，其接线如图7-3（a）所示。

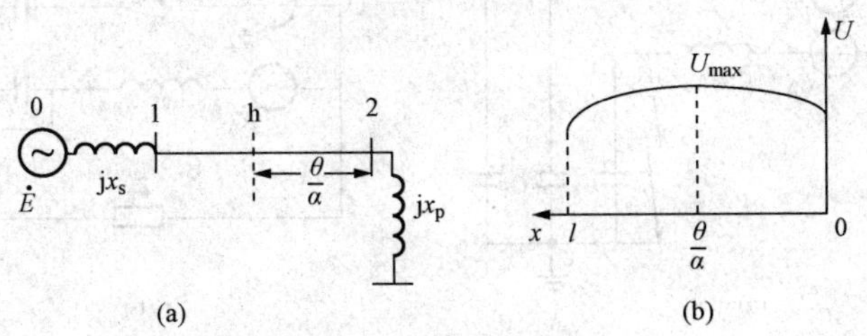

图7-3　线路末端接有并联电抗器

（a）线路末端接有并联电抗器的接线；（b）由末端计距时的电压有效值曲线

此时，从线路末端流入电抗器的是感性电流。此电流自线路末端到首端的变化过程是感性最大→感性减小→电流为零$\left[x=\frac{\theta}{\alpha}\right.$的h处，其中$\left.\theta=\arctan\left(\frac{z}{x_p}\right)\right]$，电压最高→容性逐步增大。

h－2这段线路的容抗$z\cot\left(\alpha\times\frac{\theta}{\alpha}\right)$等于末端电抗器的感抗$x_p$，即h－2段线路与末端电抗器形成并联谐振回路，因而从h向尾部看去的输入阻抗呈无穷大，h相当于一个断开点。那么，从线路首端向线路看进去，尾部长度为$\frac{\theta}{\alpha}$的线路与x_p的有无对前部电压、电流分布无影响，如同一条长度只有$\frac{\alpha l-\theta}{\alpha}$的线段。线路电压从首端开始按正弦规律上升到h点达最大值，h点至末端又按余弦规律下降，如图7-3（b）所示。

显然，线路末端接入电抗器时首端的输入阻抗为

$$Z_{il}=-jz\cot(\alpha l-\theta) \tag{7-11}$$

从电源到x_h的电压传递系数为

$$K_{0h}=\frac{U_{max}}{E}=\frac{\cos\varphi}{\cos(\varphi+\alpha l-\theta)} \tag{7-12}$$

从电源到线路末端的电压传递系数为

$$K_{02}=\frac{\cos\varphi\cos\theta}{\cos(\varphi+\alpha l-\theta)} \tag{7-13}$$

从母线到线路末端的电压传递系数为

$$K_{12}=\frac{\cos\theta}{\cos(\alpha l-\theta)} \tag{7-14}$$

7.2.2　单相接地时的工频电压升高

单相接地是输电线路中最常见的故障形式，其后果是形成故障点三相对地阻抗不相等，故障时的零序电流会使健全相出现工频对地电位升高。

单相接地的简化原理分析如图7-4所示。

图7-4（b）中$\dot{E}_A$、$\dot{E}_B$、$\dot{E}_C$、x_s分别为三相电源电动势和内阻；C_0为线路对地电容；Z_g为系统中性点的接地阻抗，它对健全相的电位升高起到至关重要的作用。

不考虑损耗时，有

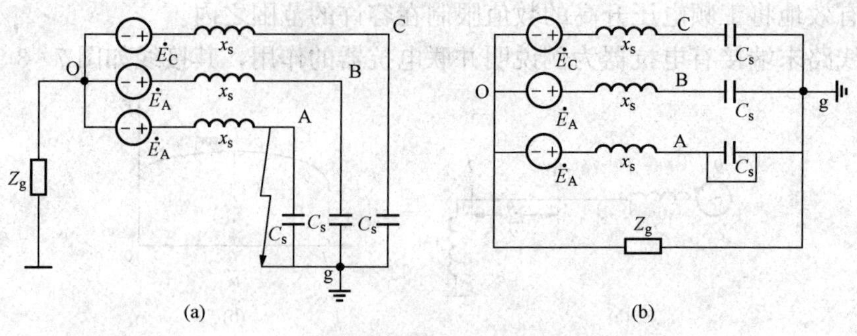

图 7-4　单相接地简化分析图

（a）实际电路图；（b）等效电路图

$$U_{Bg}=U_{Cg}=\sqrt{3}\times\frac{\sqrt{1+k+k^2}}{k+2}E=\beta E \tag{7-15}$$

式中：k 为故障—地端口看进去的零序和正序电抗的比值，即 $k=\dfrac{x_0}{x_1}$；β 称为接地系数，$\beta=\sqrt{3}\times\dfrac{\sqrt{1+k+k^2}}{k+2}$；$E$ 是正常运行时故障点对地正序电压。

β 的数值只与 k 有关，而 k 的数值范围很大程度上取决于系统的接地方式，即取决于 Z_g。

从图 7-4 可见，由于 A 相接地把 C_0 短接，因此使相对地阻抗不对称，原来和 O 点重合的 g 点电位向 A 点漂移。而 Z_g 的作用相反，Z_g 减小时，g 点电位向 O 点靠近。

对于中性点不接地系统，x_0 为线路对地容抗，一般 k 为绝对值较大的负数（例如 $k=-40$），β 略大于 $\sqrt{3}$，此时，健全相电压略高于线电压。消弧线圈接地系统 $k\to\infty$，$\beta=\sqrt{3}$，健全相电压接近线电压。110kV 及以上电网为有效接地系统，一般控制 $k\leqslant 3$，则 $\beta=0.75\sqrt{3}$；但对 330kV 以上系统空载线路的末端，由于长线效应可能会略超过 80%线电压。

7.2.3　甩负荷引起的工频电压升高

由于某种原因（如短路故障）使线路末端断路器突然掉闸而切除受端负荷，也会出现工频电压升高现象。

甩负荷效应主要从三个方面导致工频电压升高。

（1）线路输送功率相当大的有功和感性无功时，电源电动势高于母线电压。在甩负荷之后，由于磁链不能突变，发电机将在短时间内维持高的暂态电动势不变。

（2）线路从带负荷变为末端开路，会出现空载长线的电容效应。

（3）原动机的调速器和制动设备的惰性使发电机有短时间的转速增加，造成电动势及其频率都有所上升，加剧工频电压升高。

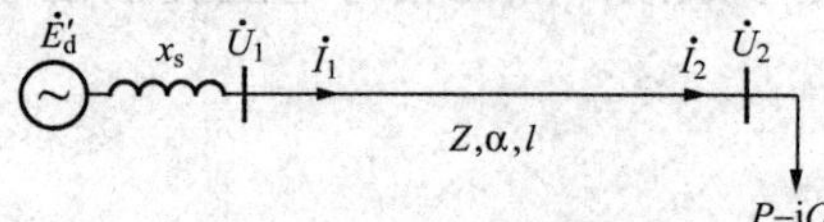

图 7-5　系统甩负荷时的等值电路

图 7-5 给出甩负荷时的等值电路。电源、线路的参数已在图中标出。甩负荷前的受端（末端）复功率为 $P-jQ$，发电机的暂态电动势为 $\dot{E}'_d$。

甩负荷瞬前的首端稳态电压为

$$\dot{U}_1 = \dot{U}_2\cos\alpha l + jZ\dot{I}_2\sin\alpha l = \dot{U}_2\cos\alpha l + jZ\frac{P - jQ}{\dot{U}_2}\sin\alpha l$$

$$= \dot{U}_2\cos\alpha l\,[1 + j\tan\alpha l\,(P_* - jQ_*)] \tag{7-16}$$

式中：P_*、Q_* 为以 $P_n = \frac{U_2^2}{Z}$ 为基准的标幺值。

类似地可得首端稳态电流

$$\dot{I}_1 = j\frac{\dot{U}_2}{Z}\sin\alpha l\,[1 - j\cot\alpha l\,(P_* - jQ_*)] \tag{7-17}$$

则

$$\dot{E}'_d = \dot{U}_1 + jI_1 x_s$$

$$= \dot{U}_2\cos\alpha l\left[\left(1 + Q_*\frac{x_s}{Z}\right) + \left(Q_* - \frac{x_s}{Z}\right)\tan\alpha l + jP_*\left(\frac{x_s}{Z} + \tan\alpha l\right)\right] \tag{7-18}$$

其模值为

$$E'_d = U_2\cos\alpha l\sqrt{\left[\left(1 + Q_*\frac{x_s}{Z}\right) + \left(Q_* - \frac{x_s}{Z}\right)\tan\alpha l\right]^2 + \left[P_*\left(\frac{x_s}{Z} + \tan\alpha l\right)\right]^2} \tag{7-19}$$

设甩负荷后发电机的短时超速使系统频率 f 增至原来的 s_f 倍，则暂态电动势 E'_d、线路相位系数 α 及电源电抗均按比例 s_f 增加。由式（7-9）可得

$$U'_2 = \frac{s_f E'_d}{\cos(s_f\alpha l) - \frac{x_s s_f}{Z}\sin(s_f\alpha l)} \tag{7-20}$$

甩负荷后空载线路末端电压升高的倍数为

$$k_2 = \frac{U'_2}{U_2} \tag{7-21}$$

【例 7-1】 已知某线路长 300km，$\frac{x_s}{Z}=0.3$，$P_*=0.7$，$Q_*=0.22$，甩负荷后 $s_f=1.02$。试求甩负荷后线路末端电压升高倍数 k_2 的值。

解：

$$k_2 = \frac{s_f}{1 - \frac{s_f x_s}{Z}\tan s_f\alpha l}\frac{\cos\alpha l}{\cos(s_f\alpha l)}\sqrt{\left[\left(1 + Q_*\frac{x_s}{Z}\right) + \left(Q_* - \frac{x_s}{Z}\right)\tan\alpha l\right]^2 + \left[P_*\left(\frac{x_s}{Z} + \tan\alpha l\right)\right]}$$

$$= 1.28$$

7.3　谐振过电压的机理与限制

7.3.1　线性谐振

一、线性谐振原理

线性谐振是电路中最简单的谐振形式。这里讨论的是串联谐振。串联谐振发生在由恒定电感、电容、电阻串联的 RLC 回路中（如图 7-6 所示），是电感—电容效应的极端情况。

图 7-6 所示 RLC 串联回路的谐振条件为

$$\omega L = \frac{1}{\omega C} \tag{7-22a}$$

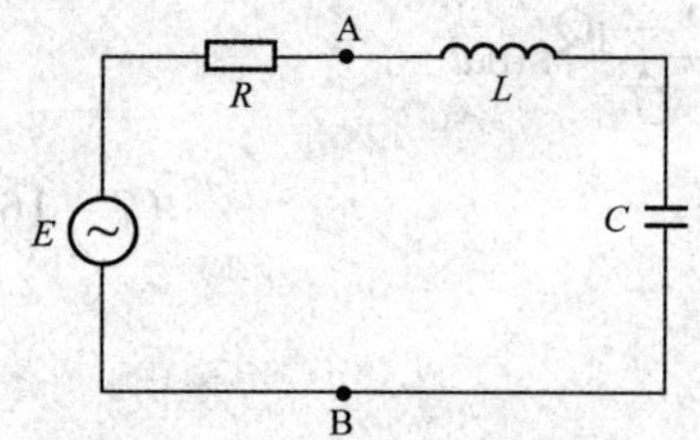

图 7-6 RLC 串联回路

或写成

$$\omega = \frac{1}{\sqrt{LC}} = \omega_0 \tag{7-22b}$$

式中：ω_0 为忽略电阻 R 时的回路自振频率。

在满足式（7-22a）或式（7-22b）的谐振条件下，感抗上的电压降与容抗上的电压降绝对值相等而相位相反，即有 $\dot{U}_L + \dot{U}_C = 0$，图 7-6 中标出的 A、B 两点如同短路。此时，电源电动势完全用于电阻压降，因而回路电流达到最大值，且其相位与电源电动势同相位，电源的输出电流仅受到电阻的限制。电源的输出功率是纯有功的，完全用于补足振荡电流在电阻上的能量损耗。

由于回路电流 $I=E/R$，因此，电容上电压为

$$U_C = \frac{E}{R}\frac{1}{\omega C} = \frac{E}{R}\frac{1}{\omega_0 C} = \frac{E}{R}\sqrt{\frac{L}{C}} \tag{7-23}$$

式中：$\sqrt{\dfrac{L}{C}}$ 为回路的特征阻抗。

由式（7-23）可见，当回路电阻比特征阻抗小时，电容上即存在过电压。实际上，当 $R \ll \sqrt{\dfrac{L}{C}}$ 时，只要回路接近于谐振条件（$\omega \to \omega_0$），U_C 和 U_L 也会达到很高的过电压倍数，即

$$U_C = E\left|\left[1-\left(\frac{\omega}{\omega_0}\right)^2\right]^{-1}\right| = E\left(1+\frac{\omega}{\omega_0}\right)^{-1}\left|1-\frac{\omega}{\omega_0}\right|^{-1}$$

当 $\omega_0 \to \omega$ 时，有 $\left(1+\dfrac{\omega}{\omega_0}\right) \approx 2$，并令 $|\omega - \omega_0| = \Delta\omega$，则有

$$U_C = \frac{E}{2}\frac{\omega_0}{\Delta\omega} \tag{7-24}$$

当 $\omega_0 < \omega$ 时（感性回路），$U_L = U_C + E$；当 $\omega_0 > \omega$ 时（容性回路），$U_L = U_C - E$。例如，当 $\omega_0 > \omega$ 且 $\dfrac{\Delta\omega}{\omega_0} = 0.1$ 时，则 U_C 大约是电源电压的 5 倍，而 U_L 大约是电源电压的 4 倍；当 $\dfrac{\Delta\omega}{\omega_0} = 0.2 \sim 0.25$，$U_C$ 大约是电源电压的 2 倍。

对于一般情况，稳态时的回路电流为

$$I = E\left[R^2 + \left(\omega L - \frac{1}{\omega C}\right)^2\right]^{-1}$$

电容电压为

$$\begin{aligned} U_C &= I(\omega C)^{-1} = E[(R\omega C)^2 + (\omega^2 LC - 1)^2]^{-1} \\ &= E\left\{\left(\frac{2\delta}{\omega_0}\frac{\omega}{\omega_0}\right)^2 + \left[\left(\frac{\omega}{\omega_0}\right)^2 - 1\right]^2\right\}^{-1} \end{aligned} \tag{7-25}$$

式中：$\delta = \dfrac{R}{2L}$；$\omega_0 = (LC)^{-\frac{1}{2}}$。

由式（7-25）可得 RLC 串联回路在不同参数比值情况下 $\dfrac{U_C}{E}$ 与 $\dfrac{\omega}{\omega_0}$ 间的关系曲线，如图 7-7所示。

电容上的最大电压为

$$U_{\mathrm{Cm}}=E\left(\frac{2\delta}{\omega_0}\right)^{-1}\left[1-\left(\frac{\delta}{\omega_0}\right)^2\right]^{-\frac{1}{2}} \tag{7-26}$$

此时，相应的电源频率 ω 与 ω_0 的比值为

$$\frac{\omega}{\omega_0}=\left(1-\frac{2\delta^2}{\omega_0^2}\right)^{\frac{1}{2}}$$

由式（7-26）可知，电容上最大过电压仅与 $\frac{\delta}{\omega_0}=\frac{1}{2}R\left(\frac{C}{L}\right)^{\frac{1}{2}}$ 有关。当参变量 $\frac{\delta}{\omega_0}$ 增加时，即损耗加大时，曲线出现最大值的点向左偏移。这说明了电源频率略低于回路不计损耗时的自振频率情况下，容抗加大的效应胜于回路电流因偏振而减小的效应。

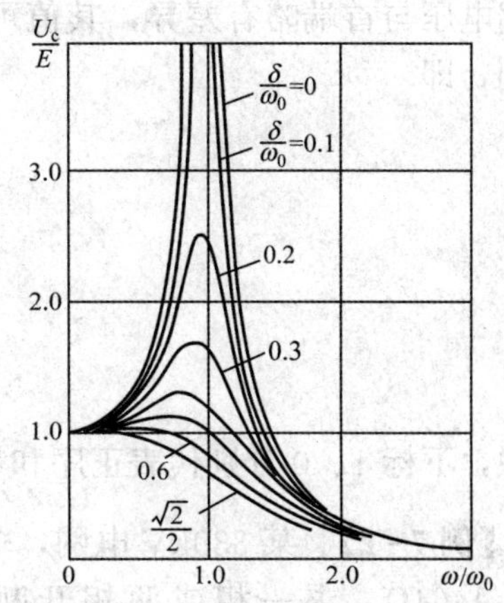

图 7-7　RLC 串联回路在不同参数比值下的 $\frac{U_C}{E}$ 与 $\frac{\omega}{\omega_0}$ 的关系曲线

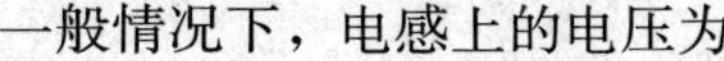

一般情况下，电感上的电压为

$$U_{\mathrm{L}}=E\left\{\left(\frac{2\delta}{\omega_0}\frac{\omega_0}{\omega}\right)^2+\left[\left(\frac{\omega_0}{\omega}\right)^2-1\right]^2\right\}^{-1} \tag{7-27}$$

比较式（7-25）与式（7-27），可发现两者相似。若把由式（7-25）得到的图 7-7 中横坐标 $\frac{\omega}{\omega_0}$ 以其倒数值替代，并重新按实数轴画图，即得到 U_{L} 与 $\frac{\omega}{\omega_0}$ 的关系曲线。

二、含长线路的线性谐振

超高压远距离输电系统往往装有并联电抗器，在送端断路器非全相操作时，可能在断开相造成较高的工频谐振过电压。

（一）一相开断

带并联电抗器线路一相开断的情况如图 7-8 所示。

用对称分量法对图 7-8 进行电路计算。此时，序网络的端口是断路器的断口。A 相断开处的边界条件是：A 相断路器通过的电流 $\dot{I}_{\mathrm{A}}=0$；B、C 两相断路器触头间的电压 $\dot{U}_{\mathrm{B}}=\dot{U}_{\mathrm{C}}=0$，由以上三个条件可推知一相开断时的三个序网络是并联的。一相开断时的复合序网络如图 7-9 所示。图中，为简化分析，忽略电源内阻抗；Z_{i1}、Z_{i2}、Z_{i0} 分别为线路首端的正序、负序及零序输入阻抗。

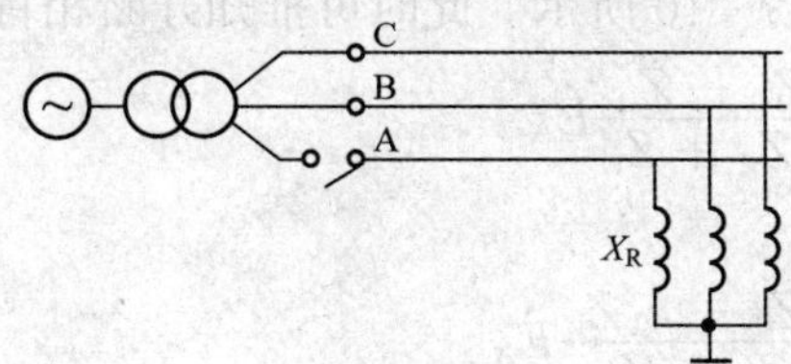

图 7-8　带并联电抗器线路的一相开断的情况

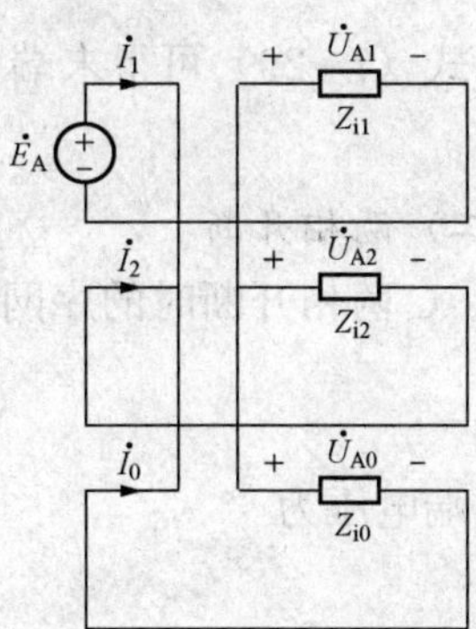

图 7-9　一相开断时的复合序网络

由图 7-9 可求得 A 相断开时线路首端对地电压为

$$\dot{U}_{\mathrm{A}}=\frac{Z_{\mathrm{i1}}-Z_{\mathrm{i0}}}{Z_{\mathrm{i1}}+2Z_{\mathrm{i0}}}\dot{E}_0 \tag{7-28}$$

末端电压与首端略有差异，其值可由首端电压的各序分量乘以各序的电压传递系数 k_1、k_0 得到，即

$$\dot{U}'_{A}=\frac{k_1 Z_{i1}-k_0 Z_{i0}}{Z_{i1}+2Z_{i0}}\dot{E}_0 \tag{7-29}$$

$$k_1=\frac{\cos\theta_1}{\cos(\alpha_1 l-\theta_1)}$$

$$k_0=\frac{\cos\theta_0}{\cos(\alpha_0 l-\theta_0)}$$

其中，下标 1、0 分别代表正序和零序；$\alpha_1=\frac{\omega}{v}$，$\alpha_0=\frac{\omega}{v_0}$。

【例 7 - 2】 某 330kV 电网，输电线路长 250km，其末端接有容量为 90MVA 的电抗器，$x_R=1464\Omega$，求一相或两相开断时的电压变化值。线路的主要参数：正序参数 $C_1=0.01114\mu F/km$，$L_1=1.0695mH/km$，零序参数 $C_0=0.00737\mu F/km$，$L_0=3.215mH/km$。

解： 由所给参数算得

$$Z_1=310\Omega,\quad \alpha_1=\frac{0.062^\circ}{km}$$

$$Z_0=660\Omega,\quad \alpha_0=\frac{0.087^\circ}{km}$$

$$\theta_1=11.96^\circ,\quad \theta_0=24.27^\circ$$

因此

$$Z_{i1}=-jZ_1\cot(\alpha_1 l-\theta_1)=-j5011(\Omega)$$
$$Z_{i0}=-jZ_0\cot(\alpha_0 l-\theta_0)=j16650(\Omega)$$

计算表明，当电抗器的补偿度为 70%～80%时，$x_R>Z_1\cot\alpha_1 l$，其对线路正序阻抗是欠补偿；但由于 $x_R<Z_0\cot\alpha_0 l$，电抗器对线路零序阻抗却是过补偿，即线路的零序入口阻抗呈感性。

由式（7 - 28）得到一相开断时的首端电压为

$$\dot{U}_A=0.78\dot{E}$$

由式（7 - 29）可得末端电压为

$$\dot{U}'_A=0.72\dot{E}$$

（二）两相开断

B、C 两相开断时的序网络是串联的，如图 7 - 10 所示。此时可推知开断相首端电压为

$$\dot{U}_B=\dot{U}_C=\frac{Z_{i0}-Z_{i1}}{2Z_{i1}+Z_{i0}}\dot{E}_A \tag{7-30}$$

末端电压为

$$\dot{U}'_B=\dot{U}'_C=\frac{k_0 Z_{i0}-k_1 Z_{i1}}{2Z_{i1}+Z_{i0}}\dot{E}_A \tag{7-31}$$

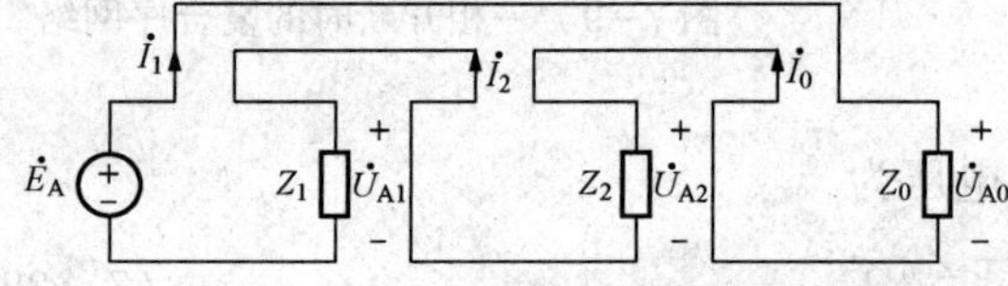

图 7 - 10　两相开断时的复合序网络

［例 7 - 2］数据代入式（7 - 30）、式（7 - 31）可得

$$\dot{U}_B=\dot{U}_C=3.3\dot{E}_A$$

$$\dot{U}'_B=\dot{U}'_C=3.0\dot{E}_A$$

两相开断时的严重的电压升高现象从复合序网络看来是零序感抗和正、负序容抗串联后接近于谐振状态，因而各序分量均获高值。显然，必须要避免这种危险的参数配合，其办法是并联电抗器的中性点经小电抗 x_N 接地。当 $x_N=400\Omega$ 时，电抗器的零序阻抗 $jx_{R0}=j2664\Omega$，复合序网络中的零序阻抗 $Z_{i0}=-j4646\Omega$，从原来的感性变成容性。将此数据代入式（7 - 29）可知开断相电压将降至 $0.025E$。

在并联电抗器中性点与地之间接入小电抗，若参数选择适当，不但能有效地避免工频谐振，降低开断相的传递过电压，还可降低单相接地故障时的潜供电流以及故障处的恢复电压，从而有利于提高单相自动重合闸的成功率。

7.3.2　铁磁谐振

铁磁谐振和铁心电感的饱和相联系，由于铁心电感磁通和电流之间的非线性关系，其电感值不再是常量，从而形成区别于线性谐振的许多特点。电力系统中的铁磁谐振回路一般由空载变压器或电压互感器与电容性元件组合而成。

一、基波铁磁谐振及其基本特点

在电力系统的振荡回路中，往往由于变压器、电压互感器等铁磁电感的饱和作用，而激发起持续性的较高幅值的铁磁谐振过电压，这些铁磁谐振具有与线性谐振完全不同的特点。

下面从分析铁磁电感和电容器串联支路在正弦稳态下的外特性着手，进而分析铁磁谐振的参数条件和特色。

图 7 - 11 所示为简单的串联铁磁谐振回路。先考虑基波谐振，即假设其他谐波电压的幅值很小。电压和电流用其有效值来表示。

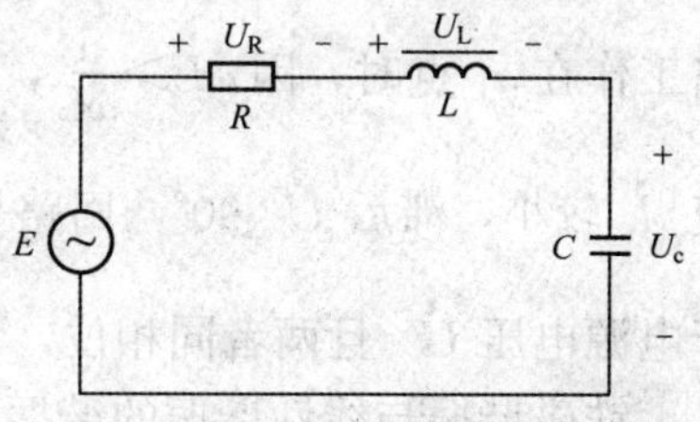

图 7 - 11　串联铁磁谐振回路

当图 7 - 11 中的电源电压幅值均匀升高时，回路电流的相位和幅值会发生突变，这便是铁磁谐振现象。这一现象在线性电路中是不可能遇到的。

图 7 - 12（a）给出了串联铁磁谐振回路电感和电容的伏安特性。图 7 - 12（a）中，直线 1 是电容的伏安特性 $U_C=\dfrac{I}{\omega C}$，曲线 2 是电感的非线性伏安特性 $U_L(I)$。两者位置关系满足

$$\omega L_0>\frac{1}{\omega C} \tag{7 - 32}$$

式中：ωL_0 为起始段电抗值。

曲线 3 是电感和电容串联支路的伏安特性，其纵坐标 $U=|U_L-U_C|$。d 点是谐振点，在该点 $\omega L=\dfrac{1}{\omega C}$。$I_d$ 左侧 $\omega L>\dfrac{1}{\omega C}$，串联支路处于感性工作状态；$I_d$ 右侧 $\dfrac{1}{\omega C}>\omega L$，支路处于容性工作状态。

当电源电压由零开始加大时，电路的工作点沿曲线 3 的 $0a$ 段上升；当电源电压达到刚超过 U_a（曲线 3 中 a 点对应的电压）之后，经过某一过渡过程，工作点从 a 转移到工作点 b（工作点显然不能在 ad 段，因为这意味着要求的电源电压下降，且该段上的点不满足稳定工作条件，不能成为实际的工作点）。b 点与 a 点工作状态相比较，其激励的电源电压虽然一样，但电容上的电压 U_C 却大了许多，电感上的电压 U_L 也增大了，即此时产生了过电压。产生过电压的原因在于电源电压已超过支路能工作在感性状态的极限值 U_d，因而只能工作

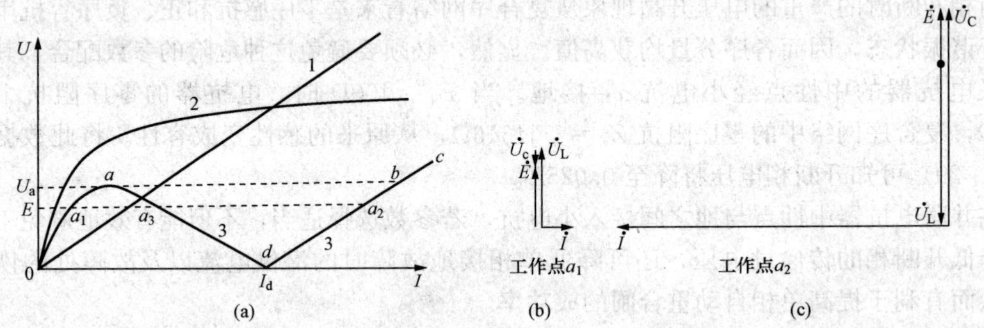

图 7-12 串联铁磁谐振回路的伏安特性

(a) 电感和电容的伏安特性；(b) 工作点 a_1 电压、电流相量图 (c) 工作点 a_2 电压、电流相量图

到 bc 段，即电感饱和以后的容性工作状态，才能达到新的稳定状态。因为这种工作点在谐振点 $d\left(\text{此点理论上 } \omega L=\frac{1}{\omega C}\right)$之后，一般按图而论以为是沿曲线 3 经过谐振状态而达到的，因此，dc 段称为铁磁谐振状态。基波铁磁谐振的实质是铁心电感 L 和 C 两者满足一定条件下$\left(\omega L_0>\frac{1}{\omega C}，L_0 \text{ 为铁心饱和时的电感值}\right)$的容性（铁心饱和）工作状态。

图 7-12（b）、（c）给出了与电动势 E 相应的工作点 a_1 和 a_2 的电压、电流相量图。电路工作在 a_1 点时，因 $\omega L>\frac{1}{\omega C}$，铁心电感的端电压 $\dot{U}_L$ 大于电源电压 $\dot{U}_a$ 且两者同相位，电流 $\dot{I}$ 较小，滞后 $\dot{U}_a$ 90°，回路呈感性。电路工作在 a_2 点时，因$\frac{1}{\omega C}>\omega L$ 电容端电压 $\dot{U}_C$ 大于电源电压 $\dot{U}_a$ 且两者同相位，$\dot{I}$ 大增，且超前 $\dot{U}_a$ 90°，回路呈容性。

铁磁谐振与线性谐振的谐振条件及特点比较如下。

（1）线性谐振的参数条件是 $\omega L=\frac{1}{\omega C}$，即 L、C 两者的伏安特性是重合的直线。铁磁谐振回路中的电感 L 是非线性的，电感量随电流增大、铁心饱和而不断下降。因此，只要有 $\omega L_0>\frac{1}{\omega C}$，$U_L=f(I)$ 与 $U_C=\frac{1}{\omega C}$就存在交点 d，$U_L(I)$、C 串联支路特性就会如图 7-12（a）所示。此时，对应于某一数值的电源电压 U_s，就存在着从工作点 a_1 变为铁心饱和后的铁磁谐振工作点 a_2 的可能性。$\omega L_0>\frac{1}{\omega C}$为可能产生铁磁谐振的参数条件，也可改写为

$$C\geqslant\frac{1}{\omega^2 L_0} \tag{7-33}$$

式（7-33）表明，铁磁谐振不像线性谐振那样需要严格的 C 值，而是在较大的 C 值范围内都可能发生。

（2）线性谐振与电源电动势的大小及电路状态的瞬间变化无关，即其参数满足 $\omega L=\frac{1}{\omega C}$是充要条件。若铁磁谐振回路施加电源电动势 $E<U_a$，且回路原处于感性工作点 a_1，则要产生铁磁谐振过电压，除了参数已满足式（7-33）外，则还需要某种激发因素。例如，可以是电源电动势暂时超过 U_a 值，或者是在电路中遭受到足够强烈的电流冲击，使电压或电流

幅值在扰动过程中能达到电感饱和所需的程度，以至于使工作点从 a_1 转移到 a_2。

(3) C 值过大时，出现铁磁谐振的实际可能性减小，以致不可能激发出谐振状态。当电容很大时，虽然从理论上满足谐振的参数条件，但此时直线 1 的斜率很小，曲线 3 的 U_d 值就变得很大（I_d 也相应变大）。因此，要产生铁磁谐振的话，电源电压暂时升高或回路电流暂时增大等激发因素都必须很大，而在实际电网中不足以产生如此强烈的冲击扰动过程。

当电容较小，但尚满足 $\omega L_0>\frac{1}{\omega C}$时，会出现 $E>U_a$ 的情况。这时，电路总是处于一个稳定的电感比较饱和的容性工作点上，这种不需要外界激发而自处谐振的现象称为回路自激。

(4) 铁磁谐振存在自保持现象。当回路被激发产生铁磁谐振之后，即使电源电动势又恢复至小于 U_a 的电动势 E 正常工作电压，电路工作点将在 cd 段的 a_2 点，因为 cd 段是完全能满足 KVL 的稳定工作区，a_2 点的 U_C 和 U_L（尤其是 U_C），都要比在相同 E 值下的 a_1 工作点时大得多，即激发消失而过电压却依旧存在。甚至再把电源电压降到正常值以下，铁磁谐振过电压状态仍然可以继续长期存在。这一特性称为铁磁谐振的自保持。

(5) 铁磁谐振存在工频电流的相位反倾现象。从图 7-12（b）、（c）可以看出，在发生铁磁谐振前后，电路状态从感性转变为容性；电流的基波相位将有180°的变化。这一现象称为工频电流的相位反倾。在三相电力系统中，相位反倾可导致逆序分量大于正序分量，从而引起小容量异步电动机的反转。

(6) 在线性谐振和铁磁谐振时，电阻的作用不同。在线性谐振回路中，电阻限流降压作用显著。因为电阻是电路中唯一的限流元件，但电阻对于电路能否发生谐振则无法干预。

电阻对于铁磁谐振的作用，要从两方面来看。即使电阻为零，铁磁谐振时的电容和电感电压也不会像线性谐振那样趋于无穷大，而是限于一定的数值。U_L 值由曲线 2 的饱和程度决定，而 U_C 等于 U_L 加上电源电压。所以，铁磁谐振过电压一般不会非常高，即回路串有不大的电阻时，铁磁谐振过电压幅值并不受限于电阻，而是受限于电感的饱和电压。

计及电阻时，基波铁磁谐振回路可用图解法分析，如图 7-13 所示。

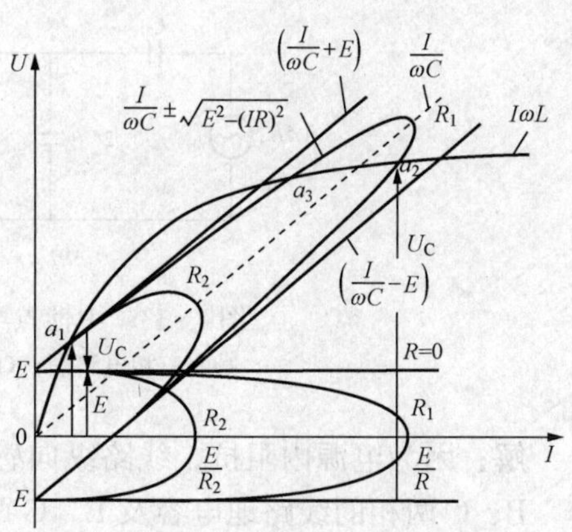

图 7-13　基波铁磁谐振回路的图解法

根据图 7-11 所示的电路，有

$$E^2=(U_L-U_C)^2+(IR)^2$$

考虑到 $U_C=\frac{I}{\omega C}$，可得

$$U_L=\frac{I}{\omega C}+\sqrt{E^2-(IR)^2}=U_C(I)+U(I) \tag{7-34}$$

其中，$U(I)=\pm\sqrt{E^2-(IR)^2}$ 是以原点为对称中心，以 E 和 E/R 为半轴的椭圆。图 7-13 给出了 R_1、R_2（$R_1<R_2$）的两种情况。椭圆和直线$\frac{1}{\omega C}$叠加的轨迹是一斜椭圆，它表达了式（7-34）右边的特性曲线。若电阻值 $R=0$，曲线变为两条平行斜线$\frac{I}{\omega C}\pm E$。当电阻值为 R_1 时，上述的特性曲线与铁磁元件的伏安特性 $U_L(I)$ 有三个交点，

对应于图 7-12 中电路的三个工作状态 a_1、a_2 和 a_3。其中 a_3 是不稳定的，因而无法实际工作；a_1 是感性的非谐振状态的工作点，a_2 是谐振工作点，我们把这一电路状态和 $R=0$ 的状态比较，知道 $R \ll \frac{1}{\omega C}$ 时电阻对谐振过电压的幅值影响较小；当 R 值增大时，缩小了谐振的范围，也减小了过电压幅值，当电阻增大到某一数值点，就只剩下 a_1 工作点，从而消除了基波谐振的可能性，图 7-13 中的 R_2 情况就是如此。

二、铁磁谐振过电压举例——断线引起的铁磁谐振过电压

所谓断线谐振过电压，是泛指由于导线的折断（有时伴随断线一端接地），断路器不同期合闸及熔断器的一相或两相熔断所引起的铁磁谐振过电压。只要电网的电源侧或负荷侧中有一侧中性点不接地，在断线时常导致谐振，出现系统中性点电位偏移，造成负载变压器相序反倾、绕组电流剧增、绕组两端及导线对地的过电压等。严重时，过电压会使绝缘闪络、避雷器爆炸。

由于断线情况涉及三相系统的不对称开断，电路中又包含非线性元件，分析时要先将三相电路简化为单相等值电路，进而再进一步简化为最简串联铁磁谐振回路，以便分析产生谐振的条件。下面举例说明。

【例 7-3】 中性点绝缘系统如图 7-14（a）所示，A 相线路的首端发生断线且电源侧接地，线路末端所接变压器空载。试求产生铁磁谐振的条件。

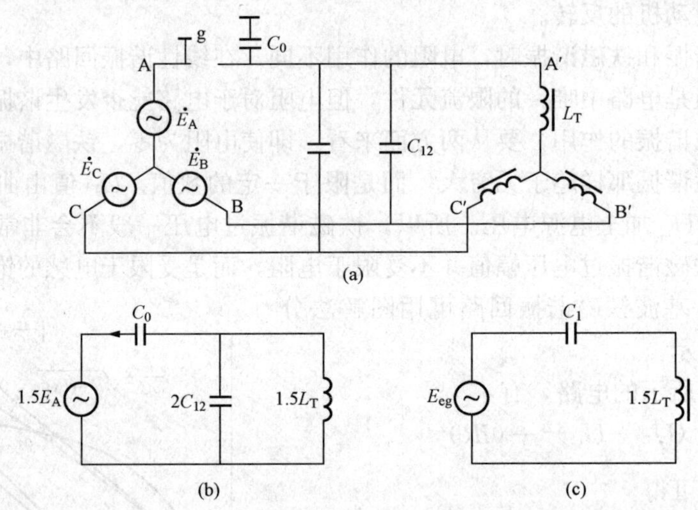

图 7-14 中性点绝缘系统中一相导线断线接地等值图

（a）三相电路图；（b）简化电路图；（c）进一步简化电路图

解： 因为电源内阻抗、线路纵向感抗比变压器励磁电抗小得多，前者均予以忽略。

B、C 两相的线路地电容及 B、C 两相线路的线间电容直接并联在电压源上，在图 7-14（a）中已去除。

简化网络时可把 A 相对地电容 C_0 作为负载，利用对称条件把网络的其余部分化为单相等效电源。利用星—三角变换，变压器三角形接线时各绕组电感为 $3L_T$，经串、并联简化得变压器接于 A 与 g 之间的等效电感为 $1.5L_T$。等效电源电动势（即 C_0 移去后的开路电压）$U_{A'g}=1.5E_A$，如图 7-14（b）所示。

再作进一步简化可得图 7 - 14（c）所示电路，其中

$$\dot{E}_{eg} = 1.5\dot{E}_A \frac{C_0}{C_0 + 2C_{12}} \tag{7-35}$$

$$C = C_0 + 2C_{12} \tag{7-36}$$

因为线路正序电容与零序电容之比值为

$$\delta = \frac{C_1}{C_0} = \frac{C_0 + 3C_{12}}{C_0} \tag{7-37}$$

式（7 - 35）和式（7 - 36）可改写成

$$\dot{E}_{eg} = 1.5\dot{E}_A \Big/ \frac{1}{3}(1 + 2\delta) \tag{7-38}$$

$$C = \frac{C_0}{3}(1 + 2\delta) \tag{7-39}$$

δ 值主要与线路电压等级、避雷线根数等相关。

最后，从最简串联谐铁磁振回路即图 7 - 13（c）来判别是否满足谐振条件。

当 A 相末端发生断线且负荷侧接地时 C 值最大，对应于出现谐振的线路长度最短，此时

$$C_{max} = 3C_0$$

由谐振条件得

$$1.5\omega L_0 \geqslant \frac{1}{3\omega C_0}$$

或者说

$$C_0 > \frac{1}{4.5x_m\omega} \tag{7-40}$$

式中：x_m 为变压器励磁特性线性部分的电抗值，则励磁感抗 $x_m = \omega L_0$。

【例 7 - 4】 某 10kV 中性点绝缘系统，线路末端接有容量为 180kVA 的空载变压器，空载电流 $I_0 = 3.5\%$，线路每相对地电容为 $C_0 = 5 \times 10^{-3}\ \mu\text{F/km}$。试计算不发生谐振的线路长度。

解： 励磁电抗为

$$x_m = \frac{U_N^2}{I_0 P_N} \times 10^5 = \frac{10^2}{3.5 \times 180} \times 10^5 = 1.6 \times 10^4 (\Omega)$$

不发生谐振的长度为

$$l \leqslant \frac{1}{4.5x_m\omega C_0'} = \frac{1}{4.5 \times 1.6 \times 10^4 \times 314 \times 5 \times 10^{-3} \times 10^{-8}} \approx 9(\text{km})$$

可见，10kV 系统引起断线谐振的线路长度很短，这一条件很容易满足。

顺便指出，实际系统即使不满足谐振条件，由于电感—电容效应，也会产生过电压。

在中性点经消弧线圈接地的电网中，当负载变压器空载或轻载运行时，电源侧或负载侧的断线都可能形成满足谐振条件的回路。在中性点直接接地系统中，也会在操作中性点不接地变压器时因断路器拒动而引起铁磁谐振，造成事故。

为限制断线谐振过电压，除加强线路的巡视与检修，预防断线事故外，常采用的措施还有以下两点。

（1）不采用熔断器，避免三相断路器的不同期操作，尽量使三相同期。

（2）在中性点接地系统中，操作中性点不接地的变压器时，可将变压器的中性点临时接地。

7.3.3 参数谐振

参数谐振过电压的典型例子是同步发电机的自励过电压。当同步发电机接有空载线路（容性负荷）时，若发电机的电抗与线路容抗配合不当，即使励磁电流很小，甚至为零，由于剩磁的作用，也会使发电机的端电压和输出电流急剧上升，并相应地产生很高的过电压，这种现象即为同步发电机的自励过电压。

一、产生参数谐振的基本过程

图 7-15 给出了发电机参数谐振电路接线图及电感参数变化曲线。在正常（同步）运行时，水轮发电机（凸极机）的同步电抗在 $X_d=\omega L_d$ 和 $X_q=\omega L_q$ 之间周期性变化（$X_d>X_q$），且在每一个电周期 T 内电感值在 L_d 和 L_q 之间变化两个周期。当电机处于异步运行时，无论是水轮发电机还是汽轮发电机（隐极机），一个电周期内电抗将在暂态电抗 X'_d 和 X_q 之间变化两个周期（$X_q>X'_d$）。

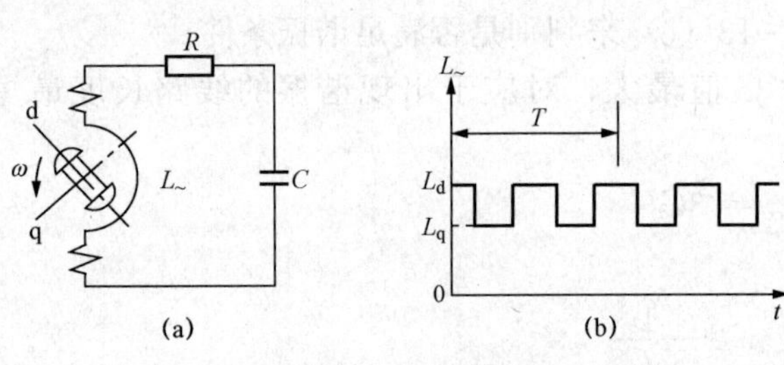

图 7-15 发电机参数谐振电路接线图及电感参数变化曲线

（a）参数谐振电路接线图；（b）电感参数变化曲线

简化后，假设电感变化曲线如图 7-15（b）所示。为了定性分析参数谐振的发展过程，对电感参数的变化规律作一些理想化的假定。

（1）电感参数的变化是突变的，设有 $L_1=kL_2$，其中 $k>1$。因此当电感为 L_1 和 L_2 时，回路的自振周期分别为

$$T_2 = 2\pi\sqrt{L_2C}$$

$$T_1 = 2\pi\sqrt{L_1C} = \sqrt{k}T_2 > T_2$$

（2）电感变化的时间间隔 τ_1、τ_2 恰好分别为回路自振周期的 1/4，即

$$\tau_1 = \frac{1}{4}T_1$$

$$\tau_2 = \frac{1}{4}T_2$$

（3）略去回路损耗。

下面按自励发展过程（如图 7-16 所示）分阶段说明。

（1）$t\leqslant t_1$ 时。在 $t<t_1$ 时电机绕组中流过电流为 i_1（在无励磁的情况下该电流是由剩磁产生的）。

在 $t=t_1$ 时，电感参数由 L_1 突变到 L_2。由于电感线圈中磁链 Ψ 不能突变，绕组中的电流将从 i_1 突变到 i_2，即

$$\psi = L_1i_1 = L_2i_2$$

$$i_2 = \frac{L_1}{L_2}i_1 = ki_1$$

此时电感中的储能从 W_1 突变到 W_2，且

$$W_1 = \frac{1}{2}L_1i_1^2$$

$$W_2 = \frac{1}{2}L_2i_2^2 = kW_1$$

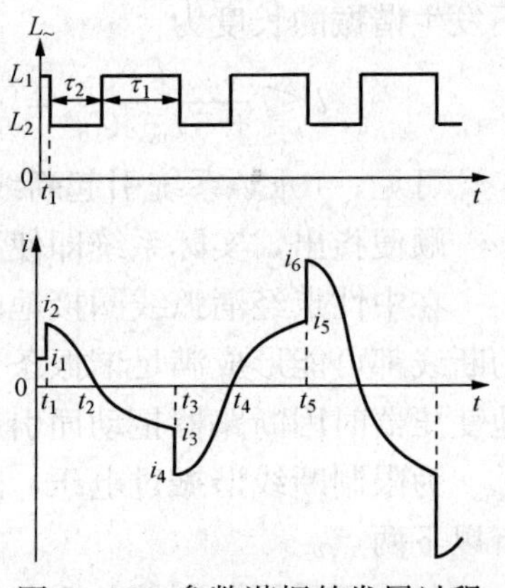

图 7-16 参数谐振的发展过程

可见，电感从 L_1 突变到 L_2 时，线圈中的电流和磁能都增加为原来的 k 倍。能量的增加是来自使参数发生变化的机械能。这种现象类似于用力拔出铁心电感中的铁心时此力所做的功。

(2) $t_1<t\leqslant t_2$，$t_2=t_1+\tau_2$ 时。当 $t>t_1$ 以后，由于外界无电源，也没有机械能输入（电感等于常数 L_2 没有改变），回路中出现周期为 T_2 的自由振荡，电流按余弦规律变化，经过 $\tau_2=\dfrac{T_2}{4}$时间以后从 i_2 降为零。这时电感中的全部磁能 kW_1 转化成电容 C 的电能$\dfrac{1}{2}Cu^2$，在电容上出现了电压。

在 $t=t_2=t_1+\tau_2$ 时，绕组的电感又从 L_2 突变到 L_1，但此时因电感中无磁链，所以电感的变化不会引起磁能和电流的变化。

(3) $t_2<t\leqslant t_3$，$t_3=t_2+\tau_1$ 时。$t_2<t<t_3$ 时，回路中又出现了周期为 T_1 的自由振荡，经过 $\tau_1=\dfrac{1}{4}T_1$ 时间电流达到幅值 i_3，这段时间内没有能量从外界输入，仅是电容 C 上的电能 kW_1 全部转变为磁能$\dfrac{1}{2}L_1i_3^2$，所以有

$$\frac{1}{2}L_1i_3^2=kW_1=\frac{1}{2}kL_1i_1^2$$

故

$$i_3=\sqrt{k}i_1$$

在 $t=t_3$ 时，电感参数再一次由 L_1 突变到 L_2，根据磁链不变原则，电流又将发生突变，即

$$L_1i_3=L_2i_4$$

故

$$i_4=ki_3=k^{\frac{3}{2}}i_1$$

相应的磁场能量为

$$W_4=\frac{1}{2}L_2i_4^2=\frac{1}{2}L_1k^2i_1^2=k^2W_1$$

如此循环，每经过 $\tau_1+\tau_2$ 时间，电流 i 增加$\sqrt{k}$倍，如图 7-16 所示，$i_5=\sqrt{k}i_3=ki_1$，$i_6=\sqrt{k}i_4=k^2i_1$，…由于在 t_1、t_3、t_5 瞬间原动机改变电感值输入能量，不断把机械能转化为电磁能，所以致使电感电流和电容电压越来越大，这就是参数谐振的发展过程。

以上分析表明，虽然铁磁元件可能有类似的电感变化规律，但其产生的原因是不同的。铁磁元件电感参数的变化是交变磁通或电流作用下由于元件本身的非线性特性所决定的，其变化能量来自交变电源，而旋转电机参数的突变所需的能量则是由电机在转动时通过原动机（如水轮机或汽轮机）提供的，不需要其他的电源电压。

当然电机在等速旋转时其电抗是按正弦规律变化，而不会发生突变，但参数谐振的发展过程和以上的讨论是一致的。

二、产生参数谐振应满足的条件

电机的电感参数变化的频率是电源频率的两倍，所以参数谐振的频率即电源的频率——基频。通常把电机在同步运行时引起的参数谐振称为同步自励，在异步运行时产生的自励现象称为异步自励。对于凸极机，产生同步自励参数谐振时，回路的自振频率应满足以下表

达式

$$\frac{1}{\sqrt{L_d C}} < \omega < \frac{1}{\sqrt{L_q C}}$$

即

$$\omega L_d > \frac{1}{\omega C} > \omega L_q$$

或

$$X_d > X_C > X_q$$

显然，隐极机是不可能产生同步自励的，因为 $X_d = X_q$。对于异步自励，则回路参数应满足

$$X_q > X_C > X'_d$$

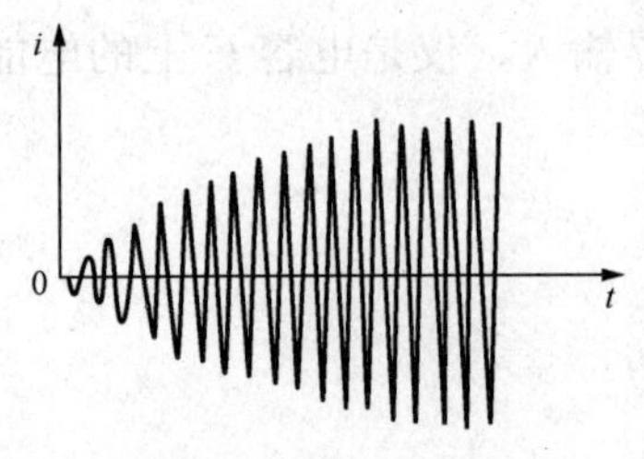

图 7-17　电机同步自励时绕组电流的波形

理论上讲，只要回路参数满足以上条件，即可产生自励现象，电机绕组电流及电容电压可达无穷大。但实际上，随着电流的增大，电机铁心趋于饱和，电感参数很快下降，回路自动偏离了上述条件，使过电压和过电流的幅值受到限制而趋于一稳定值。图 7-17 给出了电机同步自励时绕组电流的波形，电容 C 上电压也有类似的波形。

自励的发展过程实际上是把原动机提供的机械能不断变化为电磁能的过程。因此若考虑系统中实际存在的回路损耗，就要求每次参数变化时引入回路的能量足够大，既要保证回路的能量损耗，又要保证回路储能的增长。理论分析得到电机的自励参数范围曲线，如图 7-18所示。在此曲线范围以内的 X_C 及 R 参数配合下，将会产生自励现象。图 7-18 中，半圆曲线Ⅰ的范围为自励的同步区，范围Ⅱ为异步区，虚线和实线分别表示电机有阻尼和无阻尼绕组时的自励区域。实际电力系统中，若发电机带有较长的空载线路，则 X_C 较小，而一般系统的损耗也较小，因此回路可能处于自励范围之内。

为了消除自励现象，可以采取的措施主要有以下几种。

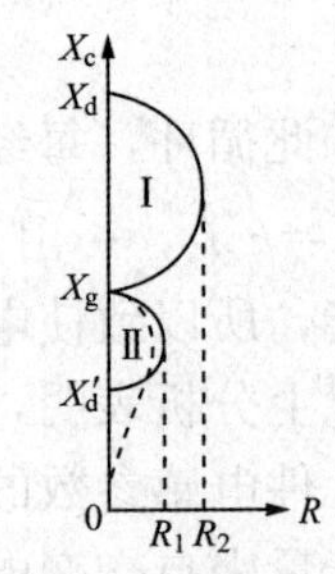

图 7-18　同步发电机的自励范围曲线

（1）临时在电机定子绕组中串入大电阻以增大回路的阻尼电阻，使之大于 R_1 和 R_2（如图 7-18 所示）值。

（2）在超高压系统中采用并联电抗器补偿，这相当于增加了 X_C 值，使回路参数处于自励范围之外。

（3）采用快速自动调节励磁装置，通常可消除同步自励。

（4）在操作方式的安排上尽可能使回路参数处于自励范围之外。

综上所述，参数谐振过电压具有以下特点。

（1）参数谐振所需要的能量由改变参数的原动机供给，不需要单独的电源，一般只要有一定的剩磁或电容中的残余电压，当参数配合不当时就可以使谐振得到发展。

（2）由于回路中有损耗，只有参数变化所引入的能量足以补偿回路的损耗，才能保证谐振的发展，因此对应一定的回路电阻有一定的自励范围。谐振发生以后，由于电感的饱和，

会使回路自动偏离谐振条件，使自励过电压不能继续增大。

7.4　操作过电压的机理与限制

7.4.1　概述

操作过电压出现在由于“操作”引起的过渡过程中。所谓“操作”，既包括线路切、合与重合，开断容性电流和开断较小或中等的感性电流，也包括故障、切除故障与负荷突变等。

“操作”的结果是该处的阻抗参数在某时刻发生突变（如合闸时相当于该处 $R=\infty$ 变为 $R=0$），系统中的各个元件上的电压、电流值将从原先的初始值过渡到新的工频稳态值。在突变瞬间，如果系统中的某些储能元件的表征能量的初始值（u_C、i_L）与新的稳态值不一致，则在过渡过程中系统的响应将出现暂态分量。暂态分量常表现为强阻尼的高频振荡特征，它加在工频的新稳态分量上，使高幅值的过渡过程具备上述同样的特点。

7.4.2　单频振荡回路的过渡过程

一、直流电源合闸 LC 振荡回路

LC 串联回路是可能产生操作过电压的最简单振荡回路，但在过渡过程中所表现出来的 L、C 及它们串联而成的回路特性却是既生动又典型的。

直流电源合闸于 LC 回路的情况如图 7-19 所示。其表述方程为

$$LC\frac{\mathrm{d}^2u_C}{\mathrm{d}t^2}+u_C=E \tag{7-41}$$

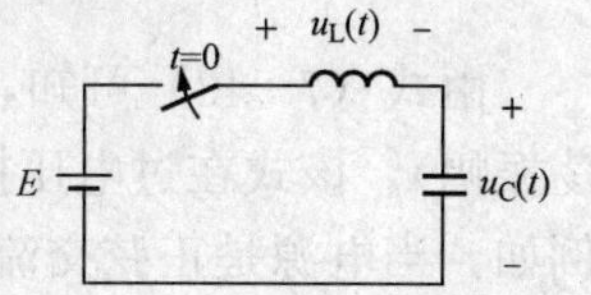

图 7-19　LC 振荡回路

从式（7-41）可解得

$$u_C(t)=E+[u_C(0)-E]\cos\omega_0 t \tag{7-42}$$

式中：$\omega_0=(LC)^{-\frac{1}{2}}$。

开关合闸后残余电压为 $u_C(0)$，当 $t=0$、$\frac{E}{2}$、$-E$ 时 $u_C(t)$ 波形如图 7-20 所示。

从式（7-42）可知电压波形由两部分合成。第一部分，$u_C'=E$，从数学的角度看，是电路微分方程的特解；从电路响应上看，是电源强制产生的电容电压的稳态分量。第二部分，$u_C''=[u_C(0)-E]\cos\omega_0 t$，从数学角度看，是电路微分方程的通解；从电路响应上看，是由于储能元件上的起始状态和稳定状态不一致而产生的，可定义为自由分量或暂态分量。显然，对于线性电路，如果把电路中的电压源短路、电流源开路，那么，所有的储能元件在操作瞬间起始值与稳态值的差值就是暂态的源，它们在电路中引入的响应就是暂态响应。以上的分析可以表述为全响应＝稳态分量＋暂态分量，如图 7-21 所示。

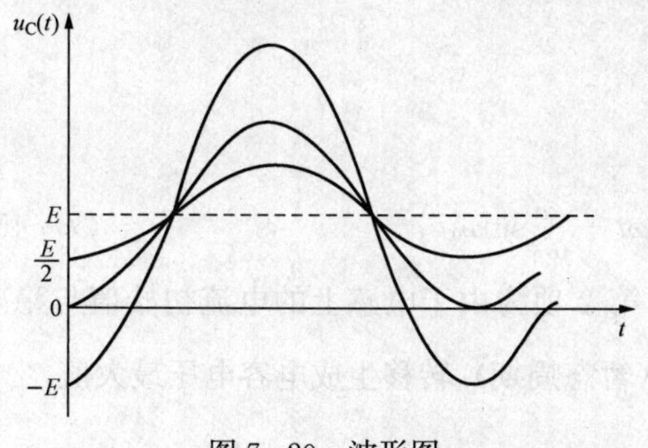

图 7-20　波形图

暂态分量有两个基本特点。

（1）暂态分量在电路中应自然满足基尔霍夫两定律（电压源短路，电流源开路），因而其

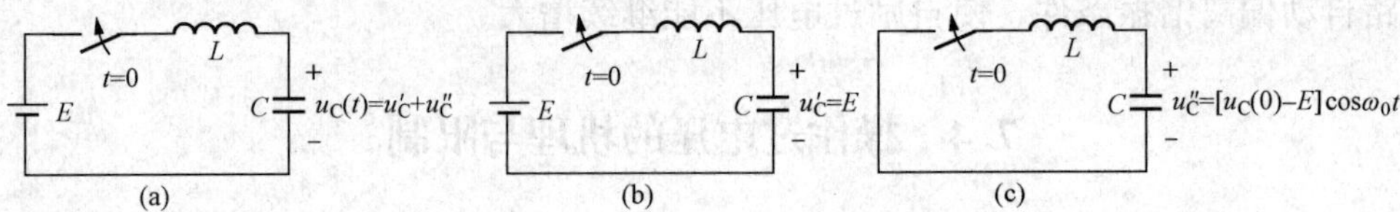

图 7-21　直流电源合闸于 LC 回路的等效电路图

（a）全响应；（b）稳态分量；（c）暂态分量

波形的形状特征（各分量的振荡频率、衰减或时间常数）与回路的固有频率（微分方程的特征根）相一致。

（2）暂态分量的介入使储能元件初始值不变。一般来说，每一储能元件上自由分量的各组成部分在 $t=0_+$ 时的值之和加上稳态分量 $t=0_+$ 值应等于储能元件上的 $t=0_-$ 时的值（初始值）。换言之，在操作瞬间，某储能元件上的自由分量各组成部分之和等于它的初始值与新的稳态值之差。对于上面分析的情况而言，这个差值就是 $u_C(0)-E$，其绝对值为自由振荡的振幅。

如图 7-20 所示，当 $u_C(0)<E$ 时，自由振荡分量从 $u_C(0)$ 出发以稳态值 E 为振荡轴振荡。u_C 经过半振荡周期达到最大值，有

$$\begin{aligned}u_{Cmax}&=E-[u_C(0)-E]\cos\pi\\&=2E-u_C(0)\end{aligned}\tag{7-43}$$

由式（7-43）可知，电容上的最大电压等于 2 倍稳态值减去起始值（稳态值加自由振荡振幅）。该式在过电压振荡计算中常被引用，但使用前必须先考证它对特定情况的适用性。例如，当电源是正弦交流波形时，只有在电源幅值合闸时，式（7-43）才适用；对其他相角合闸，因为暂态分量中含电感电流的“差值”响应而使式（7-43）不适用。

二、交流电源合闸于 LC 回路

将图 7-19 中 E 改为 $e(t)=E\sin(\omega t+\varphi_0)$，即为交流电源合闸于 LC 回路，一般有 $\frac{1}{\omega C}>\omega L$（$\omega_0>\omega$）。由于 $E\sin(\omega t+\varphi_0)=E\sin\varphi_0\cos\omega t+E\cos\varphi_0\sin\omega t$ 可对 $\cos\omega t$ 和 $\sin\omega t$ 两部分电动势分别考虑。

对于电动势的 $E\sin\varphi_0\cos\omega t$ 部分，其响应为

$$u_C(t)=U_C\sin\varphi_0\cos\omega t+[u_C(0)-U_C\sin\varphi_0]\cos\omega_0 t\tag{7-44}$$

式中：$U_C=\dfrac{E}{1-\left(\dfrac{\omega}{\omega_0}\right)^2}$；等号右边第 1 项是稳态响应，第 2 项是由于电容上电压初值与稳态值不一致引起的暂态响应。

对于电动势的 $E\cos\varphi\sin\omega t$ 部分，其响应为

$$u_C(t)=U_C\cos\varphi_0\left(\sin\omega t-\frac{\omega}{\omega_0}\sin\omega_0 t\right)\tag{7-45}$$

式（7-45）中等号右边第 1 项为稳态响应；第 2 项为由于电感上的电流初始值与稳态值不一致引起的暂态电流的响应，在合闸后 $\frac{1}{4}T$（暂态周期）转移生成电容电压最大值。

因此，对于电源 $E\sin(\omega t+\varphi_0)$ 的响应为

$$u_C(t) = U_C\sin(\omega t + \varphi_0) + [u_C(0) - U_C\sin\varphi_0]\cos\omega_0 t - U_C\cos\varphi_0 \frac{\omega}{\omega_0}\sin\omega_0 t \quad (7-46)$$

当 $\omega_0 > \omega$，电路在 $\varphi_0 = 90°$ 时合闸，u_C 达最大，有

$$u_C(t) = U_C\cos\omega t + [u_C(0) - U_C]\cos\omega_0 t \quad (7-47)$$

式（7-47）中，若 $\omega_0 \gg \omega$，则 $U_C = E$，$\cos\omega t = 1$，式（7-47）将与式（7-42）一致。

7.4.3　空载线路的合闸和重合闸过电压

一、空载线路的合闸和重合闸过电压的机理

线路的合闸有两种情况，即正常的合闸操作和自动重合闸。当重合闸时，若线路上的残余电压极性与电源电动势的极性相反，线路电压的初始值和稳态值的差值较大，则过渡过程中的暂态分量幅值也就较大，因此过电压就更大。在最不利的情况下，过电压值可达近 3 倍额定相电压。合闸时空载长线的过电压，已成选择超高压电网绝缘水平时起决定作用的因素。

为简化分析，忽略线路损耗，假定三相参数完全对称，且三相断路器同期合闸，此时可取单相进行分析。其分析图与等值电路图如图 7-22 所示。图 7-22 中 L_0、C_0 为线路单位长度电感和电容；l 为线路长度。

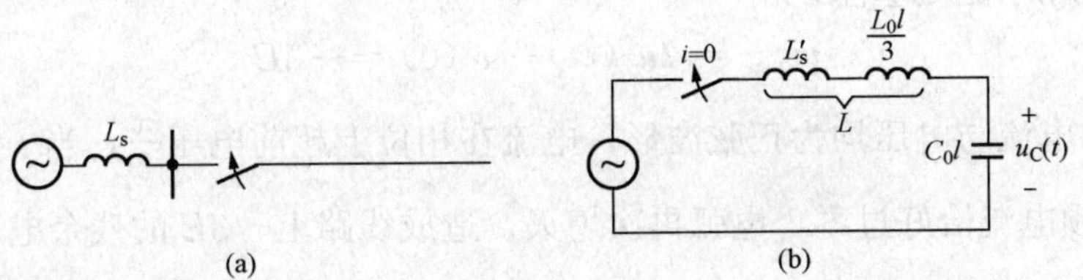

图 7-22　合闸于空载长线的单相分析图及近似等值电路

(a) 单相分析图；(b) 考虑线路上基波暂态分量的近似等值电路

对于正常的计划合闸操作，令式（7-47）中 $u_C(0) = -U_C$，则线路最大过电压可达 $3U_C$。

二、空载线路合闸过电压的限制措施

（1）采用带合闸电阻的断路器。

（2）其他限压措施。限压措施主要在降低工频稳态电压和自由分量幅值方面考虑。如合理地装设并联电抗器以及适当安排操作程序，以限制线路工频电压升高；采用单相自动重合闸和同步合闸（通过专门装置控制触头间电位差近于零的合闸），以减小暂态值。

磁吹避雷器或金属氧化物避雷器则用作过电压后备保护措施。

7.4.4　空载线路的拉闸过电压

切断空载线路（以下简称切空线）与切断容性负荷有相近的物理过程。当断路器在电源电压与负荷残余电压极性相反时发生触头间电弧重燃，又在高频振荡电流过零时熄弧，此时过电压得以充分发展而达到很高的幅值。

在 110～220kV 系统中，切空线过电压可高达正常运行值的 3 倍且持续时间长达 0.5～1 个工频周期，成为确定上述电压等级电气设备的操作冲击绝缘水平的主要依据。随着高压断路器制造水平的提高及并联电阻的采用，基本上消除了切空线时的重燃现象。

一、切空线过电压的发展过程

分析切空线的等值电路同图 7-22。切空线的电压、电流波形如图 7-23 所示。

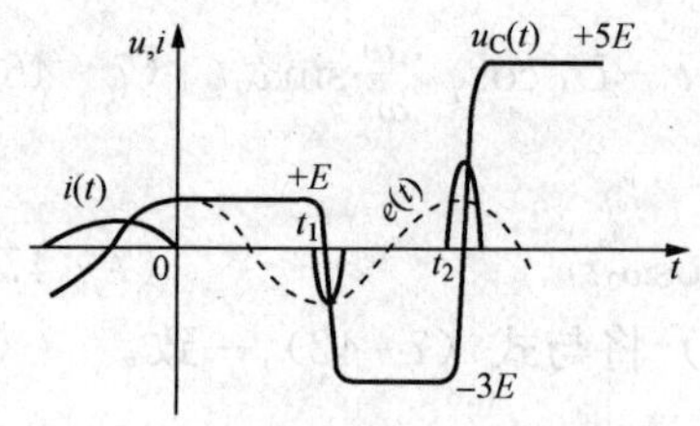

图 7-23 切空线的电压、电流波形

当断路器掉闸之后，其触头开始分离，并在工频电流过零时熄弧。设此时刻为 $t=0$，则 $e(t)=E\cos\omega t$，因为 $\frac{1}{\omega C}\gg\omega L$，电路中被切断电流是容性的，电容稳态电压近似等于电源电动势 E。

电弧暂熄后，电容上电压为残余电压 E，而电源电动势仍按余弦规律变化。因此，触头间的恢复电压为

$$u_r(t)=e(t)-E=E(\cos\omega t-1)$$

u_r 随时间推移而增大，过了半个工频周期，当 $t_1=\frac{\pi}{\omega}$时，$u_r=-2E$。如果在 $0\sim t_1$ 阶段，断路器断口处的介质强度恢复很快，则电弧从此熄灭，分闸成功，不会产生过电压；若断口处介质强度恢复较慢，则会发生触头间的电弧重燃。

t_1 时刻重燃情况最严重，相当于一次重合闸。一般有 $\omega_0=\frac{1}{\sqrt{LC}}\gg\omega$，因此可认为重燃引起的高频振荡过程中电源电动势未变。电容初始电压值 $u_C(0)=E$，新的稳态值 $u_C'(t_1)=-E$，振荡中达到的最大过电压为

$$u_{C\max}=2u'(t_1)-u_C(0)=-3E$$

高频振荡的电流与电压均为正弦波形，电流在相位上超前电压$\frac{\pi}{2}$，当 $t+\frac{\pi}{\omega_0}$时，u_C 达最大值$-3E$ 而高频电流恰好过零，电弧再次熄灭，造成线路上$-3E$ 的残余电压。

此后，$t_2=t_1+\frac{\pi}{\omega}$时，断口恢复电压达 $4E$，虽然触头间距离加大，但如果断口处的介质强度不足以承受 $4E$，则触头间再次击穿，于是过电压值达 $5E$。依次类推，若每隔工频半周重燃一次，且高频电流过零又熄弧一次，理论上过电压按－7E、＋9E…逐次增加。

二、限制过电压的措施

（1）采用分断小电流灭弧性能强的断路器，避免发生重燃现象。

（2）220kV 以上的电缆线路，必要时在线路侧安装并联电抗器，以减小断路器断口的恢复电压上升速度。

（3）采用磁吹避雷器或氧化锌避雷器限制过电压幅值。

（4）采用合理的操作方式，使有利因素（如其他出线、母线电容）充分发挥效益。

7.5 雷电压的保护

由于雷电参数及在电力系统中出现的雷电过电压的幅值、波形具有随机性质，试图使电力系统中的设备免受雷击影响或达到完全的保护，从技术经济的观点来看是不合理的。因此，雷电过电压保护的目标是采取各种有效措施将其限值到系统可靠性可以接受的水平。

雷电过电压保护的主要做法有以下几种。

（1）设计和运行中应考虑直击雷击、雷电反击和感应雷过电压对电气装置的危害。

（2）对各电压等级线路可适当选择线路绝缘水平、采用避雷线、设置杆塔接地装置以及采用线路避雷器来减少绝缘子雷击闪络的概率。

(3) 发电厂和变电站内的雷电过电压来自雷电对配电装置的直击雷击、反击和架空进线上出现的雷电侵入波，应采取的保护措施有：

1）应该采用避雷针或避雷线对高压配电装置进行直击雷保护并采取措施防止反击；

2）应该采取措施防止或减少发电厂和变电站近区线路的雷击闪络并在厂、站内适当配置避雷器以减少雷电侵入波过电压的危害；

3）需要对采用的雷电侵入波过电压保护方案校验时，校验条件为保护线路一般应保证2km 外线路导线上出现雷电侵入波时，不引起发电厂和变电站电气设备绝缘损坏。

第8章 电力系统间谐波

8.1 间谐波的概念

工程上广泛使用的"谐波"概念，是指周期电气量的正弦波分量。谐波含量（或总畸变率）是波形畸变程度的表征。根据傅里叶分析理论，只有周期性的非正弦量才可以分解为基波（指工频量）和谐波（一般指工频整数倍分量）。在频谱图上，谱线的间隔为50Hz或者60Hz的工频。实际上许多负载（无论是线性或是非线性）是波动的，例如电弧炉、电焊机、轧机类负载就是快速变化的冲击负载，其电气量（电压或电流，包括幅值和相角）的变化在几毫秒或几十毫秒内就能观察到。在这种情况下，对于工频，"周期性"的前提已不存在，用傅里叶理论分析出的"谐波"显然不符合或不完全符合实际，于是就产生"间谐波"的概念。根据IEC的定义，电力系统间谐波是指频率为基波非整数次的波形，也就是说间谐波的频率介于工频和谐波频率之间，它们可能是离散的频率，也可能是以连续频带的形式出现。

谐波频率为

$$f = nf_0 \tag{8-1}$$

间谐波频率为

$$f \neq nf_0 \tag{8-2}$$

式中：f_0 为系统的基波频率；n 为大于0的整数。

间谐波仍可用傅里叶分析方法求取，只不过分析的周期采用波动（或调幅波）的周期。例如某个以10个工频周期为波动周期的电气量，可以在200ms的时间窗口（10×20ms=200ms）内进行傅里叶分析，得到5Hz频率分辨率$\left(f=\frac{10^3}{200}=5\text{Hz}\right)$的频谱成分，也就是可以分析出频率为5、10、15、…、50、55、…、100Hz、…的成分。可以看出，这里有工频频率成分（50Hz），也有谐波成分（100、150Hz…），还有间谐波成分（5、10Hz…）。

有时候也将间谐波称为分数次谐波，将频率低于工频频率的间谐波称为次谐波，它可看成直流与工频之间的间谐波，其原理和其他间谐波的原理一样。

间谐波含有率（interharmonic ratio，IHR）的定义为周期性交流量中含有的第 ih 次谐波分量的方均根值与基波分量的方均根值之比（用百分数表示）。第 ih 次间谐波电压含有率以 $IHRU_{ih}$ 表示，第 ih 次间谐波电流含有率用 $IHRI_{ih}$ 表示。

$$IHRU_{ih} = \frac{U_{ih}}{U_1} \times 100\% \tag{8-3}$$

$$IHRI_{ih} = \frac{I_{ih}}{I_1} \times 100\% \tag{8-4}$$

式中：U_{ih} 为第 ih 次间谐波电压的方均根值；U_1 为基波电压的方均根值；I_{ih} 为第 ih 次间谐波电流的方均根值；I_1 为基波电流的方均根值。

8.2 间谐波的相关标准

8.2.1 电力系统间谐波的国家标准

随着谐波问题研究的逐步深入，间谐波的相关危害逐步被人们所认识，特别是间谐波与闪变的关系、间谐波对电力传输线载波通信信号的影响等，因此，需要制定间谐波国家标准，以保障公用电网电能质量。

GB/T 24337—2009《电能质量　公用电网间谐波》于 2009 年 9 月 30 日发布，2010 年 6 月 1 日开始实施。

一、标准的内容和适用范围

由于没有可参考的间谐波电流指标，同时基于目前对间谐波电压危害的认识，该标准仅规定了公用电网间谐波电压的允许值及测量取值方法。

考虑到 220kV 直供非线性负荷的逐步增加，该标准适用范围规定为交流额定频率为 50Hz，标称电压 220kV 及以下的公用电网。

二、间谐波的限值

间谐波的取舍原则主要从其直接危害角度出发。频率小于 100Hz 的间谐波限值主要从抑制闪变的角度出发；频率在 100～800Hz 之间的间谐波限值主要从无源滤波装置（并联电容器）的安全运行出发，同时保护低频电力载波信号的正确传输。800Hz 以上间谐波限值尚处于研究阶段。

220kV 及以下电力系统公共连接点（PCC）各次间谐波电压含有率应不大于表 8-1 中限值。其中考虑到传递，取高压限值是低压限值的 80%。

表 8-1　电力系统公共连接点（PCC）各次间谐波电压含有率限值　（%）

电压等级	频率（Hz）	
	<100	100～800
1000V 及以下	0.2	0.5
1000V 以上	0.16	0.4

注　频率 800Hz 以上的间谐波电压限值还处于研究中。频率低于 100Hz 限值的主要依据见 GB/T 24337—2009 的附录 A。

接于 PCC 的单个用户引起的各次间谐波电压含有率一般不得超过表 8-2 中限值。根据连接点的负荷状况，此限值可以做适当变动，但必须满足表 8-1 的规定。

表 8-2　单一用户间谐波电压含有率限值　（%）

电压等级	频率（Hz）	
	<100	100～800
1000V 及以下	0.16	0.4
1000V 以上	0.13	0.32

同一节点上，多个间谐波源同次间谐波电压按下式合成，即

$$U_{ih}=\sqrt[3]{U_{ih1}^3+U_{ih2}^3+\cdots+U_{ihk}^3} \tag{8-5}$$

式中：U_{ih1}为第 1 个间谐波源的第 ih 次间谐波电压；U_{ih2}为第 2 个间谐波源的第 ih 次间谐波电压；U_{ihk}为第 k 个间谐波源的第 ih 次间谐波电压；U_{ih}为 k 个间谐波共同产生的第 ih 次间谐波。

三、测量取值和测量条件

该标准基于离散傅里叶分析（DFT）算法规范间谐波的测量，但不排除更先进的间谐波测量方法。间谐波测量频率分辨率为 5Hz，测量采样窗口宽度为 10 个工频周期。

间谐波的取值方法为：取 3s 内 m 次测量数值的方均根值作为第 ih 次间谐波电压的一个测量结果。计算公式为

$$U_{ih}=\sqrt{\frac{1}{m}\sum_{k=1}^{m}u_{ih,k}^{2}}\quad(6\leqslant m\leqslant 15)\tag{8-6}$$

式中：m 为 3s 内均匀间隔的测量次数，$m=15$ 为无缝采样；$u_{ih,k}$为第 k 次测量得到的 ih 次间谐波电压值；U_{ih}为第 ih 次间谐波的一个测量结果。

间谐波的测量可以在 3s 测量结果的基础上，综合出 3min、10min 或 2h 的测量值。综合方法为取所选时间间隔内（例如 3min）所有 3s 测量结果的平方算术和的平均取平方根，例如 3min 的测量值为

$$\underset{(3\min)}{U_{ih}}=\sqrt{\frac{1}{60}\sum_{k=1}^{60}\underset{(3s)}{u_{ih,k}^{2}}}\tag{8-7}$$

式中：60 为 3min 内包含 3s 的测量次数为 60 次。

间谐波的评估测量要求在系统正常运行的最小方式下，间谐波发生最大的情况下测量；当系统条件不符合要求时（大于正常最小方式），可按短路容量折算结果（即将测量结果乘以实际短路容量和最小短路容量之比）。

间谐波的评估时间段一般至少为 24h，以评估时间段内三相综合值 95%概率大值中较大的一相值为评估依据。

8.2.2 电力系统间谐波的国际标准

一、IEC 61000-2-2《电磁兼容　环境　公用低压供电系统中的低频传导干扰和信号传输的兼容性水平》（Electromagnetic compatibility（EMC）-Part 2-2：Environment-Compatibility levels for low-frequency conducted disturbances and signalling in public low-voltage power supply systems）

该标准的第一版为 1990 年版本，最新为 2002 年版本。

第一版本规定 DC 2kHz 的各间谐波含有率限值为 0.2%；但新版本对间谐波电压的限制主要基于基波附近的各次频谱，着重于这些频谱分量对基波的调制而产生闪变危害。

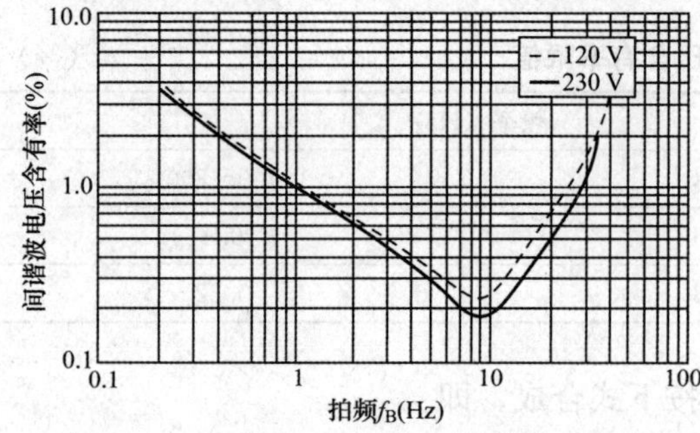

图 8-1　间谐波电压含有率与拍频关系曲线

在此标准中定义了拍频（beat frequency）的概念，即两个不同频率正弦波电压合成时，其频率之差的绝对值（例如公用电网中调幅波频率就是拍频），同时给了短时间闪变值 $P_{st}=1$ 条件下间谐波电压含有率与拍频的关系曲线，如图 8-1 所示。

该标准同时以资料性附录的形式给出了

$P_{st}=1$ 条件下间谐波电压含有率与间谐波次数（间谐波频率）关系，见表8-3。

表8-3　间谐波电压含有率与间谐波次数（间谐波频率）关系

间谐波次数 ih	系统频率 50Hz，标称电压 230V	
	间谐波频率 f_{ih}（Hz）	间谐波电压含有率（%）
$0.20<ih<0.60$	$10<ih\leqslant 30$	0.51
$0.60<ih<0.64$	$30<ih\leqslant 32$	0.43
$0.64<ih<0.68$	$32<ih\leqslant 34$	0.35
$0.68<ih<0.72$	$34<ih\leqslant 36$	0.28
$0.72<ih<0.76$	$36<ih\leqslant 38$	0.23
$0.76<ih<0.84$	$38<ih\leqslant 42$	0.18
$0.84<ih<0.88$	$42<ih\leqslant 44$	0.18
$0.88<ih<0.92$	$44<ih\leqslant 46$	0.24
$0.92<ih<0.96$	$46<ih\leqslant 48$	0.36
$0.96<ih<1.04$	$48<ih\leqslant 52$	0.64
$1.04<ih<1.08$	$52<ih\leqslant 54$	0.36
$1.08<ih<1.12$	$54<ih\leqslant 56$	0.24
$1.12<ih<1.16$	$56<ih\leqslant 58$	0.18
$1.16<ih<1.24$	$58<ih\leqslant 62$	0.18
$1.24<ih<1.28$	$62<ih\leqslant 64$	0.23
$1.28<ih<1.32$	$64<ih\leqslant 66$	0.28
$1.32<ih<1.36$	$66<ih\leqslant 68$	0.35
$1.36<ih<1.40$	$68<ih\leqslant 70$	0.43
$1.40<ih<1.80$	$70<ih\leqslant 90$	0.51

应注意：表8-3中含有率对应的是间谐波频率 f_{ih}，而图8-1中的横坐标是拍频 f_B，两者关系为 $f_{ih}=50\pm f_B$（Hz）。

二、IEC 61000-3-6《电磁兼容　限值　中压、高压和超高压供电系统中畸变负荷发射限值的评估》（Electromagnetic compatibility（EMC）-Part 3-6：Limits-Assessment of emission limits for the connection of distorting installations to MV，HV and EHV power systems）

该标准的第一版为1996年版本，最新为2008年版本。

该标准给出了中压、高压、超高压系统间谐波的规划限值水平，其主要考虑到间谐波的下述危害。

（1）基波频率两倍范围内的各次间谐波含有率不得大于0.2%，主要限制其对照明的闪变效应。

（2）当与控制信号对应的间谐波含有率大于0.3%时，脉动控制（ripple control）接收机的正确动作将会受到干扰。所谓脉动控制，即为音频电力负荷控制，其定义为：利用高、低压配电线传输音频控制信号，实现电力负荷控制的技术，信号频率一般为167～1600Hz。

（3）2.5kHz范围内的各次间谐波含有率不得大于0.5%，否则将会干扰电视机、使感应电机震动或噪声增大，低频继电器误动作。

（4）频率在 2.5～5kHz 范围内的各次间谐波含有率不得超过 0.3%，否则将引起无线电接收机或其他音频装置中可听到的噪声。

三、IEEE 间谐波工作组文件（IEEE 519—1992、IEEE 519A—1996 等）

该工作组几个草稿文件中给出如下建议。

（1）建议 1。

1）0～90Hz 范围内的间谐波限值依据 IEC 61000—2—2：2002 思想，主要关心其闪变效应。

2）90Hz～3kHz 的各次间谐波依据其系统电压等级，含有率可限制在 1%、2%、3%范围内。其目的在于保护低频电力线载波（low frequency power line carrier），这些信号的频率一般在 3 次谐波与 5 次谐波之间，含有率在 1%～5%范围内。

3）应用在系统的无源滤波器往往对某次间谐波发生放大，因此从滤波器设计者的角度希望将间谐波水平降低到一个较低的程度。

（2）建议 2。

1）在 140Hz 范围内的间谐波限值取 0.2%。

2）140Hz 到某一频率之间（例如 800Hz）的间谐波限制在 1%范围内，其目的在于保护低频电力线载波，同时避免发生并联谐振现象。

3）对于更高频率的间谐波，将其限值规定为对应谐波限值的某一水平（例如 20%），其目的在于保护高频载波信号，同时避免滤波器并联谐振。

四、英国 G5/4《英国谐波电压畸变和非线性设备接入输电系统和配电网的规划值》

英国电气协会 2001 年颁布的 G5/4 工程导则，给出了次谐波和间谐波的限值水平，见表 8-4。

表 8-4　英国电气协会 2001 年颁布的 G5/4 工程导则给出的次谐波和间谐波电压限值

频率(Hz)	<80	80	90	>90 和<500
电压含有率	0.2	0.2	0.5	0.5

该导则还指出非连续谐波畸变包括：短时冲击性谐波；次谐波和间谐波；电压波形缺口（notch）等。

五、欧洲 EN50160：2010《公共配电系统供电的电压特性》

EN50160：2010 并未用“电能质量”的术语，而是应用“电压特性”（voltage-characteristics）的概念。该标准给出了系统正常运行方式下中、低压供电系统公共连接点的电压特性。但尚未给出间谐波限值水平。

EN50160：2010 中指出，间谐波的主要危害是闪变效应及对脉动控制系统的干扰。

六、电网信号电压

上文提到的脉动控制系统及电力线载波，这些在电力输配电系统传输的信号本身就是一种间谐波，在电磁兼容领域中其名词为电网信号电压（Main Signaling Voltage）。下面根据 IEC 61000—2—1《电磁兼容　环境　公用供电系统低频传导干扰及信号传输的电磁环境》（Electromagnetic Compatibility Environment Electromagnetic Environment for Low-frequency Conducted Disturbances and Signalling in Public Power Supply Systems）对此相关内容做

一介绍，以便于读者进一步理解间谐波限值的规定。

电力输配电系统在传输电力的同时，也附带传输相关控制、通信、数据信号，例如负控（Load Control）、遥测信号（Remote Reading of Meters）等。

信号电压广泛存在于系统的高、中、低等各级电网。根据其频率范围或信号可分为以下四类。

（1）脉动控制系统。脉动控制系统（Ripple Control Systems）即音频电力负荷控制系统也称为低频电力线载波系统（Low-frequency Power-line Carrier Systems）。其信号频率介于 110～2000Hz，大多工作在 110～500Hz。

（2）中频电力载波系统。中频电力线载波系统（Medium-frequency Power-line Carrier Systems）信号同样为正弦信号，其频率介于 3～20kHz，大多工作在 6～8kHz 之间。此类系统一般为电力系统内部专用。目前还处于开发阶段，没有统一规范。

（3）无线电频率电力线载波系统。无线电频率电力线载波系统（Radio-frequency Power-line Carrier Systems）应用正弦波信号，频率介于 20～150kHz（有些国家达到 500kHz）。

（4）电网标志系统（Main-mark Systems）。此系统主信号电压为非正弦波。

8.3 间谐波的测量技术

8.3.1 基于傅里叶变换的间谐波检测方法

间谐波分量往往很难确定其波形周期，因此对含有间谐波分量的信号，传统 FFT 算法就无法避免因非同步采样而引起的频率泄漏和栅栏效应而造成的误差。基于加窗插值的快速傅里叶修正算法可减少泄漏并有效地抑制谐波之间的干扰和杂波及噪声的干扰，能较精确地测量到各间谐波的幅值及相位。基于加窗插值的 FFT 算法不足之处是分析窗的宽度一般要达几十个信号周期，当间谐波和谐波频率大小相接近时，要能准确检测出间谐波成分，分析窗宽度还需进一步增加，参数估计的实时性也因此会变差。

8.3.2 基于现代谱分析算法的间谐波检测方法

谱分析是一种利用给定的 N 个样本数据估计一个平稳随机信号的功率谱密度的参数化算法，其中包括 AR 模型谱分析和特征分解法。

一、AR 模型谱分析

AR 模型谱分析为有理分式模型的一种，由于系统函数只有极点，故又称全极点模型，其过程的功率谱具有尖锐的峰而无深谷。由于 AR 模型可借助解线性方程获得，计算相对简化，且实际中很多物理系统可直接采用或经变换后采用 AR 模型，所以最常用。信号 $x(n)$ 由本身的若干次过去值和白噪声 $\omega(n)$ 激励的现在值线性组合产生，则模型的时域表达式为

$$x(n)=-\sum_{i=1}^{k}a_{ki}x(n-i)+\omega(n) \tag{8-8}$$

随机信号 $x(n)$ 的功率谱密度

$$p_x(\omega)=\frac{\sigma_k^2}{\left|1+\sum\limits_{i=1}^{k}a_{ki}\mathrm{e}^{-\mathrm{j}\omega k}\right|^2} \tag{8-9}$$

只要求得 AR 模型的参数 a_{ki} 及 σ_k，就可以实现功率谱估计。

对 AR 模型参数的求解，目前常用的方法主要有 Burg 递推算法和改进协方差法两种。

Burg 算法以前向预测误差（FPE）功率和后向预测误差（BPE）功率的平均值相对于各阶反射系数最小为准则，从低阶开始，利用前、后向预测系数之间的递推关系，先直接求出反射系数 k_m，然后根据 Levison-Durbin 递推公式来计算自回归模型的参数。

Burg 算法只是使预测误差功率的平均值相对于各阶反射系数最小，而没有保证预测误差平均功率最小；另一方面，高阶系数是由一阶系数通过递推得到，一阶系数的估计误差对二阶及二阶以上的系数估计值有直接的影响，这对系数估计的准确性影响较大。其中一种改进的算法是在预测误差平均功率最小的意义下直接求解一阶以上的较低阶 AR 系数，然后再递推计算高阶系数。该方法对同步的要求不高，检测精确度较高，且计算速度快、计算量小。

二、特征分解法

特征分解法又叫特征结构法或者子空间法，包含有 Pisarenko 谐波分解法（Pisarenko Harmonic Decomposition，PHD）、多信号分类法（Multiple Signal Classification，MUSIC）和 Prony 算法。

（1）PHD 方法通过求解数据自相关矩阵的特征多项式来计算各谐波分量的频率。PHD 方法将具有 H 个交变信号分量的正弦电压信号转换为复频率表达式后，由前 $p+1$ 个联系的自相关函数组成自相关函数矩阵，并根据自相关函数矩阵自身的非零特征值和零特征值将特征矢量分成两类，这两类基分别张成了正交的信号子空间 S_u 和噪声子空间 S_w。由于是正交的，可得到 H 个非线性代数方程

$$(U^T)*q=0 \tag{8-10}$$

式中：U^T 是 H 个正弦电压信号构成的矩阵；q 为噪声空间的一个矢量。

将零特征值对应的基代入式（8-10）就得到一个特征多项式

$$\sum_{h=0}^{H} q_{H+1}(h)(e^{j\omega})^{-h}=0 \tag{8-11}$$

解此多项式得到交变分量的频率 ω_h，进而求出实际频率和幅值。

PHD 假设原始数据自相关矩阵的阶数为 $p+1$，且 $H=p$。但 H 事先是未知的，只能先假设一个 p 值，普遍情况下 $H<p$，导致虚假的正弦信号产生。当信号各分量之间的能量差距较大时，PHD 会无法正确估计频率，选用最优低通差分器对信号进行预处理，可以解决实际电网中的间谐波和基波之间的能量差距较大而影响检测效果的问题。谱线距离过近时也会给 PHD 的频率计算带来误差，此时可适当延长数据的长度，但增加了计算量。

（2）MUSIC 法是根据信号相关矩阵的特征分解来估计 $H<p$ 这一普遍情况下信号的频率和功率谱，其频谱分辨率较高，可有效检测出整数次谐波附近的间谐波。MUSIC 方法设定信号相关矩阵的阶数为 p，得到信号的功率谱 $\hat{P}_{MUSIC}$

$$\hat{P}_{MUSIC}(\omega)=\frac{1}{\sum_{k=H+1}^{p+1}|e^T(\omega)Vk|^2} \tag{8-12}$$

V_{H+1}，…，V_{p+1} 为噪声子空间，$e(\omega)$ 为信号矢量。因为信号矢量与噪声子空间中的矢量正交，理论上功率谱在谐波处应为无穷大；虽然由于相关矩阵是估计值，必然存在误差，但也呈现出很尖的峰值。设置一个合理阈值（一般取 $20\lg|\hat{P}_{MUSIC}|$ 最大值的 0.25 倍），功率

谱曲线中大于该阈值的峰值点所对应的频率分量即为信号中所含的谐波和间谐波分量，而小于该阈值的尖峰所对应的频率则为虚假频率分量。MUSIC方法检测谐波频率的精度受到噪声的影响，如何消去噪声以保证检测的最佳精度是该方法需完善的地方。

（3）Prony算法是一种使用指数项的线性组合来描述等间距采样数据的数学模型。它把N个原始数据$x(n)$转化为噪声$u(n)$激励一个p阶可预测过程的AR模型产生的输出，可以准确估计信号中各分量的振幅、频率、相位。利用奇异值分解法（SVD），可求得各谐波分量值。

Prony方法对噪声比较敏感。采用小波软阈值去噪后再进行分析计算，虽能取得较满意的分析效果，但如何实现最优去噪还需进一步的研究。PHD需要求解复杂的特征方程，而Prony法无需估计样本自相关，计算简单，所以在这一点上Prony法优于PHD，此外，Prony法给出的频率与功率估计值的方差较小。

8.3.3　基于机器学习方法的间谐波检测方法

一、人工神经网络（ANN）

传统的自适应线性人工神经元模型由于激发函数是一个定函数，用于检测含有间谐波的信号，将会导致并不存在的谐波信息出现。其改进算法将激发函数的参数（也就是谐波次数）和权值一样参与调整，这样便得到一种能检测间谐波的人工神经元模型。改进的神经网络输出为

$$\hat{x}(t_i)=\sum_{j=1}^{2m}\omega_j\Phi_j(t_i)=\sum_{l=1}^{m}[A_l\cos\varphi_l\sin(a_l\omega t_i)+A_l\sin\varphi_l\cos(a_l\omega t_i)] \tag{8-13}$$

式中：a_l（$l=1，2，\cdots，m$）为谐波次数。

通过采用基本惯性算法，即

$$\Delta\omega_j(i)=-\alpha\frac{\partial V(i)}{\partial\omega_j}+\eta\Delta\omega_j(i-1) \tag{8-14}$$

$$\Delta a_l(i)=-\alpha\frac{\partial V(i)}{\partial a_l}+\eta\Delta a_l(i-1) \tag{8-15}$$

式中：α、η分别为调整步幅和惯性系数。则有

$$\omega_j(i+1)=\omega_j(i)+\Delta\omega_j(i) \tag{8-16}$$

$$a_l(i+1)=a_l(i)+\Delta a_l(i) \tag{8-17}$$

对于具体的问题，α、η的取值会影响到网络的收敛速度。此时让各权值和谐波次数都有不同的α、η，而且每一个权值和谐波次数的α、η都会随着误差的变化而独立调节。实际验算证明，此算法收敛速度快。

训练一个人工神经网络可能要花很长时间，有时根本就不收敛。虽然可以先通过将信号作加汉宁窗的FFT变换，得到精度不高的谐波次数和谐波个数，进而确定神经元个数和迭代初始值，显著地减少神经网络的训练时间，取得很好的信号分离效果，提高谐波参数检测的精确性。但是计算量还是较大，实时性不强。

二、支持相量机算法

由统计学习理论发展而来的支持相量机（Support Vector Machine，SVM）是一种基于结构风险最小化原理的新的机器学习算法，它比基于经验风险最小化的神经网络学习算法具有更强的理论依据和更好的泛化能力。SVM利用优化对偶理论使高维特征空间中的模型参数估计易于计算，并且运算的复杂度与问题的维数关系不大，它的优点之一在于其小样本处

理能力，即在样本数很小的情况下也能很好地进行统计学习。通过引入代价函数 $L_p(e)$，SVM 将频谱估计转化为一个典型的二次规划（Quadratic Programming，QP）问题，目标函数为谐波分解模型参数的 L_2 范数和代价 $L_p(e)$ 之和达到最小化。SVM 算法在有大量异常噪声干扰的情况下都有相当高的分析精度，可以满足电力系统谐波和间谐波分析的要求，而且通过引入特殊的代价函数的方法消除异常值影响，使算法对异常值具有稳健性。不足之处在于 SVM 所用的谐波分解模型中，谐波次数选择需要模型的先验知识或由采样时间序列的统计量根据经验进行选择，难以检测时变的电力系统间谐波。

8.3.4 时频分布在间谐波检测中的应用

时频分布的基本思想是设计时间和频率的联合函数，用它同时描述信号在不同时间和频率的能量密度或强度。Wigner-Ville 分布（Wigner-Ville Distribution，WVD）是最基本的，也是最多的时频分布，它实际上就是以自相关的相对位移 τ 为积分变量对信号自相关函数所作的傅里叶变换，得到时间和频率的二维线性函数。对于信号 $s(t)$，其 Wigner-Ville 分布定义为

$$W(t,\omega)=\frac{1}{2\pi}\int s^{*}\left(t-\frac{\tau}{2}\right)s\left(t+\frac{\tau}{2}\right)\mathrm{e}^{-\mathrm{j}\tau\omega}\mathrm{d}\tau \tag{8-18}$$

基于 WVD 算法的电力系统谐波信号时频分布是一组等高线组成的图，该算法能在含有间谐波成分的非平稳信号中有效地检测出各谐波成分的频率和幅值信息。理想的谐波信号时频分布是个高度恒定的等高线，但是交叉项的存在影响了检测的效果。交叉项是检测误差的主要来源，对时域、频域加窗平滑能消除交叉项的影响。

8.4 间谐波的产生、危害及其抑制措施

8.4.1 间谐波的产生

随着电力电子装置在电力系统中的广泛应用以及非线性负荷的日益增多，电网中的谐波情况也越来越复杂。除了与基波成整数倍的谐波外，还存在许多非整数倍的间谐波，这些间谐波的存在增加了谐波分析的难度。

电力系统中，一切非线性的设备和负荷都是谐波和间谐波源，主要可分为三类。

（1）铁磁饱和型：各种铁心设备，如变压器、电抗器等，其电磁饱和特性呈现非线性。

（2）电子开关型：主要以交、直流各种换流装置及开关设备为主，其非线性呈现交流波形的开关切合和换向特性。

（3）电弧型：以炼钢电弧炉和交流电弧焊机为主，其非线性特性呈现电弧电压与电弧电流之间不规则的、随机变化的伏安特性。

下面进行举例分析。

一、波动负荷

许多非线性负载是波动的，或其电流的幅值、相位或波形是变化的。例如工业电弧炉、晶闸管整流供电的轧机是快速变化的冲击负荷，其电气量（电压或电流）的变化在几毫秒或几十毫秒内就能观察到。在这种情况下，对于工频，“周期性”的前提已不存在，因而用傅里叶理论分析的结果不符合或不完全符合实际。设某一调幅波电压 $M\cos\Omega t$ 叠加在稳态电压 $\sum_{k=1}^{\infty}A_k\cos(h\omega t+\varphi_k)$ 上，则其合成电压为

$$u(t)=\sum_{k=1}^{\infty}(1+m_k\cos\Omega t)A_k\cos(h\omega t+\varphi_k) \tag{8-19}$$

式中：m_k 为调幅波对 h 次谐波幅值的调制系数，$m_k=M/A_k$；A_k 为 h 次稳态谐波电压的幅值，h 为正整数；Ω 为调幅波的角频率；ω 为工频角频率；φ_k 为 h 次谐波初相角。

由式（8-19）推得

$$u(t)=\sum_{k=1}^{\infty}A_k\cos(h\omega t+\varphi_k)+\sum_{k=1}^{\infty}\frac{M}{2}\cos[(h\omega\pm\Omega)t+\varphi_k] \tag{8-20}$$

由式（8-20）可知，经角频率为 Ω（$\Omega<\omega$）的调幅波 $M\cos\Omega t$ 调制后，除了稳态电压中角频率为 $h\omega$ 的成分外，各次谐波（包括基波）中增加了旁频（$h\omega\pm\Omega$）成分，其幅值均为$\frac{M}{2}$。实际上，调幅波很可能存在多个频率成分（设为 n 个），则调制的结果为各次谐波（包括基波）均增加 n 对（即 $2n$ 个）旁频成分，这些旁频成分就是间谐波。工业上有些负载的波动具有不规则性（例如电弧炉、电焊机），则产生的间谐波的频谱（幅值和频率）也就具有不确定性。

图 8-2 所示为电弧炉典型的离散（实线）和连续（虚线）频谱。存在连续频谱说明电弧炉电流的变化具有随机性，并包含大量的间谐波成分。

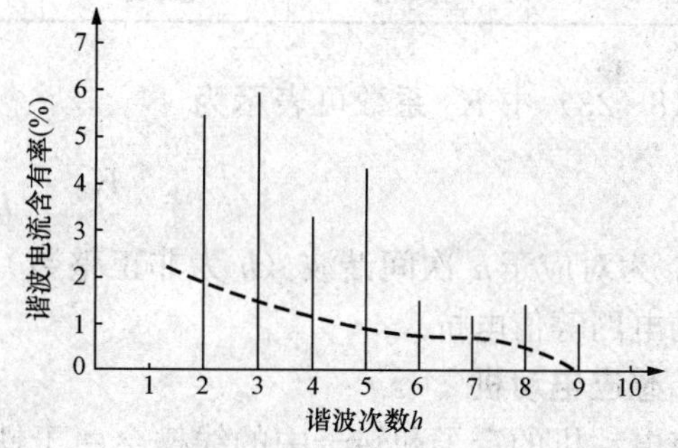

图 8-2　电弧炉典型的离散（实线）和连续（虚线）频谱

二、变频调速装置

大功率晶闸管交流调速装置由于技术经济上的优势，正在取代传统的直流调速装置。交流调速分为两大类，即交—直—交变频器和交—交变频器。交—直—交变频器由整流器、中间滤波环节及逆变器三部分组成。整流器为晶闸管三相桥式电路，它的作用是将交流电变换为可调直流电。逆变器也是晶闸管三相桥式电路，它的作用是将直流电变换调制为可调频率的交流电。中间滤波环节由电容器或电抗器组成，它的作用是对整流为直流后的电压或电流进行滤波。

变频器使得其供电电流中含有谐波成分，产生的谐波频率 f_h 均和输出频率 f_0 有关，可以统一表达为

$$f_{h1}=(pk\pm1)f_1\pm lmf_0 \tag{8-21}$$

$$f_{h2}=f_1\pm lmf_0 \tag{8-22}$$

式中：$k=1,2,3,\cdots$；$m=0,1,2,\cdots$；l 为与变频器负载相数有关的系数；f_{h1} 为与触发脉冲数 p 有关的频率；f_{h2} 为与触发脉冲数无关的频率；p 为触发脉冲数；f_1 为电源输入的基波频率。

由以上两式可以看出，供电电流的谐波频率并不全是输入频率 f_1 与输出频率 f_0 的整数倍，而是这两种频率的和或差，即拍频分量。其中有一般整流装置所具有的特征谐波，但次谐波与特征谐波附近的旁频谐波幅值也很大，尤其是频率很高的旁频谐波引起的电流畸变不容忽视。

三、同步串级调速装置

低同步串级调速主要用于绕线式异步电动机，取代传统的转子回路中串电阻的调速方法，它是在转子回路中加一整流器，把转差功率变为直流功率，再用逆变器，将其反馈电网，改变转差功率，即可实现调速。这种调速方式效率比较高、损耗小、调速范围宽、性能好，但在逆变器和定子回路中产生谐波电流，其中包括间谐波。

变频器的间谐波电压值 u_i 经验公式为

$$u_i \leqslant K_1 K_2 \frac{S_A}{S_k} \tag{8-23}$$

式中：K_1 为与变频器类型有关的计算系数，见表 8-5；K_2 为对相应间谐波的放大系数；S_A 为负载的最大视在功率；S_k 为变频器连接点的短路容量。

表 8-5 **变频器的计算系数 K_1 值**

变频器	交—直—交		低同步串级调速		交—交
	电流型	电压型	逆变器	定子	
K_1	≤0.1	≤0.03	≤0.1	≤0.03	≤0.1

式（8-23）中 K_2 系数可表示为

$$K_2 = \frac{Z_h}{hX_k} \tag{8-24}$$

式中：Z_h 为对应于 h 次间谐波（h 为非正整数）的电网等值阻抗；X_k 为由连接点短路容量换算出的电网等值电抗。

四、感应电动机

感应电动机的定子和转子中的线槽会由于铁心饱和而产生不规则的磁化电流，从而在低压电网中产生间谐波。在电动机正常转速下，其干扰频率在 500～2000Hz 范围内，但电动机起动时干扰频率范围更宽。当这种电动机安装在较长（>1km）低压架空线末端时会使电网受到干扰，间谐波电压可以达到 1%，这么高的电压引起脉动控制接收机的异常已有若干实例。

五、铁磁谐振

铁磁谐振的简化原理图如图 8-3 所示。图中 L 为带铁心的非线性电感，当 L 两端电压升高或出现涌流时，铁心就可能饱和，感抗随之减少，当减小到 $\omega L = \frac{1}{\omega C}$时，满足串联谐振条件，即发生铁磁谐振。该现象是电网中间谐波的又一来源。

六、电弧炉和轧钢机产生的间谐波

由晶闸管控制的直流轧钢电动机在交流供电侧主要产生整数次谐波。而循环变流器供电的同步轧钢电动机情况则有所不同，循环变流器的电流幅值和相位均被调制。因为电动机转速可调，要求电流、电压和频率变化（基速下），或电压不变、频率变化（基速以上）。触发角不断变化，触发时对应的周期也变化，因此谐波中除了谐波外每个次谐波旁有一系列的旁频谐波，旁频谐波频率由式（8-21）、式（8-22）决定。

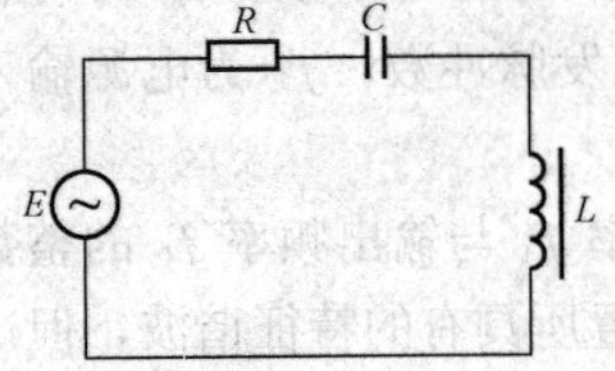

图 8-3 串联铁磁谐振回路

间谐波是循环变流器供电时的特有现象。间谐波频谱宽度与电机的转速有关，即和供电频率有关。电机转速越高，供电电流的频率越高，间谐波频带越宽。间谐波频带宽度可以用间谐波系数 K 来表示，电动机转速越高，K 值就越大。在电机基速以上运行时，各次谐波附近间谐波的频带几乎连成一片。以某钢铁厂轧机的 500kW 电动机为例，初速和高速运行时，调谐范围是 6～12Hz，而且整个调速范围内是线性的。表 8-6 列出了轧钢电动机转速分别为 60、90r/min 和 120r/min 时对应的 5、7、11 次和 13 次谐波及附近间谐波的频带。

表 8-6　某钢铁厂轧机不同转速的间谐波

谐波数 / 转速	5	7	11	13
60r/min（6Hz）	4.28～5.72	6.28～7.72	10.28～11.72	12.28～13.72
90r/min（9Hz）	3.92～6.08	5.92～8.08	9.92～12.08	11.92～14.08
120r/min（12Hz）	3.56～6.44	5.56～6.44	9.56～12.44	11.56～14.44

由上面分析可知，循环变流器供电的同步轧钢电动机电源中有复杂的间谐波存在，而且是随电机转速而变化的，与晶闸管控制供电的直流轧钢电动机相比，谐波情况复杂得多。

8.4.2 间谐波的危害

电力系统中的间谐波，会给电力系统带来不利影响。不仅影响电能质量，在实际电力系统运行中，当出现间谐波严重放大情况时，同样会危及设备的安全运行。这在使用无源滤波器的场合经常会发生。装设 LC 调谐滤波器是电网中补偿和抑制谐波的传统方法，因其工作原理和结构简单，既可补偿谐波，又可补偿无功，一直被广泛应用于对电力系统中谐波和无功功率的补偿。但是，当有低于 LC 调谐滤波器所要滤除的谐波频次的间谐波流过该支路时，LC 支路阻抗呈现容性，而系统阻抗呈感性，这种情况下就会引起间谐波的放大，造成 LC 调谐滤波器过载，危及设备的运行。

频率高于基波频率的间谐波会干扰音频设备正常工作，会对电动机噪声和振动影响很大。气隙磁通和转子电流因间谐波而相互作用产生的力可分解成多频分量。若力的分量频率与电动机定子的固有频率很接近且在“圆周振型”阶数上耦合较深，就会产生强的噪声和振动。

频率低于基波频率的间谐波会引起电压闪变，只要间谐波频率接近谐波或是基波频率，闪变就会发生。谐波是工频的整数倍，所以谐波总是与基波频率保持同步变化，但间谐波与谐波和基波不是同步变化，如果某一信号含有间谐波频率为 f_l，则该信号波形的包络线就会以 f_m 的频率波动，其中

$$f_m = |f_l - f_k| \tag{8-25}$$

式中：f_k 为与间谐波 f_l 频率接近的谐波或基波频率。

由于人眼对于在 8Hz 频率附近的灯光闪烁较为敏感，如果间谐波与谐波或基波之间的差值在 8Hz 以内，则人的视觉就会受到严重干扰，造成视觉混乱。频率低于基波频率的间谐波会引起低频继电器的异常运行，还会导致现有的谐波补偿装置失效，甚至损坏。

除以上影响以外，由于间谐波会影响谐波的测量，同时也是一种特殊的谐波，其对电力系统的危害还表现在线损增加、变压器寿命降低、计量仪表误差、继电保护和自动装置的误动作等。

（1）线损增加。谐波污染引起谐波电流在输电线路上的流动，产生附加能耗，增加线损。线路的谐波阻抗随频率的升高而增加，并且因集肤效应，也使线损增加。当系统发生谐振或谐波放大，尤其是高次谐波的情况下，谐波电流污染对线损的影响将更明显。

（2）一次运行设备寿命降低。比如，谐波电流使变压器的铜损耗增大，引起变压器振荡，谐波电压使变压器的磁滞及涡流损耗增加，使绝缘材料承受的电气应力增大。对三角形连接的绕组，零序谐波在绕组内形成环流，使绕组发热，温度过高，降低变压器的工作年限。

（3）继电保护装置的误动作。电网电能质量指标恶化会引起各类继电保护装置的误动和拒动，谐波分量较高的情况下，会引起过电压保护、过电流保护动作；三相严重不对称，正序谐波、负序谐波含量较高的情况下，对以负序滤波器为起动元件的保护装置产生干扰，引起误动。例如，1990 年 4 月，山西省晋东南电网由于太焦线电气铁道的谐波和负序干扰，引起漳泽电厂 JGX-11A 型高频保护动作，使 220kV 长治变电站及九个 35～220kV 变电站全部停电，甩负荷 100MW 以上，使电网和用户遭受重大损失。

（4）计量仪表误差。间谐波因改变电压过零点而易使采样数据或过零工作的数字继电器产生误差，甚至误操作造成事故（国内外已有相关报道），而且还会影响传统谐波测量的结果和准确度（甚至使结果完全失真），以及使一些计量仪器发生计量误差。比如：感应式电度表对谐波频率有负的频率误差特性，电能表对谐波消耗的功率计量是不足的，在谐波源的情况下，电能表记录是基波电能扣除一小部分谐波电能。因此谐波源不但污染了电网，反倒少交电费；在畸变电源供给线性负荷时，电能表记录的是基波电能及部分谐波电能，因此用户不但多交电费，而且受到损害。

（5）对功率因数的影响。间谐波会引起波形畸变，从而降低负荷功率因数，增加各种能量损耗。

8.4.3 间谐波的抑制措施

抑制间谐波的措施大体如下。

（1）限制间谐波源的发射水平。可利用现有电力线传递控制、遥测、通信等信号，但这些信号必须有所限制。在 IEC 61000—2—2：2002 中规定，频率为 110～3000Hz 的纹波控制系统，注入电网的正弦波形信号为（2%～5%）U_N；中频电力线载波信号值不超过 2% U_N；射频电力线载波信号不应超过 0.3%U_N（考虑中）等。公用中压配电网中信号电压水平如图 8-4所示。欧洲标准 EN50160：2010《公用配电系统供电电压特性》中规定，对于公用中压配电网，一天 99%以上时间内 3s 平均信号电压应不超过图 8-4中的规定。

在工业电网中，大量间谐波源用户应采取措施，使其间谐波值符合标准规定。

（2）抑制滤波器对间谐波的放大。对于敏感设备采用滤波器来解决电源谐波干扰问题是常用方法。在设计无源滤波器时应该考虑，在滤波器和电网参数的组合会使间谐波严重放大，引起显著的电压畸变和波动。滤波器需要设计成具有高阻尼系数，必要时可改用有源电力滤波器（APF），因为 APF 可视为宽频带滤波器，不存在谐振放大问题。

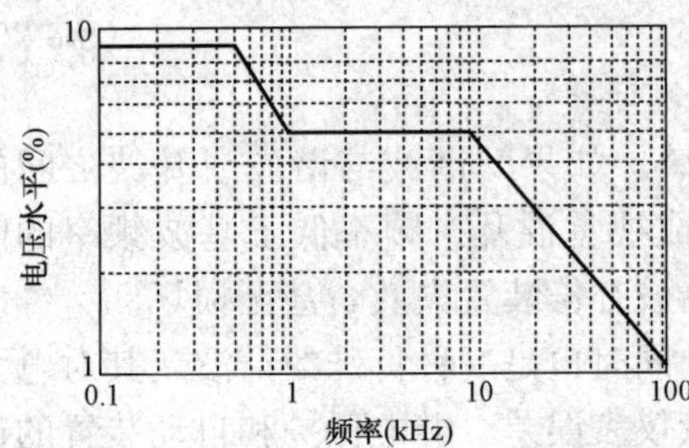

图 8-4 公用中压配电网中信号电压水平

（3）消除产生间谐波谐振的异常工况。

1）铁磁谐振是电网中较为常见的不规则间谐波

现象，为了限制和消除这种谐振过电压，可以采取如下措施：①选用励磁特性较好的电压互感器或改用电容式电压互感器；②在电磁式电压互感器的开口三角绕组中加装适当的阻尼电阻；③在母线上加装对地电容以增加各相对地电容，破坏谐振条件；④采取临时倒闸措施，投入事先规定好的某些线路或设备，以破坏谐振产生的条件等。

2）在串联补偿系统中可以采取多种措施防止间（次）谐波谐振危害。如补偿度的适当选择，采用次谐波保护、加装并联阻尼电阻、加装阻塞滤波器，采用静止无功补偿器（SVC）或适当的励磁控制，采用晶闸管控制的串联补偿装置（TCSC）或次同步谐振阻尼器等。

（4）提高负载的抗间谐波能力，降低其敏感度。这方面采用适当的隔离措施是最有效的方法，也就是将不同敏感性部分隔离，对受扰动影响的敏感部分（控制）电源进行适当滤波，以保证和供电电源同步，从而提高抗扰度。

第9章　电　压　暂　降

电压暂降是供电系统的一种突出的电能质量问题，正日益被人们关注。本章介绍电压暂降产生的原因、特点以及危害，介绍电压暂降三个主要特征量的检测与分析方法，提出了电压暂降问题的各种抑制措施及其发展趋势。

9.1　电压暂降的概念

9.1.1　电压暂降相关概念

电压暂降（Voltage Sag），也称电压骤降、电压跌落、电压下跌、电压凹陷，是指供电电压均方根值在短时间突然下降至额定电压幅值的10％～90％，其典型持续时间为0.5～30个周波的一种现象。

IEEE标准中电压暂降定义为：供电系统中某点的工频电压有效值突然下降到额定值的10％～90％，并在随后10ms～1min的短暂持续期后恢复正常。IEC标准中电压暂降称为Voltage Dip，与IEEE标准不同之处仅在于其定义为下降到电压额定值的1％～90％。在电压暂降的分析中，最为关注三个主要特征参数：电压暂降幅值、持续时间和相位跳变。

（1）电压暂降幅值，即电压发生突然下降后的电压幅值大小，常用电压幅值暂降深度MF来表示，即

$$MF = U_{sag}/U_{ref}$$

式中：U_{ref}为暂降前的电压有效值；U_{sag}为电压暂降时的有效值（发生不对称电压暂降时指电压基波正序分量的有效值）。

（2）电压暂降持续时间，即电压暂降起止时刻。实际测量仪器中可对应不同的暂降幅值给出相应的持续时间，即将电压均方根值低于指定电压门槛值的一段时间定义为与特定暂降幅值对应的持续时间。

（3）电压暂降的相位跳变，即电压暂降前后相位角的变化，通常在系统和线路的电抗与电阻的比值（X/R）不同或发生不对称电压暂降时出现。

9.1.2　电压暂降的原因

大部分电压暂降是由雷击和输电线路短路故障引起的。感应电动机的起动等也会引起电压暂降，但这种电压暂降一般并不严重，通过采取适当的措施，可有效消除电机起动所引起的电压暂降的不利影响。

雷击所引起的绝缘子闪络和线路对地放电是造成系统电压暂降的主要原因。由于电力系统中的大多数设备是暴露在室外的，在雨季或多雷击地区，很容易受雷击干扰。因雷击引发的电压暂降影响范围大，持续时间超过工频的5个周期。

系统故障是引起电压暂降的另一重要原因。目前配电系统中的线路主保护一般是分段式电流保护，其最大缺陷就是在线路故障时不能做到无延时地切除故障。即使是无延时保护，其固有动作时间也要6～9个周期，因此在故障期间，线路上的敏感负荷将被迫退出工作。

如线路上装有重合闸装置时，由此引发的电压暂降次数将成倍增加。故障引发的电压暂降的幅值大部分都在30%额定值以下。

按输电线路故障类型可分为三相短路、单相接地短路、相间短路三种情况。对三相短路而言，电压暂降是对称的。但对于不对称故障，各相电压幅值、相角跳变不相同，因此，电压暂降还伴随着不对称现象。而且，由于供电端变压器绕组及负荷连接方式的不同，使得同一故障点产生的电压暂降由输电线路送到不同负荷时产生的电压暂降类型也不同。输配电系统中的多数故障为单相接地故障，下面将对此进行重点分析。

9.1.3 电压暂降的研究现状

电压暂降问题随着电力系统的出现就存在。直到20世纪70年代，由于电压暂降问题对各个行业造成的损失难以忽略，其相关研究工作才逐步展开。20世纪80年代电压暂降的研究工作主要集中在检测、机理分析及其对电机运行性能的影响，80年代末以来电压暂降被更广泛和深入地研究。到目前为止，主要研究工作集中在欧美等一些国家，并已取得丰实的研究成果。IEEE、IEC等组织一直致力于包括电压暂降在内的电能质量相关标准的制定。

近几年，我国也有不少研究机构开始关注电压暂降问题并进行相关研究工作。我国对于电压暂降的研究包括事件检测、暂降域分析和补偿装置开发，且开发补偿装置是研究重点。目前，卡尔曼滤波、分形、dq变换、短时傅里叶变换（Short Time Fourier Transform, STFT）、小波变换等方法被用来检测、分析包括电压暂降在内的电能质量问题。

9.2 电压暂降的危害性

9.2.1 概述

近二十年来，随着计算机应用技术、自动化控制技术、大功率电力电子技术等高新技术的迅速发展，基于计算机、微处理器的管理、分析、检测、控制的高性能、高度自动化的新型用电设备和各种电力电子设备在电力系统中大量投入使用。这些设备对系统干扰非常敏感，比传统用电设备对电能质量的要求苛刻得多。不论系统是处于正常稳态还是故障暂态，均需保证幅值偏差很小（如只允许在额定值的±10%或更小的范围内波动）的基波正弦电力的可使用性（即高动态恒定特性），哪怕几个周期的电压暂降都将影响这些设备的正常工作，造成巨大的经济损失。有资料表明，在欧美等国家一次电压暂降造成的经济损失至少在数百万美元以上。

近十多年来，在电能质量问题的各种现象中，电压暂降是造成电压敏感设备不能正常工作的主要原因，通常可认为电压暂降引起70%～90%电能质量问题。例如，英国1995年就电能质量问题对容量超过1MW的100家用户做了调查。结果显示，在监测的12个月里，69%用户的生产过程因电能质量问题受到破坏，且83%的事故是由电压暂降引起的。目前在工业化国家，电压暂降已经上升为最重要的电能质量问题之一，成为各方面关注的焦点。据报道，在欧洲由电压暂降引起的用户投诉占整个电能质量问题的80%以上，而由谐波等引起的电能质量问题投诉不到20%。

电压暂降已成为威胁现代社会各用电设备正常、安全工作的主要干扰，并且成为威胁信息化社会供电质量不可忽视的因素，其危害性主要表现在以下几个方面。

（1）电压暂降轻则造成工作、生活上的不便。例如电压暂降可能造成个人用计算机程序紊乱、数据丢失等。中国国际广播电台曾报道，美国《商业周刊》的一名编辑因供电系统突然降压 1s 造成电梯故障而被困在电梯内长达 40h，以心理和身体受到严重伤害为由向相关部门提出索赔 2500 万美元的要求。

（2）电压暂降影响面宽，造成的经济损失大，因而带来的严重影响与危害表现得尤其突出。几个周期的供电电压暂降都将影响一些设备的正常运行，造成产品质量下降，甚至使生产线程序紊乱或中断，且暂降后的无序起动比计划断电后的有序恢复造成的危害及损失大得多。例如，上海浦东某电子有限公司是一家以生产 0.29～0.5μm 硅晶片为主的高科技企业，该厂有一部分负荷对电压变动十分敏感，当电压跌至正常电压的 80%，持续时间超过 20ms 时，其内部的部分设备就会停机。据该厂粗略估算，每发生一次类似事件，造成的直接经济损失在 200 万元以上。

（3）电压暂降不仅造成经济损失，还可能造成人员伤亡和设备毁坏。比如医院中的一些医疗保健设备、用计算机进行的脑外科、心血管外科、眼科手术等，当发生电压暂降而造成设备不能正常工作时将带来严重后果。

与长时间供电中断事故相比，电压暂降有发生频率高、事故原因不易察觉的特点，处理起来比较困难。电压暂降会引起敏感控制器的误动作（引起掉闸），造成计算机系统失灵、自动化装置停顿或误动、变频调速器停顿；引起接触器脱扣或低压保护起动，造成电动机、电梯等停顿；引起高温光源（碘钨灯）熄灭，造成公共场所失去照明。

表 9-1 给出了国外有关资料所提供的电压暂降对一些电力设备的影响。从表中可进一步看出解决电能质量问题的重要性，尤其是电压暂降而引起的电能质量方面的问题。但长期以来，对电能质量的研究主要集中在电压偏移、谐波、闪变、三相不平衡等方面，对电压暂降问题重视不够。

表 9-1　电压暂降对一些设备的影响

设备名称	电压暂降造成的影响结果
制冷电子控制器	当电压低于 80%时，控制器动作将制冷电机切除，导致巨大的经济损失
可编程控制器（PLC）	早期的产品，当电压低于 10%时，仍能持续工作 15 个周期；新型 PLC，当电压低于 50%时，停止工作；另一种资料介绍，当电压低于 81%时，PLC 停止工作；一些 I/O 设备，当电压低于 90%，持续时间仅几个周期，就会切除
精密机械工具	由机器人控制对金属部件进行钻和切割等精密加工，为保证产品质量和安全，工作电压门限值一般设为 90%，当电压低于此值，持续时间超过 2～3 个周期时，就会掉闸
调速电机（VSD）	当电压低于 70%，持续时间超过 6 个周期时，会被切除
交流接触器	有研究表明当电压低于 50%，持续时间超过 1 个周期时，接触器脱扣；而另一项研究指出，当电压低于 80%，甚至更低时，接触器就会脱扣
计算机	当电压低于 60%，持续时间超过 1 个周期，计算机工作受到影响，如数据丢失等

9.2.2 电压暂降对计算机及电子设备的影响

目前，计算机设备安全工作电压为 90%～110%。当电压下降到 70%及以下时，持续时间超过 20ms 时，部分计算机就可能无法工作。IBM 公司统计表明，48.5%的计算机数据丢失都是由电压不合格造成的。另据估计，信息产业 80%的服务器出现瘫痪以及用户端 45%左右数据丢失和“出错”均与电压暂降有关。对于由计算机控制的自动生产线、机器人、机械手、精密加工等，在电压暂降时也可能停止工作或产品质量下降。

电压暂降可能使计算机及电子设备的硬件或软件的运行发生故障或错误，或使设备的低电压保护或快速过流保护动作而使设备电源掉闸，导致设备断电而彻底停止运行。

计算机和电子设备（如电视机、复印机、传真机、PLC等）的电源结构极为相似，因此它们对电压暂降的敏感机理也很相似，所不同的是由于电压暂降而造成的电源掉闸的后果不同。家用电器及个人用计算机因为发生严重电压暂降而停止工作所带来的仅仅是生活或工作上的不便，而对于过程控制计算机及大型计算机网络来说，则可能带来巨大的损失。

计算机及电子设备的电源简化结构如图9-1所示，通常由一个二极管整流器和一个电压调节器（或DC/DC换流器）组成。交流电压经整流器整流后得到几百伏直流电压，再经电压调节器将其调节为10V电压等级的直流电压供给设备。如果交流侧电压降低，整流器直流侧电压也将随之降低，但在一定的电压变化范围内，电压调节器能保持输出电压恒定，使设备正常工作。但若整流器直流侧电压过低，电压调节器输出电压不再能维持恒定值时，将导致数字电子设备内部发生错误，或导致计算机电源掉闸。

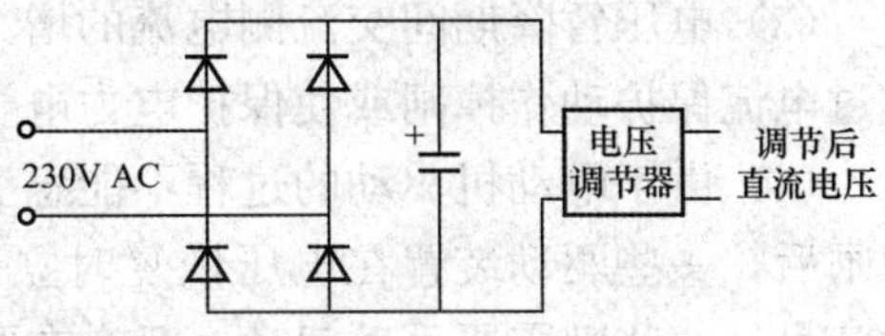

图9-1 计算机及电子设备的电源简化结构

9.2.3 电压暂降对交流驱动设备的影响

一、可调速驱动装置

可调速驱动装置是工业过程中最关键的设备之一，对电压暂降非常敏感。当电压下降30%～40%时，用户的可调速驱动装置就停止运转。当驱动过程对电动机转速和转矩要求严格时，装置对电压暂降就更加敏感。暂降发生时，可调速驱动装置可对工业过程造成直接或间接的影响。例如，冷却器的停运和延时后起动可能影响工厂要求的精确温度控制，影响其产品的质量；对于挤压车间或金属抽丝等过程，电压暂降造成的可调速驱动速度下降或停转将使过程彻底停止运行。

可调速驱动通过一个三相二极管整流器或三相可控整流器由交流电源供电。一般来讲，第一种方式多见于交流驱动中，第二种方式则在直流驱动和大型交流驱动中多见。下面将对通过三相二极管整流器供电的中小型交流驱动装置进行详细的讨论。

交流驱动的典型原理结构如图9-2所示。三相交流电压经三相二极管整流器整流后由直流侧电容器滤波，一些驱动的直流侧可能还会串入一个电感。整流得到的直流电压经电压源型逆变器（VSC）逆变成频率和幅值都可变的交流电压供给电动机。

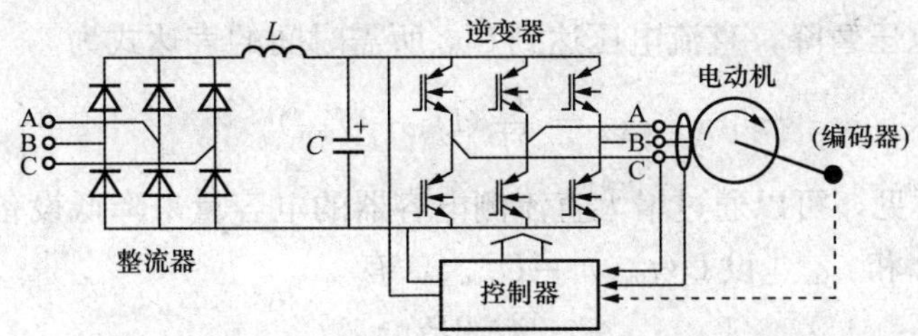

图9-2 交流驱动的典型原理结构图

可调速驱动装置对电压暂降非常敏感。一方面，驱动装置的电气部分可能因电压暂降的发生而非正常工作或掉闸；另一方面，一些驱动装置所驱动的过程要求极其严格，可能不能承受因电压暂降而造成的电动机的转速和转矩的变化。大致说来，可调速驱动装置可能在下列情况下掉闸。

（1）为了防止对可调速驱动电力电子元件的损坏，当驱动控制器的保护检测到工作条件的突然变化时可能会使可调速驱动掉闸。

（2）电压暂降引起的整流器直流侧电压的降低，可能引起驱动控制器或PWM逆变器的故障或掉闸。直流侧电压过低是造成驱动掉闸的主要原因。

（3）电压暂降期间交流侧电流的增大或暂降结束后，直流电容充电引起的过电流可能造成过电流保护动作掉闸或使保护电力电子元件的熔断器熔断。

（4）由于电动机驱动的过程不能忍受暂降引起的电机速度的降低或转矩的变化而掉闸。掉闸后，一些驱动装置在电压恢复时立即重新起动，一些驱动装置在一定的延时后重新起动，另外一些则需要手动起动。只有在驱动过程能忍受一定的速度和转矩的变化时，各种自动起动方式才是适用的。

二、对交流驱动的影响分析

不同类型的电压暂降对驱动装置的影响是不同的，下面将以整流器直流电压和电机转速的变化为主要对象进行分析。对于不对称暂降，将主要讨论发生频率较高的C型和D型暂降对整流器直流电压和电机转速的影响。

分析直流电压变化时，仍假定整流器后的负载功率恒定，即假设逆变器是理想的，暂降期间其交流侧电压不降低，损耗不增加，这样整流器后的负载功率将恒定不变且与直流电压无关。而在分析电动机速度变化时，将认为驱动装置的电气部分能够承受电压暂降的影响，且使用简化的感应电机模型，即电气转矩和电压的平方成正比且与电动机转速无关，机械转矩恒定不变。

（1）整流器直流侧的容许衰减电压。对于对称暂降，和前面对计算机与电子设备的讨论相似，电压暂降期间的整流器直流侧电压计算式为

$$U=\sqrt{U_0^2-\frac{2P}{C}t} \tag{9-1}$$

式中：U_0、P、C分别为整流器的起动电压、输出功率、电容量。

当整流器直流侧电压低于一定的最小值U_{min}时，控制器或PWM逆变器可能不能正常运行，也可能引起驱动装置的直流侧低电压保护动作（大多属于这种情况），这些情况都能导致驱动装置掉闸。只要交流电压不低于某个电压最小值U_{min}，驱动装置就不会掉闸。对于幅值小于U_{min}的对称电压暂降，直流电压达到U_{min}所需时间的表达式为

$$t_{max}=\frac{C}{2P}(U_0^2-U_{min}^2) \tag{9-2}$$

由式（9-2）可见，可以通过增大直流侧电容器的电容量来降低设备对电压暂降的敏感度，对于给定的U_{min}和t_{max}［设$U(t_{max})=U_{min}$］，有

$$C=\frac{2Pt_{max}}{U_0^2-U_{min}^2} \tag{9-3}$$

当要求驱动装置能够承受幅值低于U_{min}、持续时间为t_{max}的电压暂降时，式（9-3）可用来计算需要的电容器的电容量值。

(2) 电动机速度的降低。大多数可调速交流驱动会因为前面所述的某一个因素而掉闸。掉闸之后，感应电动机将减速直至速度超过过程所能接受的范围。若驱动装置的电气部分能够忍受暂降，系统电压的下降将造成电动机端电压的降低。

对于对称暂降，三相电压下降相同，假设电动机端电压和电源电压相等（p.u.），则电动机端的电压暂降和整流器端的电压暂降相同。直流侧电容器在某种程度上延缓了发生电压暂降时直流电压和电动机端电压的降低，但是这种延缓作用相对来说是很小的。机端电压的降低造成转矩和速度的下降。电动机转速表达式为

$$\frac{\mathrm{d}}{\mathrm{d}t}\left(\frac{1}{2}J\omega^2\right)=\omega(T_{\mathrm{el}}-T_{\mathrm{mech}}) \tag{9-4}$$

式中：J 等于电动机的机械转矩减去机械负载转矩；ω 是电动机的旋转角速度，rad/s；T_{el} 为电动机的电气转矩；T_{mech} 是机械负载转矩。

电气转矩 T_{el} 和端电压的平方成正比。假设电动机在稳定状态下运转，若 $U=1$，电气转矩和机械转矩相等。若端电压下降为 U，则

$$T_{\mathrm{el}}=U^2T_{\mathrm{mech}} \tag{9-5}$$

此时电动机转速的降低可表示为

$$\frac{\mathrm{d}\omega}{\mathrm{d}t}=\frac{(U^2-1)T_{\mathrm{mech}}}{J} \tag{9-6}$$

引入电动机的惯性常量 H 及转差率 s，即

$$H=\frac{\frac{1}{2}J\omega_0^2}{\omega_0 T_{\mathrm{mech}}} \tag{9-7}$$

$$s=\frac{\omega_0-\omega}{\omega_0} \tag{9-8}$$

式中：ω_0 为额定转速时的角速度。

由上面几式可知，对于幅值为 U、持续时间为 Δt 的电压暂降，转差率的增加为

$$\Delta s=\frac{\mathrm{d}s}{\mathrm{d}t}\Delta t=\frac{1-U^2}{2H}\Delta t \tag{9-9}$$

惯性常数 H 越大，则转差率的增加越少，可以通过增大负载的惯性来降低电机转速对电压暂降的敏感度。电机转差率与电压暂降幅值和持续时间的关系曲线如图 9-3 所示。图中取惯性时间常数 $H=0.98$s，三条曲线对应的暂降持续时间分别为 50、100ms 和 200ms。转差率的增加对应转速的降低，可见暂降越深、持续时间越长，转速下降的就越多。但对于持续时间很短的电压暂降来说，即使电压降到很低，速度的降低也不是很严重。

若允许的最大转差率增加（转差率容许）为 $\Delta s_{\max}$，则对于持续时间为 T 的暂降允许的最小电压暂降幅值为

$$U_{\min}=\sqrt{1-\frac{2H\Delta s_{\max}}{T}} \tag{9-10}$$

对于不同的 $\Delta s_{\max}$，可作出如图 9-4 所示的设备电压容许曲线。这就是电动机转速为限制因素时可调速驱动的电压容许曲线。图中所采用的电动机惯性时间常数 $H=0.98$s。

图 9-4 是认为驱动装置的电气部分能够承受对称暂降时的电压容许曲线，由于驱动装置电气部分对电压暂降的高敏感度，当电压降到一定幅值时驱动装置就会因低电压保护动作

而掉闸。可见，当对电动机的转速要求严格时，驱动装置对电压暂降的敏感度是很高的。

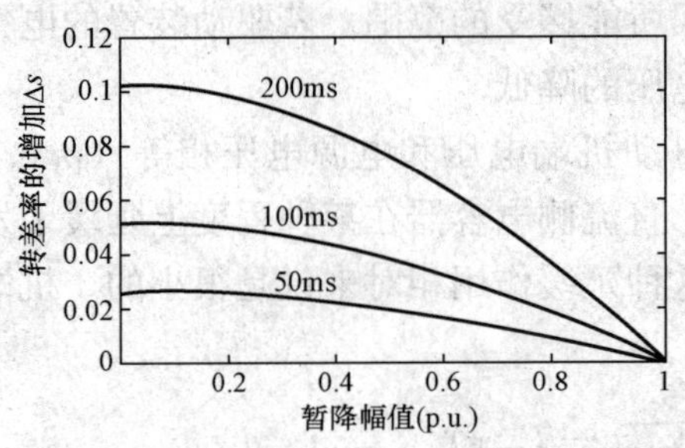

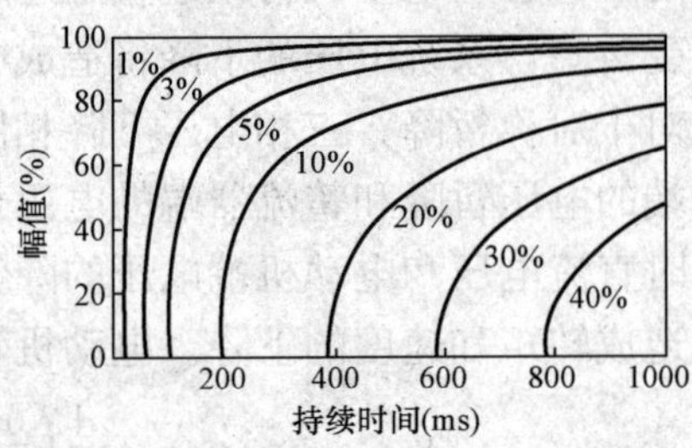

图 9-3　电动机转差率与电压暂降幅值和持续时间的关系曲线　　图 9-4　对称暂降时的电压容许曲线

9.3 电压暂降的标准

电压暂降到目前为止还没有统一的国际标准。现行标准主要有国际电气与电子工程师协会 1346 标准（IEEE Std 1346—1998）和欧洲的 EN50160 标准等。我国至今还无相关标准。

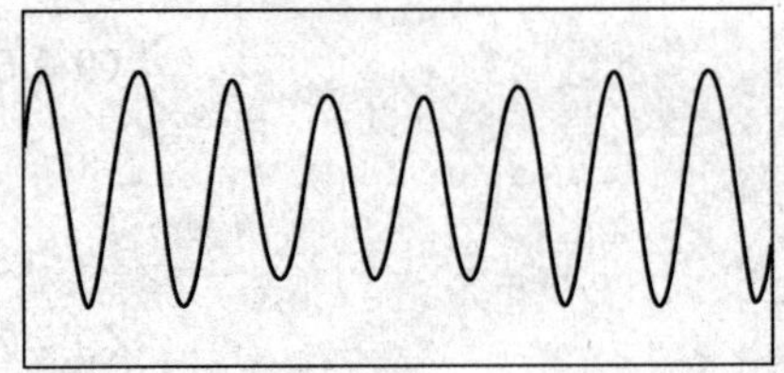

图 9-5　电压暂降示意图

一般来讲，“电压短时中断”的定义为完全丧失电力供应，持续时间至少为 1.5 个工频周期。如图 9-5 所示，“电压暂降”的定义为供电电压有效值快速下降到额定值的 90%～10%，持续时间为 10ms～1min。如果持续时间超过 1min，则认为是“电压偏低”。

电压暂降的危害程度与设备的敏感程度密切相关，不同设备对同一电压暂降的感受度是不同的，因此世界上不同的设备制造商联盟制定了不同的敏感曲线，如 SEMIF47（Semiconductor Equipment Manufacturers International，半导体设备制造商国际组织）、ITI（Information Technology Industry，信息技术工业协会）及 FIPS（Federal Information Processing Standards Publication，联邦信息处理标准出版物）等。图 9-6 所示为 ITI 曲线统计图。当分析电压暂降的危害时，对于不同的设备或负荷，应当采用不同的敏感曲线。目前 IEEE、美国商务部（U. S. Department of Commerce）及其他一些大公司普遍采用 ITI（CBEMA）曲线、SEMI F47 曲线等。

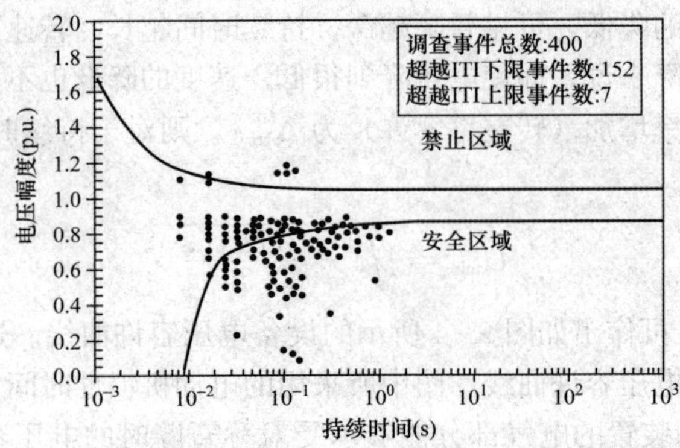

图 9-6　ITI（CBEMA）曲线统计图

表征电压暂降的特征量主要为有效值偏移及电压暂降持续时间，因此衡量电压暂降的指标主要采用 SARFI 指数（System Average RMS Variation Frequency Index）。它有两种形式：一种是针对某一设备的敏感曲线的统计指数 SARFI（Curve），另一种是针对某一阈值电压 x 的统计指数 $SARFI_x$。SARFI（Curve）指数主要统计电压有效值低于相应的设备敏感曲线的概率。不同的敏感曲线对应不同的 SARFI 指数，如 SARFI（SEMI）、SARFI（ITIC）等。$SARFI_x$ 指数主要统计电压有效值低于阈值电压的概率，即

$$SARFI_x = \frac{\sum N_i}{N_\mathrm{t}} \tag{9-11}$$

式中：N_i 为对于第 i 次测量过程中，研究区域内电压有效值低于阈值电压 x 的用户数；N_t 为研究区域内的用户总数。

此外，实际应用中还有在 $SARFI_x$ 基础上派生出来的 $SIARFI_x$、$SMARFI_x$ 和 $STARFI_x$ 等系数。

9.4 电压暂降值的测量和计算

要尽可能地控制电压暂降所带来的影响，就需要对电压暂降的三个主要特征参数进行实时测量，即幅值、持续时间和相位跳变，进而根据情况采取相应的措施来进行控制。这需要高效的分析和计算方法来提取系统的电压扰动信号。

9.4.1 电压暂降幅值计算的基本方法

一、有效值计算方法

电压暂降是指供电电压有效值（或称均方根值）在短时间突然下降的变化情况，故可采用有效值计算来衡量电压暂降程度。连续周期信号 $u(t)$ 的有效值定义为

$$U_\mathrm{rms} = \sqrt{\frac{1}{T}\int_{t_0}^{t_0+T} u^2(t)\mathrm{d}t} \tag{9-12}$$

式中：T 为信号周期，s；U_rms 为电压有效值，rms 是 root mean square 的缩写，指均方根值。

对信号进行数字化处理后，可得

$$U_\mathrm{rms} = \sqrt{\frac{1}{N}\sum_{i=1}^{N} u_i^2} \tag{9-13}$$

式中：N 为每个周期总的采样点数；u_i 为时间域被采样的电压。

计算中常采用滑动平均值法，即采集到新的样本点时，顺序将较早采集的样本点去除，然后用一个周期的滑动采样值进行有效值运算，可得一个新的有效值。在工程应用中，采用一个周期数据序列来计算实时检测电压有效值的突变，即

$$U(k) = \sqrt{\frac{1}{N}\sum_{i=k-N+1}^{k} u_i^2} \tag{9-14}$$

在电压暂降实时检测中，计算速度的快慢非常重要。为加快测量速度，可只取 0.5 个周期的采样值进行计算。但必须注意到这种算法所得电压暂降持续时间与实际持续时间有明显误差，同时不能明确给出电压暂降起止时刻和电压暂降发生时可能出现的相位跳变大小。

二、峰值电压法

峰值电压法也是用来计算电压暂降幅值的方法。设峰值电压 U_m 为时间 t 的函数，则有

$$U_m = \max_{0<\tau<T} |u(t-\tau)| \tag{9-15}$$

式中：$u(t)$ 为采样电压；T 为 0.5 个周期的整数倍。

三、基波分量法

另一种计算电压暂降幅值的方法是以时间 t 为函数的基波电压，表达式为

$$U(t) = \frac{2}{T}\int_{-T} u(\tau)e^{j\omega_0\tau}d\tau \tag{9-16}$$

式中：$\omega_0=\frac{2\pi}{T}$；T 是基波周期。

电压的基波分量可利用 FFT 进行计算，其变化特性与整周期有效值计算结果非常接近。若要提高计算速度，则可根据对称性利用 0.5 个周期的电压采样值拓展成 1 个周期的数据序列进行 FFT 变换，得到基波电压。这样做的前提是要求电压对称，否则将导致计算结果产生误差。

9.4.2 同时计算电压暂降幅值和相位跳变的算法

一、单相电压变换平均值法

假设电压信号为

$$u(t) = x\cos(\omega_0 t) - y\sin(\omega_0 t) \tag{9-17}$$

式中：ω_0 为基波角频率。

设 $\sin(\omega_0 t)$ 和 $\cos(\omega_0 t)$ 是与暂降前电压同相位的正、余弦信号，得

$$u_d(t) = 2u(t)\sin(\omega_0 t) \tag{9-18}$$

$$u_q(t) = 2u(t)\cos(\omega_0 t) \tag{9-19}$$

或

$$u_d(t) = -y + y\cos(2\omega_0 t) + x\sin(2\omega_0 t) \tag{9-20}$$

$$u_q(t) = x + x\cos(2\omega_0 t) - y\sin(2\omega_0 t) \tag{9-21}$$

对以上两个新信号取基波频率 0.5 个周期（或其整数倍）的平均值，则可由 u_d、u_q 的平均值求出 y 和 x，从而得到下跌幅值为 $\sqrt{(x^2+y^2)/2}$，相位跳变为 $\arctan(y/x)$。

二、瞬时电压 dq 分解法

瞬时电压 dq 分解法是一种基于 abc-dq 变换的检测算法，可以瞬时确定电压的有效值和相位跳变，因此得到了广泛应用。

三相电压变换到 dq 坐标的变换关系式为

$$\begin{bmatrix} u_d \\ u_q \end{bmatrix} = C \begin{bmatrix} u_a \\ u_b \\ u_c \end{bmatrix} \tag{9-22}$$

$$C = \sqrt{\frac{2}{3}} \begin{bmatrix} \sin(\omega t) & \sin(\omega t - 2\pi/3) & \sin(\omega t + 2\pi/3) \\ -\cos(\omega t) & -\cos(\omega t - 2\pi/3) & -\cos(\omega t + 2\pi/3) \end{bmatrix}$$

变换阵 C 中 $\sin(\omega t)$、$\cos(\omega t)$ 是与 a 相电压同相位的正、余弦信号。

对于理想的三相三线制系统，假设三相电压为

$$\left.\begin{aligned}u_a &= \sqrt{2}U\sin(\omega t)\\ u_b &= \sqrt{2}U\sin(\omega t - 2\pi/3)\\ u_c &= \sqrt{2}U\sin(\omega t + 2\pi/3)\end{aligned}\right\} \tag{9-23}$$

则 dq 变换结果为

$$u_d = \sqrt{3}U$$

$$u_q = 0$$

从而可知 dq 变换结果中的 d 轴分量反映了电压的有效值，即通过理想三相电压的 dq 变换，可瞬时求取电压的有效值。对于平衡的三相电压暂降，则没有相位跳变问题。设暂降电压的有效值为U_{eff}，进行上述变换可得 $u_d=\sqrt{3}U_{eff}$，$u_q=0$。

实际系统发生的电压暂降多为单相事件，而且很多电压暂降不仅引起电压幅值的降低，还会引起电压的相位跳变。因此，对单相电压进行实时监测，判断是否发生电压暂降具有非常重要的意义。但前述 abc-dq 变换是针对三相电路的，不适用于单相电路。根据三相三线制的特点，以单相电源为参考电压构造一个虚拟的三相系统，从而可以利用前述的坐标变换进行电压暂降特征量的分析。

以 a 相为例，设基波相电压有效值为U，初相位为零。若将扰动表示成高频振荡信号的叠加，n 次高频信号的有效值为U_n、初相位为θ_n，并按指数 $e^{\beta_n t}$ 衰减，则 a 相电压 u_a 可表示为

$$u_a = \sqrt{2}U\sin(\omega t) + \sqrt{2}\sum U_n\sin(h\omega t + \theta_n)e^{\beta_n t} \tag{9-24}$$

首先将 u_a 延时 60°可得$-u_c$，然后由 $u_b=-u_a-u_c$ 可算出 u_b，即

$$\begin{aligned}u_b = &-\sqrt{2}U\sin(\omega t) + \sqrt{2}U\sin(\omega t - \pi/3) - \sqrt{2}\sum U_h\sin(h\omega t + \theta_h)e^{\beta_h t}\\ &+\sqrt{2}\sum U_h\sin\left(h\omega t + \theta_h - \frac{h\pi}{3}\right)e^{\beta_h\left(t-\frac{\pi}{\omega}\right)}\end{aligned} \tag{9-25}$$

$$u_c = -\sqrt{2}U\sin(\omega t - \pi/3) - \sqrt{2}\sum U_h\sin\left(h\omega t + \theta_h - \frac{h\pi}{3}\right)e^{\beta_h\left(t-\frac{\pi}{\omega}\right)} \tag{9-26}$$

将式（9-24）～式（9-26）分解成基波分量和高频分量，代入式（9-22）进行 dq 变换。将变换后的 d、q 分量电压中的直流成分 U_d 和 U_q 提取出来，则可得

$$U_d = \sqrt{3}U_{eff}\cos\alpha \tag{9-27}$$

$$U_q = -\sqrt{3}U_{eff}\sin\alpha \tag{9-28}$$

式中：U_{eff}为电压下跌幅值；α 为相位跳变角度。

其中U_d 和U_q 经实测计算获得，则由式（9-27）、式（9-28）可求得幅值和跳变角分别为

$$U_{eff} = \frac{\sqrt{3}}{3}\sqrt{U_d^2 + U_q^2} \tag{9-29}$$

$$\alpha = \arccos\left(\frac{\sqrt{3}U_d}{3U_{eff}}\right) = \arccos\left(\frac{U_d}{\sqrt{U_d^2+U_q^2}}\right) \tag{9-30}$$

或

$$\alpha = \arcsin\left(-\frac{\sqrt{3}U_q}{3U_{eff}}\right) = \arcsin\left(-\frac{U_q}{\sqrt{U_d^2+U_q^2}}\right) \tag{9-31}$$

如何快速而准确地提取 U_d 和 U_q，是求解暂降电压幅值和相位跳变的关键，根据直流分量 U_d 和 U_q 的提取方法不同，可将瞬时 dq 分解法分为低通滤波法和平均值法。在低通滤波法中，将 dq 变换结果通过低通滤波器（LPF）进行直流分量的提取；在平均值法中，采用将若干 dq 变换结果进行平均的方法进行直流分量的提取。平均值法中参与计算的点数不受基波频率 0.5 个周期的限制，但其点数的选取及低通滤波法中 LPF 的设计应当考虑屏蔽掉其他扰动（如谐波），否则会影响到算法的动态特性。

9.4.3 电压暂降持续时间的测量

一、电压周期测量法

将电压暂降持续时间定为电压有效值低于某一给定门槛值的时间长短。电压门槛值通常设定为电压额定值的 90%。

实践中多采用 0.5 个周期计算一次电压有效值的方法。此方法测量到的持续时间是周期数的整数倍，因此测出的下跌持续时间通常会出现偏离实际持续时间的现象，测出的时间仅对短时间电压暂降有实际意义。

二、改进 dq 分解法

这种基于派克变换的改进方法，是在 dq 分解法的基础上做了一定的改进。用派克变换将 abc 坐标下的系统三相电压变换到 dq 坐标系下时，基波正序分量变换为直流分量，负序分量变换为二次谐波，零序分量仍为零序分量。

设系统三相电压为

$$\begin{cases} u_a = \sqrt{2}U_1\sin(\omega t+\varphi_1)+\sqrt{2}U_2\sin(\omega t+\varphi_2)+\sqrt{2}U_0\sin(\omega t+\varphi_0) \\ u_b = \sqrt{2}U_1\sin(\omega t+\varphi_1-2\pi/3)+\sqrt{2}U_2\sin(\omega t+\varphi_2+2\pi/3)+\sqrt{2}U_0\sin(\omega t+\varphi_0) \\ u_c = \sqrt{2}U_1\sin(\omega t+\varphi_1+2\pi/3)+\sqrt{2}U_2\sin(\omega t+\varphi_2-2\pi/3)+\sqrt{2}U_0\sin(\omega t+\varphi_0) \end{cases}$$

式中：ω 为工频角频率，$\omega=2\pi f=100\pi$；t 为时间；φ_1、φ_2、φ_0 分别为基波正序分量、负序分量、零序分量的初始相位角。

可按式（9-22）变换得

$$\begin{bmatrix} u_d \\ u_q \end{bmatrix} = C\begin{bmatrix} u_a \\ u_b \\ u_c \end{bmatrix} = \begin{bmatrix} \sqrt{2}U_1\sin\varphi_1 \\ -\sqrt{2}U_1\cos\varphi_1 \end{bmatrix} + \begin{bmatrix} \sqrt{2}U_2\sin(2\omega t+\varphi_2) \\ -\sqrt{2}U_2\cos(2\omega t+\varphi_2) \end{bmatrix} \tag{9-32}$$

对式（9-32）稍作改进，可求得直流分量为

$$\begin{bmatrix} \bar{u}_d \\ \bar{u}_q \end{bmatrix} = \begin{bmatrix} u_d \\ u_q \end{bmatrix} + \frac{1}{2\omega}\begin{bmatrix} u'_q \\ -u'_d \end{bmatrix} = \begin{bmatrix} \sqrt{2}U_1\sin\varphi_1 \\ -\sqrt{2}U_1\cos\varphi_1 \end{bmatrix} \tag{9-33}$$

从求出的直流分量很容易就可以算出基波分量的三相电压的参考值。由于在 dq 坐标下的直流分量的获得是实时的，因此改进 dq 分解法可以准确地检测出电压暂降的起止时刻，也可以同时确定电压幅值暂降的大小与相角跳变。

9.5 抑制电压暂降的措施

9.5.1 抑制电压暂降措施概述

由于用户对电能质量的要求日益多样，仅从电力系统着手，无法彻底防止电压暂降以减

少其对敏感负荷的影响，因此，从技术上考虑，对电压暂降问题采取的措施要从供电部门、用户与用电设备厂商等多方面考虑。

一、减少故障数目

短路故障不仅会造成用户的电能质量问题，也会造成电力设备的损坏，因此，电力部门都已尽最大努力来减少故障的发生。减少短路故障数目不仅可减少电压暂降的发生，也可减少供电中断事故。因此，减少短路故障数目是提高供电质量最显而易见的方法，但真正实施起来还是一项很复杂的工作。为减少故障数目可采取措施如下：①架空线入地；②架空线外加绝缘；③对剪树作业严加管理；④架设附加的屏蔽导线；⑤增加绝缘水平；⑥增加维护和巡视的频率。

二、缩短故障清除时间

缩短故障清除时间虽然不能减少电压暂降发生的次数，但却能明显减少电压暂降的影响程度和持续时间。缩短故障清除时间最有效的措施是应用有限流作用的熔断器。这种熔断器能够在半个周期内清除故障，使得电压暂降的持续时间很少超过 1 个周波。由于熔丝极少误动作，因此熔断器能够有效地缩短故障清除时间。另外，采用快速故障限流器也能在一两个周期内明显减少故障电流的幅值，缓解电压暂降的持续时间。

固态开关，是一种近年来国际上许多重要电气制造商积极开发的基于电力电子技术的无机械触点的开关，已显示出能够运行在较高电压水平的潜力。固态切换开关可实现同步切换，即能保证负荷残压与备用电源电压相位的一致性，这一点对电动机类负荷非常重要，可避免因电动机剩磁而造成的过电流。固态切换开关发展的一个重要趋势是采用电力电子器件与机械开关组合而成的混合式开关。这种开关利用了电力电子器件动作迅速、控制精确的特点，可用于电路切换；还利用了机械开关无导通压降、损耗小的特点，可用于正常运行方式下的电流流通。

此外，还可以利用反时延过电流继电器来缩短故障清除时间，因为与时间成反比的过电流继电器的延时是随故障电流的不断增加而减少。但是即使应用这些方案，清除故障的时间仍可能超过 1s。因而，既保证选择性，又缩短故障清除时间就成为重要的研究课题。为了能够显著减少故障清除时间，可以缩小分级区域，即适当牺牲一些选择性。采用快速断路器特别是静态断路器，能够很有效地缩小分级区域，缩短故障清除时间。

在输电系统中，故障清除时间的长短常常取决于暂态稳定的约束。这些约束比配电系统中的热稳定约束更严格，要求的故障清除时间更短，通常不超过 200ms。这就使得进一步减少故障清除时间变得更加困难。在输电系统中，可用的措施如下。

（1）应用快速电流断路器可有效缩短故障切除时间，而且能够提高远距离保护的选择性，但快速断路器的价格相当昂贵。

（2）可以通过缩小分级区域的方法缩短故障清除时间，这样一定程度上牺牲了选择性。

（3）采用速动后备保护也是有效方法之一。

三、改变供电方式

通过供电方式的改变，可以有效降低电压暂降问题的严重性。具体措施有：①在敏感负荷附近加设供电电源；②采用母线分段或多设配电站的方法来限制同一回供电母线上的馈线数；③在系统中的关键位置安装限流线圈，以增加与故障点间的电气距离，但有可能使某些用户的电压暂降更加严重；④对高敏感负荷可考虑多电源供电。

四、安装缓解设备

在供电系统与用电设备的接口处安装附加设备，是目前应用最广泛的缓解电压暂降的方法。如采用不间断电源（UPS）供电或动态电压调节器（DVR）。

五、提高用电设备的抗扰能力

提高用电设备的抗扰能力，是解决由于电压暂降引起设备掉闸最有效的方法，但是作为快速解决问题的方案却时常不合适。因为，用户通常是在设备安装后才发现设备对电压质量问题的抵御能力不够，而要求设备制造厂家重新设计、制造满足要求的设备可能需要很长的周期以至于不可能实现。事实上就连大部分通用变频调速装置也已成为用户无法定制的成品设备。只对于部分大型设备，用户才有可能依据现场电能质量的水平，提出电能质量扰动抵御能力的要求。

9.5.2 动态补偿技术

动态补偿技术是解决电压暂降问题的最终途径。根据采用的补偿信号种类及动态电能质量调节装置连接方式的不同，动态补偿技术可以分为串联电压补偿和并联电流补偿两种方式。

一、串联电压补偿

串联电压补偿技术是面向负荷的一种补偿方式，其核心是指在供电电压暂降期间迅速向系统注入幅值、相角和频率都可控的三相电压与供电电压相串联，以此来抵消供电电压的暂降成分。依据电压相位的不同，串联电压补偿有三种方式，即同相电压补偿、恒相电压补偿、超前相电压补偿。下面对这三种电压补偿方式的原理作一阐明。图 9 - 7 所示为串联补偿原理电路图。

假设系统电压暂降以前，电源端供电电压 U_s 与馈线末端的负荷电压 U_b 相等。供电电压发生突变，其幅值暂降至 U_T，并伴随有 θ 的相位角偏移，相量图如图 9 - 8 所示。

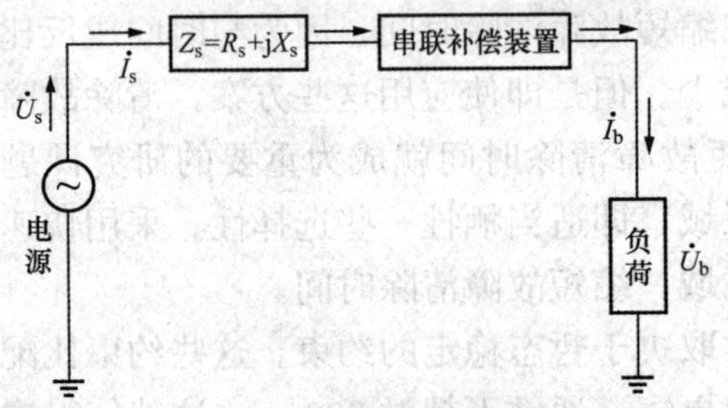

图 9 - 7 串联补偿原理电路图

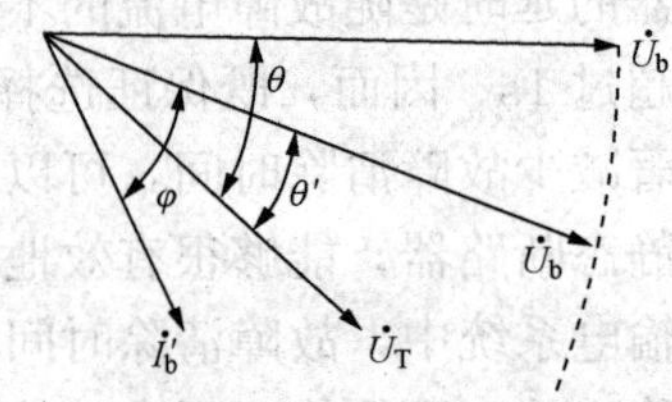

图 9 - 8 系统电压暂降相量图

为维持负荷侧电压幅值不变，动态电能质量调节装置应提供的串联补偿电压 U_c 的幅值、补偿的有功功率 P_c 及视在功率 S_c 可表示为

$$U_c = \sqrt{U_b'+U_T^2-2U_b'U_T\cos\theta'} \tag{9-34}$$

$$P_c = 3I_b'[U_b'\cos\varphi-U_T\cos(\varphi-\theta')] \tag{9-35}$$

$$S_c = 3I_b'\sqrt{U_b'+U_T^2-2U_b'U_T\cos\theta'} \tag{9-36}$$

式中：U_b'、I_b'分别为补偿后负荷电压、电流的幅值；φ 为补偿后负荷功率因数角；θ' 为补偿后负荷电压 $\dot{U}_b'$ 与系统供电电压 $\dot{U}_T$ 之间的相角差。

在同相串联电压补偿方法中，补偿电压 $\dot{U}_c$ 与电压暂降后系统供电电压 $\dot{U}_T$ 同相位，

$\theta'=0$。从式（9-34）～式（9-36）分析可知，动态补偿装置所需提供的补偿电压的幅值与视在功率虽然最小，却需提供最大的有功功率；另外，在补偿之初，负荷电压存在θ的相位角突变，将对相位突变敏感的电力用户产生不利影响。

在恒相串联电压补偿中，补偿电压$\dot{U}_c$等于电压暂降前后供电电压的矢量差，即

$$\dot{U}_c=\dot{U}'_s-\dot{U}_T \tag{9-37}$$

采用该补偿方法，负荷电压的幅值和相位在补偿前后都不发生变化。但该方法需要提供较大的补偿电压和视在功率，并且若暂降时供电电压的相位偏移角θ足够大，还可能产生无功功率过补偿的现象。

超前相电压补偿是通过注入超前供电电压一定相位的补偿电压，以补偿馈线线路感抗压降，从而减小有功电压补偿分量。与前面两种方法相比，在相同的故障条件下，该方法所需提供的有功功率分量最小，故又被称为最小能量注入法。利用该方法，若暂降后供电电压$\dot{U}_T$与负荷电流$\dot{I}'_b$同相位（$\theta'=\varphi$）时，装置所需注入的有功功率P_c达到最小值。在$U_T\geqslant U_b\cos\varphi$的条件下，若控制补偿电压$\dot{U}_c$与负荷电流$\dot{I}'_b$正交，则可无需注入无功功率。但该补偿方法要求注入较大幅值的补偿电压，而且在补偿之初将产生比同相电压补偿方法更大的负荷电压相位突变角，导致负荷侧的电压波形严重不连续，有可能引起系统振荡。

以上三种串联电压补偿方式的原理如图9-9所示。图中，脚标1、2、3分别表示同相电压补偿、恒相电压补偿、超前相电压补偿三种补偿方式。

从上述分析可见，三种电压补偿方法各有利弊。为此，有些文献提出将最小能量注入法与其余两种电压补偿方法相结合，以降低装置的成本并缩小装置的体积。例如，文献［123］提出将同相电压补偿法与最小能量注入法相结合的思路，即在补偿之初采用同相电压补偿法，注入和供电电压同相位的补偿电压，持续一段时间后（为毫秒级），再逐步增加补偿电压的相位角，直至达到最小功率补偿点时停止。与同相电压补偿法相比，在同样的电压暂降深度下，文献［123］所述方法可减少向系统注入的能量，但并未解决在补偿之初负荷电压相位角突变的问题。为了克服这一不足，文献［124］提出了将恒相电压补偿与最小能量补偿相结合的方法，即在补偿之初采用恒相电压补偿法来代替前述方法中的同相电压补偿，从而避免了负荷电压的相位角突变，具有较好的实际应用效果。

二、并联电流补偿

采用并联电流补偿有两种目的：一是消除大容量负荷起动时伴随的电流严重畸变现象对电网的影响，避免公共母线上发生电压暂降现象；二是当电网电压发生暂降或波动时，维持负荷处的电压在正常工作水平，避免敏感负荷的正常工作状态受到干扰。前者的实现原理是通过向系统注入与畸变电流分量大小相等、极性相反的补偿电流，来消除负荷电流畸变对电网的不利影响。下面主要对后一种目的的实现原理进行详细的阐述。

假设系统源端供电电压与负荷侧电压分别为$\dot{U}'_s$、$\dot{U}'_b$，系统阻抗为$Z_s=R_s+jX_s$，$\dot{I}'_s$为系统电流，$\dot{I}'_b$为负荷电流。系统的并联补偿原理电路图如图9-10所示。

未接入并联补偿装置时，电源端电压的压降为

$$\Delta U=U_s-U_b=Z_sI_s=Z_sI_b \tag{9-38}$$

$$I_s=I_b$$

可见，当源端电压发生暂降时，其影响将全部施加到负荷侧，导致负荷侧的电压也必将产生

大幅度的下降。

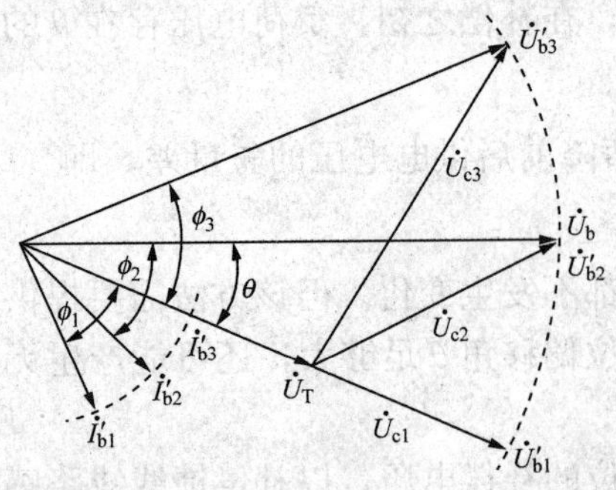

图 9-9 三种串联电压补偿原理图

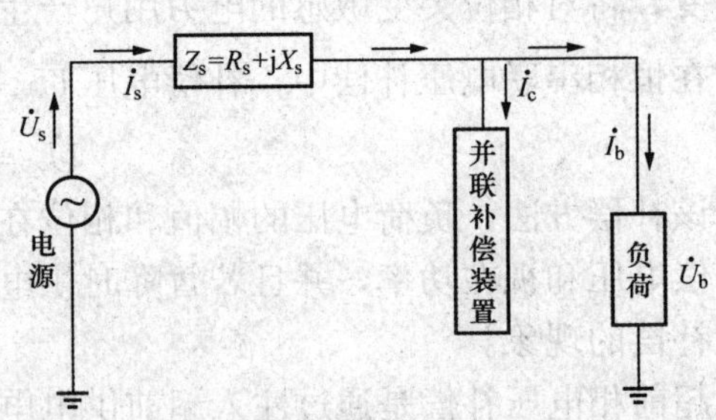

图 9-10 并联补偿原理电路图

安装并联电流补偿装置后，假设补偿装置提供的补偿电流为 I_c，则压降 Δu 可表示为

$$\Delta U = U_s - U_1 = Z_s I_s = Z_s(I_b + I_c) \tag{9-39}$$

$$I_s = I_b + I_c$$

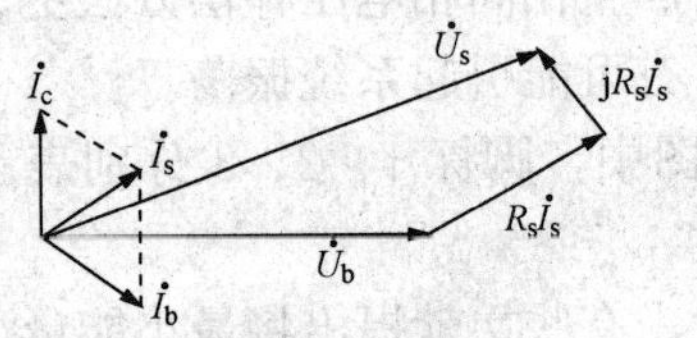

图 9-11 并联电流补偿技术的相量原理图

所以，可以通过合理地调整补偿电流 I_c 的大小和相位，利用其在系统阻抗上产生的压降来抵消电网电压的暂降或波动成分，维持负荷侧的工作电压仍在正常水平。图 9-11 所示为并联电流补偿技术的相量原理图。

与串联电压补偿技术相比，并联电流补偿技术并不是一个用于抑制电压暂降对敏感负荷干扰的经济有效的方法，这是因为在相同的系统电压暂降条件下，串联电压补偿技术只需补偿系统电压暂降的一部分，而并联电流补偿技术需要对系统和负荷两侧同时进行补偿，故其向电网注入的能量要远大于采用串联电压补偿技术时注入的能量，且由于系统阻抗经常改变，很难定量地确定并联电流补偿技术需要提供的补偿分量。因此，并联电流补偿技术主要用于消除负荷电流畸变对系统的影响，而在需要消除电网电压暂降对负荷的干扰的场合则通常采用串联电压补偿技术。

9.5.3 动态电能质量调节装置

目前已开发出来的用于治理配电网供电电压暂降问题的动态电能质量调节装置主要包括不间断电源（UPS）、动态电压恢复器（DVR）、静止同步补偿器（DSTATCOM）、超导储能系统（SMES）。下面对这些装置的性能进行简要介绍。

UPS 作为敏感负荷的备用电源，可有效地消除系统电压暂降或瞬时供电中断对负荷的干扰。其工作机理是在系统正常供电时，UPS 处于后备工作状态，系统给 UPS 的储能电路充电；当检测到供电电压发生扰动后，控制系统立刻切断负荷与供电系统之间的联系，UPS 转为正常工作状态，负荷由 UPS 继续供电。UPS 装置具有良好的实时性，通常从检测到电能质量扰动信号至实现由 UPS 给负荷提供电力只需 2～4ms（小于 1/4 个周期）。但是，UPS 的容量有限，一般不超过兆瓦级，故对于提高大型敏感型工业用户的供电质量的效果不明显。此外，UPS 的造价较高，价格昂贵，这在很大程度上限制了 UPS 的应用范围。

DVR 是用来补偿电压暂降、提高下游敏感负荷供电质量的串联补偿装置，良好的动态性能和成本上的相对优势使其成为目前治理供电电压突降最经济、有效的手段。DVR 通常安装在电源与重要负荷的馈电线路之间。在正常供电状态下，DVR 处于低损耗备用状态。在供电电压发生突变时，DVR 将迅速做出响应，可在几个毫秒内产生一个与电网同步的三相交流电压，该电压与源电网电压相串联，来补偿故障电压与正常电压之差，从而把馈线电压恢复到正常值。DVR 是一种面向负荷的补偿装置，其容量通常取决于负荷的容量和要求补偿的范围，由于 DVR 只需补偿系统电压暂降的缺额部分，故其设计容量远小于采用 UPS 补偿时的设计容量。目前，某些国际知名公司已有 MVA 级的 DVR 装置投入运行，在保证大型敏感工业用户的电能质量方面取得了显著的成效。DVR 的缺陷在于：由于装置内部整流器的影响，DVR 必须采用附加的滤波器电路来滤除其输出电压中的谐波分量，使其成本和体积有所增加。

DSTATCOM 是面向系统的补偿装置，通过向电网的公共耦合点（PCC）注入电流，对负荷电流中的谐波分量进行补偿，从而抑制负荷的高次谐波、不对称、无功及闪变等有害因素对系统的影响，避免因负荷电流畸变引起的系统电压波动或暂降现象。该装置通常安装在网络和负荷之间，与负荷相并联。DSTATCOM 采用并联电流补偿方式，其输出电流可以在很大的电压变化范围内恒定，并且可实现从感性到容性全范围内的连续调节，具有输出感性无功和容性无功的双向调节能力。与 DVR 不同，DSTATCOM 采用了多重化的设计结构，使得其输出的谐波含量大大降低，因此无需采用额外的滤波器。

SMES 是一种利用超导磁体的低损耗和高储能密度，通过现代电力电子型变流器与电力系统接口，组成既能储存电能又能释放电能的快速响应器件。典型的 SMES 从电网吸收最大功率到向电网输送最大功率的转变只需几十毫秒，这使得利用 SMES 来避免电压突变和瞬时停电对用户的干扰、抑制电网电压的瞬时波动，从而使改善配电网的供电质量、提高供电可靠性成为可能。目前，有关这方面的研究正在蓬勃开展，并已经有微型的 SMES 在工业用户系统中投入使用。尽管 SMES 的研制已取得了很大进展，但在部件制造、控制策略、特性研究、运行维护和降低成本等方面还存在相当的难度，大容量、大规模的 SMES 仍局限于概念设计，这些因素都使得 SMES 距真正意义上的实用还存在着一段很长的距离。

第10章 配电系统可靠性

10.1 概 述

10.1.1 配电系统可靠性的概念

配电系统可靠性是指直接向用户供给电能和分配电能的配电系统本身及其向用户供电的可靠性。配电系统可靠性主要包括以下三个方面的内容。

（1）设备本身的可靠性。必须使构成配电系统的各种设备处于正常完好状态，能充分发挥其功能，具有较高的可靠性。

（2）整个配电系统的设备可靠性。必须考虑把具有相当可靠性水平的设备组合起来，并与其他系统相联系，构成容易实现一元化运行和维护的最佳网络。

（3）配电系统运行的可靠性。必须把各种设备有机地结合起来，使之成为具有系统保护和系统恢复能力，对任何事态都有自行处理能力的系统。

10.1.2 配电系统供电可靠性的概念

配电系统供电可靠性就是度量配电系统在某一定时期内，能够保持对用户连续充足供电的能力。

供电可靠率是指，在统计期间内，对用户有效供电时间总小时数与统计期间小时数的比值。我国供电可靠率指标是：达标—99.70%；创一流—99.96%；创国际一流—99.99%。供电可靠率是一个统计数字，是特定统计范围内的平均值，绝不是对任何一个具体用户的停电时间作出的承诺。

值得注意的是，配电系统的系统可靠性（电业部门为保证满足用户供电可靠性，保持电力系统最佳状况的能力）与配电系统供电可靠性两者之间有紧密联系，但两者也有区别。

影响配电系统供电可靠性的因素如图10-1所示。

10.1.3 供电可靠性评价指标与计算公式

供电系统用户供电可靠性统计评价指标，按不同电压等级分别计算，并分为主要指标和参考指标两大类。

一、供电可靠性主要指标及计算公式

（1）用户平均停电时间是指供电用户在统计期间内的平均停电小时数。计算公式为

$$\begin{aligned}\text{用户平均停电时间} &= \frac{\sum(\text{全部停电用户每次停电持续时间})}{\text{总用户数}}\\ &= \frac{\sum(\text{每次停电持续时间}\times\text{每次停电用户数})}{\text{总用户数}}(\text{h/户})\end{aligned} \tag{10-1}$$

若不计外部影响，则有

$$\begin{aligned}&\text{用户平均停电时间(不计外部影响)}\\ &=\text{用户平均停电时间}-\text{用户平均受外部影响停电时间(h/户)}\end{aligned} \tag{10-2}$$

其中

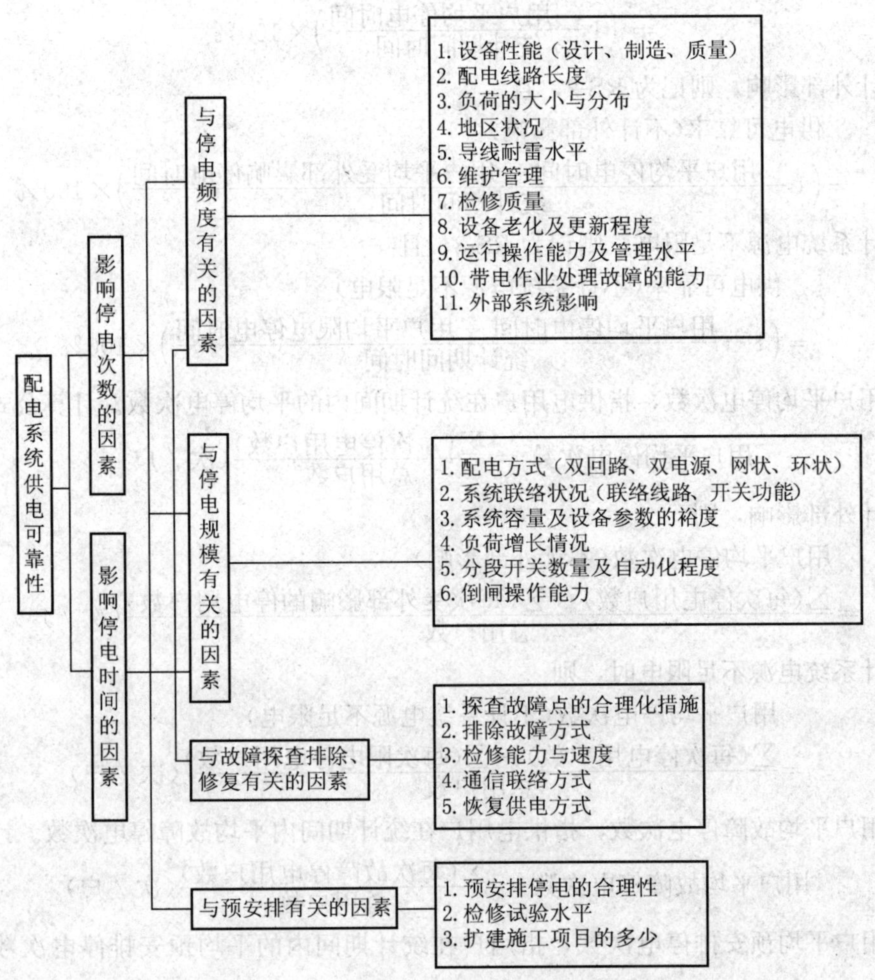

图 10-1 影响配电系统供电可靠性的因素

$$
\begin{aligned}
&\text{用户平均受外部影响停电时间}\\
&=\frac{\sum(\text{每次外部影响停电持续时间}\times\text{每次受其影响的停电户数})}{\text{总用户数}}(\text{h/户})
\end{aligned}
\tag{10-3}
$$

若不计系统电源不足限电，则有

$$
\begin{aligned}
&\text{用户平均停电时间(不计系统电源不足限电)}\\
&=\text{用户平均停电时间}-\text{用户平均限电停电时间(h/户)}
\end{aligned}
\tag{10-4}
$$

其中

$$
\begin{aligned}
&\text{用户平均限电停电时间}\\
&=\frac{\sum(\text{每次限电停电持续时间}\times\text{每次限电停电户数})}{\text{总用户数}}(\text{h/户})
\end{aligned}
\tag{10-5}
$$

(2) 供电可靠率，指在统计期间内对用户有效供电时间总小时数与统计期间小时数的比值，记为RS-1。计算公式为

$$
\text{供电可靠率}=\frac{\text{用户有效供电时间}}{\text{统计期间时间}}\times 100\%
$$

$$=\left(1-\frac{\text{用户平均停电时间}}{\text{统计期间时间}}\right)\times 100\% \tag{10-6}$$

若不计外部影响，则记为RS-2，且

供电可靠率(不计外部影响)

$$=\left(1-\frac{\text{用户平均停电时间}-\text{用户平均受外部影响停电时间}}{\text{统计期间时间}}\right)\times 100\% \tag{10-7}$$

若不计系统电源不足限电，则记为RS-3，且

供电可靠率(不计系统电源不足限电)

$$=\left(1-\frac{\text{用户平均停电时间}-\text{用户平均限电停电时间}}{\text{统计期间时间}}\right)\times 100\% \tag{10-8}$$

(3) 用户平均停电次数，指供电用户在统计期间内的平均停电次数。计算公式为

$$\text{用户平均停电次数}=\frac{\sum(\text{每次停电用户数})}{\text{总用户数}}(\text{次}/\text{户}) \tag{10-9}$$

若不计外部影响，则

用户平均停电次数(不计外部影响)

$$=\frac{\sum(\text{每次停电用户数})-\sum(\text{每次受外部影响的停电用户数})}{\text{总用户数}}(\text{次}/\text{户}) \tag{10-10}$$

若不计系统电源不足限电时，则

用户平均停电次数(不计系统电源不足限电)

$$=\frac{\sum(\text{每次停电用户数})-\sum(\text{每次限电停电用户数})}{\text{总用户数}}(\text{次}/\text{户}) \tag{10-11}$$

(4) 用户平均故障停电次数，指供电用户在统计期间内平均故障停电次数。计算公式为

$$\text{用户平均故障停电次数}=\frac{\sum(\text{每次故障停电用户数})}{\text{总用户数}}(\text{次}/\text{户}) \tag{10-12}$$

(5) 用户平均预安排停电次数，指用户在统计期间内的平均预安排停电次数。计算公式为

$$\text{用户平均预安排停电次数}=\frac{\sum(\text{每次预安排停电用户数})}{\text{总用户数}}(\text{次}/\text{户}) \tag{10-13}$$

若不计系统电源不足限电，则

用户平均预安排停电次数(不计系统电源不足限电)

$$=\frac{\sum(\text{每次预安排停电用户数})-\sum(\text{每次限电停电用户数})}{\text{总用户数}}(\text{次}/\text{户}) \tag{10-14}$$

(6) 系统停电等效小时数，指在统计期间内系统对用户停电的影响折成（等效）全系统（全部用户）停电的等效小时数。计算公式为

$$\text{系统停电等效小时数}=\frac{\sum(\text{每次停电容量}\times\text{每次停电时间})}{\text{系统供电总容量}}(\text{h}) \tag{10-15}$$

二、供电可靠性参考指标及计算公式

(1) 用户平均预安排停电时间，指在统计期间内每一用户的平均预安排停电小时数。计算公式为

用户平均预安排停电时间

$$=\frac{\sum(\text{每次预安排停电时间}\times\text{每次预安排停电户数})}{\text{总用户数}}(\text{h}/\text{户}) \tag{10-16}$$

(2) 用户平均故障停电时间，指在统计期间内每一用户的平均故障停电小时数。计算公式为

$$用户平均故障停电时间 = \frac{\sum(每次故障停电时间 \times 每次故障停电户数)}{总用户数}(h/户) \tag{10-17}$$

(3) 预安排停电平均持续时间，指在统计期间内预安排停电的每次平均停电小时数。计算公式为

$$预安排停电平均持续时间 = \frac{\sum(预安排停电时间)}{预安排停电次数}(h/次) \tag{10-18}$$

(4) 故障停电平均持续时间，指在统计期间内故障停电的每次平均停电小时数。计算公式为

$$故障停电平均持续时间 = \frac{\sum(故障停电时间)}{故障停电次数}(h/次) \tag{10-19}$$

(5) 平均停电用户数，指在统计期间内平均每次停电的用户数。计算公式为

$$平均停电用户数 = \frac{\sum(每次停电用户数)}{停电次数}(户/次) \tag{10-20}$$

(6) 预安排停电平均用户数，指在统计期间内平均每次预安排停电的用户数。计算公式为

$$预安排停电平均用户数 = \frac{\sum(每次预安排停电户数)}{预安排停电次数}(户/次) \tag{10-21}$$

(7) 故障停电平均用户数，指在统计期间内平均每次故障停电的用户数。计算公式为

$$故障停电平均用户数 = \frac{\sum(每次故障停电户数)}{故障停电次数}(户/次) \tag{10-22}$$

(8) 用户平均停电缺供电量，指在统计期间内平均每一用户因停电缺供的电量。计算公式为

$$用户平均停电缺供电量 = \frac{\sum(每次停电缺供电量)}{总用户数}(kW \cdot h/户) \tag{10-23}$$

(9) 预安排停电平均缺供电量，指在统计期间内平均每次预安排停电缺供的电量。计算公式为

$$预安排停电平均缺供电量 = \frac{\sum(每次预安排停电缺供电量)}{预安排停电次数}(kW \cdot h/次) \tag{10-24}$$

(10) 故障停电平均缺供电量，指在统计期间内平均每次故障停电缺供的电量。计算公式为

$$故障停电平均供电量 = \frac{\sum(每次故障停电缺供电量)}{故障停电次数}(kW \cdot h/次) \tag{10-25}$$

(11) 设施停运停电率，指在统计期间内某类设施平均每100台（或100km）因停运而引起的用户停电次数。计算公式为

$$设施停运停电率 = \frac{设施停运引起对用户停电的总次数}{设施100台 \times 年数(或线路100km \times 年数)} \tag{10-26}$$

$$[次/(100台 \cdot 年)]或[次/(100km \cdot 年)]$$

式中：设施停运包括强迫停运（故障停运）和预安排停运，且有

$$设施100台(线路100km) \times 年数$$

$$=统计期间设施的 100 台(线路 100km) 数 \times \frac{统计期间小时数}{8760}$$

（12）设施停电平均持续时间，指在统计期间内某类设施平均每次因停运而引起对用户停电的持续时间。计算公式为

$$设施停电平均持续时间 = \frac{\sum(某类设施每次因停运而引起的停电时间)}{某类设施停运引起停电的总次数}(h/次) \tag{10-27}$$

（13）系统故障停电率，指在统计期间内供电系统每 100km 线路（包括架空线路及电缆线路）故障停电次数（高压系统不计算此项指标）。计算公式为

$$系统故障停电率 = \frac{系统总故障停电次数}{系统线路 100km \times 年数}[次/(100km \cdot 年)] \tag{10-28}$$

（14）架空线路故障停电率，指在统计期间内每 100km 架空线路故障停电次数。计算公式为

$$架空线路故障停电率 = \frac{架空线路总故障停电次数}{架空线路 100km \times 年数}[次/(100km \cdot 年)] \tag{10-29}$$

（15）电缆线路故障停电率，指在统计期间内每 100km 电缆线线路故障停电次数。计算公式为

$$电缆线路故障停电率 = \frac{电缆总故障停电次数}{电缆线路 100km \times 年数}[次/(100km \cdot 年)] \tag{10-30}$$

（16）变压器故障停电率，指在统计期间内每 100 台变压器故障停电次数。计算公式为

$$变压器故障停电率 = \frac{变压器总故障停电次数}{变压器 100 台 \times 年数}[次/(100 台 \cdot 年)] \tag{10-31}$$

（17）断路器（受继电保护控制者）故障停电率，指在统计期间内每 100 台断路器故障停电次数。计算公式为

$$断路器故障停电率 = \frac{断路器故障停电次数}{断路器 100 台 \times 年数}[次/(100 台 \cdot 年)] \tag{10-32}$$

（18）外部影响停电率，指在统计期间内每一用户因供电部门管辖范围以外的原因造成的平均停电时间与用户平均停电时间之比。计算公式为

$$外部影响停电率 = \frac{用户平均受外部影响的停电时间}{用户平均停电时间} \times 100\% \tag{10-33}$$

$$外部影响停电率(不计系统电源不足限电) = \frac{用户平均受外部影响的停电时间 - 用户平均限电停电时间}{用户平均停电时间} \times 100\% \tag{10-34}$$

在需要作扩大统计范围的指标计算时（如季度综合成年度以至多年度指标，一个地区扩大成多个地区指标等），应遵从全概率公式，即：设事件 A 的概率以事件 $B_1B_2\cdots B_n$ 为条件，其中所有 B_i（$i=1$，2，…，n）均为互斥，且 $\sum_{i=1}^{n}P(B_i)=1$，则事件 A 的概率 $P(A)$ 为

$$P(A) = \sum_{i=1}^{n}P(A/B_i)P(B_i) \tag{10-35}$$

例如，计算不同时间段、不同地区的综合供电可靠率时以时户数加权平均，计算相同时间段、不同地区的综合用户平均停电小时和用户平均停电次数时以户数加权平均。

供电系统供电可靠性指标中英文名称对照见表 10-1。

表 10-1 **供电系统供电可靠性指标中英文名称对照**

中文名称	英文缩写	英文全称
供电可靠率	RS-1	reliability on service in total
供电可靠率（不计外部影响）	RS-2	reliability on service exclude external influence
供电可靠率（不计系统电源不足限电）	RS-3	reliability on service exclude the limitation by the lack of system capability
用户平均停电时间	AIHC-1	average interruption hours of customer
用户平均停电时间（不计外部影响）	AIHC-2	average interruption hours of customer exclude external influence
用户平均停电时间（不计系统电源不足限电）	AIHC-3	average interruption hours of customer exclude the limitation by the lack of system capability
用户平均停电次数	AITC-1	average interruption times of customer
用户平均停电次数（不计外部影响）	AITC-2	average interruption times of customer exclude external influence
用户平均停电次数（不计系统电源不足限电）	AITC-3	average interruption times of customer exclude the limitation by the lack of system capability
用户平均故障停电次数	AFTC	average failure interruption times of customer
用户平均预安排停电次数	ASTC-1	average scheduled interruption times of customer
用户平均预安排停电次数（不计系统电源不足限电）	ASTC-3	average scheduled interruption times of customer exclude the limitation by the lack of system capability
系统停电等效小时数	SIEH	system interruption hours
用户平均故障停电时间	AIHC-F	average interruption hours of customer by failure
用户平均预安排停电时间	AIHC-S	average interruption hours of customer by scheduled
预安排停电平均持续时间	MID-S	mean interruption duration by scheduled
故障停电平均持续时间	MID-F	mean interruption duration by failure
平均停电用户数	MIC	mean interruption customer
预安排停电平均用户数	MIC-S	mean interruption customer by scheduled
故障停电平均用户数	MIC-F	mean interruption customer by failure
用户平均停电缺供电量	AENS	average energy not supplied of customer per times of failure interruption
预安排停电平均缺供电量	AENT-S	average energy not supplied of customer per times of scheduled interruption
故障停电平均缺供电量	AENT-F	average energy not supplied of customer per times of failure interruption
系统故障停电率	RSFI	rate of system failure with interruption
架空线路故障停电率	RLFI	rate of overhead line failure with interruption
电缆故障停电率	RCFI	rate of cable failure with interruption
变压器故障停电率	RTFI	rate of transformer failure with interruption

续表

中文名称	英文缩写	英 文 全 称
断路器故障停电率	RBFI	rate of circuit breaker failure with interruption
外部影响停电率	IRE	interruption rate by include external influence
外部影响停电率（不计系统电源不足限电）	IRE-3	interruption rate by exclude the limitation by the lack of system capability
设施停运停电率	REOI	rate of equipment outage with interruption
架空线路停运停电率	RLOI	rate of overhead outage with interruption
电缆停运停电率	RCOI	rate of cable outage with interruption
变压器停运停电率	RTOI	rate of transformer outage with interruption
断路器停运停电率	RBOI	rate of circuit breaker outage with interruption
设施停电平均持续时间	MDEOI	mean duration of equipment outage with interruption
架空线路停电平均持续时间	MDLOI	mean duration of overhead line outage with interruption
电缆停电平均持续时间	MDCOI	mean duration of cable outage with interruption
变压器停电平均持续时间	MDTOI	mean duration of transformer outage with interruption
断路器停电平均持续时间	MDBOI	mean duration of circuit breaker outage with interruption

10.2 配电系统可靠性准则

电力系统可靠性准则应用范围包括发电系统、输电系统、发输电合成系统、配电系统的规划、设计、运行、维修工作。其考虑因素一般如下。

（1）电力系统发、输、变、配设备容量的大小。

（2）承担突然失去设备元件的能力和预想系统故障的能力。

（3）对系统的控制、运行及维护。

（4）系统各元件的可靠运行。

（5）用户对供电质量和连续性的要求。

（6）能源的充足程度，包括燃料的供应和水库的调度。

（7）天气对系统、设备和用户电能需求的影响等。

其中因素（1）、（2）、（6）可由规划、设计来控制，其余各因素则反映在生产运行过程之中。

电力系统可靠性准则有三种分类方法。按其所要求的可靠度获取的方法，可分为概率性准则和确定性准则。按系统状态过程的不同，可分为暂态准则和静态准则。按研究问题的性质不同，可分为技术性准则和经济性准则。

一、概率性准则和确定性准则

（1）概率性准则。概率性准则以概率法求得的数字或参量表示或规定可靠度的目标水平或不可靠度的上限值，如电力（电量）不足期望值或事故次数期望值。因此，概率性准则又称为指标或参量准则。此类准则是构成概率性可靠性评价的基础。

（2）确定性准则。确定性准则采取一组系统应能承受的事件（如发电或输电系统的某些事故情况）为考核条件，采用的考核或检验条件往往选择运行中最严重的情况。考虑的前提是，如果电力系统能承受这些情况并保证可靠运行，则在其余较不严重的情况下也能够保证系统的可靠运行。因此，确定性准则又称为性质或性能的检验准则。此类准则是构成确定性偶发事件评价的基础。

用概率法求得的可靠性指标可以得出对事故风险度的较佳估计。概率性准则较之确定性准则考虑的面更为广泛。

二、静态准则和暂态准则

(1) 静态准则。静态准则仅考虑在相当长时间内的各种不同电力系统静态情况下和无扰动情况下，系统供电能力的各种可能情况的可靠性指标。为此，静态准则又称充裕度准则。

(2) 暂态准则。暂态准则仅考虑在电力系统发生事故时暂态过程中，包括运行人员的反应能力在内的电力系统维持安全稳定运行的能力，如机组无功响应能力、机组带负荷能力等。为此，暂态准则又称安全性准则。

三、技术性准则和经济性准则

(1) 技术性准则。技术性准则是指，为保证供电质量和可靠性，系统必须承受的考核和检验条件。

(2) 经济性准则。经济性准则考虑的是经济问题，包括事故停电损失值、固定和运行总费用的优化。

此外，电力系统可靠性准则还可根据应用范围，按电力系统各主要环节分为发电系统准则、输电系统准则和配电系统准则；按生产工作过程分为规划准则、设计准则和运行准则等。

各国对电力系统制定了各种可靠性准则。根据CIGRE的调查报告，目前已有20多个国家在发电、输电和配电等方面制定了有关规划、设计或运行的可靠性准则。

我国在2001年颁发的《电力系统安全稳定导则》和1984年颁发的《电力系统技术导则》中也制定了相应的准则。

配电系统可靠性准则就是在配电系统规划、设计或运行中，为使配电系统达到要求的可靠度所必须满足的指标、条件或规定，也是配电系统可靠性评估所依据的行为原则和标准。

配电系统可靠性准则必须与用户的需要及系统对供电充裕度的需求相一致。其基本内容包括供电质量和供电连续性两个方面。供电质量一般以允许的电压和频率水平来表示；而供电连续性则以连续地满足用户供电质量所要求的项目来表示，通常以停电及停运的频率、停电及停运的平均持续时间，以及年停电、停运时间的期望值等作为评价供电连续性的参数。选择标准时，应与经济性联系起来并加以优化，求出最佳的可靠度，并视各国的具体情况而定。而经济性准则主要反映在供电成本和停电造成的损失两个方面，可靠度越高，供电成本费用越多，停电损失费用越小，反之亦然。

研究表明，供电成本费用与可靠度呈递增关系，可近似地用指数函数来表示。其特征系数与全系统的状况、设备费用及性能指标有关。而停电损失费用则与可靠度呈递减函数关系。停电损失费用是指因停电影响用户生产给国民经济造成的损失，供电部门因停电而造成的电费收入的减少，以及其他经济损失。此外，还包括了由于大规模停电而给社会生活带来的恶劣影响等。最佳可靠度可以由供电成本费用和停电损失费用，与可靠度关系曲线叠加后的总费用的最低值来决定。

10.3 我国城市电力网可靠性的规定

10.3.1 概述

有关城市电力网的可靠性规定在我国主要体现在《城市电力网规划设计导则》（以下简称《导则》）和《全国供用电规则》中。

一、《城市电力网规划设计导则》

1985年5月，原水利电力部和城乡建设环境保护部为适应城市电力网规划和建设的需要，在总结1981年由原电力工业部和原国家城建总局联合编制并颁发的《关于城市电力网规划设计若干原则（试行）》的执行情况及全国城市电力网改造工作经验的基础上，组织制定了《城市电力网规划设计导则（试行）》[以下简称《导则》]。1993年3月，建设部和原能源部委托中国电机工程学会城市供电专业委员会在原有试行本的基础上进一步修改、补充，并正式颁发《导则》。2006年国家电网公司又对《导则》进行了修改、补充、完善工作。

《导则》是我国编制和审查城市电力网规划、设计，进行城市电力网改造和建设的依据和指导性文件。它从技术经济和可靠性两个方面对城市电力网的规划编制要求、负荷预测、规划设计的技术原则及供电设施、调度、通信、自动化、特种用户的供电技术要求等作了详细而具体的规定，既总结了全国各地执行《导则》的实践经验，又吸取了国外的先进技术，并贯彻了国家城市规划法的有关规定。

二、《全国供用电规则》

1983年8月，原水利电力部为更好地协调供电与用电的关系，确立正常的供电秩序，以实现安全、经济、合理地使用电力，在1972年7月颁发的《供用电规则（试行本）》的基础上，总结供用电工作中存在的问题，广泛征求各地区和各有关部门的意见，修订而成《全国供用电规则》（以下简称《规则》）。该规则是供用电系统改造、建设和运行管理的依据和指导性文件。

上述两个文件分别从供电质量、安全及供电连续性等方面对城市电力网的可靠性作了规定。这些规定构成了我国城市电力网的可靠性准则。

10.3.2 城市电力网对可靠性的一般要求

（1）《导则》规定，城网布局、负荷分布、供电能力、供电可靠性、电压和电能的损失、负荷预测、电网结构及电网的经济效益等是编制城市电力网规划的主要内容。

城市电力网规划应着重研究电网的整体，应从分析现有城网的状况，根据需要和可能，改造和加强现有城网入手，研究负荷增长规律，解决城网结构中的薄弱环节，扩大城网的供电能力，加强城网的结构布局和设施标准化，提高安全可靠性，做到远近结合，新建和改造相结合，技术经济合理。在实施城网远期规划后，应使城网具有充分的供电能力，能满足各类用电负荷增长的需要，供电质量、可靠性达到规划目标的要求。

在经济分析中，对规划、设计方案进行比较的条件之一是，供电能力、供电质量、供电可靠性、建设工期能同等程度地满足同一地区城网发展需要。方案比较可用优化供电可靠性的原则，以使供电部门和全社会取得最大的经济效益。

作为可靠性重要内容的负荷预测，是城网规划设计的基础。为使城网结构的规划设计更为合理，负荷预测应从用电性质、地理区域或功能分区、电压等级分层三个方面分别进行。

(2)《规则》规定，供电公司和用户都应加强供电和用电设备的运行管理，切实执行有关安全供用电的规程制度，以保证供电的可靠性和供电的连续性。供电公司应努力提高服务质量，更好地为用户服务。对用户的供电电压，应从供用电的安全、经济出发，根据电网规划、用电性质、用电容量、供电方式及供电条件等因素进行技术经济比较后确定。

10.3.3 城市电力网可靠性标准

城市电力网可靠性标准，实际上就是城市配电系统（配电网络）的可靠性准则。除供电质量外，供电连续性是另一个重要方面。

关于供电的连续性，《导则》规定对用户连续供电的可靠程度应满足电网供电安全准则及满足用户用电的程度两个目标。

一、电网供电安全准则

城市配电网的供电安全采取 $N-1$ 准则，其内容如下。

(1) 高压变电站中失去任何一回进线或一组降压变压器时，必须保证向下一级配电网供电。

(2) 高压配电网中一条架空线或一条电缆线或变电站中一组降压变压器发生故障停运时，在正常情况下，除故障段外其他区段不得停电，并不得发生电压过低和设备不允许的过负荷；在计划停运情况下又发生故障停运时，允许部分停电，但应在规定时间内恢复供电。

(3) 低压电网中当一台变压器或电网发生故障时，允许部分停电，并尽快将完好的区段在规定时间内切换至邻近电网，恢复供电。

此准则可通过选取电网和变电站的接线及设备运行率 T 来达到。设备运行率 T 的定义为

$$T=\frac{\text{设备的实际最大负荷(kW)}}{\cos\varphi\times\text{设备的额定容量(kVA)}}\times 100\% \tag{10-36}$$

式中：$\cos\varphi$ 为该实际最大负荷的功率因数。

设备运行率的具体计算方法如下。

1) 35～220kV 的变电站，应配置两台及以上变压器。当一台故障停运时，其负荷可自动转移至正常运行变压器，此时变压器的负荷不应超过其短时容许的过载容量，以后再通过电网操作将变压器的过载部分转移至中压电网。符合此种要求的变压器运行率为

$$T=\frac{KP(N-1)}{NP}\times 100\% \tag{10-37}$$

式中：T 为变压器运行率；K 为变压器短时容许过载率；N 为变压器台数；P 为单台变压器额定容量。

需在短时内将变压器过载部分转移至电网的容量 L 为

$$L=(K-1)P(N-1) \tag{10-38}$$

2) 380V～10kV 配电站，户内式配电站宜采用两台及以上变压器，有条件时低压侧可并联运行，柱上式变压器故障时允许停电，但应尽量将负荷转移至邻近电网。

3) 高压（包括 220kV）线路，应由两个或两个以上回路组成，当一回线路停运时，应在一次侧或二次侧进行自动切换，并供给全部负荷容量（但不能超过设备的短时容许过载容量），并通过下一级电网操作转移负荷，解除设备的过载运行。线路的运行率 T 为

$$T=\frac{(N-1)K}{N}\times 100\% \tag{10-39}$$

式中：N 为线路回数；K 为短时容许过载率，可根据各地的现场运行规程规定。

4）中压配电网，当配电网为架空线路沿道路架设的多分段多连接（即多分割多联络）的开式网络，且每段有一个电源馈入点时，若某一区段线路发生故障停运，就将造成全线路的停电，应尽快隔离故障，将完好部分通过联络开关向邻近段线路转移，恢复供电。线路的运行率 T 为

$$T=\frac{KP-M}{P}\times 100\% \tag{10-40}$$

式中：M 为线路的预留备用容量，即邻近段线路故障停运时可能转移过来的最大负荷；K 为短时容许过载率；P 为线路额定容量；T 的数值不应大于 1。

当中压配电网为电缆线路时，一般有两种基本结构：①多回路配电网，其线路运行率与高压线路运行率计算式与式（10－39）相同；②开式单环配电网，其线路运行率计算与双回路的相同。但环网故障时须经过倒闸操作恢复供电，时间较长。由于电缆线路故障处理时间长，一般不采用放射状单回路电缆线路供电。如采用时，应根据用户要求给予必要的保安电源，电压和容量可与用户协商决定。

5）低压配电网。其线路运行率计算与中压配电网［式（10－40）］相同，但故障转移负荷时应核算末端电压降是否在允许的标准以内。

二、满足用户用电的程度

《导则》规定了配电网故障造成用户停电时，允许停电的容量和恢复供电的目标时间。其原则如下。

（1）两回路供电的用户，失去一回路后应不停电。

（2）三回路供电的用户，失去一回路后应不停电，再失去一回路后应满足 50%～70% 用电量。

（3）一回路和多回路供电的用户电源全停时，恢复供电的目标时间为一回路故障处理的时间。

（4）开环网络中的用户，环网故障时需通过电网操作恢复供电的，其目标时间为操作所需的时间。对于具体目标时间的考虑，负荷越大的用户，目标时间应越短。目标时间可分阶段规定，应逐步缩短。若配备自动化装置时，故障后负荷应能自动切换。

三、特殊用户的供电可靠性要求

（1）对于重要用户，除正常供电的电源外，应有保安或备用电源。原则上保安或备用电源与正常供电电源应来自两个独立的电源，如来自不同变电站（发电厂）的电源，或虽来自同一变电站但属于互不影响的不同母线分段供电的电源。当重要用户由两回及以上线路供电时，用户侧各级电压网络一般不应并列，以简化保护；当其中任一回路故障重合闸不成功时，采用备用电源切换，互为备用，以提高供电可靠性。

（2）对于高层建筑用户，《导则》规定：①10 层及以上的住宅建筑（包括底层设置商业服务网点的住宅），以及高度超过 24m 的其他民用建筑，除正常供电电源外，还应供给备用电源。②19 层及以上的办公楼、高级宾馆或高度超过 50m 以上的科研楼、图书馆、档案馆等建筑，由于其功能复杂，停电或发生火灾后损失严重，除应具有供电部门供给的正常电源

与备用电源外，用户还应自备发电机及自动起动装置。

10.4　配电系统可靠性预测方法

配电系统可靠性工作的核心内容包括可靠性的统计分析评价和可靠性的预测评估两方面。前者是对已运行的配电系统及其设备进行历史的可靠性指标进行统计、分析、评价，是量度过去的行为；后者是为设计、规划和建设新的系统，或者扩大、改造和发展现有系统供电能力而进行的预测评估，是预测未来的行为。可靠性统计分析评价是可靠性预测评估的基础，也是配电系统及其设备产品质量管理的一个重要环节。不了解现有配电系统及其设备可靠性的特性数据，要进行配电系统可靠性的统计分析评价，是相当困难，甚至是不可能的。反之，可靠性预测评估是可靠性统计分析的深化与发展。如果仅进行可靠性的统计分析评价，而不进行可靠性的预测评估，就很难从根本上改善系统的可靠性。所以，配电系统可靠性的评价，就是对整个配电系统及其设备历史的和未来的综合评价。

目前，有关配电系统可靠性预测评估的方法很多，如故障模式后果分析法、可靠度预测分析法、状态空间图评估法、近似法及网络简化法等。其中使用较为广泛，并已经实践证明比较实际，能够反映配电系统结构和运行特性的，是以元件组合关系为基础的故障模式后果分析法。

10.4.1　配电系统可靠性预测评估指标

一、配电系统可靠性预测评估的主要故障分析指标

（一）串联系统主要故障分析指标

所谓串联系统，就是由两个或两个以上元件组成的系统，若其中一个元件故障，则系统视为故障。换句话说，必须所有元件同时完好，系统才完好。

对于串联系统，根据马尔柯夫过程理论，可以推导出用于工程计算的实用公式，即

$$\lambda_s = \sum_{i=1}^{n} \lambda_i \tag{10-41}$$

$$r_s = \frac{\sum_{i=1}^{n} \lambda_i r_i}{\sum_{i=1}^{n} \lambda_i} = \frac{U_s}{\lambda_s} \tag{10-42}$$

$$U_s = \sum_{i=1}^{n} \lambda_i r_i = \lambda_s r_s \tag{10-43}$$

式中：λ_s 为系统负荷点的等效故障率（或平均故障率），次/年；λ_i 为元件 i 的故障率，次/年；r_i 为元件 i 的故障修复时间（或称故障停电时间），h/次；r_s 为系统负荷点每次故障的等效修复时间（或平均停电持续时间），h/次；U_s 为系统负荷点的不可用率（或年平均停电时间），h/年。

（二）并联系统主要故障分析指标

所谓并联系统，就是由两个或两个以上元件组成的系统，必须所有元件同时故障，系统才视为故障。换句话说，只要其中一个元件正常工作，系统就处在工作状态。

两元件并联的计算公式为

$$\lambda_p = \lambda_1 \lambda_2 (r_1 + r_2) \tag{10-44}$$

$$r_p = \frac{r_1 r_2}{r_1 + r_2} \tag{10-45}$$

$$U_p = \lambda_p r_p = \lambda_1 \lambda_2 r_1 r_2 \tag{10-46}$$

三元件并联的计算公式为

$$\lambda_p = \lambda_1 \lambda_2 \lambda_3 (r_1 r_2 + r_2 r_3 + r_3 r_1) \tag{10-47}$$

$$r_p = \frac{r_1 r_2 r_3}{r_1 r_2 + r_2 r_3 + r_3 r_1} \tag{10-48}$$

$$U_p = \lambda_p r_p = \lambda_1 \lambda_2 \lambda_3 r_1 r_2 r_3 \tag{10-49}$$

式中：λ_1、λ_2、λ_3 分别为元件 1、2、3 的故障率，次/年；r_1、r_2、r_3 分别为元件 1、2、3 的故障修复时间（或故障停电时间），h/次。

以上介绍的串联系统和并联系统的计算公式使用时应注意以下几点。

（1）应用公式前应先建立系统模型。

（2）公式只给出参数的平均期望值，此外，即使元件寿命服从指数分布，但元件串联后形成的系统一般并不服从指数分布。

（3）公式虽根据马尔柯夫过程理论推导出来，并假定元件寿命及修复时间服从指数分布，但公式仍可用于计算服从其他分布的平稳状态平均值。

二、与用户有关的配电系统可靠性预测评估指标

（1）系统平均停电频率指标（SAIFI）。其表达式为

$$SAIFI = \frac{\text{用户总停电次数}}{\text{总用户数}} = \frac{\sum \lambda_i N_i}{\sum N_i} [\text{次}/(\text{用户}\cdot\text{年})] \tag{10-50}$$

式中：λ_i 为故障率；N_i 为负荷点 i 的用户数。

（2）用户平均停电频率指标（CAIFI）。其表达式为

$$CAIFI = \frac{\text{用户总停电次数}}{\text{受停电影响的总用户数}} [\text{次}/(\text{停电用户}\cdot\text{年})] \tag{10-51}$$

其中，受停电影响的总用户数的统计方法是受停电影响的用户一年内不管其被停电的次数有多少，每户均只按一户计算。

（3）系统平均停电持续时间指标（SAIDI）。其表达式为

$$\begin{aligned} SAIDI &= \frac{\text{用户停电持续时间的总和}}{\text{总用户数}} \\ &= \frac{\sum U_i N_i}{\sum N_i} [\text{min}/(\text{用户}\cdot\text{年})]\text{或}[\text{h}/(\text{用户}\cdot\text{年})] \end{aligned} \tag{10-52}$$

式中：U_i 为年平均停电时间，h/年。

（4）用户平均停电持续时间指标（CAIDI）。其表达式为

$$\begin{aligned} CAIDI &= \frac{\text{用户停电持续时间的总和}}{\text{用户总停电次数}} \\ &= \frac{\sum U_i N_i}{\sum \lambda_i N_i} [\text{min}/(\text{停电用户}\cdot\text{年})]\text{或}[\text{h}/(\text{停电用户}\cdot\text{年})] \end{aligned} \tag{10-53}$$

（5）平均供电可用率指标（ASAI）。其表达式为

$$ASAI = \frac{\text{用户总供电小时数}}{\text{用户要求供电总小时数}} = \frac{\sum N_i \times 8760 - \sum U_i N_i}{\sum N_i \times 8760} \tag{10-54}$$

（6）平均供电不可用率指标（ASUI）。其表达式为

$$ASUI = 1 - \text{平均供电可用率指标} = \frac{\text{用户不能供电小时数}}{\text{用户要求供电总小时数}}$$

$$= \frac{\sum U_i N_i}{\sum N_i \times 8760} \tag{10-55}$$

三、与负荷和电量有关的指标

(1) 平均负荷停电指标(ALII)。其表达式为

$$ALII = \frac{\text{总停电负荷(kVA 或 kW)}}{\text{连接的总负荷(kVA 或 kW)}} \tag{10-56}$$

(2) 平均系统缺电指标(ASNI)。其表达式为

$$ASNI = \frac{\text{总的电量不足}}{\text{总用户数}} = \frac{\text{总削减负荷}}{\text{总用户数}}(\text{kVA}\cdot\text{h/用户或 kW}\cdot\text{h/用户}) \tag{10-57}$$

(3) 平均用户缺电指标(ACNI)。其表达式为

$$ACNI = \frac{\text{总的电量不足}}{\text{受影响的总用户数}}$$

$$= \frac{\text{总削减负荷}}{\text{受影响的总用户数}}(\text{kVA}\cdot\text{h/受影响用户或 kW}\cdot\text{h/受影响用户}) \tag{10-58}$$

(4) 总电量不足(ENS)。其表达式为

$$ENS = \sum L_{ai} U_i \tag{10-59}$$

$$L_{ai} = L_{pi} f_i \tag{10-60}$$

式中:L_{ai}为连接在每个负荷点i上的平均负荷;L_{pi}为负荷点i的峰荷;f_i为负荷系数。

上述各指标,既可用于现有配电系统可靠性的统计分析(即评估过去),又可用以对配电系统未来的可靠性进行预测。对过去的评估既可以确定系统行为的年度变化,从而确定系统的薄弱环节及需要采取的增强性措施,又可以依此制定指标,作为未来可靠性评估的参考,并且可以通过预测同实际运行情况进行比较,应用非常广泛。

10.4.2 简单放射状网络的可靠性评价

所谓故障模式后果分析法,就是利用元件可靠性数据,在计算系统故障指标之前先选定某些合适的故障判据(即可靠性准则),然后根据判据将系统状态分为完好和故障两大类的一种检验方法。具体做法是建立故障模式后果表,查清每个基本故障事件及其后果,然后加以综合分析。它是分析配电系统可靠性的基本方法,不仅适用于简单的放射状网络,而且可以扩展用于无论有无负荷转移设备的复杂网络的全面分析,用于计算所有故障过程和恢复过程。

一、简单放射状配电系统的特点

采用简单放射状网络向用户供电,是配电系统最基本的典型形式。这种网络的特征是从电源开始,所有元件均为串联,其分支线路的元件也与主干线的某一段或几段相串联。其典型接线图如图10-2所示。

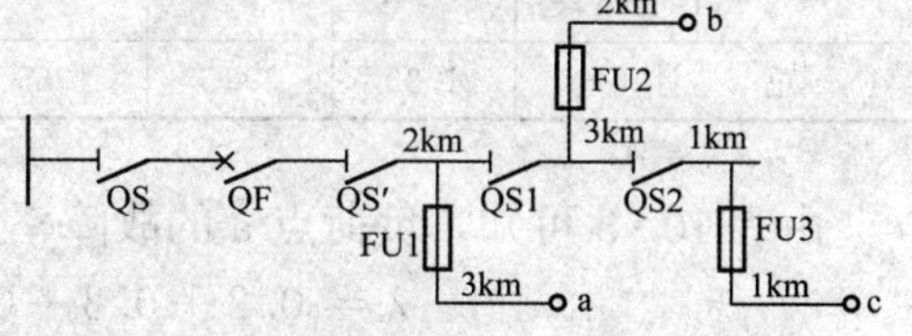

图10-2 简单放射状配电系统典型接线图
QF—配电干线断路器;FU—熔断器;
QS—隔离开关;a、b、c—负荷点

图10-2中,系统由配电变电站母线单端供电。假定配电变电站母线和供电主干线的断路器完全可靠,全部隔离开关常闭,负荷点a、b、c由供电干线经装有熔断器的分支线路供电。

当系统中某一部分发生故障时，可以手动操作隔离开关，断开故障部分，使系统恢复供电。

对于配电系统中的两端供电网络、环形供电网络以及网形供电网络，如在正常运行时，将其正常开路点断开运行，均可形成简单的放射状网络。因此，对放射状配电系统可靠性的评价是评价配电系统可靠性的基础。

二、单端供电网络的可靠性评价

下面以图 10-2 所示的放射状配电系统为例，应用故障模式后果分析法进行单端供电网络的可靠性评价。

（1）假定系统各元件的可靠性指标及参数见表 10-2。

表 10-2　图 10-2 中放射状配电系统元件的可靠性指标及参数

指标 元　件	故障率 ［次/(km·年)］	平均修复时间 (h)	隔离开关操作 时间(h)	负荷点供电 的用户数(户)	连接负荷 (kW)
供电干线	0.10	3.00			
分支线	0.25	1.00			
QS1、QS2			0.50		
负荷点 a				250	1000
负荷点 b				100	400
负荷点 c				50	100

（2）根据串联系统故障分析指标计算公式，建立故障模式后果分析表，见表 10-3。表 10-3 中，λ 为故障率，r 为每次故障平均停电时间，U 为年平均停电时间。

表 10-3　图 10-2 中放射状配电系统故障模式后果分析

位　置		负荷点 a			负荷点 b			负荷点 c		
		λ(次/年)	r(h)	U(h/年)	λ(次/年)	r(h)	U(h/年)	λ(次/年)	r(h)	U(h/年)
供电干线	2km 段	0.20	3.00	0.60	0.20	3.00	0.60	0.20	3.00	0.60
	3km 段	0.30	0.50	0.15	0.30	3.00	0.90	0.30	3.00	0.90
	1km 段	0.10	0.50	0.05	0.10	0.50	0.05	0.10	3.00	0.30
分支线	3km 段	0.75	1.00	0.75						
	2km 段				0.50	1.00	0.50			
	1km 段							0.25	1.00	0.25
总　计		1.35	1.15	1.55	1.10	1.86	2.05	0.85	2.41	2.05

由表 10-3 可知，负荷点 a 的故障率为

$$\lambda = 0.2 + 0.3 + 0.1 + 0.75 = 1.35(次/年)$$

负荷点 a 每次故障平均停电时间为

$$r = \frac{1}{1.35}(0.2\times3.0 + 0.3\times0.5 + 0.1\times0.5 + 0.75\times1.0) = 1.15(\text{h})$$

负荷点 a 年平均停电时间为

$$U = \lambda r = 1.35\times1.15 = 1.55(\text{h}/年)$$

同理，负荷点 b、c 的数据可按同样方法求得。

(3) 计算与用户和负荷有关的其他指标，得出用户全年总停电次数（ACI）及用户总停电持续时间（CID）。

根据表10-2及表10-3可得

$$ACI = 250\times1.35+100\times1.1+50\times0.85 = 490(\text{次}/\text{年})$$

$$CID = 250\times1.55+100\times2.05+50\times2.05 = 695(\text{时}\cdot\text{户})$$

计算与用户有关的指标，即

$$SAIFI = 490/400 = 1.23[\text{次}/(\text{用户}\cdot\text{年})]$$

$$CAIFI = 490/400 = 1.23[\text{次}/(\text{用户}\cdot\text{年})]$$

$$SAIDI = 695/400 = 1.74[\text{h}/(\text{用户}\cdot\text{年})]$$

$$CAIDI = 695/490 = 1.42[\text{h}/(\text{停电用户}\cdot\text{年})]$$

$$ASAI = \frac{400\times8760-695}{400\times8760} = 0.999\,802$$

$$ASUI = 1-0.999\,802 = 0.000\,198$$

计算与负荷和电量有关的指标，即

$$\text{总的电量不足} = 1000\times1.55+400\times2.05+100\times2.05 = 2575(\text{kW}\cdot\text{h})$$

$$ASNI = \frac{2575}{400} = 6.4375(\text{kW}\cdot\text{h}/\text{用户})$$

三、有备用电源、手动分段配电系统的评价

图10-3所示为有备用电源、手动分段的配电系统。它是在单端供电放射状配电系统的基础上，为提高可靠性而改进和发展起来的。图10-3中，备用电源AS通过正常断开的隔离开关QS3与主系统连接。当主系统一旦出故障时，可手动闭合QS3恢复供电。设QS3倒闸操作的时间为1h，系统其他元件的可靠性指标及参数仍见表10-2。现按故障模式后果分析法分析评价如下。

(1) 建立故障模式分析表，见表10-4（表中各量的含义同表10-3）。

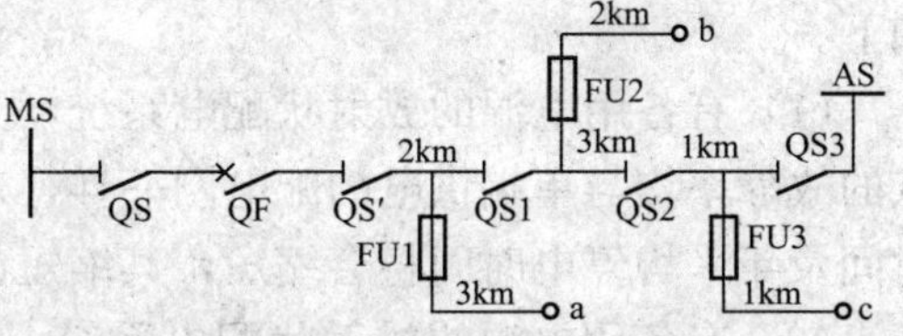

图10-3 有备用电源、手动分段的配电系统
QF—配电干线断路器；FU—熔断器；QS—隔离开关；a、b、c—负荷点；MS—主电源；AS—备用电源

表10-4中，供电干线2km段故障时，负荷点b、c均可由备用电源供电，停电时间为拉QS1合QS3的时间，为1h。供电干线3km段故障时，负荷点a可通过拉开QS1恢复供电，时间为0.5h；负荷点b必须等该线路修复才能恢复供电，时间为3h；负荷点c可由备用电源供电，停电时间为拉QS2合QS3的时间，为1h。供电干线1km段故障时，负荷点a、b只需拉开QS2，由主电源恢复供电，停电时间为0.5h；而负荷点c需待该段线路修复后供电，时间为3h。其他数据计算同表10-3。

表10-4 有备用电源、手动分段配电系统故障模式后果分析表

位置		负荷点a			负荷点b			负荷点c		
		λ(次/年)	r(h)	U(h/年)	λ(次/年)	r(h)	U(h/年)	λ(次/年)	r(h)	U(h/年)
供电干线	2km段	0.20	3.00	0.60	0.20	1.00	0.60	0.20	1.00	0.60
	3km段	0.30	0.50	0.15	0.30	3.00	0.90	0.30	1.00	0.30
	1km段	0.10	0.50	0.05	0.10	0.50	0.05	0.10	3.00	0.30

续表

位置		负荷点 a			负荷点 b			负荷点 c		
		λ(次/年)	r(h)	U(h/年)	λ(次/年)	r(h)	U(h/年)	λ(次/年)	r(h)	U(h/年)
分支线	3km 段	0.75	1.00	0.75						
	2km 段				0.50	1.00	0.50			
	1km 段							0.25	1.00	0.25
总计		1.35	1.15	1.55	1.10	1.50	1.65	0.85	1.24	1.05

（2）计算与用户和负荷有关的指标。

$$ACI = 250 \times 1.35 + 100 \times 1.1 + 50 \times 0.85 = 490(\text{次}/\text{年})$$

$$CID = 250 \times 1.55 + 100 \times 1.65 + 50 \times 1.05 = 605(\text{用户} \cdot \text{h})$$

$$SAIFI = \frac{490}{400} = 1.23[\text{次}/(\text{用户} \cdot \text{年})]$$

$$SAIDI = \frac{605}{405} = 1.51[\text{h}/(\text{用户} \cdot \text{年})]$$

$$CAIDI = \frac{605}{490} = 1.23[\text{h}/(\text{停电用户} \cdot \text{年})]$$

$$ASAI = \frac{400 \times 8760 - 605}{400 \times 8760} = 0.999827$$

$$ASUI = 1 - 0.999827 = 0.000173$$

$$ASNI = \frac{1000 \times 1.55 + 400 \times 1.65 + 100 \times 1.05}{400} = 5.7875(\text{kW} \cdot \text{h}/\text{用户})$$

由以上计算，对有备用电源、手动分段的放射状配电系统与单端供电配电系统加以比较如下。

（1）有备用电源的放射状配电系统，无论备用电源投入为手动操作或自动投入，其负荷点的故障率均与单端供电的配电网一样，未发生任何变化。但负荷点每次故障平均停电持续时间及年平均停电时间将会缩短，其缩短的时间取决于备用电源倒闸操作时间。

（2）有备用电源的放射状配电系统，当其备用电源采用自动投入时，负荷点的总故障率，不必区分故障事件，均可简化为一个数值。这时，由于自动分段和恢复供电、自动备用电源投入的操作成功率很高，负荷点的总故障率主要取决于分支线的故障率，用户停电时间将会大大缩短。

（3）配电系统接入备用电源后，对改善干线末端用户的供电质量效果明显，其效果的大小与备用电源的载荷能力有关。如备用电源带的负荷过大，将使用户的电压质量下降。所以，在不变换网络接线的条件下，备用电源的载荷能力是有一定限度的，其载荷能力可用负荷转移概率来描述。所谓负荷转移概率，是指主配电网发生故障后，将负荷转移到备用电源的可能性大小。负荷转移概率越高，则备用电源带的用户数越多，用户的供电可靠性越高。

四、不同配电方式下放射状配电系统可靠性分析

下面以五种配电方式为例，分析配电方式对放射状配电系统可靠性的影响。

第 1 种：单端供电、手动切换故障段的配电方式，参见图 10-2。

第 2 种：有手动投入备用电源，并设倒闸操作时间为 1h 的配电方式，参见图 10-3。

第3种：有备用电源自动投入装置，负荷转移概率为0.5的配电方式，参见图10-3。

第4种：有备用电源自动投入装置，但分支线死接在干线上的配电方式，参见图10-3，但图中省略了熔断器。

第5种：有备用电源自动投入装置，但分支线故障消除的概率为0.9，参见图10-3。

以上五种不同配电方式的可靠性分析指标，应用故障模式后果分析法计算的结果见表10-5。

表10-5　放射状配电系统五种不同配电方式可靠性分析计算结果

指标		五种不同配电方式				
		第1种	第2种	第3种	第4种	第5种
负荷点a	λ(次/年)	1.35	1.35	1.35	2.10	1.425
	r(h)	1.15	1.15	1.15	0.92	1.114
	U(h/年)	1.55	1.55	1.55	1.93	1.5875
负荷点b	λ(次/年)	1.10	1.10	1.10	2.10	1.20
	r(h)	1.86	1.50	1.68	1.39	1.75
	U(h/年)	2.05	1.65	1.85	2.95	2.10
负荷点c	λ(次/年)	0.85	0.85	0.85	2.10	0.975
	r(h)	2.41	1.24	1.82	1.57	2.17
	U(h/年)	2.05	1.05	1.55	3.30	2.11
系统	SAIFI	1.23	1.23	1.23	2.10	1.31
	SAIDI	1.74	1.51	1.63	2.35	1.78
	CAIDI	1.42	1.23	1.33	1.12	1.36
	ASAI	0.999802	0.999827	0.999814	0.999732	0.999797

由表10-5可以得出如下结论。

（1）分支线路的保护对故障率将产生影响。因为负荷点的故障率不仅与元件的数量有关，而且与故障时故障元件从网络中被隔离的程度有关。在五种配电方式中，以分支线路死接于干线上的第4种方式故障率最大，可靠性指标最差。在此方式下，网络中的任何一处发生故障，都将引起主干线断路器跳闸，各个负荷点的故障率均相同。而当各分支均在T型接点装设熔断器时，若分支发生短路，相应的熔断器熔丝就会熔断，使故障的负荷点断开，而不影响其他负荷点。此时，各负荷点的故障取决于分支线路的故障率。

（2）保护系统故障对配电系统可靠性指标将产生影响。由第5种配电方式可知，配电系统的可靠性与保护系统消除分支故障的可能性有关，分支故障切除的概率越大，整个配电系统可靠性指标就越好。

（3）隔离开关对缩短停电时间将产生影响。在第1种配电方式中，沿主干线装设了隔离开关，虽然这些隔离开关不能用来切除故障，但是在检测到故障、断路器断开之后，通过这些隔离开关在清除故障前将故障与网络隔离，使电源与该隔离开关之间的所有负荷点恢复供电，从而缩短了停电时间。

（4）接入备用电源对缩短用户停电时间产生影响。比较第1、2、3种配电方式可以看出，虽然接入备用电源不能降低负荷点的故障率，但能缩短用户的停电时间，从而提高了用户的平均供电可用率。如果备用电源采用自动投入方式，则不仅会缩短用户停电时间，而且由于自动分段及恢复供电操作的成功率很高，负荷点总故障率可简化为一个很小的数值，并主要取决于分支线路的故障率。

(5) 负荷转移能力对用户停电时间将产生影响。比较第 2 种与第 3 种方式，虽然第 3 种方式采用了备用电源自动投入，但是由于负荷转移概率的限制，其停电时间却比第 2 种备用电源手动投入方式长，这说明备用电源自动投入对用户停电时间的影响还与备用电源的载荷能力有关。在负荷能全部转移时，其停电时间等于故障断开的时间；在负荷不能转移时，则等于维修时间；在负荷转移概率为 0～1 时，停电时间则介于故障断开时间和维修时间两者之间。

(6) 可靠性指标的概率分布服从泊松分布。由于表 10-5 中所示的值均为期望值，是长期的平均值，而故障的过程是随机的，因此某一特定年份的指标与表中平均值是有差别的。每个负荷点每年的故障次数服从泊松分布，是可以估计的。

10.5 配电系统缺电和停电损失的计算

一、缺电损失

配电系统的缺电损失是指配电系统由于电源容量不足而对用户少供或限电所造成的经济损失。在我国，由于电源容量不足而限电的方式有拉闸限电和非拉闸限电两种。除此之外，一些地区还采取了分区轮休的方式来达到少供和限电的目的。也就是说，虽然并不一定发生实际的停电，但却已造成了国民经济的损失。这种损失，有的属于专用配电线路或设施的限电，是针对某些特定用户的；有的则是对公用配电线路的限电，加在每个用户的身上，很难根据每个具体用户用电的性质来分析其所造成的损失，往往只能用大范围的平均值来计量。一般可计量的有以下几类。

(1) 每千瓦时电量的国民经济产值。

(2) 电力企业每千瓦时电量的综合利润。

(3) 政府指定或社会统计得出的计价单位。

以上三类中，使用较为普遍的是 (1) 和 (2) 两类。也有一些国家采用 (3) 类计量办法，特别是一些电力属国营的国家，出于政策上的需要，多采用 (3) 类方法，用于促进或抑制某些用户的发展。

二、停电损失

停电损失是指由于配电系统实际停电而对国民经济造成的损失，包括对用户造成的停电损失和电力部门自身因停电而造成的经济损失。

停电对用户可能产生的影响，一般有即显性影响和后效性影响两种。即显性影响就是在发生停电的当时就立即显示出的影响，如因停电而造成生产停顿等；后效性影响就是停电的影响要在发生停电之后的一定时间才显示出来，一般公用设施的停电大多属于此类。因此，用户的停电损失也依此分成直接损失和间接损失两类。

(1) 直接损失，是指由于停电而直接对用户造成的损失。它一般直接反映在用户生产的产品成本、产品质量和性能、用户为保证产品质量和效益而从事的种种经济活动以及对用户设备所造成的损害等。

(2) 间接损失，是指由于停电的间接影响而造成的损失。

对于每个具体用户的停电损失，从理论上讲，是可以具体地确定并加以计算的，但是实际上做起来却很困难，这不仅因各个用户的用电性质不同而不同，而且也因停电发生的时间及停电持续时间的长短不同而不同。例如，对于工业用户来说，并不是所有负荷都是同等重要、不能停电的，而是只有少数要害部门或关键时刻停电才会产生重大的损失，停电发生在其生产流程的不同阶段所产生的损失也是不同的。因此，即使对于某一具体用户而言，也往往只能取其平均值来进行计算。又如，对于冶金工业，当停电 1～2min 时，其影响可能只限于多耗电量、减少定额和降低产品质量等级，而停电 1～2h，则有可能导致冶金炉具的损坏和产品的报废等，停电持续时间与停电损失的关系往往是非线性的。

10.6 配电系统可靠性经济评价

10.6.1 经济评价的原则

目前，国际上对配电系统可靠性进行经济评价的方法很多，而且正在发展之中。由于各国对经济分析评价的着眼点不同，所采用的方法也各异。为了对配电系统的可靠性工程方案和措施作出正确的经济评价，必须遵循以下几点基本原则。

(1) 首先必须根据不同的配电系统可靠性工程方案或措施，选择和确定与各种费用相联系的可以定量化的可靠性指标，作为经济分析的出发点。

(2) 必须分清各种费用的属性，是收入还是支出，是成本还是效益，是按年收付还是一次收付，是现在收付还是将来收付，以保证可靠性的经济比较建立在明确而一致的基础上。

(3) 必须选定适合的比较方法，是用等年值进行比较，还是用现在值进行比较，前后应保持一致。

(4) 必须保证各被比较对象进行比较的量具有可比性，以便把比较分析建立在同一基础上。比如，在选择现在值进行比较时，必须以不同设备的估计寿命的最小公倍数作为比较期，否则就失去了可比性。

常用的可靠性经济评价指标见表 10-6。

表 10-6 常用的可靠性经济评价指标

可靠性指标	费用计算单位	可靠性指标	费用计算单位
故障率 λ(次/年)	元/年	少供电量(kW·h)	元/kW·h
故障频次(次)	元/次	平均修复时间(h)	元/h
停电持续时间 d(h)	元/h	电量不足期望值 EENS(kW·h/年)	元/kW·h
停电容量(kW)	元/kW		

10.6.2 常用的可靠性经济评价方法

一、可靠性排列法

可靠性排列法是在选定可靠性指标的基础上，对各种不同的设计或计划的相对值进行比较，并按其值的递增或递减顺序将各被比较方案进行排列，从而选出最优方案。比如，以配电系统对用户停电影响的指标来比较几种不同的配电系统设计方案时，对用户停电时间少的方案将被排列为优选方案。此法也可应用概率加权方式，对多项指标进行综合计算，然后加以排列、优选。

排列法的优点是应用简便，但未作经济计算，难以从经济性上来评价与排列指标相对应的经济效益。有一种打分法按选定的若干评判项目，对各被比较方案进行逐项评定、打分，然后以总分高低排列加以优选，可以算是排列法的一种演变形式，其中各项指标的加权计算，实际上已被评审人员的经验所代替。

二、绝对可靠性评价法

绝对可靠性评价方法是以一项指定的可靠性指标作为评价依据，如设计方案达不到该指标就要改变设计方案。电量不足概率（LOLE）和电力不足概率（LOLP）就是这种指标。此时，其可靠性评价的目的，就在于如何使系统的投资最小。

三、可靠性比较分析法

可靠性比较分析法是先计算各被比较方案的投资，然后以单位投资对可靠性指标改善的增量大小来衡量各被比较方案的优劣。它是在经济计算的基础上来进行排列的，因此，比排列法又前进了一步。比如，以对用户的年累计停电时间的期望值为基础，计算单位投资对停电时间的减少量来评价配电系统诸方案的优劣时，则以 I 值大者为优（I＝减少的停电时间/方案的投资）。

四、成本—效益分析法

成本—效益分析法必须先计算出提高和改善可靠性指标所对应的经济价值，然后与完成此项改进工程的投资作比较，以获取的效益大于投资的金额作为评选的依据，获取的效益与投资比值越大越好。这种方法比单纯地计算提高可靠性指标增量所耗用投资大小的可靠性比较分析法又前进了一步。

五、可靠性优化法

可靠性优化法是以成本—效益分析为基础，把效益作为某些可评价的可靠性指标的函数，然后寻优。由于成本—效益分析法只是在若干可选方案中加以选择，而可靠性优化法则是应用优化技术来找出也许并未列入可选方案的最优方案，因此比成本—效益分析法又前进了一步。

上述五种方法，从经济学的观点来看，只有第四、五两种方法才真正属于可靠性经济学范畴。但是，无论是成本—效益分析法，还是可靠性优化法，在分析和应用的过程中，均必须首先分清哪些项目应属于成本，哪些项目应属于效益。特别是有的费用，如停电损失，既可作为提高可靠性后减少的损失而列为效益，又可作为补偿停电损失而列入成本。但是，对同一笔费用项目，在同一比较中不能同时既计入效益又计入成本，这是必须注意的问题。

10.7 提高配电系统可靠性的措施

配电系统可靠性的主要指标是用户年平均停电时间和用户年平均停电次数（在以元件组合关系为基础的预测方法中，分别称为系统平均停电时间及系统平均停电频率）。它们都是故障率、系统裕度（联络状况或联络率）及故障修复时间的函数。因此，对于配电系统来说，要改善和提高可靠性，所采取的措施有以下三个方面。

（1）防止故障的措施。

（2）改善系统可靠度的措施。

（3）加速故障探测及故障修复、缩短停电时间、尽早恢复送电的措施。

10.7.1　防止故障的措施

由于配电系统使用的设备面广而分散，容易受到自然现象和周围环境的影响，故障所涉及的原因多种多样。因此，根据故障现象分析产生故障的根本原因，实施必要的对策和措施，防患于未然，是提高配电系统可靠性最基本的方法。

一种配电设备应采取哪一种防止故障的措施，因设备类型、故障原因和预达到的目的不同而异，且有的措施是多目的的，即一种措施可以防止多种设备、多种故障的产生。因此，对于配电系统及其设备防止故障的措施，很难单一地根据故障的原因或预达到的目的来分类。但是，为了叙述的方便，在此仅根据故障原因，针对不同的具体设备，提出各种可能和可供选择的防止故障措施，并结合实际加以适当的分析，供读者参考。

一、防止他物接触故障的措施

（1）防止支持物因外力冲击而损坏或折断，一般可使用加强型的杆塔。

（2）防止导线接触故障，可使用绝缘导线或安装导线防护管。据日本电力公司统计，高压导线由于实现了绝缘化（即采用绝缘护套的被覆导线），故障率显著减少。以日本C电力公司为例，其绝缘被覆化率与有关导线接触故障率的关系如图10-4所示。

（3）为了防止导线振荡而造成接触事故，可使用实心棒式绝缘子代替悬式绝缘子串。

（4）为了防止他物接触电气设备，可以采用密封型设备或户内式设备。

（5）对于连接点等带电的裸露部分，可根据具体设备的情况，采用鸟兽防护罩、孔洞密封、加装H型混凝土盖板等措施。

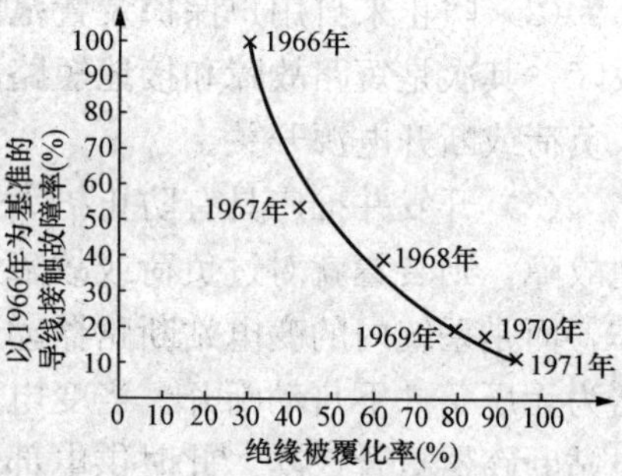

图10-4　绝缘被覆化率与有关导线接触故障率的关系（日本C电力公司）

二、防止雷击故障的措施

（1）为了防止雷电损坏，对于支持物，可采用预应力混凝土架构，避免使用木结构；对于导线，可安装保护环，使用大片长间隙的绝缘子，提高绝缘水平。

（2）安装避雷器和架空地线等防雷。虽然避雷器和架空地线防雷的效果因各地区雷击危害程度的不同而不同，但是总体说来，雷击引起的故障率随着避雷器和架空地线安装率的增加而减少。

（3）为减轻雷击故障的影响，可安装必要的雷电观测装置。

三、防止化学污染及烟尘的措施

防止化学污染及烟尘的目的在于减少或消除化学污染和烟尘，防止漏泄电流的损害。比如，使用预应力混凝土杆，防止漏泄电流的烧伤；使用耐漏泄电流痕迹的绝缘导线；安装耐酸碱盐的线路护套；使用大型针式绝缘子或增装耐张绝缘子片数；采用封闭式元件或户内式设备；安装高压引线防水板；用硅滑脂等防水性物质进行表面处理；安装耐酸碱盐的避雷器；配备带电冲洗线路绝缘子装置，注意防止线路绝缘子因污染在大雾情况下出现大面积污闪放电事故等。

四、防止风雨、水灾、冰雪害的措施

可根据各地区风速、积雪、水情等气象环境条件的不同，采取措施。比如，使用加强型杆塔、导线、大截面的导线；改螺接为压接；使用难以积雪的导线或导线防雪装置；使用实心棒式绝缘子；缩短档距；加大导线横担间距、导线间距；卸去变压器等设备的滚轮，将设备直接安装在基础上，以减少风压；对构架进行监测等。

五、防止自然劣化故障的措施

自然劣化是指由于腐蚀、锈蚀、老化而导致强度和绝缘损伤的情况。为防止自然劣化，一般对于架构多采用预应力混凝土杆塔，导线采用交联聚乙烯护套的电线和电缆，油浸设备采用密封型或者无油型，金具采用油漆或电镀等措施，此外，还采用设备劣化诊断技术。例如，应用光的敏感元件诊断断路器的操作特性；利用红外线敏感元件进行导线连接部分的过热诊断；通过局部放电测量对电缆进行劣化诊断；利用电晕、噪声进行无线电探伤等。

六、减少用户扩大性故障的措施

城市高压用户的扩大性故障所占的比例越来越高。有的地区高压用户的扩大性故障占配电线路故障的一半左右。为了减少这类故障，供电部门必须与各有关方面协调一致，采取措施，要求用户对使用的设备进行正确的维护管理。其具体措施如下。

（1）广泛开展高压用户设备的诊断活动。对用户回访，调查是否存在造成扩大性故障的不良设备，要求用户对不良设备提前进行大修，并加强竣工验收检查及功率因数的测量。

（2）防止来自用户保护装置范围内的扩大性故障。据统计，一般用户的故障大多系接地故障，其次是短路故障和接地短路故障。因此，需加强对用户的用电管理，防止用户随意接入负荷或断开电源开关。

（3）开发并推广具有防止扩大性故障功能的进线开关装置。如果用户过负荷或者发生接地故障，则装置就对过负荷或故障进行检测，并把信息储存起来；如果用户的保护装置不动作，而是系统内的变电站断路器动作，则装置即在检测出故障，并通过数字显示器显示断路器为无压条件下自动断开。当变电站断路器再次接通时，如故障用户已从线路上切除，则变电站断路器重合成功，此时供电部门可通过巡回检查或电话询问等方式判明线路有无异常，然后进行适当处理。如果故障时用户保护装置动作，并在变电站断路器动作之前把故障点切除，装置即保持在接通状态，并经过一定时间后，清除故障信息，恢复到初始状态。

七、防止因人为过失而造成故障的措施

配电线路的接触损坏事故大多与施工机械设备的操作及地面开挖作业有关。对于这些因人为过失而造成的事故或故障，必须采取以下措施加以防止。

（1）要求施工单位及施工现场定期提供防止事故的报告。

（2）制定有关防止建筑灾害事故的规定和条例，并根据有关供用电安全的规定，对施工单位的用电安全及有关规定、条例的执行情况进行监督检查。

（3）安装电缆保护管，并对地下及水下电缆管路设置埋设位置标示牌，对可能被车辆碰撞的杆塔支柱或电缆上架构的部位，采取防护措施。

（4）加强线路的巡视和检查。

（5）加强与有埋设作业的企业，如煤气公司、自来水公司等之间的相互协商与配合，并积极参与各种道路、城市建设的规划和施工调查。

（6）要求施工单位在施工前通过图纸和实地调查，确认施工作业区是否接近或通过电缆地下埋设路线，施工机具是否会碰及架空线路，并做好施工前的处理。

10.7.2 改善系统可靠度的措施

防止故障的措施及故障的排除和修复，均直接关系到系统可靠度的改善，因此都可以归属于改善系统可靠度的措施。下面主要讨论提高系统及设备供电能力、提高运行操作及技术服务能力两个方面的措施。

一、提高系统及设备供电能力

（1）改善电网结构。建立双回路供电、环形回路供电及多分割多联络的网络结构。对于重要用电设备实现双重化供电，如采用双回路、双电源、双设备、双重保护等。

（2）确保设备裕度。加强配电线路之间的联络，增强切换能力，增大导线和设备短时间的容许电流，安装故障切换开关和备用线路，提高地区或网络间功率交换的能力。

（3）提高对重要用户的供电能力。对有条件的重要用户，要求安装能够紧急起动的自备发电设备或恒压恒频装置。

二、提高运行操作及技术服务能力

（1）采用合理的配电方式，如节点网络方式、备用线路自动切换方式等。

（2）对配电线路实行程序控制。采用自动化技术，实现运行操作、情报信息等的综合自动化。

（3）减少检修和施工作业停电。除合理地安排检修和施工计划，减少重复停电外，还应尽可能地采用带电作业法及各种形式的临时送电工作法。

（4）加强对用户的技术咨询、技术服务和安全教育。提高用户的管理水平和人员素质，以加强用户设备的正常用电管理和维护保养，减少由于用户用电设备故障或使用不当造成系统故障而带来的影响。

10.7.3 加速故障探测及故障修复

为尽早恢复送电，最重要的是尽可能地限制和缩小故障区段，使完好区段尽早送电，以减小停电的影响并尽早发现故障点，并加以修复。可能采取的措施如下。

一、限制和缩小故障区段，使完好区段尽早送电

力求在发生故障后迅速切除故障区段，为向完好区段送电创造条件。其具体办法包括三个方面。

（1）采用带时限的顺序式自动分段开关，通过配电变电站断路器的二次重合过程，使控制故障区段的分段开关在断开后经过无压检测而闭锁，从而达到自动切除故障区段，恢复向完好区段送电的目的。这种开头的构成一般包括顺序式控制器、具有失磁断开特性的自动分段开关和一个小型的电源检测变压器。顺序式控制器的功能是在电源送电后，经过一定的时限（投入时限）再把分段开关投入；在分段开关投入后，如在一定时限（检测时限）内又再次停电，则分段开关断开并闭锁；如在一定时限内不停电，则复归原位。

该方式只能保证尽快向电源侧的完好区段送电，但不能对故障区段以后的负荷侧完好区段自动送电。

（2）采用带时限的顺序式自动分段开关环形配电方式。这种方式也可自动切除故障区段，恢复对完好区段的送电。环形配电方式有两种：一种是在一回配电线路上形成环形的单回路环形配电方式；另一种是在两回配电线路之间形成环形的双回路环形配电方式。

（3）实现配电线路自动化。在配电线路的分段开关和联络开关上配置远方分控制器。

二、尽快探测及修复故障点

（一）探测故障点的方法

（1）一边用绝缘电阻表测量线路的绝缘电阻，一边操作手动开关，依次切除所划分的线路小区段，检测是否有故障点，直至查明故障点为止。

（2）在线路上施加直流脉冲电压，根据电流在故障点两侧发生的变化，用故障探测器进行探测。这里使用的故障探测器一般是在地面使用的携带式接收机，根据其指针偏转变化的情况来进行判断。

（3）利用直流脉冲，通过安装在线路上的检测器发光体显示或蜂鸣器鸣叫，从地面加以确认。

（4）在手动分段开关附近的线路上，装设短路接地显示器，检测并显示发生故障时流过线路的短路电流或接地电流，根据故障电流由故障点流向电源侧的原理来判定故障点存在的区段。

（5）使用携带式的小型检测器，利用故障时流过线路的短路电流或接地电流产生的电磁作用使指针发生偏转，来判定故障点存在的区段。

（二）尽快发现和修复故障的措施

（1）应用机动车辆，扩充无线电设备。

（2）配备多功能作业车和高空作业车等工程车，或装有发电机和旁路电缆的临时送电车。

（3）配备测定电缆故障的测量仪和地下电缆检查车等特殊设备。

（4）装备移动式电话。

（5）防止干扰，消除无线电话收听困难区域。

（6）安装气象雷达装置和雷击警报装置，预测和通报大规模的雷击故障。

（7）建立故障修复管理体制，采取相互支援等措施。

10.8 提高配电系统可靠性措施的效果分析

在提高配电系统可靠性的工作中，必须根据社会对供电可靠性要求的程度、提高可靠性的目标、措施需投入的资金等因素进行综合考虑和研究，选择并确定适当的提高配电系统可靠性的目标，分析各种可能采取措施的效果，以便充分、有效地利用各种有利条件，用有限的资金提高企业管理水平，获取最大经济效益和社会效益。

10.8.1 防止故障措施的效果

从投资方面来看，提高可靠性措施工程的实施率与其投资金额成正比。而与此相反，减少故障率的效果则随着投资金额的增加，在实施达到某种程度以上时呈现饱和特性。各种减少故障的措施实施后，故障率及综合故障率与投资为反比关系。

在推进各种防止故障措施的实施及更新改造设备的工程中，故障率显示出由迅速衰减到饱和的倾向。为此，在实施防止故障措施的计划时，要充分掌握该措施减少故障率的效果和程度，并适当地加以选择和实施。

10.8.2 改善系统可靠度和缩短故障修复时间措施的效果

从改善系统可靠度与加速故障探测、修复二者所产生的效果来看，最终均表现为缩小停电范围、确保系统裕度和缩短故障探测及修复时间三个方面。下面从这三个方面进行综合分析。

一、缩小停电范围措施的效果

缩小停电范围主要采取加装分段开关的方式。

（1）对于放射状手动式的系统来说，由于必须到现场操作分段开关，故对停电次数不发生影响。

(2) 对放射状时限顺送自动式系统来说，故障区段之前的电源侧完好区段由于自动地再送电，故可减少停电次数，使可靠度提高，但是其效果将按分段的顺序逐渐减弱。

(3) 对放射状全自动式（顺送倒送全自动）系统来说，由于增加了时限，使故障区段以后的完好区段也可由邻接馈线倒送，其停电次数的减少、可靠度的提高与区段数成正比。

二、确保系统裕度的效果

利用分段开关对馈电线路进行分割，并通过变电站的断路器重合，可以提高故障区段之前的电源侧完好区段的供电可靠性，缩小停电范围。但是，为了使故障区段之后的负荷侧完好区段能向邻接馈电线路切换，必须确保邻接馈电线路的切换余力。具体措施如下。

(1) 新建具有足够裕度的馈电线路。一般来说，系统裕度的提高与新建馈电线路的数量成正比。

(2) 加强联络开关和联络线路，或者形成环形网络或网形网络，加强馈电线路之间联络。

三、缩短故障修复时间的效果

为缩短故障修复时间，应在故障发生后尽快发现故障区段并加以切除，然后向完好区段送电或倒送电，并缩短分段开关操作时间及确保系统的裕度，以便使负荷侧完好区段成为可以向相邻馈电线路切换的区段，其中最主要的是缩短故障点的探测及修复作业的时间，这取决于故障点探测和修复作业机械化、现代化的情况。

提高供电可靠度措施的效果分布计算法工作流程图如图 10-5 所示。

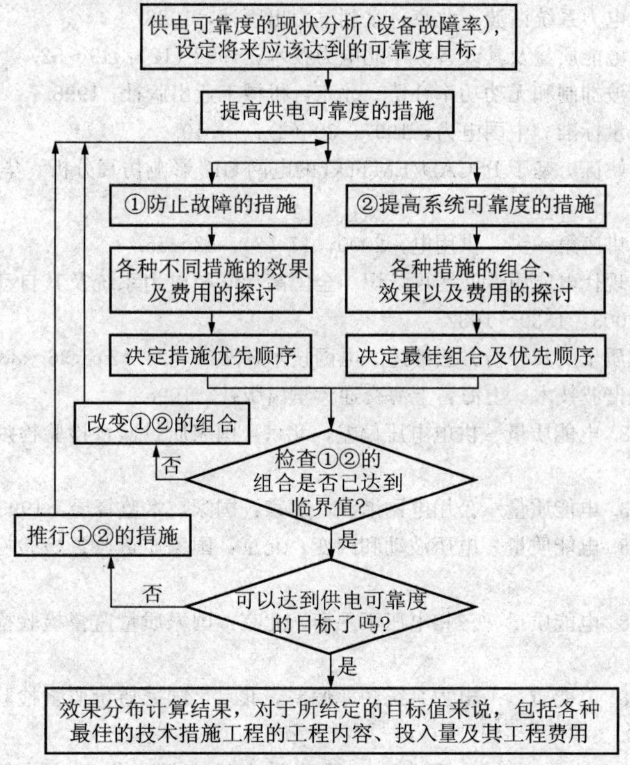

图 10-5　提高供电可靠度措施的效果分布计算法工作流程图

参 考 文 献

[1] IEEE Standards Coordinating Committee 22 on Power quality. IEEE Std 1159-1995 IEEE Recommended Practice for Monitoring Electric Power Quality，ISBN-1-55937-549-3，1995.

[2] 林海雪．现代电能质量的基本问题．电网技术，2001，25（10）：5～12.

[3] Dugan R C，Megranghan M F，Beaty H W. Electrical Power Systems Quality [M]．New York：McGraw-Hill，1996.

[4] 董其国．电能质量技术问答．北京：中国电力出版社，2003.

[5] 肖湘宁．电能质量分析与控制．北京：中国电力出版社，2004.

[6] 丁屹峰．电能质量动态性能和相关性分析及监测系统的开发研究［D］．上海：上海交通大学，2005.

[7] 吕干云．高速磁悬浮列车系统电能质量研究［D］．上海：上海交通大学，2005.

[8] 肖国春，刘进军，王兆安．电能质量及其控制技术的研究进展．电力电子技术，2002，34（12）：58～60.

[9] Zhan Yong，Cheng HaoZhong. A robust support vector algorithm for harmonic and interharmonic analysis of electric power system. Electric power systems research，2005，73（3）：393～400.

[10] 肖湘宁，徐永海．电能质量问题剖析．电网技术，2001，25（3）：66～69.

[11] 林海雪．电力系统的三相不平衡．北京：中国电力出版社，1998.

[12] 孙树勤．电压波动与闪变．北京：中国电力出版社，1998.

[13] 马维新．电力系统电压．北京：中国电力出版社，1998.

[14] 吴竞昌，孙树勤．电力系统谐波．北京：水利电力出版社，1988.

[15] 马晓春．公用电网电能质量及其改善．华北电力技术，1998（12）：49～52.

[16] 王兆安，杨君．谐波抑制和无功功率补偿．北京：机械工业出版社，1998.

[17] 林海雪．论电能质量标准．中国电力，1997，30（3）：7～10.

[18] 张燕秉，刘连光，姚谦．基于 PSCAD/EMTDC 的电网 GIC 影响仿真分析．华北电力技术，2004（6）：10～13.

[19] 陈警众．电能质量讲座第一讲．供用电，2000，17（3）：53～55.

[20] 肖湘宁，徐明荣．现代电能质量问题再认识．全国高等学校电力系统及其自动化专业第十九届学术年会论文集（下），2003：1630～1632.

[21] 胡铭，陈珩．电能质量及其分析方法综述．电网技术，2000，24（2）：36～38.

[22] 程浩忠．电力系统谐波技术．上海：上海交通大学出版社，1998.

[23] GB/T 12325—2008. 电能质量—供电电压偏差，北京：国家质量监督检验检疫总局，国家标准化管理委员会，2008.

[24] GB/T 14549—1993. 电能质量—公用电网谐波，北京：国家技术监督局，1993.

[25] GB/T 12326—2008. 电能质量—电压波动和闪变，北京：国家质量监督检验检疫总局，国家标准化管理委员会，2008.

[26] GB/T 15543—2008. 电能质量—三相电压不平衡，北京：国家质量监督检验检疫总局，国家标准化管理委员会，2008.

[27] GB/T 15945—2008. 电能质量—电力系统频率偏差．北京：国家质量监督检验检疫总局，国家标准化管理委员会，2008.

[28] GB/T 18481—2001，电能质量—暂时过电压和瞬态过电压，北京：国家质量监督检验检疫总局，2001.

[29] 程浩忠，艾芊，张志刚，等．电能质量．北京：清华大学出版社，2006.

[30] 陈珩．电力系统稳态分析．3 版．北京：中国电力出版社，2012.

[31] 何仰赞．电力系统分析．武汉：华中工学院出版社，1985.

[32] 李坚．商业化电网的经济运行及无功电压调整．北京：中国电力出版社，2001.

[33] 国家电力公司农电工作部．国家电力公司农村电网电压质量和无功电力管理办法．北京：中国电力出版社，2002.

[34] 国家电网公司．电力系统无功补偿配置技术原则．国家电网生［2004］435 号，2004.

[35] 国家电网公司．电力系统电压质量和无功电力管理规定．国家电网生［2004］203 号，2004.

[36] 程浩忠，吴浩．电力系统无功与电压稳定性．北京：中国电力出版社，2004.

[37] 吴际舜．电力系统静态安全分析．上海：上海交通大学出版社，1985.

[38] 王祖佑．电力系统稳态运行计算机分析．北京：水利电力出版社，1987.

[39] 吴际舜．电力系统稳态分析的计算机方法．上海：上海交通大学出版社，1992.

[40] 纪雯．电力系统设计手册．北京：中国电力出版社，1998.

[41] 国家电力公司计划投资部．市场经济与电力计划投资工作．北京：中国电力出版社，1999.

[42] 上海市电力公司．上海电网若干技术原则的规定，2010.

[43] 赵遵廉，舒印彪，郭国川．电力系统安全稳定运行导则学习与辅导．北京：中国电力出版社，2001.

[44] 蔡邠．电力系统频率．北京：中国电力出版社，1998.

[45] Electric Power Research Institute (USA). Interconnected Power System Operation at Below Normal Frequency. Final Report，EPRI (U. S. A)，1979 Feb.

[46] Girgis A A，Peterson W L. Adaptive Estimation of Power System Frequency Deviation and Its Rate of Change for Calculating Sudden Power System Overloads. IEEE Transactions on Power Delivery，1990，5 (2)：585～594.

[47] 韩英铎，王仲鸿．电力系统动态频率的定义及“虚拟转子法”频率测量研究．北京：清华大学学报（自然科学版），1993，33（1）.

[48] Proceeding of the third international conference on Harmonics in power systems (Ⅰ)(Ⅱ) Held in Connection with Hoosier Celebration 88 The IEEE North American power Conference.

[49] IEEE Power System Harmonics Working Group Report. Power System Harmonic. IEEE Tutorial Course，1984：1～157.

[50] Arrillage J，Bradly D A，Bodger P S. Power System Harmonics. John Wiley and Sons Ltd，1985.

[51] IEEE Power System Harmonics Working Committee. Bibliography of Power System Harmonics. IEEE Transactions on Power Apparatus and Systems，1984，PAS-103 (9)：2460～2479.

[52] Kimbark E W. Direct Current Transmission，Harmonics and Filters. New York：John Wiley and Sons，1971.

[53] Song W，Heydt G T，Grady W M. The Integration of HVDC Subsystems into the Harmonic Power Flow Algorithm. IEEE Transactions on Power Apparatus and Systems，1984，PAS-103 (8)：1953～1961.

[54] Harmonics，Characteristic Parameters，Methods of Study，Estimates of Existing Values in Network，WG 36-05，Electra No. 77，1982.

[55] 中国电机工程学会用电与节电专委会高次谐波分专业委员会．第一次电力系统谐波学术会议论文集，1989.

[56] 中国电机工程学会电力系统，理论电工，城市供电，用电与节电等专委会．电力系统谐波学术会议论文集．1988.

[57] 西南电力试验研究所．电力系统高次谐波资料汇编．1987.

[58] 西南电业管理局试验研究所．电力系统高次谐波译文专辑（第一，二，三，四辑）．1984，1；1985，3；1986，6；1987，7.

[59] 北京电机工程学会供用电专业委员会．电网高次谐波技术（讲义），1984.
[60] 电网技术（电力系统谐波专辑），1989.
[61] 沈阳铝镁设计研究院电力室．硅整流所电力设计．北京：冶金工业出版社，1983.
[62] 浙江大学发电教研组直流输电科研组．直流输电．北京：电力工业出版社，1982.
[63] 林海雪．交流电力滤波装置参数选择的工程方法．供用电，1988（4）：8～13.
[64] 傅光祖．按滤波效益确定无源型交流滤波器的参数．浙江电力，1987（1）：12～14.
[65] 曲涛．电力系统谐波的限值及其管理．供用电，1988（4）：4～7.
[66] 谢海波，倪保珊．直流输电中交流滤波器的优化设计．浙江大学发电教研室，1984.
[67] 水利电力部．电力系统谐波管理暂行规定．SD126—1984，1984.
[68] 夏道止，郝爱特．谐波潮流研究（一），（二）．西安交通大学学报，1981，15（5）：54～60；1981，15（6）：71～79.
[69] 唐统一，孙树勤．非正弦电压、电流波形下的无功功率问题．电力系统自动化，1986（4）：40～44.
[70] Cheng Haozhong，Sasaki H，Yorino N. A New Method For Both Harmonic Voltage And Harmonic Current Suppression And Power Factor Correction In Industrial Power System. Proceeding of 1995 Industry & Commerence Power System Technical Conf，May 7-12，1995. San Antonio，Texas：IEEE INDUSTRY APPLICATIONS SOCIETY，1995：27.
[71] Cheng Haozhong，Sasaki H，Yorino N，Liao Peihong，Chen Zhangchao. Optimal Selection of Parameters in Electric Power Filters. Proceeding of International Conf. on POWER SYSTEM TECHNOLOGY（ICPST '94），1994，Beijing，China. IEEE and CSEE，1994：168～172.
[72] Cheng Haozhong，Sasaki H，Yorino N. A New Method of Coordinating Reactive Power Compensation and Harmonic Removel. Proc of International Power Engineering Conf，Singapore：1995：495～500.
[73] 赵学东．电网波形畸变对感应系电度表准确度的影响．电测与仪表，1990（7）：26～32.
[74] 郭晓丽．电压波动和闪变的检测与分析．南京：南京理工大学，2004.
[75] 康伟．电压闪变测量方法的研究与实现．河北：华北电力大学，2003.
[76] 白先红．IEC 闪变仪的数字化实现的研究．南京：河海大学，2004.
[77] 王日文，张春波，苏之成等．UIE 闪变仪的原理与实现．北京动力经济学院学报，1994，11（3）：51～57.
[78] 雷林绪，张金生．VFF-1 型电压波动闪变分析仪的研制．供用电，1995（1）：31～32.
[79] 雷林绪．对电压波动闪变仪校验的一点看法．电网技术，1999，23（3）：41～43.
[80] 王越，刘晋平，李向荣．用新型静止无功发生器抑制由电弧炉引起的闪变之研究．电网技术，1998，22（9）：61～64.
[81] 马玉龙，刘连光，张建华，等．IEC 闪变测量原理的数字化实现方法．中国电机工程学报，2001，21（11）：92～95.
[82] 刘亚洲，李威，纪延超，等．IEC 闪变检测方法的数字化实现．继电器，2000，28（3）：18～22.
[83] 周兆经，周文晖，李青．采用小波分解和同步检波的电压闪变信号检测新方法．电力系统及其自动化学报，2001，13（6）：23～27.
[84] 郭彩叶．电机 T−n 曲线试验中电压波动量的精确测量．机械管理开发，2003（5）：18～19.
[85] 张德惠，陈俊杰．电压波动和闪变测试分析方法的研究．东北电力技术，1996（3）：12～17.
[86] 高师湃，李群湛，贺建闽．基于 IEC 标准的闪变测试系统研究．电力自动化设备，2003，23（7）：27～30.
[87] 王日文，张春波，余建明，等．日本和 UIE 对闪变评价方法的研究．中国电力，1994（7）：58～61.
[88] 高师湃，李群湛，贺建闽．闪变测试系统研究．电力自动化设备，2002，22（5）：22～25.
[89] 王海潜．超高功率电弧炉冲击负荷引起电网电压波动值和 SVC 补偿容量计算方法的分析．江苏电机工

程．1999，18（1）：18～23.
[90] 沈志兴，严筱陵．超高功率直流电弧炉引起的电压波动和闪变．供用电，1997，14（6）：38～41.
[91] 叶远龙．大功率炼钢电弧炉电压波动的设计计算及抑制．冶金动力，1996（3）：4～9.
[92] 翁利民，田智萍．电弧炉的电压闪变及其抑制对策．冶金动力，2002（1）：1～4.
[93] 翁利民，陈允平，田智萍．电弧炉的电压闪变与抑制．工业加热，2001（6）：26～28.
[94] 余建明，同向前，苏文成．电压闪变的评价与工程计算方法研究．西安理工大学学报，1997，13（1）：46～50.
[95] 沈文琪．电压闪变及其测量方法．电力电容器，2001（1）：38～40.
[96] 由文耀．对抚钢引进 50 吨超高功率电弧炉引起的电网电压波动及闪变的研究．基础自动化，1994，1（1）：56～60.
[97] 陈祖贤．炼钢电弧炉引起的电压波动闪变及其抑制措施．工业加热，1994（4）：14～17.
[98] 李研，余欣梅，文劲宇，等．小容量电弧炉所引起的电压波动及抑制措施研究．继电器，2003，31（5）：59～61.
[99] 祁碧茹，肖湘宁．用于电压波动研究的电弧炉的模型和仿真．电工技术学报，2000，15（3）：31～35.
[100] 吴玉蓉．电压波动和闪变的检测及数字化测量技术研究．武汉：武汉大学，2003.
[101] 孙涛，王伟胜，戴慧珠，等．风力发电引起的电压波动和闪变．电网技术，2003，27（12）：62～66，70.
[102] 白永祥，薛志凌，张文忠．辉腾锡勒风电场电压闪变测试．内蒙古电力技术，2001，19（3）：10～11.
[103] 尚德彬，杨全甫，刘东．厂矿电压波动及其抑制．电气时代，2001（5）：56～57.
[104] 尹海霞，马越强．电压波动测试及其抑制方法．电动工具，2002（1）：16～17.
[105] 郭上华，黄纯，王磊，等．电压波动和闪变的检测与控制方法．湖南电力，2003，23（5）：8～11.
[106] 翁利民．工业企业供电系统的电压波动及其抑制．电器工业，2003（7）：38～41.
[107] 花辉．冶金企业供电系统电压波动的动态补偿．工业加热，1996（6）：29～32.
[108] 何仰赞，温增银．电力系统分析（上册）．武汉：华中科技大学出版社，2002.
[109] 周勇．电力系统三相不对称潮流计算．电网技术，1996，20（1）：24～29.
[110] 刘福生，聂光前．利用阻抗匹配的方法构成的新型平衡变压器．铁道学报，1988（4）：16～22.
[111] 张直平．电弧炉对城网电能质量的影响．供用电，1990（3）：8～12.
[112] 吴大榕．电机学（下册）．北京：水利电力出版社，1959.
[113] 刘从爱．互感器与相序滤过器．北京：水利电力出版社，1991.
[114] 孙树勤，林海雪．干扰性负荷的供电．北京：中国电力出版社，1996.
[115] 朱子述，电力系统过电压．上海：上海交通大学出版社，1995.
[116] 张纬敏，何金良，高玉明．过电压防护及绝缘配合．北京：清华大学出版社，1995.
[117] 陈文高．配电系统可靠性实用基础．北京：中国电力出版社，1998.
[118] 方向晖．中低压配电网规划与设计基础．北京：中国水利水电出版社，2004.
[119] 郭永基．电力系统可靠性分析．北京：清华大学出版社，2003.
[120] 国家电网公司．Q/GDW156—2006 城市电力网规划设计导则，2006.
[121] 水利电力部．全国供用电规则，1983.
[122] 王宾，潘贞存，徐丙垠．配电系统电压跌落问题的分析．电网技术，2004，28（2）：56～59.
[123] Haque M H. Voltage Sag Correction by Dynamic Voltage Restorer with Minimum Power Injection. Power Engineering Review. IEEE，2001，5：56～58.
[124] Nielsen J G，Blaabjerg F，Mohan N. Control Strategies for Dynamic Voltage Restorer Compensating Voltage Sag with Phase Jump. IEEE Conference of Applied Power Electronics and Exposition，2001，2：

1267～1273.

[125] 谢旭，胡明亮．动态电压恢复器的补偿特性与控制目标．电力系统自动化，2002，26（8）：41～44.

[126] Ghosh A，Ledwich G. Structures and control of a Dynamic Voltage regulator（DVR）. PES Winter Meeting，IEEE，2001，3（28）：1027～1032.

[127] Haque M H. Compensation of distribution system voltage sag by DVR and D-STATCOM. Power Tech Proceedings，2001 IEEE Porto，2001，1：1～5.

[128] Soo-Young J，Tae-Hyun Kim，Seung-Il M，et al. Analysis and control of DSTATCOM for a line voltage regulation. PES Winter Meeting，IEEE，2002，2：729～734.

[129] Baldwin T. Voltage sag analysis for making economic decisions on mitigation solutions. PES Summer Meeting，IEEE，1999，1：482～483.

[130] 韩翀，李艳，余江，等．超导电力磁储能系统研究进展（一）——超导储能装置．电力系统自动化，2001，25（12）：63～68.

[131] Polmai S，Ise T，Kumagai S. Experiment on voltage sag compensation with minimum energy injection by use of a micro-SMES. Power Conversion Conference，PCC Osaka，2002，2：415～420.

[132] Kolluri S. Application of distributed superconducting magnetic energy storage system（D-SMES）in the entergy system to improve voltage stability. PES Winter Meeting，IEEE，2002，2：838～841.

[133] Xu Chu，Xiaohua Jiang，Yongchuan Lai，et al. SMES control algorithms for improving customer power quality. IEEE Transactions on Applied Superconductivity，2002，11（1）：1769～1772.

[134] 程浩忠．电能质量概论．北京：中国电力出版社，2008.

[135] GB/T 24337—2009. 电能质量——公用电网间谐波，北京：国家质量监督检验检疫总局，国家标准化管理委员会，2009.

[136] 林海雪．公用电网间谐波国家标准介绍．供用电，2010，27（6）：8～11.

[137] 高培生．电力系统中的间谐波频谱分析［D］．杭州：浙江大学．2008.

[138] 郝江涛，刘念，幸晋渝，等．电力系统间谐波分析．电力自动化设备，2004，24（12）：36～39.

[139] 赵凯．电力系统间谐波分析与检测方法的研究［D］．北京：华北电力大学．2006.

[140] 乐叶青，徐政．电力系统间谐波及其检测方法综合分析．电气应用，2006，25（12）：110～113.

[141] 陈铭明．电力间谐波的特性及抑制技术研究［D］．大连：大连理工大学，2010.

[142] 林海雪．电力系统中的间谐波问题．供用电，2001，18（3）：6～9.

[143] 陈国志．电力谐波和间谐波参数估计算法研究［D］．杭州：浙江大学，2010.

[144] 丁屹峰，程浩忠，吕干云，等．基于 Prony 算法的谐波和间谐波频谱估计．电工技术学报，2005，20（10）：94～97.

[145] 覃惠玲，唐春东，梁小冰．间谐波和次谐波对电压闪变影响的研究．广西电力，2007，2（30）：9～11.

[146] 林海雪．英国电气协会工程导则 G5/4 评述．电网技术，2006，13（30）：90～93.

[147] EN 50160 Voltage characteristics of electricity supplied by public electricity networks. OVE Austrian Electrotechnical Association Austrian Standards Institute，2011.

[148] MANAGING HARMONICS A Guide to ENA Engineering Recommendation G5/4-1. GAMBICA. Sixth Edition 2011.

[149] Thijssen G，Enslin J. Cost Comparison for a 20 MW Flywheel-based Frequency Regulation Power Plant [R]. KEMA-Inc. Project：BPCC. 0003. 002 Beacon Flywheel Project under Beacon Power Contract Number：12952 of October 13，2006.

[150] 程浩忠，吕干云，周荔丹. 电能质量监测与分析. 北京：科学出版社，2012.